Johann Nepomuk Brischar

Papst Innocenz III, und seine Zeit

Johann Nepomuk Brischar

Papst Innocenz III, und seine Zeit

ISBN/EAN: 9783743304581

Hergestellt in Europa, USA, Kanada, Australien, Japan

Cover: Foto ©Thomas Meinert / pixelio.de

Manufactured and distributed by brebook publishing software
(www.brebook.com)

Johann Nepomuk Brischar

Papst Innocenz III, und seine Zeit

Vorrede.

~~~~~

Das Pontificat und überhaupt das Zeitalter Innocenz' III. gehört zu den großartigsten Epochen des Mittelalters. Hat Shakespeare den König Johann von
England zum Gegenstande eines historischen Drama's gemacht, das ebenso gut eine Tragödie genannt werden könnte,
so bietet der deutsche Thronstreit ebenfalls ein hohes
dramatisches Interesse dar. Auch die gleichzeitige Geschichte
von Frankreich, Spanien, die Eroberung Konstantinopels
und die Errichtung des lateinischen Kaiserthums ꝛc. sind
geeignet, die Aufmerksamkeit des Lesers in Spannung zu
erhalten. Der Verfasser vorliegender Schrift hat seine
Darstellung durchaus auf sehr umfassende und
eingehende Quellenstudien gegründet. Leider war
es ihm bei dem ihm zugemessenen Raume nicht möglich,
dem von ihm entworfenen Bilde die allseitige volle Rundung zu geben.

Der Verfasser.

Inhaltsverzeichniß.

Erstes Kapitel.

Einleitung. Wahl Innocenz' III.

Zweites Kapitel.

Deutschland.

1. Philipp der Hohenstaufe und Otto der Welfe im Thronstreite mit einander. Interregnum.

Eintreten großer Verwirrung in Deutschland nach Heinrichs VI. Tode. Philipp, Herzog von Schwaben, kehrt bei der Nachricht von dem Tode seines Bruders nach Deutschland zurück und bemüht sich vergeblich, seinem Neffen Friedrich die Krone zu erhalten. Erzbischof Adolf von Köln. Parteiungen in Deutschland. Philipp wird von den Anhängern der Hohenstaufen, Otto der Welfe von der Gegenpartei gewählt. Otto wird in Aachen, Philipp in Mainz gekrönt. Machtverhältnisse Beider. Ihre Beziehungen zu den Königen von Frankreich und England. Innocenz' III. Politik gegenüber Deutschland. Otto sucht des Papstes Gunst zu erwerben. Die zwei ersten Feldzüge Philipps. Versammlung seiner Anhänger zu Magdeburg. Des Papstes Schreiben an die Reichsfürsten zur Wiederherstellung des Friedens. Philipp

und seine Anhänger, sowie der König von Frankreich wenden sich
ebenfalls an den Papst. Innocenz legt den Gesandten Philipps in
einem Consistorium den Standpunkt auseinander, welchen er in dem
Thronstreite einzunehmen entschlossen sei. Erzbischof Konrad von Mainz
wird von dem Papste mit der Schlichtung des Streites beauftragt.
Tod Richards und Thronbesteigung Johanns von England. Erzbischof
Konrad stirbt nach vergeblichen Bemühungen, den Frieden wiederherzu=
stellen. Doppelwahl in dem Erzstifte Mainz. Merkwürdiges Rechts=
bedenken des Papstes über die Ansprüche Friedrichs, Philipps und
Otto's auf den Thron. Der Papst ordnet eine Gesandtschaft nach
Deutschland ab mit Briefen an Otto und viele Fürsten, in welchen
der Erstere anerkannt wird. Otto verspricht in Neuß eidlich der römi=
schen Kirche Treue, Gehorsam und Schutz in ihren Besitzungen. Er
wird in Aachen von dem päpstlichen Gesandten als König und über
dessen Gegner der Bann verkündet. Steigen von Otto's Macht. Phi=
lipp versammelt seine Anhänger zu Bamberg, welche eine heftige Prote=
station gegen des Legaten Benehmen nach Rom senden. Der König
von Dänemark stellt sich auf Otto's Seite, während sich Philipp
August von Frankreich bei dem Papste wegen dessen Parteinahme
für Jenen beklagt. Philipps Kanzler, Bischof Konrad von Würzburg,
tritt auf Otto's Seite, wird von Philipp geächtet und von zwei Rittern
meuchlings ermordet. Strenge Buße derselben. Der Landgraf von
Thüringen und König Ottokar von Böhmen gehen zu Otto über. —
Allmähliges Steigen der Macht Philipps. Er nimmt das Kreuz und
knüpft mit dem Papste Unterhandlungen an. Entzweiung des Erz=
bischofs Adolf von Köln mit Otto. Adolf fällt zu Philipp ab, welcher
in Aachen von ihm gekrönt wird. Adolf gebannt und abgesetzt.
Wahl des Propstes Bruno von Bonn an seine Stelle. Kampf der
Kölner mit den Gegnern Otto's. Sie unterwerfen sich Philipp.
Dieser nimmt die Unterhandlungen mit dem römischen Stuhle wieder
auf. Wolfger, Patriarch von Aquileja, Philipps Unterhändler. Phi=
lipp sendet ein merkwürdiges Rechtfertigungsschreiben nach Rom. Inno=
cenz' Gesandter spricht Philipp von dem Banne los. Feierlicher Ein=
zug desselben in Köln. Höhepunkt seiner Macht. Seine Beziehungen
zu dem Auslande. Fruchtlose Unterhandlungen mit Otto. Anträge
Philipps gegenüber dem Papste. Philipp rüstet sich nach glücklicher
Beendigung der Unterhandlungen mit dem Papste zu dem kaum mehr
zweifelhaften Entscheidungskampfe. Wird von Otto von Wittelsbach
ermordet. Seine Gemahlin Irene . . . . .

2. Otto IV. Kaiser.

Otto wendet sich an den Papst mit der Bitte, seine Angelegenheit glücklich zu Ende zu bringen. Philipp August und Innocenz III. Uebertritt der hohenstaufischen Partei auf des Welfen Seite. Otto auf dem Reichstage zu Frankfurt allgemein als König anerkannt. Freude des Papstes über die Hebung des Zwistes in Deutschland. Er schickt ein Beglückwünschungsschreiben an Otto und beschwichtigt ihn wegen Friedrich von Sicilien. Otto stellt zu Speier abermals eine Urkunde zu Gunsten der römischen Kirche aus. Seine Verlobung mit Philipps Tochter Beatrix. Romfahrt beschlossen. Lage der Dinge in Italien. Ghibellinen und Welfen. Otto in Italien. Otto's Zusammenkunft mit dem Papste zu Viterbo. Kaiserkrönung. Aufstand der Römer gegen die Deutschen. Alsbaldiges Zerwürfniß des Kaisers mit dem Papste. Otto tritt in die Fußstapfen seiner hohenstaufischen Vorgänger und bricht seine Eide. Vergebliche Bemühungen des Papstes, ihn von der verderblichen Bahn zurückzuhalten. Otto fällt in Unteritalien ein; wird mit dem Banne belegt. Parteigetriebe in Sicilien. Der Papst nimmt sich seines Mündels kräftig an. Seine Schritte zum Sturze des Welfen. Sein Schreiben an den König von Frankreich. Otto wird auf einer Versammlung zu Nürnberg für abgesetzt erklärt und Friedrich die Krone angetragen. Eilige Rückkehr Otto's nach Deutschland. Er hält einen Reichstag zu Frankfurt und Nürnberg, wo er sich über den Papst bitter beschwert und den König von Böhmen entsetzt. Verwüstung des Erzstifts Magdeburg. Beilager mit Beatrix

3. Otto IV. im Thronstreite mit König Friedrich von Sicilien.

Friedrichs Reise über Rom und Genua nach Deutschland. Seine Ankunft in Konstanz und Basel, wo er Ottokar von Böhmen wichtige Rechte verleiht. Er schließt ein Bündniß mit dem Könige von Frankreich, welcher ihn mit Geld unterstützt; wird zu Frankfurt gewählt; legt zu Eger ähnliche Versprechen, wie einst Otto, gegenüber der Kirche ab. Otto zieht sich, aus Breisach verjagt, nach Braunschweig zurück; nimmt Theil an dem Bunde des Königs von England und einiger nordfranzösischer Großen gegen den König von Frankreich. Sein Plan, Frankreich zu theilen und die Kirche zu säcularisiren. Er wird bei Bouvines gänzlich geschlagen; hält sich eine Zeit lang in Köln auf,

Drittes Kapitel.

Frankreich.

1. Unter Ludwig VII.

2. Philipp August. Die erste Hälfte seiner Regierung.

3. Ehestreitigkeiten zwischen Philipp August und Ingeburge.

Viertes Kapitel.

England.

1. Heinrich II.

Nach dem Tode des Thomas Becket zieht das Unglück in seine
Familie ein. Krönung seines Erstgeborenen Heinrich durch den Erz=
bischof von York. Heinrichs II. Zerwürfniß mit demselben; wallfahrtet
zu dem Grabe des hl. Thomas nach Canterbury und thut daselbst
Buße. Er schließt Frieden mit dem Könige von Frankreich und seinen
drei rebellischen Söhnen. Der junge Heinrich stirbt im Kampfe mit

2. Richard I.

3. Johann.

selben aufgefordert. Johann verbindet sich mit Otto IV. und den Grafen von Flandern. Pandulf weiß Johann zur Unterwerfung unter die Kirche zu bereden. Johann erklärt sich als Vasall und Schützling der römischen Kirche. Der Prophet zum Tode verurtheilt. Unzufriedenheit Philipp Augusts über diese Wendung der Dinge. Rückkehr der verbannten Bischöfe nach England. Streit mit den Baronen, auf deren Seite sich der Erzbischof Stephan stellt. Zufriedenheit des Papstes über Johanns Sinnesänderung. Der Cardinallegat Nikolaus. Pandulf in Rom mit Erfolg für Johann in dem Streit wegen der Entschädigungssumme thätig. Aufhebung des Interdicts nach sechsjähriger Dauer. Glänzender Sieg der Franzosen bei Bouvines. Rückschlag desselben auf England. Verschwörung gegen Johann, welcher Gegenanstalten trifft. Stellung des Papstes gegenüber den Parteien. Aufruhr in England. Johann unterzeichnet in seiner Bedrängniß die Magna Charta. Inhalt derselben. Die Versöhnung nur eine scheinbare. Neuer Ausbruch des Streites. Der Papst verwirft den Vertrag. Verhängung des Bannes über die Widerspenstigen. Die über Stephan ausgesprochene Suspension von dem Papste bestätigt. Erbitterter Parteikampf. Johann unterwirft sich fast ganz England. Die Barone tragen Ludwig von Frankreich die Krone an. Des Cardinallegaten Gualo Zusammenkunft mit Philipp und Ludwig. Dieser schifft sich nach England ein. Gualo belegt die Gegner Johanns mit dem Banne. Ludwigs Gesandtschaft vor dem Papste. Seine Fortschritte in England. Umänderung der Stimmung mancher Barone zu Gunsten Johanns. Dessen Tod und Charakter

Fünftes Kapitel.

Kreuzzug. Oströmisches Reich. Königreich Jerusalem.

1. Die Vorbereitungen auf den französisch-flandrischen Kreuzzug.

Innocenz' III. Aufforderungen und Maßregeln zur Eröffnung eines neuen Kreuzzugs. Seine Rundschreiben an die Erzbischöfe und Bischöfe der verschiedenen christlichen Länder. Benehmen der hohen französischen Geistlichkeit Frankreichs und tadelndes Schreiben des Papstes an dieselben. Die Kreuzprediger: Fulco; der Abt Martin. Die Grafen von Champagne, Blois und Flandern nehmen nebst vielen andern Baronen und Rittern das Kreuz . . . . .

2. Die Eroberung Konstantinopels.

3. Die Errichtung des lateinischen Kaiserthums (Romania) in Konstantinopel.

4. Das Königreich Jerusalem und die fortgesetzten Bemühungen im Abendlande zur Erhaltung und Erweiterung desselben.

Die christliche Herrschaft in Syrien verdankt ihre Fortdauer haupt= sächlich der innern Zwietracht der Sultane aus dem Geschlechte Sala=

Sechstes Kapitel.

Die pyrenäische Halbinsel.

1. Betrachtungen über die mittelalterliche Geschichte Spaniens.

2. Die Schlacht bei Navas de Tolosa.

Erstes Kapitel.

Einleitung. Wahl Innocenz' III.

Ruhmvoll und glücklich endeten für Alexander III. die gewaltigen Kämpfe mit Friedrich I. für die Unabhängigkeit der Kirche. Die Niederlage bei Legnano hatte den Kaiser genöthigt, von nun an eine andere Politik einzuschlagen, durch die vielfachen Unfälle der letzten Zeit von der Unmöglichkeit überzeugt, die Lombarden mit Waffengewalt sich zu unterwerfen und den doppelten Kampf gegen die Freiheit eines herrlich aufblühenden Volkswesens sowohl als der Kirche zu einem glücklichen Ziele zu führen. Nach längeren Unterhandlungen kamen der Papst und der Kaiser sowie Abgesandte der Lombarden und des Königs von Sicilien in Venedig zusammen. Friedrich warf sich dem Papste, der ihn in der Vorhalle der St. Martinskirche empfing, zu Füßen. Weinend hob ihn Alexander auf und gab ihm den Segen und Friedenskuß. Es war einer der großartigsten und erhebendsten Momente der mittelalterlichen Geschichte. Alexander III., lange Zeit als Flüchtling jenseits des Meeres und nach seiner Rückkehr aus Frankreich und kurzem Verweilen zu Rom in Unteritalien lebend, bis auf den Tod verfolgt von seinem mit allen Mitteln irdischer Macht und Herrlichkeit ausgerüsteten Gegner, dem vor seinen Füßen liegenden Kaiser gegenüber, ist ein lebendiger Beweis für die immer wieder, wenn auch selten in solch' glanzvoller Form, auftretende und für alle Vertheidiger der kirchlichen Freiheit trostreiche Wahrheit, daß Gottes und der Kirche

Sache, ohne menschliche Absichten und Leidenschaften festgehalten, wenn auch eine Zeit lang der Uebermacht brutaler Gewalt und tückischer Bosheit weichen, doch niemals auf die Dauer unterliegen kann. — Alexander III. konnte nun nach seiner Rückkehr aus Venedig von Rom wieder Besitz ergreifen. Im Triumphe zog er in die ewige Stadt ein unter dem Jubel des über das Ende des Schismas erfreuten Volkes. An dem darauf folgenden Osterfeste ließ er sich zum zweiten Male mit großer Pracht krönen. Nun, nachdem er nach einer langjährigen Regierung allgemeine Anerkennung erhalten, war er darauf bedacht, den während der Kirchenspaltung eingerissenen Mißbräuchen Abhilfe zu verschaffen und berief daher ein allgemeines Concil in den Lateran. Während seiner Bemühungen, die Könige von Frankreich und England zur Eröffnung eines Kreuzzuges zu bewegen, starb er (30. August 1181) nach einer Regierung von beinahe 22 Jahren.

Schon zwei Tage nach Alexanders III. Tode wurde Cardinal Hubald, aus Lucca gebürtig, zu Velletri gewählt, welcher den Namen Lucius III. annahm. Unter ihm erneuerten sich die aufrührerischen Bewegungen der Römer. Als er von dem Orte seiner Erwählung und Weihe nach Rom zog und einige Gewohnheiten, welche daselbst von seinen Vorgängern beobachtet worden waren, nicht bestätigte, wurde er von den Römern aus ihrer Stadt und von einem festen Castelle in das andere bis nach Velletri vertrieben. Auf seine dringende Bitte sandte ihm der Kaiser den Reichskanzler und Erzbischof Christian von Mainz zu Hilfe, welcher die Römer so sehr in die Enge trieb, daß sie sich verbindlich machten, den Papst unter den von ihm selbst vorgeschlagenen Bedingungen in ihre Stadt aufzunehmen. Nach dem kurz darauf erfolgten Tode des Erzbischofs, in Folge dessen sein Heer sich zerstreute, erhoben sich die Römer auf's Neue. Lucius III., sich außer Stande sehend, aus eigenen Kräften Widerstand zu leisten, sandte an alle geistlichen und weltlichen Fürsten um Unterstützung. Mit

den aus England und andern Reichen zusammengebrachten Gel=
dern schloß der Papst „den für ihn und für die Kirche noth=
wendigen Frieden". Ein neuer Aufstand der Römer,
welche sich gegen mehrere Geistliche der päpstlichen Partei un=
erhörte Mißhandlungen erlaubten, nöthigte Lucius III., die
Stadt abermals zu verlassen. Nachdem er alle, welche sich an
den verübten Frevelthaten in irgend einer Weise betheiligt hatten,
mit dem Banne belegt, begab er sich im Juli 1184 nach Ve=
rona, wo sich auf die Einladung des Kaisers eine Menge
italienischer und mehrere deutsche Bischöfe und Fürsten ver=
sammelten. Hier wurde über die verschiedennamigen manichäi=
schen Ketzer jener Zeit, sowie auch über die Anhänger der Lehre
des Arnold von Brescia und über die ungehorsamen Römer,
welche die Herrschaft des Papstes in weltlichen Dingen nicht
anerkennen wollten, der Bann ausgesprochen. Außerdem wur=
den hier mehrere wichtige Gegenstände zwischen dem Kaiser und
dem Papste verhandelt. Lucius III. verlangte die Zurück=
gabe der Mathildischen Güter, welche Friedrich I. seinem
Erstgeborenen Heinrich zugedacht hatte. Der Kaiser dagegen
wünschte, daß alle während des Schismas von den Gegen=
päpsten geweihten Geistlichen ihre Pfründen behalten, oder,
wenn sie dieselben verloren hätten, wieder in sie eingesetzt wer=
den sollten. Nachdem Lucius hierin der Hauptsache nach
nachgeben zu wollen sich den Anschein gegeben, erklärte er am
folgenden Tage, bei der Zusammenkunft in Venedig sei be=
stimmt worden, daß außer den Erzbischöfen von Mainz, Köln
und Ravenna keiner ehemals von einem Schismatiker Ge=
weihte seine Würde behalten dürfe, und machte den Vorschlag,
diese Angelegenheit einem demnächst zu Lyon abzuhaltenden all=
gemeinen Concil zu überlassen. Wurde der Kaiser hiedurch,
sowie durch die Anerkennung Folmars statt des von ihm ge=
schützten Gegencandidaten Rudolf als Erzbischof von Trier in
hohem Grade erbittert, so fühlte er sich noch mehr persönlich
dadurch beleidigt, daß der Papst sich weigerte, seinen Erstge=

borenen Heinrich zu seinem Nachfolger zu krönen, bevor er
selbst die Krone niedergelegt habe, da es ebenso seltsam und
widersprechend sei, zwei Kaiser zu gleicher Zeit auf einem
Throne zu sehen, als zwei Päpste auf einem Stuhle. Lu=
cius III. mochte um so weniger geneigt sein, des Kaisers
Wünschen hinsichtlich der Beförderung seines Hauses und seiner
Anhänger nachzugeben, als die damals schon beabsichtigte Ver=
mählung Heinrichs mit der muthmaßlichen Erbin
des sicilianischen Reiches den Interessen des römischen
Stuhles im höchsten Grade zuwiderlief. Wenn nämlich dieser
Plan in's Werk gesetzt wurde, verloren die Päpste den Schutz,
den sie gewöhnlich in dem Süden der Halbinsel gegen=
über den Kaisern gefunden hatten, und konnten dann im Ge=
gentheil auch von dieser allein noch offen stehenden Seite be=
drängt werden. Um auch in Oberitalien festeren Fuß zu
fassen, ging die Politik des Kaisers nun dahin, die Lom=
barden, welchen durch den Konstanzer Frieden (25. Juli
1183) die Gefahr einer Vernichtung ihrer Freiheit in die Ferne
gerückt und dadurch der Hauptnerv ihres einträchtigen Zusam=
menwirkens abgeschnitten worden war, von dem Papste zu
trennen. Dieß gelang ihm besonders gegenüber Mailand,
dem Haupte derselben, mit welchem er einen Freundschaftsbund
schloß. Lucius dagegen befand sich in einer sehr drückenden
Lage, welche noch durch die Bedrängnisse der Christen in Pa=
lästina verschlimmert wurde. So lagen die Verhältnisse nach
mehreren Seiten im Dunkeln, als Lucius III. den 29. No=
vember 1185 zu Verona, wo er sich seit jener Versammlung
aufgehalten hatte, nach einer Regierung von vier Jahren starb.

Es ist ein Beweis von der Energie und entschlossenen
Haltung, welche damals in dem Cardinalscollegium
herrschte, daß dasselbe in einem Zeitpunkte, da der politische
Horizont sich für das Papstthum wieder zu umdüstern begonnen
hatte, und die Errungenschaften des langwierigen Kampfes
Alexanders III. verloren zu gehen drohten, schon einen Tag

nach dem Tode Lucius III. den Cardinal Hubert Crivelli, Erzbischof von Mailand, einen treuen Anhänger des Thomas Becket, welcher außerdem dem Kaiser und den Deutschen wegen der strengen Behandlung seiner Familie persönlich abgeneigt war, einstimmig zum Oberhaupt der Kirche wählte. Der neue Papst, welcher sich Urban III. nannte und nach dem Vorgange Leo's IX. und Alexanders sein Erzbisthum beibehielt, trat in der That auch von Anfang an mit nicht geringer Rücksichtslosigkeit gegen den Kaiser auf, welcher, wie es sich immer klarer herausstellte, nicht seine Pläne selbst, sondern nur die Art und Weise ihrer Durchführung geändert hatte. Am 27. Januar 1186 fand die Vermählung Heinrichs mit Constanze, sowie die Krönung des Kaisers, des jungen Königs und seiner Gemahlin in der St. Ambrosiuskirche mit großer Pracht statt. Urban III. war jedoch soweit entfernt, das, was er nicht hatte verhindern können, anzuerkennen, daß er alle Prälaten, welche jenen Feierlichkeiten beigewohnt hatten, ihrer Würden entsetzte. Außerdem weigerte er sich gleich seinem Vorgänger, Heinrich zu krönen. Die politischen Verhältnisse änderten sich innerhalb weniger Jahre so sehr, daß jetzt der Kaiser mit Hilfe der Mailänder die gegen ihn erzürnten Cremonesen, seine alten Freunde, besiegte. In Deutschland bildete sich eine starke antikaiserliche Partei, an deren Spitze der von Friedrich bei der Theilung der Besitzungen Heinrichs des Löwen besonders reichlich bedachte Erzbischof Philipp von Köln sich stellte, dessen Streben jetzt dahin ging, das zu große Wachsthum der kaiserlichen Macht zu verhindern. Im Einverständnisse und wahrscheinlich auf Aufforderung der deutschen Bischöfe beschwerte sich nun Urban III., welcher zugleich die Zurückgabe der Mathildischen Güter an die Kirche verlangte, über den Kaiser, daß er die Geistlichen besteuere und vor das weltliche Gericht lade, den beweglichen Nachlaß der Bischöfe dem Fiscus zuweise, viele den Nonnenklöstern angehörige Güter an sich ziehe und die erledigten Kirchenstellen unter dem Vorwande nothwendiger Umgestaltungen nicht besetze. Friedrich seinerseits rüstete sich, da der Papst die zu seiner Rechtfertigung vorgebrachten Gründe nicht stichhaltig fand und Folmar zum Erzbischofe von Trier machte und nach einer Nachricht sogar zum Cardinal ernannte, bereits zu Gewaltmaßregeln gegen den Papst. Er verließ sodann Italien, wo König Heinrich gegen den Papst und die kirchlich Gesinnten ein feindseliges und theilweise sogar grausames Benehmen einhielt, und kehrte nach Deutschland zurück, wo seine Gegenwart für ihn höchst nothwendig war. Wenn es ihm hier auch gelang, den gegen ihn geschlossenen Bund wieder zu sprengen, so verharrte doch Philipp von Köln, welcher zum päpstlichen Legaten und Haupte der kirchlichen Partei in Deutschland ernannt worden war, auf seinem Widerstande. Die Spannung zwischen Kaiser und Papst wurde zuletzt so groß, daß der Letztere schon den Entschluß faßte, Friedrich mit dem Banne zu belegen und denselben zu diesem Ende auf die gewöhnliche Weise nach Verona zu sich lud. Die Veronesen gestatteten ihm jedoch nicht, als Vasallen und Freunde des Kaisers, eine Maßregel zu ergreifen, welche großes Aufsehen erregen und für sie von unangenehmen Folgen werden könnte. Er begab sich nach Ferrara, wo er den 19. Oktober 1187 starb.

Zu Urbans III. Nachfolger wurde der Cardinal und Kanzler der römischen Kirche, Albert, aus Benevent gebürtig, ein durch Gelehrsamkeit, Sittenreinheit und Frömmigkeit ausgezeichneter Kirchenfürst, zur großen Freude des Kaisers, welcher auf seine Freundschaft festes Vertrauen setzte, bereits den 20. Oktober zu Ferrara gewählt und als Gregor VIII. den 25. Oktober consecrirt. Von Ferrara begab sich derselbe nach Pisa, um die Streitigkeiten, welche zwischen dieser Stadt und Genua obschwebten, beizulegen und die Hilfe der beiden mächtigen Seestädte für den heiligen Krieg in Anspruch zu nehmen. Schon war der Abschluß eines Friedens nahe, als der vortreffliche Papst den 17. Dezember 1187 nach einem Pontificate von beinahe zwei Monaten starb.

Bereits den 19. Dezember wurde der Cardinalbischof Paulus von Palästrina gewählt, welcher sich Clemens III. nannte. Als geborener Römer mochte er besonders großes Interesse daran haben, den schon seit 50 Jahren andauernden Streit zwischen seiner Vaterstadt und dem apostolischen Stuhle, welcher nach dem Verlangen des Volkes bloß die geistliche Herrschaft ausüben sollte, beizulegen. Er sandte daher sogleich nach seiner Wahl Bevollmächtigte nach Rom, um über den Abschluß eines Vergleichs unterhandeln zu lassen. Da in Rom selbst Parteiungen herrschten, insofern die einen, der häufigen Unruhen müde, die Rückkehr des Papstes verlangten, die andern aber verwarfen, so wurde der Friede ohne besonders große Schwierigkeiten abgeschlossen. Clemens III. kehrte nun aus Pisa, dessen Bewohner auf seine Aufforderung in großer Anzahl das Kreuz nahmen, nach Rom zurück, wo er von dem Senate, Adel und Volk mit großen Ehren- und Freudenbezeugungen empfangen wurde. Von hier aus sandte er Legaten nach Frankreich, England und Deutschland zur Bewerkstelligung eines neuen Kreuzzuges ab. Was das letztere Land betrifft, so sollte diese Frage auf dem Reichstage zu Mainz entschieden werden. Hier nahmen der Kaiser und außerdem viele weltliche und geistliche Fürsten aus den Händen des Cardinals Heinrich von Albano und des Bischofs von Würzburg das Kreuz. Die seit dem Tode Urbans III. eingetretene veränderte Stellung des Papstes zu dem Kaiser hatte Philipp von Köln genöthigt, sich mit dem letzteren in ein gutes Einvernehmen zu setzen. Nur mit Widerstreben und auf die Fürsprache des jungen Königs Heinrich, welchen Philipp für sich gewonnen hatte, wurde von dem Kaiser der Groll vergessen und der greise Erzbischof in Mainz wieder in Gnaden angenommen. Ein anderer Kirchenfürst, welcher auf der Gegenpartei des Kaisers stand, der Erzbischof Folmar von Trier, mußte, da der Kaiser erst nach Beruhigung der deutschen Angelegenheiten den Kreuzzug antreten wollte, der Nothwendigkeit der Umstände zum Opfer fallen. Nachdem schon Gregor VIII. sich in einem Schreiben an denselben ziemlich ungünstig ausgesprochen hatte, kam der päpstliche Legat Cardinal Siegfried mit dem Kaiser darin, daß beide Nebenbuhler, Rudolf und Folmar, auf den Erzstuhl resigniren sollten, überein. — Mit je größeren Hoffnungen der Zug Friedrichs I. nach Palästina begleitet wurde, um so tiefer war die Trauer über den Tod des heldenmüthigen Kaisers, welcher noch am Abende seines Lebens seine Kräfte dem Dienste Gottes weihte, nachdem er so viele Jahre lang für die Vergrößerung seiner irdischen Macht im Kampfe mit der Kirche gewirkt hatte. Clemens III. wurde durch die Trauerbotschaft so sehr niedergebeugt, daß er sich einige Tage lang in seinem Palaste einschloß, ohne Jemand, außer seinen vertrautesten Freunden, den Zugang zu gestatten. Den 27. März 1191 starb derselbe, von den Römern tief betrauert. — Zwei Tage später wurde der hochbetagte Hyazinth, ebenfalls ein geborener Römer, aus dem Geschlechte der Orsini, zu seinem Nachfolger gewählt, welcher den Namen Cölestin III. annahm. Obwohl von keiner großen Energie des Charakters, nahm der neue Papst gegenüber Heinrich hinsichtlich der zu ertheilenden Kaiserkrönung eine ähnliche Stellung ein, wie Hadrian IV. gegenüber Friedrich I. Er suchte dieselbe hinauszuzögern, um inzwischen die dem römischen Stuhle erwünschten Zugeständnisse zu erhalten, und schob seine eigene Weihe absichtlich hinaus, um den König mit der Krönung hinhalten zu können. Heinrich aber, ungeduldig wie er war, die Angelegenheiten in Sicilien zur Entscheidung zu bringen, wiegelte seinerseits die Römer gegen den Papst auf, indem er ihnen die Uebergabe des verhaßten Tusculums versprach, welche Clemens III., obwohl sie einen

Hauptgegenstand seiner Uebereinkunft mit ihnen bildete, nicht ausgeführt hatte. Der Papst ließ sich, von den Römern bedrängt und von Heinrichs des Löwen gleichnamigem Sohne mit Bitten bestürmt, endlich am ersten Osterfeste (13. April 1191) weihen und ertheilte am folgenden Tage Heinrich und seiner Gemahlin die Kaiserkrönung. Tusculum aber, welches so oft den Kaisern gegen die Römer und die Päpste zum Stützpunkte gedient hatte, ereilte jetzt sein Schicksal. Heinrich, welchen die Bewohner mit Freuden aufgenommen und von dem sie Befreiung von dem Untergange gehofft hatten, lieferte es den Römern aus, welche es zerstörten.

Der Kaiser brach jetzt nach Unteritalien auf. Vergeblich hatte ihn der Papst durch Bitten, Drohungen und Unterhandlungen zurückzuhalten gesucht. Cölestin war zu schwach, durch entschiedene Maßregeln die Verwirklichung eines Planes zu verhindern, welche entschlossenere Päpste für die wichtigste und einschneidendste Frage der römischen Politik gehalten hätten. Von Heinrich VI. dagegen stand zu befürchten, daß er gegenüber dem römischen Stuhle auch das Aeußerste zu wagen nicht verschmähen würde, wenn es gelte, die Macht seines Hauses zu erhöhen. Nachdem er mit Anwendung der grausamsten Mittel Sicilien sich vollständig unterworfen, begab er sich nach Deutschland. Da beinahe ganz Italien ihm gehorchte und die sicilianischen Schätze ihm eine sehr wirksame Handhabe darboten, glaubte er, der Zeitpunkt sei gekommen, die Kaiserkrone erblich zu machen. Schon willigten die Mehrzahl der Bischöfe und 52 weltliche Fürsten urkundlich in diese Umänderung des deutschen Staatsrechts ein. Da schlossen die Erzbischöfe von Mainz und Köln, des Reiches einflußreichste Würdenträger, und mehrere niederdeutsche Fürsten ein Gegenbündniß. Auch der Papst erhob Protest. Heinrich VI. gab nun, da er keine Gewalt brauchen wollte, vorerst seinen Plan auf und entband die von ihm gewonnenen Fürsten ihres Eides. Dagegen gelang es ihm durch die Wahl

seines zweijährigen Sohnes Constantin, welcher nachher in der
Taufe den Namen Friedrich erhielt, zum römischen König,
wenigstens für die nächste Zukunft thatsächlich denselben Zweck
zu erreichen. Doch war der soeben genannte Plan nur ein
Glied in der Kette noch viel umfassenderer Entwürfe. Mit
Hilfe des männerreichen Deutschlands und des geld-
reichen Italiens hoffte er die altrömische Weltherr-
schaft in ihrem vollen Umfange wiederherstellen zu können.
Ueber solchen großartigen Plänen brütend und gerade damit
beschäftigt, eine ausgebrochene Empörung mit äußerster Grausamkeit zu unterdrücken, starb er unerwartet bei der Belagerung
eines Schlosses den 28. September 1197 in einem Alter von
32 Jahren.

Es ist eine merkwürdige Erscheinung, daß, nachdem unter
Heinrich VI. das Uebergewicht des Kaiserthums sich in
einem die Freiheit der Kirche vernichtenden Maße geltend zu
machen gesucht hatte, nach dessen Tode beinahe ein entgegen-
gesetztes Verhältniß der beiden höchsten Gewalten der Christenheit zu einander eintrat. Während des gewaltigen Hohenstaufen Universalmonarchie, welche schon in ihrem Entwurfe die
ganze Größe der Gefahr zeigte, in welcher die Kirche schwebte,
in Trümmer fiel, und dessen Bruder sich den deutschen Kaiserthron erst gegenüber einem Nebenbuhler zu erkämpfen anschickte,
wurde durch die göttliche Vorsehung ein Mann auf den Stuhl
St. Petri berufen, unter welchem die Macht und Hoheit
der mittelalterlichen Kirche ihren Höhepunkt erreichte.

Am 8. Januar 1198 war Cölestin III. 90 Jahre alt
gestorben. Die Gewaltthätigkeit Heinrichs VI. hatte es dahin
gebracht, daß das römische Gebiet auf allen Seiten von
hohenstaufischen Lehen umgeben wurde. Nicht nur galt es jetzt,
die Wahl zur Entfernung aller feindlichen Einwirkungen zu
beschleunigen, sondern auch einen Mann auf den apostolischen
Stuhl zu erheben, dessen Thatkraft die alten Rechte und Ansprüche der römischen Kirche auf Sicilien und verschiedene

Gebiete in Mittelitalien wieder zur Anerkennung zu bringen und überhaupt die Freiheit der Kirche gegen die Willkür
der weltlichen Gewalt aufrecht zu erhalten im Stande wäre.
So wählten denn die Cardinäle bereits am Todestage Cölestins III. einstimmig den Cardinal Lothar, einen Sohn des
Grafen Trasimund von Segni. Während der Berathung sah man
drei Tauben häufig in der Versammlung umherfliegen. Als der
Gewählte den ihm herkömmlicher Weise gebührenden Platz,
abgesondert von den übrigen, einnahm, soll ihm die weißeste
unter ihnen an seine Rechte geflogen sein. Innocenz III.,
wie sich der Gewählte nannte, war ein Mann von schöner,
würdevoller Gestalt, feinem, durchdringendem Verstande, starkem
Gedächtnisse und energischem Willen. Seine Bildung hatte er
in Rom, dann in Paris, dem damaligen Hauptsitze philosophischer
und theologischer Wissenschaften, und zuletzt in Bologna, der
hohen Schule der Rechtsgelehrsamkeit, erhalten. Gregor VIII.
hatte ihm das Subbiaconat, Clemens III., ein naher Verwandter mütterlicher Seits, die Würde eines Cardinals ertheilt (1190). Die für die Kirche ruhmlose Zeit während der
Regierung Cölestins III., welcher dem gegen sein Haus feindlich gesinnten Geschlechte der Orsini angehörte und noch auf
dem Todbette die Cardinäle zu bewegen gesucht hatte, den Cardinal Johann von St. Paul aus dem Hause Colonna zu wählen,
brachte er in Zurückgezogenheit, wahrscheinlich größtentheils auf
den Gütern seines Hauses bei Anagni, in Betrachtung der
göttlichen und menschlichen Dinge und in wissenschaftlicher
Thätigkeit, mit Abfassung verschiedener Schriften zu. Daß ein
Mann von so streng ascetischen Grundsätzen, wie sie sich in
der Schrift „von der Verachtung der Welt" ausgesprochen finden, von seinen Amtsbrüdern auserkoren wurde, das Schiff der
Kirche als geistlicher Vater von Fürsten und Völkern zu regieren, und daß der Gewählte aus der Einsamkeit zu den Geschäften berufen, dennoch solche Meisterschaft bekundete, mag
auf den ersten Blick befremdend erscheinen. Aber auch Inno-

cenz' III. großer Vorgänger und Geistesgenosse Gregor VII. war einst in den Mauern von Clugny für seinen Beruf erzogen worden, und der Abt von Clairvaux, der hl. Bernhard, schöpfte und bewahrte in der Abgesondertheit von der Welt die Kraft und Unabhängigkeit des Geistes, um die von ihm verachtete Welt zu beherrschen.

Nachdem Innocenz die heiligen Weihen als Priester und Bischof erhalten hatte, wurde er den 22. Februar 1198 durch den Bischof von Ostia mit dem Pallium und der Mitra, als Zeichen der päpstlichen Gewalt, geschmückt und in festlichem Zuge unter dem Jubel des Volkes aus der St. Peterskirche nach dem Lateran geführt. Wenn manchen der Zeitgenossen die Wahl des siebenunddreißigjährigen Innocenz in Anbetracht seiner für die Uebernahme der höchsten Würde verhältnißmäßig so großen Jugend bedenklich erscheinen mochte, so legte der neue Papst doch gleich von Anfang an den Beweis ab, daß er die Umsicht und Zähigkeit des höheren Alters mit dem Feuer und der Energie der Jugend zu vereinigen wisse. Als hätte er bisher nur auf die Regierung der Kirche sich vorbereitet und die für die verschiedenen Verhältnisse zu treffenden Maßregeln schon zum Voraus im Geiste getroffen, tragen alle seine Handlungen das Gepräge der ruhigsten Ueberlegung und sichersten Ausführung. Das göttliche Gesetz, getragen und erklärt durch die Autorität der Kirche, war ihm die Richtschnur, das Papstthum der feste Grund, auf den er sich gegenüber den wandelbaren, in Gegensätze zerfallenen irdischen Dingen stützte.

Innocenz' III. nächstes Ziel war die Wiederherstellung der päpstlichen Macht in Rom und dem Kirchenstaate. In der Stadt Rom herrschten bei dem unsteten, der Bestechlichkeit und sonstiger fremder Einwirkung, sowie der Aufwiegelung durch Demagogen zugänglichen Sinne der Bewohner während des Mittelalters, wie schon oben bemerkt worden, häufig Streitigkeiten, in Folge deren die Päpste sich andere Aufenthaltsorte suchen mußten. Gleich nach seiner Wahl

drang das Volk in Innocenz, ihm das gewohnte Wahlge-
schenk zu geben. Mit Mühe brachte derselbe bei der Erschö-
pfung der Schatzkammer die nöthige Summe zusammen. Des
Volkes freudige Stimmung hierüber benützte er sogleich, um, was
von großer Wichtigkeit war, den von dem Kaiser eingesetzten
und in Lehenspflicht genommenen Präfecten der Stadt sich huldigen zu lassen. Außerdem ließ er einen andern Senator durch
einen Bevollmächtigten setzen und dessen Amt von nun an in
seinem Namen verwalten. Nachdem er so in den Präfecten
des Kaisers und in dem Senator des Volkes Ge-
walt an sich gebracht, konnte er sich der Herrschaft über die
Stadt vorläufig versichert halten. Auch die benachbarten Barone
beeilten sich, ihrem Lehensherrn den Huldigungseid zu leisten.
Zur schnellen Erreichung der sonst schwierigen Aufgabe aber,
in Mittelitalien die päpstlichen Ansprüche geltend zu machen,
kamen ihm die Umstände zu statten. In diesen Gegenden,
dem eigentlichen Kirchenstaate, der Schenkung Pipins und
der Gräfin Mathilde, herrschten, theilweise seit längerer Zeit,
gänzlich aber seit Heinrich VI., welcher aus dem kriegerischen,
nach Erwerb fremder Lehen lüsternen Adel Deutschlands sich
kräftige Stützen seiner Militärherrschaft ausgewählt hatte,
deutsche Statthalter im Namen des Kaisers. Mit der
anconischen Mark und der Romagna hatte Heinrich VI. den Reichsseneschall Markwald von Anweiler
belehnt, welcher, da er sich um das hohenstaufische Haus hoch
verdient gemacht, von demselben auf dem Sterbebette zum
Reichsverweser über Sicilien ernannt, von der Kaiserin
Wittwe Constanze aber aus letzterem Lande verbannt worden
war. Als die von den in die Mark abgesandten zwei Cardinälen gepflogenen Unterhandlungen zu keinem Resultate führten
und Markwald Gewalt gebrauchte, wurde er mit dem Banne
belegt und mit Krieg überzogen, in Folge dessen fast die ganze
Provinz für ihn verloren ging. Das Herzogthum Spoleto,
die Grafschaft Assisi nebst der Grafschaft Sora waren dem

schwäbischen Ritter Konrad von Uerslingen übergeben worden. Zwar wurde er von dem Papste, da er auf die Regierung nicht sogleich verzichtete, gebannt; nichtsdestoweniger suchte er ihn durch die vortheilhaftesten Anerbietungen zu gewinnen. Als er seine Bemühungen an des Papstes Festigkeit und des Volkes Abneigung gegen die deutsche Herrschaft scheitern sah, entband er die Vasallen des Eides, übergab die festen Plätze und kehrte nach Deutschland zurück. Auch in das Exarchat Ravenna wurde ein Legat gesandt. Da aber der dortige Erzbischof seine auf päpstliche Urkunden gegründeten Rechte vorwies, hielt es Innocenz für gerathen, die Ansprüche der römischen Kirche zu einer andern Zeit geltend zu machen. Einen großen Beweis von Staatsklugheit legte er ab, als er, statt sich mit Toscana wegen Durchsetzung der Rechte der römischen Kirche in einen Streit zu verwickeln, die republikanische Freiheit der dortigen Städte als wirksamstes Mittel gegen das monarchische Uebergewicht der deutschen Kaiser in seinen Schutz nahm. Wie die Lombarden auf die Nachricht von Heinrichs VI. Tode ihren Bund erneuert hatten, so schlossen auch die tuscischen Städte schon unter Cölestin III. den 11. November 1197 unter sich ein Bündniß. Innocenz III. bestätigte dasselbe, nachdem die Rectoren sich nach langen Verhandlungen mit ihm über eine Form verständigt hatten, durch welche ihre von dem Papste geltend gemachte Abhängigkeit von dem römischen Stuhle gewahrt blieb. Das mächtige Pisa allein zog es vor, trotz aller Bemühungen des Papstes und selbst ungeachtet des Bannes, womit es bereits von Cölestin III. belegt worden war, auch fernerhin auf Seite der kaiserlichen Partei zu bleiben. — Noch waren die Verhältnisse in Unteritalien zu ordnen. Hier war nach Heinrichs VI. Tod große Verwirrung eingetreten. Um dem Reiche Ruhe zu verschaffen, ließ die Regentin Constanze die verhaßten Deutschen aus dem Lande verbannen. Aber mit der Entfernung des gemeinsamen Feindes traten unter den einheimischen Großen selbst wieder Spaltungen ein. Constanze hielt es für gerathen, durch Wiederanknüpfung des alten Lehensverbandes mit dem römischen Stuhle ihre Herrschaft zu befestigen. Die Gewährung ihrer Bitte um Bestätigung der Rechte Friedrichs machte Innocenz III., die der Freiheit der Kirche günstigen Umstände benützend, von der Verzichtleistung auf die vier Vorrechte oder die vier sogenannten Kapitel — die Legation, die geistlichen Ernennungen, die Appellationen und die Synoden betreffend —, welche Hadrian IV. dem Könige Wilhelm I. bewilligt und Clemens III. Wilhelm II. bestätigt hatte, abhängig. Die Bemühungen der Constanze, den Papst durch Geschenke zu gewinnen, waren fruchtlos. Erst nachdem sie jenen Vorrechten entsagt hatte, wurde der Lehensbrief ausgefertigt. Ehe derselbe in Sicilien ankam, starb Constanze den 27. November 1198. In ihrem Testamente hatte sie in kluger Erwägung der Umstände Innocenz III. als Oberlehensherrn zum Vormund ihres vierjährigen Sohnes Friedrich bestimmt. So sehr hatten sich die Verhältnisse innerhalb weniger Jahre umgekehrt, daß die Oberherrschaft und Vormundschaft des Papstes zu Gunsten des Sohnes jenes Kaisers angerufen werden mußte, welcher das Recht der Kirche umzustürzen kein Bedenken getragen hatte. Nun, nachdem die Verhältnisse in Italien in einem für die Kirche günstigen Sinne geordnet, wurde die Thätigkeit des Papstes in hervorragender Weise durch die in Deutschland eingetretenen Verhältnisse in Anspruch genommen.

Zweites Kapitel.

Deutschland.

1. Philipp von Schwaben und Otto der Welfe im Thronstreite miteinander. Interregnum.

Bei seiner Thronbesteigung fand Innocenz III. die Lage Deutschlands, des Hauptlandes der Christenheit, in großer Verwirrung. Nach dem frühzeitigen Tode Heinrichs VI. bemühte sich sein Bruder Philipp, Herzog von Schwaben, seinem Neffen Friedrich die deutsche Krone zu erhalten. Er überzeugte sich jedoch bald, daß die Mehrzahl der auf hohenstaufischer Seite stehenden Fürsten der Anerkennung eines unmündigen Kindes abgeneigt sei, da das Reich in so schwerer Zeit eines kräftigen Oberhauptes bedürfe. Endlich ließ sich Philipp, dem Drängen seiner Freunde, besonders des Bischofs Diethelm von Konstanz nachgebend, damit nicht die Krone bei den vielen Gegnern auf ein anderes Haus übergehe, den 6. März 1198 in Arnstadt zum Könige wählen. Fast um dieselbe Zeit fand eine Versammlung der Gegenpartei zu Köln statt. Als diese, durch das Ausbleiben so vieler Fürsten beunruhigt, die in Thüringen Versammelten zu einer gemeinsamen Zusammenkunft auf fränkischem Boden einladen ließ, fanden die Gesandten, daß sie bereits zu spät gekommen seien. Es wurden nun die früher angeknüpften Unterhandlungen mit Berthold von Zähringen, einem alten Feinde der Hohenstaufen, fortgesetzt. Durch das Zureden seiner Freunde ließ sich dieser (1. März 1198) zur Einwilligung in die Wahl bewegen. Die dieselbe hauptsächlich betreibenden Erzbischöfe von Köln und Trier — der Mainzer war im Morgenland abwesend — erhielten für ihre Bemühungen 1400 Mark. Doch scheinen sie ihm nicht recht getraut zu haben; denn für sein eidliches Versprechen, an einem bestimmten Tage mit einem

Heer in Andernach zu erscheinen, mußten seine Neffen, die Grafen von Urach, als Geiseln haften. Bald erfuhren die Fürsten in Andernach, daß Berthold, seinen persönlichen Vortheil überlegend, über die bisherigen und noch künftigen Geldopfer beunruhigt, auf seine Ansprüche zu Gunsten Philipps, welcher ihm durch den Bischof von Konstanz und den Pfalzgrafen Rudolf von Tübingen vortheilhafte Anerbietungen gemacht hatte, verzichtet habe. Seine Neffen, welche sich selbst der Haft zu entziehen gewußt hatten, traten in den Cistercienserorden. Während der eine derselben, Berthold, Abt von Salem wurde, ward Konrad später berufen, als Cardinal und päpstlicher Legat auf sehr hervorragende Weise in die kirchlich = politischen Verhältnisse Deutschlands einzugreifen. Die antihohenstaufische Partei trat nun mit dem Herzoge Bernhard von Sachsen, obwohl derselbe ein Mitwähler Philipps gewesen war, in Verbindung. Aber auch dieser fand sich nicht zur Annahme der Wahl gewachsen. Philipp mochte nun hoffen, sich leichter mit seinen Gegnern verständigen zu können. Allein wenn sie ihn auch eine Zeit lang mit Versprechen hinhielten, so waren sie doch weit entfernt, von ihrem Plane, durch Erhebung eines Gegenkönigs der drohenden Macht des hohenstaufischen Hauses ein Gegengewicht zu schaffen, abzustehen. Zwar hatte das Kölner Erzbisthum ganz besonders dem Sturze Heinrichs des Löwen seine auch in weltlicher Beziehung neuerdings so entschieden hervorragende Stellung zu verdanken. Nichtsdestoweniger fand es Adolf von Köln zuletzt nicht mehr bedenklich, auf den Sohn Heinrichs des Löwen sein Auge zu werfen. Zu statten kam ihm hier sein inniges Verhältniß zu König Richard von England, dem Oheim des jungen Welfen. Den augenscheinlichsten Beweis hievon hatte Adolf bei der Rückreise Richards aus Deutschland nach England gegeben. Er hatte ihn nicht nur drei Tage lang bewirthet, sondern auch nach Beendigung einer Messe, zu deren Anhörung

er seinen Gast bewogen, in dem Chore unter den Sängern
laut die Worte angestimmt: „Nun weiß ich wahrhaftig, daß
der Herr seinen Engel gesandt und mich errettet hat aus der
Hand des Herodes." Da der Pfalzgraf Heinrich, das
damalige Haupt des welfischen Hauses, noch als Kreuzfahrer
abwesend war, wurde dessen Bruder Otto für die königliche
Würde ausersehen. Die Grafen von Leiningen und Dar-
burg sollten von dem Vorhaben der Fürsten Nachricht geben.
Richard selbst wurde wohl wegen seiner Belehnung mit den
burgundischen Ländern von dem Erzbischofe von Köln und
vielen andern Großen zur Theilnahme an der Wahlverhand-
lung eingeladen. Er zog es jedoch, da er wegen Nichtentrich-
tung der versprochenen Summe an die Fürsten abermals auf
deutschem Gebiete festgehalten zu werden fürchtete, vor, einige
Bischöfe und weltliche Herren als Bevollmächtigte abzusenden.
Wohl lohnte es sich, zur Erreichung des Zieles große Geldsummen aufzuwenden. Denn ein durch Bande des Blutes und
der Freundschaft eng verbundener Kaiser mußte für den
König von England als Herrn so vieler französischen Besitzungen gegenüber dem Könige von Frankreich, dessen
natürliches Streben auf Schwächung des Ersteren hinzielte, von
großem Vortheile sein.

Im April 1198 wurde Otto in Köln unter Leitung des
dortigen Erzbischofs unter Anwendung vielen englischen Geldes
gewählt. So standen sich denn zwei Könige im Reiche
gegenüber, beide von gleichem Alter, noch in der Blüthe des
Lebens stehend. Otto hatte seit früher Jugend sein Leben
außerhalb Deutschlands zugebracht. Der Muth und die Kühnheit des Neffen, welcher durch körperliche Kraft, Gewandtheit
und Schönheit gehoben wurde, hatte ihm die Zuneigung des
hauptsächlich durch ritterliche Tugend glänzenden Königs
Richard erworben, welcher ihn zuerst zum Grafen von Marche
ernannte. Später, als er den Plan verfolgte, ihn mit der
Thronerbin von Schottland zu vermählen, dachte er ihm die

Grafschaft York zu. Weil aber die Verhandlungen wegen Schott=
lands sich zerschlugen und viele Vasallen von York nicht in ein
Lehensverhältniß zu ihm treten wollten, erhielt er 1196 das
Herzogthum Aquitanien oder die Grafschaft Poitou.
Hier hatte er Gelegenheit, seine Tapferkeit in dem Kriege mit
dem Könige Philipp August von Frankreich zu er=
proben. Aber der persönlichen Tapferkeit und dem ungestümen
Muthe standen nicht mäßigend die ruhige Ueberlegung und die
Berechnung des Staatsmannes zur Seite: Eigenschaften, welche
in noch höherem Grade der Beherrscher eines Reiches noth=
wendig hatte, in welchem, wie in dem römischen, so viele
Gegensätze und Strebungen im Einklange zu halten waren.
Nicht unvortheilhaft unterschied sich hierin von ihm sein Rivale
Philipp. Kam er auch Otto nicht gleich an persönlichem
Muthe und kriegerischer Tapferkeit, so zeichnete er sich aus
durch seine Sitten, Milde und Freundlichkeit: Vorzüge, welche,
wie die des Welfen an sein Herumtummeln auf Turnieren
und Schlachtfeldern, so daran erinnerten, daß er die erste Zeit
seines Lebens im Dienste der Kirche, als für den Altar be=
stimmt, zugebracht hatte. Durch Brabant und Lüttich, dessen
Bischof Albert er vergeblich für sich zu gewinnen suchte, zog
Otto, mit englischen Geldern reichlich unterstützt, nach Köln,
welches ihm einen festlichen Empfang bereitete. Das erste
und zugleich sehr wichtige Unternehmen war, Aachen, seit
Karl dem Großen die Krönungsstadt der deutschen
Könige, in seine Gewalt zu bekommen. Da ringsum feind=
liches Gebiet war, hatte Philipp sogleich bei der Nachricht von
Otto's Wahl die Stadt mit einer Besatzung unter dem eben
erst bei seiner Rückkehr aus dem heiligen Lande gewonnenen
jungen Herzog Walram von Limburg und dem Truchseß
Heinrich von Waldburg versehen. Nach einer Belagerung
von vier Wochen, nach einem Aufwande von großer Tapferkeit
auf beiden Seiten trat Walram mit dem Feinde in Unter=
handlung und öffnete, durch eine bedeutende Geldsumme für

sich und die Besatzung und durch die Bestätigung in dem Besitze der ihm von Philipp zugetheilten Festung Bernstein
gewonnen, den 10. Juli die Thore. Zwei Tage später wurde
Otto in Gegenwart einer Anzahl Bischöfe und weltlicher Fürsten durch den Erzbischof von Köln zum deutschen Könige
gekrönt. Wie er eidlich gelobte, die Rechte der Kirche zu
achten, so leistete er Verzicht auf den unbeweglichen Nachlaß
der Bischöfe, um diese in dem ganzen Reiche für sich zu gewinnen.

Nun eilte auch Philipp, nachdem er schon Ende März
den königlichen Namen angenommen hatte und in der
Osterwoche zu Worms unter Krone gegangen war, durch Vornahme der feierlichen Krönung sich seinem Gegner gleichzustellen.
Am Feste Mariä Geburt versammelten sich zu Mainz auf
seine Aufforderung seine Anhänger aus fast allen Gauen des
Reiches. Aber der Erzbischof von Mainz, Deutschlands Primas,
war immer noch abwesend. Da auch sonst kein deutscher Bischof
sich ihm willfährig zeigte, wurde die Krönung von dem
Erzbischofe Agino von Tarantaise (in Savoyen) unter Assi-
stenz des bereits wieder von Otto abgefallenen Erzbischofs
von Trier vollzogen. Als hinreichenden Ersatz dafür, daß
Otto auf Karls des Großen Thron gesetzt worden war, konnte
es gelten, daß Philipp mit des genannten Kaisers Krone und
den Reichskleinodien, die sich schon so lange im Besitze seiner
Ahnen aus dem salischen und hohenstaufischen Hause befunden
hatten, geschmückt worden war. Untersuchen wir noch die
Machtverhältnisse beider Gegner zu einander, so ergibt
sich, daß auf Philipps Seite der größere Theil des Reiches
stand. Zu seinen bisherigen Anhängern hatte er soeben sich
noch neue zu erwerben gewußt. Höher als der Uebertritt des
wankelmüthigen, den materiellen Anerbietungen leicht zugänglichen Erzbischofes Johannes von Trier, welcher, nachdem er
eine Zeit lang Friedrichs I. Kanzler gewesen, im Jahre 1190
von Heinrich VI. zu seiner nunmehrigen Würde befördert

worden war, war die Freundschaft Ottokars von Böhmen
zu schätzen, welcher sich nach dem Tode des Bischofes Heinrich
von Prag wieder der genannten Stadt bemächtigt und nach einem
Vergleiche mit seinem Bruder Wladislav, welcher Mähren für
sich behielt, die Regierung in Böhmen übernommen und außer=
dem den ohne Rücksicht auf das Wahlrecht des Kapitels von ihm
ernannten Bischof Daniel von Prag von der Stellung eines
deutschen Reichsfürsten zu der eines landesherrlichen Vasallen
erniedrigt hatte. Philipp erkannte das Geschehene an und
suchte Ottokar noch fester an sich zu fesseln durch Verleihung
der königlichen Würde, in deren Besitze die Herrscher
Böhmens seitdem blieben. Auch der junge Walram von
Limburg trat, unzufrieden über Otto's treuloses Benehmen,
zu Philipp zurück. Was die übrigen während des Sommers
aus Syrien zurückgekehrten Fürsten betrifft, so erklärten sich
bei weitem die meisten, den Herzog Heinrich von Bra=
bant und Otto's ältesten Bruder, den Pfalzgrafen Hein=
rich abgerechnet, für die Sache des Hohenstaufen, welcher
in dem ebenfalls von seiner zweiten Kreuzfahrt zurückgekehrten
Marschall Heinrich von Kalentin aus dem schwäbischen
Geschlechte der Herren von Pappenheim eine tüchtige militärische
Stütze fand. Otto's Macht dagegen beschränkte sich fast allein
auf den Nordwesten Deutschlands, auf den Niederrhein und
Niedersachsen. In dessen Mittelpunkt saß sein mächtigster An=
hänger, der Erzbischof von Köln. Diesem an Macht
stand am nächsten der Herzog von Brabant, mit dessen
erst siebenjähriger Tochter Maria er sich verlobte, um ihn noch
fester an sich zu ketten. Wenn er außerdem auf Englands
Unterstützung angewiesen war, so konnte es auf der andern Seite
nicht fehlen, daß der König von Frankreich, da nach Hein=
richs VI. Tode die politische Lage Deutschlands sich gänzlich verän=
dert hatte, durch das gemeinsame Interesse der Vertheidigung gegen
einen gemeinsamen Feind getrieben, in dem Hohenstaufen einen
natürlichen Bundesgenossen erkannte. In der That war auch

bereits den 29. Juni 1198, noch vor Otto's Krönung, zu Worms ein Bündniß zwischen Philipp dem Hohenstaufen und Philipp August von Frankreich gegen Richard von England und dessen Verbündete, „den Grafen Otto von Poitou", den nach Unabhängigkeit von Frankreich strebenden mächtigen Grafen Balduin von Flandern und den Erzbischof von Köln abgeschlossen worden.

So standen die Dinge in dem deutschen Reiche, als Innocenz III. den päpstlichen Stuhl bestieg. Derselbe hielt es seiner Stellung als Oberhaupt der Kirche am angemessensten, sich, obwohl er sich von Anfang an auf die Seite Otto's entschieden hinneigte, nicht sogleich in die streitige Königswahl zu mischen, sondern vielmehr dem Laufe der Dinge ruhig zuzusehen, bis sie bei der engen Verbindung zwischen Kaiserthum und Papstthum von selbst seine Entscheidung hervorrufen würden.

Anders verhielt es sich gegenüber rein kirchlichen Fragen. Da Philipp als Herzog von Toscana von Cölestin III. wegen feindseliger Behandlung kirchlichen Gebietes mit dem Banne belegt worden war und nur auf einen innerhalb der kirchlichen Gemeinschaft stehenden Fürsten die höchste Würde der Christenheit und die kirchliche Schutzherrschaft übergehen konnte, so mußte ihm viel daran gelegen sein, dieses Hinderniß in aller Bälde gehoben zu sehen. Da der von dem Papste an ihn gesandte Bischof von Sutri, ein geborener Deutscher, ihm noch vor Erfüllung der gestellten Bedingungen insgeheim (5. April) zu Worms die Lossprechung ertheilte, so wurde er bei seiner Rückkehr nach Rom von dem Papste seines Bisthums entsetzt und in ein auf einer Insel gelegenes Kloster versetzt, in welchem er bald darauf starb.

Bereits war die Partei Otto's bemüht gewesen, die Gunst des Papstes für ihre Creatur zu gewinnen. Nachdem zuerst König Richard durch eine Gesandtschaft für Otto in Rom hatte wirken lassen, sandte dieser gleich nach seiner Krönung

ein Schreiben an den Papst, in welchem er unter Hervor=
hebung der treuen Anhänglichkeit seines Vaters an die Kirche,
wegen deren er von Friedrich I. so hart bestraft worden sei,
und unter Hinweisung auf sein eidliches Versprechen, die Rechte
der Kirche aufrecht zu erhalten und auf den beweglichen Nach=
laß der Prälaten zu verzichten, um Anerkennung seiner Wahl
bat. Unterstützt wurde seine Bitte durch Empfehlungsschreiben
des Königs von England, des Grafen Balduin von
Flandern, des Erzbischofs von Köln und anderer An=
hänger. Philipp dagegen zögerte, sich jetzt schon an den
Papst zu wenden, vielleicht weil er durch Niederwerfung seines
Gegners sich zuvor in eine gewichtigere Stellung gegenüber dem
römischen Stuhle setzen wollte, von dem er annehmen konnte,
daß er ihm als einem Hohenstaufen nicht geneigt sein
werde.

Die beiden Nebenbuhler trafen demnach Rüstungen, um
eine Entscheidung mit Waffengewalt herbeizuführen. Nachdem
Philipp gegen die Grafen von Dagburg und Habsburg und
besonders gegen den Bischof von Straßburg, einen eifrigen Be=
förderer der Wahl Otto's, gekämpft, zog er an der Spitze
eines gewaltigen Heeres, welches sich in Mainz um ihn ge=
sammelt hatte, gegen den Niederrhein. Otto rückte ihm, von
den Kölnern kräftig unterstützt, schnell entgegen. Mitten auf
der Mosel kam es zu einem erbitterten Kampfe. Sengend und
brennend und Alles verheerend, ergossen sich Philipps Schaaren
gleich Schwärmen von Heuschrecken nun über das offene Land
bis in die Nähe von Köln. Besonders waren es die Böhmen,
welche sich durch barbarische Wildheit und Brutalität auszeich=
neten. Von dem Angriffe auf Köln selbst wurde Philipp
durch den Heranzug der Brabanter abgehalten. Otto wandte
sich jetzt, während Philipp wieder nach Oberdeutschland zu=
rückkehrte, nach Thüringen, um den Landgrafen Hermann
in der Belagerung von Nordhausen zu unterstützen. Diese
Stadt sowohl als Saalfeld fielen in seine Hände. Mit Mühe

wurde das silberreiche Goslar, die damals wichtigste
Stadt Norddeutschlands, vor gleichem Schicksale errettet.
Immerhin konnte es Otto für ein Glück halten, bei schwächern
Kräften in Mitteldeutschland sogar noch Fortschritte gemacht zu
haben.

Im zweiten Feldzuge war das Waffenglück Philipp
günstiger. Am Oberrhein sowohl, dessen Hauptstadt, Straßburg, erobert wurde, als in Thüringen, dessen Landgraf
auf seine Seite trat, erhielt er das Uebergewicht. Von der
Belagerung Aachens dagegen mußte er wegen der starken
Besatzung der Stadt, und weil der Herzog von Brabant ihn
mit einem starken Heere bedrohte, abstehen. Am Schlusse des
Jahres 1199 hielt er eine glänzende Versammlung in Magdeburg, der bedeutendsten Stadt des nordöstlichen
Deutschlands, deren ihm treu ergebener Erzbischof Ludolf, ein Freund und Studiengenosse des hl. Thomas von
Canterbury, als Lehensherr der umliegenden Lande und
selbst des Markgrafen von Brandenburg für einen der mächtigsten Fürsten an der mittleren Elbe gelten konnte.

Nun erhob auch Innocenz III. in der das ganze Abendland bewegenden Streitfrage seine Stimme. Nachdem er dem
Erzbischofe von Köln und dessen Freunden (20. Mai
1199) bedeutet hatte, daß er freudig das Seinige dazu bei-
tragen werde, um die Ehre und Macht Otto's, von dem er
seinerseits die Ergebenheit seiner Vorfahren gegen den apostolischen Stuhl hoffe, zu fördern, erließ er, um auch Philipp
und dessen Anhänger, die noch immer keine Verbindung mit
ihm angeknüpft hatten, zu bestimmen, daß sie eine Erklärung
abgäben, ein Schreiben an sämmtliche geistlichen und
weltlichen Reichsfürsten. In diesem wies er darauf hin,
wie verderblich die Störung der Eintracht zwischen der Kirche
und dem Reiche sei, bei welcher allein der Glaube ausgebreitet,
die Ketzerei niedergeworfen, die Tugend gepflegt, das Laster
ausgerottet, Gerechtigkeit erhalten, Ungerechtigkeit verbannt werde,

und mit des Reiches Wohl auch die Freiheit der Kirche wachse.
Nun hätten sie auf Anstiften des Feindes des Friedens und
der Ruhe sogar zwei Könige erwählt. In diesem Zwiste zer=
falle des Reiches Freiheit, schwinden seine Rechte, sinke sein
Ansehen, werde die Kirche unterdrückt und der Feind des christ=
lichen Namens immer kecker gemacht. Mit Betrübniß habe er
bisher immer gewartet, ob sie nicht, einem solchen Uebel abzuhel=
fen, da Hilfe suchen würden, wohin dieser Gegenstand in
erster und letzter Instanz gehöre, vor dem römi=
schen Stuhle. Nun fordere ihn sein heiliges Amt auf, sie
um der Ehre und Würde des Reiches wegen zu ermahnen, diese
besser zu berathen. Wo nicht, so werde er handeln, wie er
es für heilsam erachte und seine Gunst demjenigen zuwenden,
welcher zahlreichere Zustimmung, größeres Verdienst für sich
aufweisen könne.

Fast um dieselbe Zeit sandte Philipp von Speier
aus, wo er eine zahlreiche Versammlung seiner Anhänger hielt,
ein Schreiben an den Papst, in welchem er als Ursache, wa=
rum er so lange gezögert habe, demselben über den Stand sei=
ner Angelegenheit Mittheilung zu machen, die Absicht angab,
vorher den Gang der Ereignisse abzuwarten, und ihn ersuchte,
den Anträgen, welche er dessen Gesandten, dem Bischofe von
Sutri und dem Abte von St. Anastasio, übergeben habe, ge=
neigtes Gehör zu schenken (28. Mai 1199). Zu gleicher Zeit
schrieben eine große Anzahl geistlicher und weltlicher
Fürsten, es sei von ihnen auf einer kürzlich abgehaltenen Ver=
sammlung zu Nürnberg mit Ausnahme nur weniger be=
schlossen worden, dem Könige Philipp gegen seine Feinde
kräftigen Beistand zu leisten. Wie sie gleich dem Papste der
Meinung wären, daß man die Rechte der Kirche keineswegs
verkürzen dürfe, so bäten sie ihn, daß er seine Hand nicht mit
Unrecht nach des Reiches Rechten ausstrecke. Auch werde Phi=
lipp in Kurzem mit Heeresmacht in Rom erscheinen, um sich
mit der Krone des Reiches schmücken zu lassen. Auch der

König von Frankreich wollte durch Absendung eines die Sache Philipps empfehlenden Schreibens sein Gewicht zu dessen Gunsten in die Wagschale legen.

Innocenz' III. Antwort lautete: Er werde, sobald der Zwiespalt der Wahl gehoben sei, den rechtmäßig gewählten und gekrönten König gerne zur Kaiserkrönung berufen. Nach weltlichen Rechten keineswegs trachtend, sei er ebenso auf das Wohl des Reiches, als auf das der Kirche bedacht. Was aber die kaiserliche Krönung Philipps, zu deren Erlangung sie nach Rom kommen wollten, betreffe, so werde er gerne den rechtmäßig gewählten und gekrönten König dazu berufen. Den Standpunkt, den er gegenüber der weltlichen Macht überhaupt und in dieser Frage insbesondere einzunehmen habe, legte Innocenz den Gesandten Philipps in einem Consistorium auseinander. In seiner Deduction ging er bis auf Melchisedech und Abraham zurück, von welchen jener als Segnender größer sei, als dieser der Gesegnete. So würden nach göttlichem Gesetze beide gesalbt, sowohl Könige als Priester; jedoch jene von diesen, nicht die Priester von den Königen. Deßhalb nenne der Herr die Priester Götter, die Könige Fürsten. Diesen sei Gewalt gegeben auf Erden, jenen auch im Himmel; diesen über die Leiber, jenen auch über die Seele. So viel würdiger die Seele als der Leib, so viel erhabener sei das Priesterthum als das Königthum. Die einzelnen Fürsten und Könige seien über einzelne Landschaften und Reiche gesetzt. Petrus aber gehe allen voran an Umfang wie an Vollkommenheit der Macht, als Stellvertreter dessen, dem der Erdkreis gehöre und alles, was darauf ist. Das Priesterthum gehe auch dem Königthum an Alter voran; beide haben unter dem Volke Gottes bestanden, jenes durch den Ewigen eingesetzt, dieses durch Menschen erzwungen. Weiterhin führte er aus, wie stets die Auflehnung gegen die geistliche Gewalt, von der Rotte Korah an, von Gott bestraft worden sei, wie im alten Bunde, so auch im neuen und noch bis auf die letztverflossene Zeit.

Bezeichnend sind die von ihm angeführten Beispiele von Schis=
matikern, welche in Kampf mit den Katholiken traten. Beide
gehören dem Geschlechte der Hohenstaufen an, welches in
der Person Philipps in dem vorliegenden Falle von dem
Papste Bestätigung in dem Kaiserthume verlangte. „Zur
Zeit des Papstes Innocenz II. und des Königs Lothar waren
Kaiserthum und Priesterthum gespalten. Gegen Innocenz II.
erhob sich Anaclet, gegen Lothar Konrad. Aber die
Katholiken Innocenz II. und Lothar drangen durch und
die Schismatiker unterlagen, weil die Wahrheit über den Irr=
thum den Sieg davon trägt. Zur Zeit Alexanders III.
wurde die Kirche durch ein Schisma gespalten, das Reich blieb
ungetheilt unter Friedrich. Dieser Kaiser, nicht ein
Beschirmer, sondern ein Verfolger der Kirche,
nährte die Trennung und half den Trennenden. Nun besteht
durch Gottes Gnade die Einheit in der Kirche, um der Sünde
willen aber ist das Reich getheilt." Die Trennung schmerze
die Kirche und sie leide mit. An sie hätte man sich schon lange
in dieser Angelegenheit wenden sollen. Denn ihr im ersten
und letzten Grunde stehe die Entscheidung zu: im ersten,
weil sie das Kaiserthum von dem Morgenlande in das Abendland
verpflanzt habe, im letzten, weil sie die Kaiserkrone verleihe.

Daß Innocenz III. mit größter Vorsicht in dieser Ange=
legenheit verfahren und allen bei derselben in Betracht kom=
menden Potenzen Gelegenheit geben wollte, sich je nach ihrer
Bedeutung geltend zu machen, erhellt daraus, daß er dem Pri=
mas von Deutschland, dem um die Kirche hochverdienten
Cardinalerzbischofe Konrad von Mainz aus dem Hause
Wittelsbach, noch vor seiner Rückkehr aus dem heiligen Lande
in einem Schreiben über die zwiespältige Königswahl Nachricht
ertheilte, wobei er jedoch nicht unterließ, die Erwartung aus=
zusprechen, daß derselbe die geistlichen und weltlichen Dienstleute
der Mainzerkirche bestimmen werde, denjenigen als König an=
zuerkennen, welchem der heilige Stuhl seine Zustim=

mung geben werde. Als nun Konrad auf seiner Rückreise im Herbste 1199 nach Rom kam, versprach er, in Gemeinschaft mit dem Markgrafen Bonifaz von Montferrat mit der Schlichtung der Streitigkeiten betraut, in der Reichsangelegenheit vor Einholung der Willensmeinung des Papstes keine endgiltige Entscheidung zu treffen. Aber die von Konrad sofort in Deutschland ausgesprochene Erklärung, daß der junge Friedrich als rechtmäßig gewählter König, Philipp bloß als Herzog von Schwaben und Otto als vornehmer Privatmann zu betrachten seien, fand keine Berücksichtigung mehr. Auf einer kurz darauf (im März 1200) zu Nürnberg stattfindenden Versammlung wurde er nach großen Anstrengungen insgeheim für Philipp gewonnen, welcher in den nun stattfindenden Friedensunterhandlungen auf ihn als seine Hauptstütze rechnete. Innocenz III. hatte als Willensmeinung ausgesprochen, daß einer der beiden Gewählten zum Rücktritte bewogen, oder wenigstens ein Waffenstillstand auf fünf Jahre abgeschlossen werden sollte. Mit Mühe gelang es, einen solchen zwischen den rheinischen Fürsten bis zum 11. November in's Reine zu bringen, und bis zum 28. Juli eine Zusammenkunft der geistlichen und weltlichen Fürsten zwischen Koblenz und Andernach zu verabreden, auf welcher unter Konrads Vorsitze ein endgiltiger Entschluß mit Stimmenmehrheit gefaßt werden sollte. Innocenz erhielt auffallender Weise über diesen Gang der Dinge nicht von dem Erzbischofe von Mainz, wozu sich dieser doch verpflichtet, sondern von Otto, welcher eine Gesandtschaft an ihn geschickt hatte, zuerst Kunde. Des Letzteren politische Stellung hatte sich inzwischen nicht wenig verändert. Nachdem sein Oheim König Richard im Januar 1199 mit dem Könige von Frankreich einen Waffenstillstand auf fünf Jahre abgeschlossen hatte, welcher ihm Gelegenheit darbot, sich seines Schützlings ungehinderter anzunehmen, starb er den 6. April 1199 unvermuthet, von dem Pfeile eines limosinischen Ritters getroffen. Zwar hatte es den

Anschein, als ob sein Bruder und Nachfolger Johann für
ihn ebenfalls fernerhin eine Stütze darbieten werde. Er gab
ihm nicht bloß die festesten Zusicherungen, sondern verwandte
sich für ihn auch dringend bei dem römischen Stuhle. Aber
im Mai 1200 lenkte er in die entgegengesetzte Politik ein, indem er durch den Friedensschluß von Guleton Philipp August gegenüber die Verpflichtung übernahm, seinen Neffen
Otto ohne des genannten Königs Zustimmung in keiner Weise
zu unterstützen. Auch gelang es weder Otto, welcher noch in
demselben Jahre seinen Bruder nach England schickte, noch dem
päpstlichen Legaten Octavian, noch Innocenz III. selbst,
den eigennützigen König von England zur Vollziehung des
Testamentes des Richard, welcher seinem Neffen drei Vier-
theile seines Schatzes und seine Kleinodien vermacht hatte, sowie
zur Ueberlassung der Grafschaft Poitou zu bewegen. Zwar
hatte sich in der letzten Zeit Otto's sehr schwache Macht durch
das Ableben des Pfalzgrafen Otto von Burgund und
des Bischofs von Lüttich, sowie durch den Uebertritt des
Bischofs Hermann von Münster etwas gehoben, nichtsdestoweniger drang er nunmehr in den Papst, den geistlichen
und weltlichen Fürsten unter Androhung von Strafe kraft
seiner apostolischen Vollmacht zu befehlen, daß sie ihm zu der
rechtmäßig erlangten Krone behilflich sein sollten. Kranke vermöge der Arzt noch zu heilen, Gestorbene aber nicht mehr in's
Leben zu rufen. Die Boten möchte er so eilig abfertigen, daß sie
wenigstens acht Tage vor Eröffnung der (von dem Erzbischof
von Mainz verabredeten) Versammlung wieder einträfen.
Zur bestimmten Zeit kehrten Otto's Gesandte in Begleitung
des Akolythen Aegidius mit Schreiben an den Erzbischof
von Mainz und an die deutschen Fürsten zurück. Dem Erstern
drückte Innocenz seine Verwunderung über dessen Schweigen
aus, indem er ihm sein in Rom gegebenes Versprechen in Erinnerung rief und ihn dringend ermahnte, auch fernerhin aus
allen Kräften zum Wohle des Reichs und der Kirche zu wirken.

Den Letztern gegenüber hob er eine Reihe von Gründen hervor, welche zum Nachtheile Philipps und zu Gunsten Otto's sprachen.

Der Erzbischof von Mainz begab sich nach seinen vergeblichen Bemühungen, eine Beilegung des Streites durch Versöhnung oder auch durch einen Vergleich herbeizuführen, bereits im Mai 1200 nach Ungarn, um in dem dortigen blutigen Kriege der Söhne des verstorbenen Königs Bela, in welchen auch der Herzog von Oesterreich als Verbündeter des jüngeren Andreas gegen Emerich verwickelt war, zu vermitteln. Glücklicher hier als in Deutschland wallfahrtete er auf der Rückreise zum Grabe des hl. Erminold im Kloster Prüfling bei Regensburg, um den Heiligen unter heißen Thränen anzuflehen, ihn von den langen Schmerzen einer unheilbaren Unterleibskrankheit durch baldige Heilung oder durch den Tod zu erlösen. Nachdem er noch im Oktober bei Philipp in Nürnberg angelangt war, wurde er zwischen letzterer Stadt und Würzburg seinem Wunsche gemäß von seiner langen, an Kämpfen und Leiden reichen Laufbahn abgerufen. Sein Tod hatte in mehrfacher Beziehung wichtige Folgen. Der Beisetzung der Leiche des Entseelten, welche der Bischof Wolfgar von Passau nach Mainz gebracht hatte, im dortigen Dome wohnte Philipp bei. Das Kapitel wählte mit dessen Zuthun den ihm befreundeten Bischof Leopold von Worms. Eine Minderheit von drei bis vier Stimmen jedoch widersetzte sich dieser Wahl, erklärte sie, da deren Freiheit durch die Anwesenheit Philipps beeinträchtigt gewesen sei, für ungiltig und erwählte zu Bingen den Propst Siffried, welcher dem durch eigene Macht und durch Verbindungen angesehenen Geschlechte der Herren von Eppstein angehörte. Leopold verjagte seinen Gegner aus Bingen. Siffried wandte sich jedoch zu Otto, welcher ihn sogleich als den rechtmäßig Erwählten mit den Regalien investirte. So war der Zwiespalt, welcher das Reich zerriß, in dessen wichtigstes Erzstift gedrungen.

Auch der Papst wurde durch den Tod Konrads zu ent-
schiedenerem Eingreifen in die Reichsangelegenheit bestimmt.
Wie er dieselbe damals betrachtete, geht aus seinem ursprünglich nicht für die Oeffentlichkeit bestimmten umfangreichen Rechtsbedenken hervor, in welchem die Ansprüche der drei
erwählten römischen Könige einer genauen Untersuchung unterworfen und die Gründe, welche
zu Gunsten Otto's sprachen, dargelegt wurden:
ein höchst merkwürdiges Actenstück, welches noch jetzt hoher
Beachtung würdig ist, da es den von dem römischen
Stuhle gegenüber dem Kaiserthume eingenommenen Standpunkt
mit großer Klarheit und Freimüthigkeit beleuchtet, und den
Organen der päpstlichen Politik in diesem Streite die Richtschnur ihres Verhaltens darbot. Der Schluß desselben lautet:
Nach all' diesem sei an dem Knaben Friedrich für das Reich
nicht festzuhalten, Philipp aber zu verwerfen und ihm entschieden entgegenzutreten. Sollte sein Legat von den Fürsten
nicht erwirken können, daß sie sich über einen geeigneten Mann
vereinigen, oder aber dem apostolischen Stuhle die Entscheidung
anheimstellen, so dürfe er, nachdem alle seine bisherigen Versuche
zur Beilegung des Streites fehlgeschlagen, und um den Schein
zu vermeiden, als begünstige er die Zwietracht und verleugne,
wie Petrus, nur von ferne folgend die Wahrheit, nicht länger
zögern, sich öffentlich für Otto zu erklären, welcher
selbst gottesfürchtig, väterlicher und mütterlicher Seits von der
Kirche stets ergebenen Geschlechtern abstamme, ihn als König
anzuerkennen und zur Kaiserkrönung zu berufen.

Diesen Grundsätzen gemäß erließ Innocenz III. den
12. Januar 1201 an sämmtliche geistliche und weltliche Fürsten Deutschlands Schreiben, welche mit einer
lebhaften Schilderung der aus der Spaltung des Reiches nicht
bloß für Deutschland, sondern für die ganze Christenheit her-
vorgehenden Uebel beginnen und mit der Erklärung schließen,
er habe den Cardinallegaten Guido, Bischof von Palästrina,

in Begleitung des Notars Philipp abgesandt, um die Fürsten
zu bewegen, damit sie entweder einmüthig einen
Mann wählten, dem er ohne Nachtheil des Reiches
und der Kirche die Kaiserkrone ertheilen könnte,
oder aber ihm die Entscheidung des Streites zu
überlassen. Da dieses Schreiben, wie vorauszusehen war,
an der Lage der Dinge nichts änderte, ging Innocenz zwei
Monate später einen Schritt weiter. Er übersandte Otto
einen Brief, in welchem er ihn mit Rücksicht darauf, daß sein
Urgroßvater Lothar sich als ein treuer und kräftiger
Schutzherr der Kirche bewiesen und sogar in Vertheidigung
derselben seine Tage beschlossen habe, daß sein Großvater
und Vater in dessen Fußstapfen getreten seien, und auch das
englische Königshaus, von welchem er mütterlicher Seits
abstamme, fast immer in der Anhänglichkeit gegen den römischen Stuhl verharrt sei, und in der sichern Erwartung, daß
er nicht bloß als echter Erbe und legitimer Nachfolger derselben
sich bewähren, sondern sie sogar in eben dem Grade in dieser
Beziehung übertreffen werde, in welchem er von Seite des
päpstlichen Stuhles zu höherer Würde erhoben würde, förmlich als König anerkannte, welcher die dem Könige gebührende Ehrfurcht und Obedienz anzusprechen habe, und von
ihm, nachdem die nöthigen Einleitungen getroffen seien, zum
Empfang der Kaiserkrone werde berufen werden. Unter
demselben Datum (1. März) erhielten sämmtliche Reichsfürsten ein ausführliches, größtentheils wörtlich an frühere
Briefe, besonders an jenes Rechtsbedenken sich anschließendes
Schreiben, in welchem er sein Bedauern über den Zwiespalt
im Reiche, sowie die Auseinandersetzung seiner Bemühungen
um Wiederherstellung des Friedens wiederholte und die Gründe
angab, warum er Philipp von Schwaben verwerfe
und Otto als rechtmäßigen König anerkenne. Eine
Anzahl von Schreiben wurde an verschiedene geistliche und
weltliche Fürsten gerichtet, welche, auf deren Verhältnisse

und Stimmungen klug berechnet, theils zu fernerer treuer
Anhänglichkeit an den von ihm bestätigten Otto, theils zum
Uebertritte aufforderten. Sämmtliche Erzbischöfe, Bi=
schöfe, Prioren, Aebte und sonstige Prälaten wur=
den dringend ermahnt, seine Bevollmächtigten, wie seine eigene
Person, mit Demuth und Ehrfurcht aufzunehmen und deren
Anordnungen genau zu befolgen, widrigenfalls er die von ihnen
gegen die Widerspänstigen gefällten Urtheile in aller Strenge
werde ausführen lassen.

Im März machte der Cardinal Guido von Palä=
strina, ein geborener Franzose, in Begleitung des Notars
Philipp mit diesen Schreiben versehen die Reise nach Deutsch=
land. Unter mancherlei Gefahren und Schwierigkeiten kam er
Ende Mai zu Troyes in der Champagne an, wo er mit dem
Cardinal Octavian, der sich mit französischen Angelegenheiten
beschäftigte, und dem aus Deutschland herbeigekommenen Ako=
lythen Aegidius eine Besprechung hielt. Doch wollte er
sich noch vorher der Treue Otto's versichern. Deß=
halb wurde der Notar Philipp vorausgesandt, während Guido
nach Lüttich aufbrach und Octavian zu seinen Geschäften in
Frankreich zurückkehrte. In Neuß legte Otto den 8. Juni
in Gegenwart Philipps und Aegidius' den Eid ab, seinen
Herrn, den Papst Innocenz, dessen Nachfolger und die
römische Kirche in allen ihren Rechten, Ehren und Besitzungen
nach Kräften zu schirmen, ihm die wiedererworbenen Besitzun=
gen frei und ruhig zu lassen und ihm zu deren Erhaltung
und. zur Wiedererwerbung des noch Fehlenden behilflich zu
sein. Auch wolle er der Kirche zur Behauptung des Reiches
Sicilien beistehen, dem Papste und dessen Nachfolgern nach
dem Vorbilde der frommen Kaiser Gehorsam und Ehrerbie=
tung erweisen. Endlich wolle er dem Willen und dem Rathe
des Papstes Folge leisten hinsichtlich der Erhaltung der guten
Gewohnheiten des römischen Volkes, sowie des tuscischen und
lombardischen Bundes, je nach des Papstes Verlangen mit dem

Könige von Frankreich Frieden eingehen und endlich der
römischen Kirche, wenn sie um seinetwillen sollte in Krieg verwickelt werden, Geldhilfe leisten. In Aachen fand kurz
darauf eine Zusammenkunft mit dem päpstlichen
Legaten statt. An Peter und Paul hielt dieser seinen
feierlichen Einzug in Köln. In der wahrscheinlich nicht sehr
zahlreichen Fürstenversammlung übergab er daselbst Otto
öffentlich das päpstliche Schreiben, verkündete dessen Anerkennung durch den Papst und sprach über alle, die
sich ihm widersetzen würden, den Bann aus. Auf dem Kapi-
tol und in der ganzen Stadt Rom erhob sich sofort der Ruf:
„Es lebe unser Kaiser Otto!" Dieser selbst sprach, indem er sich in mehreren Schreiben „König von Gottes
und Papstes Gnaden" nannte, Innocenz seinen Dank
für dessen fortdauerndes Wohlwollen aus und rühmte die Klugheit und Umsicht des Legaten, welcher seine ziemlich wankende
Angelegenheit auf festen Fuß gebracht habe.

In der That gab sich Guido alle Mühe, Otto die zum
Theil selbst verschuldeten Hindernisse aus dem Wege zu räumen.
Am Niederrhein war der Hauptsitz der Anhänger des
Welfen. Um die unter sich uneinigen Fürsten dieser Gegend
wieder unter einander und mit Otto fester zu verbinden, berief
der Legat eine Versammlung nach Mastricht. Die gelockerte
Anhänglichkeit des Herzogs Heinrich von Brabant an
Otto wurde durch dessen feierliche Erneuerung des Eheverlöb-
nisses mit seiner Tochter gekräftigt, so daß er laut erklärte,
er sehe die Reichsangelegenheit als seine eigene an, und wer
ihm als Freund oder Verwandter zugethan bleiben wolle,
müsse ihm in dieser Hinsicht aus allen Kräften beistehen.

Von Corvey, wo der Legat eine dritte Versammlung
hielt und auf's Neue über Philipp und dessen Anhänger den Bann aussprach, begab sich derselbe nach
Bingen. Hier wurde von ihm der Mainzer Bischofsstreit in der Art gelöst, daß Siffried die Bestätigung

und kurz darauf zu Xanten die bischöfliche Weihe erhielt, frei= lich gegen den Willen der Mainzer, welche sich deß= halb mit Beschwerden an den Papst wendeten. Dieser billigte nicht bloß das Verfahren des Legaten, die Mainzer ob ihrer Anschuldigung, derselbe habe sich bestechen lassen, hart zurück= weisend, sondern verlieh auch Siffried den 20. März 1202 in Rom persönlich das Pallium.

Otto's Stern war also seit dem Jahre 1200 in fort= während em Steigen begriffen, so daß der päpstliche Notar nach Rom schreiben konnte: „Von dem Schwaben ist, Gott sei mein Zeuge, nicht mehr die Rede; mit Mühe hat er einige Bischöfe und Grafen um sich versammeln können; aber auch sie meinen es nicht aufrichtig mit ihm. Der Herzog von Böhmen, sonst seine Hauptstütze, der Bischof von Straßburg und mehrere aus den oberen Landen aber sind bereits auf unsere Seite getreten." Wie derselbe Legat schrieb, beklagte sich Phi= lipp vor seinen Anhängern, der Papst widersetze sich ihm nur deßhalb so heftig, weil er ohne seine Erlaubniß habe herr= schen wollen, indem er ihnen begreiflich zu machen gesucht habe, daß es mit der Freiheit der deutschen Fürsten ein Ende habe, wenn Niemand ohne Erlaubniß des Papstes sollte die Regie= rung übernehmen dürfen. — In der That erneuerten auf einer Versammlung zu Bamberg an Mariä Geburt bei Gelegen= heit der Erhebung des Leichnams der hl. Kaiserin Kunigunde die zahlreich versammelten geistlichen und weltlichen Großen, nachdem sie sich von dem Schlage, welchen die feierliche Aner= kennung Otto's von Seite des Papstes ihrer Partei beige= bracht hatte, wieder erholt hatten, Philipp den Eid der Treue, unbekümmert um die durch den Legaten ausgesprochene Anerkennung Otto's und Excommunikation der Gegner des= selben. Hier, sowie auf mehreren nach einander gehaltenen Versammlungen, wurde eine Protestation unterzeichnet, mit welcher im Februar 1202 der Erzbischof Eberhard von Salzburg, der Markgraf Konrad von der Lausitz und die Aebte von Salem und Petersberg (bei Halle) nach Rom abreisten. In den allerstärksten Ausdrücken sprachen sich hier die Anhänger Philipps über das Verfahren des Legaten aus. Durch göttlichen Rathschluß, nicht durch menschliche Für= sorge sei angeordnet worden, daß in der Stadt Rom, wo einst das Haupt des Aberglaubens gewesen, nun das Haupt der Hei= ligkeit ruhe. Nunmehr müßten alle demüthig zu Gott flehen, daß man in der Stadt nicht in das Heidenthum zurückfalle, damit es nicht heiße, das Omega sei zum Alpha zurückgekehrt. Sie könnten daher nicht glauben, daß das unangemessene Ver= fahren des Legaten im Einverständnisse mit dem Papste und seinen Cardinälen stattgefunden habe. Wer habe je eine ähnliche Kühnheit vernommen? Zugleich eröffnen sie dem Papste, daß sie Philipp einmüthig ihre Stimme gegeben haben, versprechen, daß er nie von dem Gehorsame gegen den Papst und den römischen Stuhl weichen werde, und bitten, er möge seines Amtes gemäß seiner Zeit die Salbung nicht verweigern.

Innocenz billigte nichtsdestoweniger das Verfahren seiner Gesandten und ermunterte sie, die Anhänger Otto's in ihrer Treue zu bestärken und demselben noch weitere zu ge= winnen. Der böswilligen Verleumdung, als wolle er die Frei= heit der Kirche beeinträchtigen, möchten sie entgegentreten. In Beziehung auf Verhängung von Kirchenstrafen, besonders über hochgestellte Personen, empfahl er ihnen Vorsicht und Mäßigung, da es weder schicklich noch zweckdienlich sei, die ganze Strenge der Kirchenzucht auf einmal in Anwendung zu bringen. Nach= dem er sie schließlich zur Aufnahme einer mäßigen Geldsumme, welche der römische Stuhl vergüten werde, ermächtigt, sprach er das Verlangen aus, sie sollten ihm ohne Rücksicht auf Gunst und Furcht stets die reine Wahrheit schreiben und in ihren Briefen Zeit und Ort der Abfassung beifügen, um, da ihm zuweilen die letzten Schreiben früher als die ersten übergeben würden, dieselben von einander unterscheiden zu können.

Dem Herzoge von Zähringen (und ohne Zweifel auch

den übrigen gleichgesinnten Fürsten) sandte er im März 1202
ein ebenfalls sehr entschieden abgefaßtes Schreiben auf jene
Protestation zu, welches wegen seines Inhalts, der gründlichen Erörterung über das Recht des Papstes auf
Prüfung der deutschen Königswahl in dem canonischen Rechte zu großer Bedeutung gelangt ist. Auf
die weitläufige, an frühere Erörterungen zum Theil wörtlich
sich anschließende Begründung dieses Urtheils über beide Nebenbuhler folgt schließlich die Aufforderung, Philipp zu verlassen und sich an Otto offen und entschieden anzuschließen.

Während Innocenz den Erzbischof von Köln ermunterte, bei Otto, den derselbe ja zuerst erhoben und den er
durch öffentliche Anerkennung gefestigt habe, getreu auszuharren
und ihm Muth einsprach, da die Kirche doch zuletzt siegen
werde, und auch beinahe ganz Italien auf Otto's Seite
stehe; während er ferner dem Bischofe von Paderborn und
vielen andern Prälaten und weltlichen Herren sein Wohlgefallen
über ihre Anhänglichkeit an den Welfen zu erkennen gab, ertheilte er den Erzbischöfen von Trier, Salzburg,
Magdeburg, Bremen und dem Kapitel von Mainz
sammt den Suffraganen und dem Klerus ihrer Provinzen mit
Berufung auf den canonischen Gehorsam den Befehl, dem von
ihm als König anerkannten Otto treu anzuhängen, ohne Rücksicht
auf den etwa dem Herzoge von Schwaben geleisteten Eid, da
derselbe kraftlos geworden sei. Aber auch Otto selbst fand
Innocenz für nothwendig, in einem besondern Schreiben zum
Gottvertrauen und zur Standhaftigkeit zu ermahnen. Derselbe
möge nicht den Einflüsterungen Einiger folgen, als ob er von
seiner Sache abstehen und ihm die bisherige Gunst entziehen
wolle. Allerdings habe der Herzog von Schwaben die
Gunst der römischen Kirche von Anfang an sehr eifrig gesucht
in der vollen Ueberzeugung, daß er, wenn er sich dieselbe erworben, nicht bloß über seinen Gegner die Oberhand gewinnen,

sondern diesen ganz und gar in den Hintergrund drängen würde. Die der anderen Partei angehörigen Fürsten möge er in der Art an sich ziehen, daß er die bisher auf seiner Seite stehenden sorgfältig erhalte. Zuletzt warnte er ihn, sein Leben nicht durch Tollkühnheit der Gefahr auszusetzen, und ertheilte ihm den Rath, seine Anhänger in Rom, in Toscana und in der Lombardei öfters durch Briefe von seiner günstigen Lage in Kenntniß zu setzen, und ſſie durch Verheißung von Wohlthaten an sich zu fesseln.

Wenn Innocenz für Otto, von dessen Erhebung er großen Vortheil für die Kirche hoffte, thätig war, so standen dem Letztern auch auswärtige Mächte hilfreich zur Seite. Der ihm verschwägerte König Knud von Dänemark, welcher seit seinem Regierungsantritte noch während der letzten Lebenszeit Friedrichs I., als dieser durch die italienischen Angelegenheiten beschäftigt war, die Lehensverbindlichkeit gegen das deutsche Reich verweigert hatte und im Norden Deutschlands gefährlich um sich griff, schloß sich, da nach dem Tode Heinrichs des Löwen sich die dänische und welfische Eroberungspolitik nicht mehr feindlich im Wege standen, ganz an Otto an und bot ihm eine nicht zu verachtende Stütze dar. Zwar mißlang der Plan des Papstes, auch den König von Frankreich in das Bündniß gegen den Hohenstaufen hereinzuziehen. Er theilte ihm seine Entscheidung zu Gunsten Otto's unter Anführung der ihn bestimmenden Gründe mit und machte ihn auf den Vortheil aufmerksam, welchen er aus der Erhebung des Welfen für sein Königreich ziehen könne. Da Philipp August den päpstlichen Beweisführungen von seinem Standpunkte aus andere Gründe entgegenstellte, suchte Innocenz denselben in einem weitläufigen Schreiben eines Bessern zu belehren. In einer Nachschrift zu seinem Briefe wies er noch insbesondere darauf hin, daß Philipp, zum Kaiserthum gelangt, vermittelst der Vormundschaft über seinen Neffen sich des Königreichs Sicilien bemächtigen würde. Sollte ihm dieser Plan gelingen, so könnte er, da ihm das Kaiserreich die Kriegsleute, das König= reich aber die Schätze liefern würde, von Hochmuth auf= geblasen, seinen Plan höher spannen und Frankreich sich zu unterwerfen suchen, wie einst sein Bruder Heinrich, wel= cher sich einst geäußert habe, daß er ihn (den König von Frankreich) seiner Zeit zur Leistung des Lehenseides werde zu zwingen wissen. Uebrigens hatten diese Be= mühungen des Papstes so wenig Erfolg, daß kurz darauf ein neuer Krieg, und zwar erbitterter als je, zwischen Frankreich und England ausbrach. — Anders verhielt es sich mit dem Könige Johann von England. Nachdem dieser von dem Papste wiederholt, sogar unter Androhung von geistlichen Strafen, aufgefordert worden war, seinem Neffen die ihm von dem Könige Richard vermachten Gelder auszubezahlen und demselben überhaupt, wie schon Natur und Vernunft verlange, hilfreich beizustehen, trat er mit Otto in nähere Verbindung und forderte unter Anderem den englischen Klerus zu reichlicher Beisteuer auf, um dem Könige Otto gegen Jedermann mit Rath und That beistehen zu können.

Während die entschiedene Haltung Johanns den nieder= ländischen Fürsten gegen den König von Frankreich und Philipp einen Stützpunkt darbot und ihren Eifer für die Sache Otto's auf's Neue entflammte, machte diese auch im mittleren Deutschland Fortschritte. Vor Allem ward hier der Abfall des Kanzlers Konrad zu Otto von Bedeutung. Dieser, aus dem Geschlechte der Herren von Querfurt, welcher seine gelehrte Bildung auf der Domschule zu Hildesheim und nachher zu Paris erhalten hatte, war nach einander zum Kaplan Friedrichs I., zum Bischof von Lübeck, später zum Bischof von Hildesheim und von Heinrich VI. zum Kanzler er= nannt worden. Zwei Jahre lang war er als dessen Stellver= treter in Italien und Sicilien, sowie in Cypern und Syrien thätig. Erst hier auf dem Kreuzzuge ließ sich der geistreiche, sein gebildete, prachtliebende Mann, nachdem ihm das reiche Bisthum Würzburg übertragen worden war, die Prie= ster= und Bischofsweihe ertheilen. Cölestin III. hatte ihm er= laubt, sich zu einer höhern Würde, jedoch nicht zu einer glei= chen, befördern zu lassen. Innocenz III. aber, welcher mit ihm vor seiner Erhebung auf den päpstlichen Stuhl in freund= licher Beziehung gestanden hatte, wollte diese Uebertretung der Kirchengesetze um so weniger übersehen, als sich Konrad sogleich an Philipp anschloß und durch sein großes Gewicht dessen Partei mächtig verstärkte. Philipp machte ihn ebenfalls zu seinem Kanzler. Innocenz III. aber gab (bereits den 21. August 1198) dem Bischofe von Bamberg den Auftrag, Konrad, welcher sich, ohne den Papst um Erlaubniß gefragt zu haben, in seinen Briefen bereits Bischof von Würzburg ge= nannt hatte, seines angemaßten Amtes zu entsetzen, ihm die Rückkehr nach Hildesheim zu untersagen und ihn, wenn er nicht innerhalb 20 Tagen Folge leiste, feierlich mit dem Banne zu belegen. Nichtsdestoweniger und ungeachtet des nun wirklich über ihn verhängten Bannes behauptete sich Konrad nicht nur im Besitze der Würzburger Kirche, sondern traf auch Anstalten, um sich das Hildesheimer Bisthum zu sichern. Aber vergeblich bemühte er sich durch Abgeordnete und Geschenke, den Papst für sich zu gewinnen. Als er fortfuhr, sich auch dann noch Bischof von Hildesheim zu schreiben, nachdem das dortige Kapitel bereits den Befehl zur Vornahme einer neuen Wahl erhalten hatte, wurde der über ihn verhängte Bann durch den Papst wahrscheinlich im Juni 1199 erneuert. Als nun aber die Angelegenheit Philipps sich immer mehr zum Schlimmen wendete, erklärte er vor dem Erzbischofe von Magdeburg und vor vielen Fürsten eidlich, den Befehlen des Papstes gehorchen zu wollen, und begab sich bei schlechter Jahreszeit selbst vor den apostolischen Stuhl. Barfuß, einen Strick um den Hals erschien er vor dem Papste, warf sich in Kreuzesform ausgestreckt vor ihm nieder und flehte sein Erbarmen an. Der

Papst ließ es ihm angedeihen. Er mußte jedoch auf beide Bisthümer eiblich verzichten. Für Hildesheim war bereits der dortige Propst gewählt worden. Die neue Wahl für Würzburg aber wurde verschoben und so dem Reumüthigen, um ihn vor dem Rückfalle sicherer zu stellen, eine Aussicht eröffnet. Als im Frühjahre 1201 die Wahl wieder auf ihn fiel, übertrug Innocenz, durch eine besondere Gesandtschaft um Bestätigung gebeten, den Austrag des Streites, da ein Theil der Domherren lebhaft gegen ihn Einsprache erhoben hatte, seinem Legaten in Deutschland, welcher ihn wieder in seine Würde einsetzte. Ohne Zweifel hatte sich Konrad vor dem Legaten und wohl auch schon in Rom insgeheim zu Gunsten Otto's erklärt. Zwar befand er sich das ganze Jahr 1201 hindurch in Philipps Nähe, zu dessen damaliger Unthätigkeit er mitgewirkt haben mochte. Verdacht mußte es jedoch erwecken, daß er jenes Protestschreiben der Anhänger Philipps nicht unterzeichnete. Schon ging der Letztere damit um, dem Domdekan Heinrich von Glinden zu Magdeburg das Kanzleramt zu übertragen, als dieser von Konrads Bruder überfallen und des Augenlichts beraubt wurde. Bald darauf brach der offene Bruch zwischen Konrad und Philipp aus. Schon war dieser gegen ihn mit einem Heere im Anzuge. Noch am 23. Dezember 1202 erhielt der Erzbischof von Mainz von dem Papste den Befehl, dem Bischofe von Würzburg mit allen ihm zu Gebote stehenden Mitteln gegen seine Feinde, namentlich gegen den Herzog von Schwaben, zu Hilfe zu ziehen. Aber bereits den 6. Dezember war der Bischof von den Rittern Heinrich und Botho von Rabensburg auf dem Rückwege von der Kirche auf offener Straße erschlagen worden. Ohne Zweifel waren beide Ritter, mütterlicher Seits Neffen des Reichsmarschalls Heinrich von Kalentin, durch die von Philipp ausgesprochene Acht ermuthigt worden, ihrer Privatrache gegen den Herzog-Bischof, welcher sich durch seine Strenge und seinen Eifer in Vertheidigung der Gerechtsame

der Kirche gegen deren weltliche Vasallen bei diesen verhaßt
gemacht hatte, freien Lauf zu lassen. Sie waren daher auch
mit solcher Wuth über ihn hergefallen, daß sie seinen gräßlich
verstümmelten Leichnam in Stücke zerhieben. Der grausame
Tod des Kirchenfürsten, erlitten wegen Widersetzung gegen die
Gewaltthätigkeit und Ungerechtigkeit der Vasallen, hob dessen
Gedächtniß bei seinen Freunden um so mehr, als er sich auf
die Seite der päpstlichen Partei gestellt hatte. Man lobte seine
Wohlthätigkeit gegen die Armen und seine Strenge in Hand=
habung der Ordnung und Gerechtigkeit, und wunderte sich, den
mit einem Cilicium angethan zu finden, welchen man nur in
weichen seidenen Kleidern gesehen hatte. Als Philipp kurz
darauf nach Würzburg kam, zog ihm die ganze Geistlichkeit
mit Klaggesängen entgegen, vorweisend die blutigen Gewänder
und die abgehauene Hand des Erschlagenen. Ihrem Verlangen
nach Bestrafung der Mörder leistete er, obwohl beim Anblicke
des alten Freundes seines Hauses zu Thränen gerührt, keine
Folge, da er den Geächteten als Reichsfeind betrachtete. Da=
gegen wurden die Burgen, Häuser und sonstigen Besitzungen
der Rabensburger von den Bürgern zu Würzburg zerstört.
Die Mörder eilten alsbald, entweder um der Strafe zu ent=
gehen, oder auf Philipps Geheiß, nach Rom. Hier wurde
ihnen folgende merkwürdige Kirchenbuße auferlegt: Nachdem
sie einem Cardinale die Beicht abgelegt hatten und nackt, soweit
die Ehrbarkeit gestattete, einen Strick um den Hals einige Tage
lang vor dem Volke hatten stehen müssen, wurde ihnen auf=
gegeben, die Waffen nur mehr gegen die Saracenen zur Ver=
theidigung des Glaubens zu gebrauchen, kein Pelzwerk noch
farbige Tücher zu tragen, die öffentlichen Schauspiele nicht zu
besuchen, nach dem Tode ihrer Frauen sich nicht mehr zu ver=
ehelichen, sobald als möglich nach Jerusalem zu ziehen und vier
Jahre gegen die Ungläubigen zu kämpfen. Jede Woche dreimal,
sowie an den Quatembern und Vigilien der Feste sollten sie
bei Wasser und Brod fasten, drei große Fasten im Jahre hal=

ten, hundertmal bei Tag und Nacht das Vaterunser beten und fünfzigmal Kniebeugungen machen. Den Leib des Herrn sollten sie nur in ihrer Todesstunde genießen dürfen. Wenn sie in eine Stadt Deutschlands mit Sicherheit des Lebens gehen könnten, sollten sie sich fast am ganzen Leibe entblößt in die Hauptkirche begeben, einen Strick um den Hals und eine Ruthe in der Hand und von jedem Domherrn die Disciplin empfangen. In Würzburg sollte dasselbe an den vier Hauptfesten, so oft sie sich daselbst aufhielten, stattfinden. — Konrads Uebertritt zu Otto war nicht vereinzelt. Gleich nach dessen Ermordung trat es an den Tag, daß der zwar reichgebildete, aber wankelmüthige Landgraf Hermann von Thüringen, welcher nach der Rückkehr aus dem heiligen Lande im Jahr 1198 sich um den Preis der Reichsstadt Nordhausen und einer Geldsumme an Otto angeschlossen hatte, aber bereits im folgenden Jahre ebenfalls gegen Entschädigung zu Philipp übergetreten war, des Letzteren Partei wieder verlassen habe. Vorerst handelte es sich um die Unterstützung des Erzbischofs Siffried von Mainz gegen dessen Nebenbuhler Lupold. Zwar bemächtigte sich dieser Erfurts, der zweitwichtigsten Stadt des Erzbisthums, welche ihm durch den Landgrafen abwendig gemacht worden war. Hermann aber erhielt kräftige Hilfe von dem benachbarten König Ottokar von Böhmen. Längere Zeit hatte dieser den Aufforderungen des Papstes widerstanden, welcher ihn schon im März 1201 getadelt hatte, daß er sich von Philipp habe das königliche Diadem aufsetzen lassen, und ihm in Aussicht stellte, daß er, wenn er sich von Otto die Krone erbitte, die Verleihung aus päpstlicher Machtvollkommenheit bestätigen und auf alle seine Nachkommen ausdehnen werde. Ottokar hatte bald nach seiner Krönung durch Philipp seine Gemahlin Adela, die Tochter des Markgrafen von Meissen, mit welcher er 18 Jahre lang in der Ehe gelebt hatte, verstoßen und sich mit Constantia, der Schwester des Königs Emerich von Ungarn, vermählt. Der Papst, an den sich Adela um Hilfe wandte, hatte die Sache dem Erzbischofe von Magdeburg zugewiesen. Philipp aber hatte das Benehmen des Böhmenkönigs mißbilligt. Wie aus einem Schreiben Innocenz' an die Suppanen (Grafen) Böhmens hervorgeht, war der Legate Guido im Winter 1202—1203 für die Sache Otto's in Böhmen thätig gewesen, und die Verhandlungen waren, da außerdem der Papst im Mai 1202 den Streit wegen des Prager Bisthums im Sinne des Königs und zu Gunsten des Bischofs Daniel geschlichtet hatte, mit solchem Erfolge gekrönt, daß Ottokar im Januar 1203 mit 10 000 Böhmen, Ungarn und Tataren, welche ihm sein Schwager Emerich auf Bitten des Papstes zu Hilfe geschickt hatte, in Thüringen einrückte. Furchtbar wurde von den durch ihre Raub= und Plünderungslust berüchtigten Böhmen das Land, in welchem schon die Schwaben übel gehaust hatten, verwüstet. Viele Kirchen und Klöster wurden zerstört, mit dem Heiligsten Spott getrieben, Nonnen und Jungfrauen zu Tode geschändet oder sonst auf das Grausamste behandelt. Philipp mußte sich vor der Uebermacht nach Erfurt zurückziehen und auch aus dieser Stadt vor dem ringsum gelagerten Feinde bei Nacht über Schmalkalden nach Süddeutschland entweichen. Otto aber wandte sich sogleich über Merseburg, wo er Ottokar krönte, an den Rhein und hielt in Soest den 6. November 1203 einen glänzenden Hoftag, auf welchem eine Heerfahrt gegen Schwaben in Aussicht gestellt wurde. Wahrscheinlich im Dezember dieses Jahres gab er dem Papste Nachricht, wie seine Lage sich von Tag zu Tag bessere, und sprach ihm seinen Dank für dessen glückliche Bemühungen um Gewinnung des Königs von Böhmen und des Landgrafen von Thüringen, sowie die Hoffnung aus, daß bis Lichtmeß des nächsten Jahres auch die oberländischen Fürsten, z. B. der Erzbischof Eberhard von Salzburg nebst dessen Suffraganen, die Herzöge von Baiern und Oesterreich auf seine Seite treten würden.

Hiemit hatte Otto's Macht ihren Höhepunkt erreicht. Weit entfernt, daß seine soeben ausgesprochenen kühnen Hoffnungen in Erfüllung gegangen wären, sank sein Stern unaufhaltsam. Zwar hatte es einen Augenblick den Anschein, als ob die hohenstaufische Partei sich gänzlich auflöse. Besonders waren es die früher größtentheils auf dieser Seite stehenden geistlichen Fürsten, welche durch die verschiedenartigen dem Papste zu Gebote stehenden Mittel von Philipp abgezogen oder wenigstens eingeschüchtert wurden. So hatte sich der Erzbischof Eberhard von Salzburg aus dem schwäbischen Geschlechte der Herren von Regensberg, als er ohne päpstliche Genehmigung sein Bisthum Brixen verlassen und die auf ihn gefallene Wahl zu dem genannten Erzbisthum angenommen hatte, genöthigt gesehen, sich nach dem Beispiel des Bischofs Konrad von Würzburg nach Rom zu begeben, wo er „nicht ohne viele Mühe und Schweiß" die Bestätigung der Wahl und der mit seinem Erzstifte verbundenen Würde eines apostolischen Legaten erhielt. Als er im Jahre 1202 an der Spitze der Abgesandten der hohenstaufischen Partei zum zweiten Male nach Rom ging, mußte er dem Papste versprechen, die Partei Philipps zu verlassen. Der Erzbischof Johann von Trier wurde, nachdem zwei ernstliche Mahnschreiben, zu Otto überzutreten, nichts gefruchtet hatten, im Jahre 1202 mit dem Banne belegt und der entschieden auf Seite Philipps verharrenden Geistlichkeit und Bürgerschaft der Stadt bedeutet, daß bei fernerem Ungehorsam der Metropolitansitz verlegt werden würde. Erst nachdem Johann zu Rom eidlich die Unterwerfung unter des Papstes Willen gelobt hatte, wurde ihm mit der Lossprechung von dem Banne Verzeihung zu Theil. Außerdem wurden die Erzbischöfe von Tarantaise und Besançon und die Bischöfe von Passau und Speier wegen Nichtbeachtung des päpstlichen Befehls nach Rom geladen. Doch gelang es Philipp, auf dem Wege der Diplomatie, durch kluge Benützung der Umstände, worin er seinem Gegner überlegen war, bald wieder festen Fuß zu gewinnen. Selbst mit Rom knüpfte er Verbindungen an. Als der Mönch Otto von Salmansweiler in seinem Namen die Botschaft nach Rom brachte, er habe mit mehreren seiner Anhänger das Kreuz genommen, sandte der Papst einen Unterhändler nach Deutschland. Philipp machte eine Menge wichtiger Versprechen, z. B. daß er auf das Spolienrecht, auf alle von ihm oder seinen Vorgängern widerrechtlich in Besitz genommenen Kirchengüter verzichten und ein Gesetz erlassen wolle, wornach auf die Excommunikation des Papstes immer auch die Acht des Kaisers folgen sollte. Wenn ihm oder seinem Schwager der Thron von Konstantinopel zufallen würde, so wolle er die griechische Kirche dem römischen Stuhle unterwerfen. Um allen falschen Verdacht zu entfernen, damit der Papst „sein gütigster Vater und er dessen treuester, bester Sohn" sei, versprach er sogar seine Tochter mit Innocenz' Neffen und außerdem nach dessen Wunsche andere männliche oder weibliche Verwandte mit Mitgliedern seiner Familie zu vermählen. Der Papst war jedoch, wie immer er auch diese Anerbietungen aufgenommen haben mochte, nicht geneigt, Otto, besonders unter den damaligen Umständen, fallen zu lassen. Als die hohenstaufische Partei in Deutschland aus List mit großer Zuversicht das Gerücht aussprengte, Innocenz III. habe Philipp durch den Prior der Camaldulenser zur Kaiserkrönung nach Rom berufen, erklärte er, er habe auf dessen Anerbieten nur so viel erwidert, daß er ihn, da er dem in den Schooß der Kirche Zurückkehrenden den Zutritt nicht verweigern wollte, wie jeden andern Reumüthigen aufzunehmen bereit sei. Sogar falsche Briefe des Papstes und der Cardinäle wurden in Umlauf gesetzt, um die öffentliche Meinung in Deutschland zu verwirren. So sollte sich Innocenz gegen den Erzbischof Siffried von Mainz ausgesprochen haben, wie aus dem an die Bischöfe von Passau, Freisingen und Eichstädt gesandten unechten Schreiben, welchem diese Glauben geschenkt hatten, hervorgehen wollte. Daß eine hohenstaufische Partei sich in Rom befand, ist ohne Zweifel. An deren Spitze standen die Neffen des verstorbenen Papstes, welche dem den Grafen von Segni feindlich gegenüber stehenden Hause Orsini angehörten. Möglicherweise war selbst das Cardinalscollegium von dieser Spaltung nicht ganz unberührt geblieben. Um der Gährung auszuweichen, sah sich Innocenz sogar im Mai 1203 genöthigt, Rom zu verlassen und brachte beinahe ein Jahr in Ferentino und Anagni zu. Als er im Herbste 1203 schwer erkrankte, verbreitete sich in Deutschland das Gerücht, er sei gestorben und habe bereits in Clemens IV. einen Nachfolger, welcher sich für Philipp ausgesprochen habe und von dem schon Bullen im Umlauf waren. Innocenz widerlegte selbst dieses Gerücht und ermahnte zur Vorsicht in Aufnahme von Bullen. Die Cardinäle wurden zu einer öffentlichen Erklärung veranlaßt, daß sie in der Angelegenheit des Königs Otto sowohl, als in der des Erzbischofs Siffried von Mainz vollkommen eines Sinnes mit dem Papste seien. Außerdem sandte Innocenz mehrere Schreiben an deutsche Fürsten, in denen er sich als eifrigen Förderer der Sache des Welfen kundgab.

Glücklicher war Philipp mit seinen Bemühungen in Deutschland. Otto selbst arbeitete ihm durch sein hochfahrendes, trotziges und überhaupt unkluges Benehmen gegen seine Freunde, die ihm doch größtentheils aus bloßem Eigennutz anhingen, in die Hände. Vergeblich waren die Mahnungen des Papstes an seinen Schützling, er möchte alles aufbieten, um die Anhänger auf seiner Seite zu erhalten. So nahm denn auch seine Sache in Kurzem eine ganz andere Wendung. Nachdem der Streit zwischen dem Herzoge Ludwig von Baiern, dem Bischofe von Regensburg und dem Erzbischofe von Salzburg, auf welche Otto große Hoffnungen gesetzt hatte, durch einen Vergleich im Anfange des Jahres 1204 geschlichtet und so Philipp im Rücken gesichert war, rückte dieser nach Sachsen und befreite das von Otto belagerte Goslar. Nachdem hier der Pfalzgraf Heinrich, welcher über die im vorigen Jahre vorgenommene Theilung der welfischen Lande, bei welcher ihm, obgleich dem Aeltesten des Hauses, Braunschweig entgangen war, und auch über das Benehmen seines Bruders gegen ihn unzufrieden war, im Frühjahr 1204 zu Philipp übergetreten war, zwang derselbe, durch die sächsischen Fürsten kräftig unterstützt, nicht bloß den Landgrafen Hermann, sondern auch den König von Böhmen zur Unterwerfung. Noch glänzender waren die friedlichen Eroberungen Philipps am Niederrhein. Erzbischof Adolf war schon längere Zeit Otto innerlich abgeneigt, da die Verbindung mit ihm dem Erzstifte nur furchtbare Verwüstung und ihm selbst statt des gehofften Vortheils nur Lasten und Kosten gebracht hatte.

Im Herbst 1202 hatten nach der Rückkehr von Mastricht ihre Zwistigkeiten zu heftigen Auftritten geführt. Nachdem drei Tage lang unter dem Vorsitze des Legaten in Gegenwart der Geistlichkeit und Bürgerschaft von Köln über die gegenwärtigen Beschwerden verhandelt worden war, wurde zwischen Beiden ein Vergleich vermittelt, in welchem Otto den Forderungen des Erzbischofs Abhilfe versprach. Es wurde in denselben die merkwürdige Bedingung aufgenommen, daß die päpstlichen Dienstmannen und die Bürger von Köln dem Erzbischofe nur insoweit und auf so lange Gehorsam zu leisten schuldig sein sollten, als er dem König Otto die Treue halte. Auf diese Weise war das Verhalten Adolfs gegen Otto förmlich unter die Aufsicht seiner Untergebenen gestellt. So fest glaubte dieser den Erzbischof, wie er an Innocenz schrieb, sich verbunden, daß derselbe, selbst wenn er von dem Vergleiche abspringen wollte, es nicht vermöge. Aber bald täuschte er sich. Das Bündniß zwischen Otto und Johann von England, von welchem die niederländischen Fürsten einen Rück halt gegenüber dem Könige von Frankreich und Philipp hofften, erwies sich als unwirksam, da Johann gleichgiltig zusah, wie ihm selbst das Stammland seiner Vorfahren, die Normandie, von Philipp August hinweggenommen wurde. Es stand besonders für den Herzog von Brabant zu befürchten, daß er durch die vereinigte Macht Frankreichs und der Hohenstaufen erdrückt werden könnte. Zuerst knüpfte Erzbischof Adolf, welcher sich schon seit dem Jahr 1203 von Otto zurückgezogen hatte, durch den Grafen Wilhelm von Jülich (oder nach einem andern Zeugnisse durch seinen Cleriker Bruno von Bensheim) mit Philipp insgeheim Unterhandlungen an. Nachdem er auf einer zu Andernach zwischen ihm und dem Erzbischofe von Trier, dem Bischofe von Speier und einigen weltlichen Fürsten abgehaltenen Zusammenkunft gegen eine in Aussicht gestellte Entschädigung von 9000 Mark und Bestätigung der ihm von Otto gemachten Schenkungen für die ihm aus der Feindschaft des Papstes drohenden Nachtheile vollends gewonnen worden war, fand den 11. November 1204 zu Koblenz die Huldigung Adolfs und des Herzogs von Brabant statt. Auf Dreikönig wurde ein Hoftag nach Aachen berufen. Um das Wahlrecht der lothringischen Fürsten und das Ehrenrecht des Erzbischofs von Köln zu wahren, ließ sich Philipp noch einmal wählen und mit seiner Gemahlin Maria (Irene) durch Adolf salben und krönen und auf den Stuhl Karls des Großen erheben.

Der rasch auf einander folgende Abfall von fünf Fürsten, unter welchen der Bruder Otto's, sein Schwiegervater und der Erzbischof, welche am meisten zu seiner Erhebung beigetragen, so daß man ihn den Urheber derselben nennen konnte, erregte großes Aufsehen, besonders in Köln, welches jetzt der Mittelpunkt des Kampfes wurde. Die Kölner machten nun Gebrauch von dem Vertrage, welcher sie bei erfolgtem Abfalle des Erzbischofs ihrer Verpflichtungen gegen denselben entband, und ernannten, sowohl um die alt-

hergebrachte Ergebenheit gegen den apostolischen Stuhl zu be=
zeugen, als auch weil sie der ihnen als den Bürgern einer
rasch aufblühenden reichen und mächtigen Stadt durch die Ver=
bindung mit Otto eröffneten Begünstigungen des Verkehrs
mit England nicht verlustig gehen wollten, den Herzog Hein=
rich von Limburg, welcher mit seinen beiden Söhnen unter
den großen Vasallen des Erzstiftes Otto allein treu geblieben
war, zum Oberbefehlshaber der Stadt und ihres Gebietes.
Otto, welcher auf die Nachricht von diesen Vorfällen sogleich
aus Braunschweig an den Rhein geeilt war, und da er
seinem Gegner den Weg nach Aachen nicht hatte verlegen können,
sich nach Köln zurückgezogen hatte, wo er während der Krö=
nungsfeierlichkeiten Philipps krank darnieder lag, beschwerte
sich heftig bei dem Papste wider den Erzbischof Adolf,
welcher ihn aus Poitou, wo er Reichthum und Ehre in hohem
Grade genossen, nach Deutschland gerufen, in Köln zum Könige
gewählt und gesalbt, nun aber verachtet und zurückgestoßen
und Philipp von Schwaben um schnöden Lohn ebenfalls in
Aachen gekrönt habe. Desgleichen wandte sich auch die Geist=
lichkeit und Bürgerschaft Kölns mit Klagen an den
Papst. Innocenz war übrigens über die Absichten des
Erzbischofs und seiner Freunde bereits frühzeitig unterrichtet
gewesen. Nachdem er Adolf vor dem Uebertritt zu Phi=
lipp gewarnt, sowie den Herzog von Brabant zur Rück=
kehr zu Otto aufgefordert, hatte er (23. April 1204) die
Bürger von Köln zu unwandelbarer Treue gegen Otto
ermahnt. Im Oktober desselben Jahres beauftragte er den
Erzbischof von Mainz, den Bischof von Cambrai und den Propst
von Bonn, sich nach Köln zu begeben, den dortigen Erz=
bischof zur Rückkehr zu bewegen, und ihm, wenn er sich über
Otto zu beschweren habe, Recht zu verschaffen, für den Fall
aber, daß er sich nicht eines Besseren besinne, die Absetzung
anzudrohen. Auf des Papstes Befehl wurde über Adolf
in sämmtlichen Kirchen der Kölner Diöcese beim Läuten der

Glocken und unter Auslöschung der Kerzen der B a n n ver=
kündet und derselbe, da er sich nicht binnen Monatsfrist vor
dem apostolischen Stuhle gestellt hatte, in Anwesenheit Otto's
(19. Juni 1205) f ü r a b g e s e t z t erklärt. An seiner Stelle
wurde aus der den Grafen von Berg, welche in der letzteren
Zeit bei den Wahlen gewöhnlich den Sieg davon getragen hatten,
entgegenstehenden Partei der Propst B r u n o v o n B o n n,
ein Bruder des Grafen Heinrich von Sayn, gesetzt. Die
Kölner Bürger traten dem neuen Erzbischof kräftig zur Seite,
vertheidigten sich, nachdem sie am Niederrhein mit O t t o 's
Gegnern tapfer gekämpft, hinter ihren soeben vollendeten groß=
artigen Festungswerken, durch das heldenmüthige Beispiel des
an ihrer Spitze kämpfenden O t t o angefeuert, gegen P h i l i p p,
der mit einem starken Heere gegen sie herangerückt war, und
schlugen alle Angriffe desselben siegreich zurück. P h i l i p p
mußte in den Süden zurückkehren. Ein empfindlicher Verlust
war es ferner für ihn, daß Otto's Befehlshaber in Braun=
schweig, Truchseß Guzelin von Wolfenbüttel, die reiche Harz=
stadt G o s l a r durch einen Handstreich nahm und schonungslos
plündern ließ.

Doch wurde durch diese Vorfälle keine Ordnung in der
Sachlage herbeigeführt. So sehr sich I n n o c e n z auch Mühe
gab, die Abgefallenen zu O t t o zurückzubringen, die öffentliche
Meinung in Deutschland vermochte er nicht mehr zu dessen
Gunsten umzustimmen. Selbst die g e i s t l i c h e n F ü r s t e n
legten mit wenigen Ausnahmen, wenn nicht offene Freundschaft
für P h i l i p p, doch völlige Gleichgiltigkeit gegen Otto an
den Tag, besonders seit der päpstliche Legat G u i d o (1204),
dessen Ueberwachung ihnen lästig gewesen war, Deutschland
verlassen und den erzbischöflichen Stuhl von Rheims bestiegen
hatte. Im K ö l n i s c h e n herrschte indessen große Verwirrung
und Erbitterung zwischen der Geistlichkeit und den mächtigen
Grafen des Erzstifts, welche von der ersteren auf päpstlichen
Befehl mit dem Bann und Interdict bestraft worden waren.

So mißlich die Lage in Köln, besonders auf Seite der Bruno
anhangenden Geistlichkeit, war, so daß selbst die alten Schätze
der Domkirche an Gold und Edelsteinen verkauft oder versetzt
werden mußten, ihre Sache gaben Otto und die Kölner
doch nicht verloren. Wurde doch ihr Muth selbst durch Wunder und Prophezeiungen angefacht. So erklärte der
blinde Engelbert, welcher Zeitlebens einen frommen ascetischen
Wandel führte und vor vielen Jahren Heinrichs des Löwen
Gemahlin geweissagt hatte, einer ihrer Söhne werde einst die
Kaiserkrone tragen, Otto dürfe nicht verzagen; alles müsse
noch in Erfüllung gehen, was von Gott vorherbestimmt sei.
Die heilige Jungfrau selbst soll an einem Sonntage während
der ersten und zweiten Messe die Stimme habe vernehmen
lassen, König Otto werde, jetzt so tief erniedrigt und beinahe
von Jedermann aufgegeben, zu seiner Zeit durch einen plötzlich und unverhofft eintretenden Glücksfall erhöht und im Reiche
befestigt werden. Doch legte größere Standhaftigkeit, als die
Geistlichkeit, von welcher sehr Viele wegen Verlusts der
Pfründen und Einkünfte auf Seite Adolfs traten, welcher
mit seinen Freunden und Anhängern das Land mit Feuer und
Schwert verheerend und weder Kirchen noch Klöster schonend
umherzog, die Bürgerschaft an den Tag. Deßhalb wurde
sie auch von Innocenz höchlich belobt unter Hinweisung
darauf, daß ihre Stadt, wie schon ihr Siegel von Alters her
bezeuge, eine besondere Tochter der römischen Kirche
sei. Allein im September 1206 rückte Philipp zum vierten Male in das Erzstift ein, schlug das feindliche Heer,
bei welchem sich Otto, der Erzbischof Bruno und der Herzog von Limburg mit seinen Söhnen befanden, in einer
sumpfigen Gegend an der unteren Roer, acht·Meilen von
Köln, nahm den im August 1206 durch Siffried von
Mainz geweihten Gegenerzbischof gefangen und sandte ihn
gefesselt nach Trifels. Um das Erzstift nach Belieben verheeren
zu können, wurde die Festung Landskron an der Ahr ge-

baut. Nun trat auch Heinrich von Limburg, welcher
nach Einigen von Philipp bestochen die Niederlage hatte
herbeiführen helfen, offen zu diesem über. Noch einmal wandte
sich die Geistlichkeit Kölns im September 1206 an
Innocenz, schilderte ihm die traurige Lage, in welche sie
wegen ihrer Treue und ihres Gehorsams gekommen sei, und
bat ihn, sich doch die Wiederherstellung von Friede und Einigkeit im Reiche angelegen sein zu lassen, da Kirche und Bürgerschaft von Köln nicht länger in diesem Zustande verharren
könnten. Als nun in der von allen Seiten eingeschlossenen
Stadt, in welcher Philipp sich durch Bestechung einen Anhang zu verschaffen gewußt hatte, empfindliche Noth entstand
und sich keine Hoffnung auf Entsatz zeigte, trat sie mit dem Gegner in Unterhandlung. Die in der Nähe von Köln zwischen
beiden Nebenbuhlern in Gegenwart einiger Personen
unter Vermittlung Heinrichs von Kalentin abgehaltene
Zusammenkunft hatte bloß den Abschluß eines Waffenstillstandes zur Folge. Dagegen wurde bald darauf durch
den Herzog von Brabant zu Boppard ein Frieden
mit Köln vermittelt, welchem gemäß die Stadt, deren Rechte
und Freiheiten bestätigt wurden, sich unter Anderem verpflichtete,
sich für den wieder als Herrn anerkannten Erzbischof Adolf
bei dem Papste zu verwenden. Die feierliche Huldigung
wurde bis auf den nächsten März verschoben. Nun war
Otto's Sache auch da aufgegeben, wo sie ihren
Anfang genommen hatte.

So sehr das Glück neuerdings Philipp begünstigt hatte,
so glaubte er doch, seiner Herrschaft erst dann eine feste Grundlage verschafft zu haben, wenn er der Gunst des apostolischen
Stuhles versichert wäre. Er ließ sich daher angelegen sein,
die Unterhandlungen mit dem Papste, wenn sie überhaupt völlig abgebrochen worden waren, wieder anzuknüpfen.
Wie aus einer Urkunde Philipps vom 30. August 1205
erhellt, befand sich damals sein Kanzler, Bischof Kon-

rab von Regensburg, auf einer Sendung nach Italien.
Eine bedeutende Rolle als Unterhändler spielte nachher Wolfger von Ellenbrechtskirchen, welcher schon als Bischof von
Passau (1191—1204) den Hohenstaufen nützliche Dienste geleistet hatte, und obwohl er, um die Bestätigung in dem Erz-
bisthume von Aquileja im Jahre 1204 zu erlangen, dem
Papste eine Gehorsamserklärung ausgestellt hatte, doch in
seinem Eifer für die Sache Philipps verharrte. Diese seine
Stellung zum Papste sowohl als zu Philipp machte den
gewandten Bischof geeignet, wenn irgend Jemand, die Unterhandlungen glücklich zum Ziele zu führen. Um sich Innocenz geneigt zu machen, hatte Philipp den kriegerischen,
rohen Gegenerzbischof Lupold von Mainz aus Italien,
wo derselbe an der Spitze der Gibellinen gegen die päpstliche
Partei gekämpft hatte, zurückgerufen und die Verbindungen mit
dem Markgrafen Diepold von Vohburg, welcher sich
bis jetzt in Unteritalien mit Glück behauptet hatte, abgebrochen. Im Frühjahr 1206 überbrachte Wolfger in Begleitung des schon früher genannten Camaldulenser-Priors
von Seite des Papstes an Philipp den Auftrag, Lupold
von dem Mainzer Erzbisthum zu entsetzen und mit seinem Gegner einen Waffenstillstand zu schließen. Philipp sandte ein
umfassendes, sehr merkwürdiges Rechtfertigungsschreiben
nach Rom, in welchem er sich in Beziehung auf den Mainzer
Bischofsstreit bereit erklärte, Lupold fallen zu lassen, wenn
auch zugleich Siffried zurücktrete und eine neue Wahl stattfinde, und außerdem dem soeben genannten Erzbischof eine ehrenvolle Stelle an seinem Hofe oder aber von seinen Gütern hinreichende Einkünfte anzuweisen, bis er zu einem andern Bisthume gelange. In diesem Schreiben gab Philipp außerdem Nachricht über sein Benehmen seit dem Tode seines Bruders Heinrich: wie er sich anfänglich bei der in Deutschland
herrschenden Verwirrung Mühe gegeben habe, die Rechte seines
Neffen zu wahren, und nur der Gewalt der Umstände weichend,

gegen seinen Willen sich zur Annahme der Wahl ver=
standen habe um des allgemeinen Besten willen, da er der
mächtigste und reichste Fürst im Reiche und im Besitz der
Reichskleinodien gewesen sei; wie er durch List von seinem Zuge
nach Aachen abgehalten und sein Verwandter Otto in Folge
englischer Bestechung gewählt worden sei. Er erklärte weiter=
hin, daß er voll Verlangen nach Wiederherstellung des Frie=
dens bereit sei, seine Sache dem Urtheile der Cardinäle und
der Reichsfürsten zu unterwerfen, und ebenso nach deren Ent=
scheidung für etwaige Beleidigungen gegen den Papst oder
die römische Kirche Genugthuung zu leisten. Dieses Schreiben
wurde dem Papste durch den Camaldulenser=Prior überbracht.
Innocenz dankte Wolfger für die treue Erfüllung seiner
Aufträge und drückte seine lebhafte Freude aus für die in dem
Antwortschreiben „jenes Fürsten“ sich kund gebende katholische
Gesinnung und Ergebenheit. Den Vorschlag hinsichtlich der
Mainzer=Kirche erklärte er für unbillig, frivol und absurd,
während er die Bereitwilligkeit zum Abschlusse eines Waffen=
stillstandes gerne annahm und den Patriarchen damit beauf=
tragte. Philipp rühmte sich, um seine Anhänger fester an
sich zu fesseln, der Papst habe die Gesandtschaft abgeschickt,
um mit ihm über einen Frieden zu unterhandeln. Außerdem
wollte der Erzbischof Eberhard von Salzburg aus dem
Munde des Legaten selbst vernommen haben, daß der Pa=
triarch von Aquileja von ihm zum Friedensvermittler auf=
gestellt worden sei.

Durch den glücklichen Feldzug gegen Köln wurde Phi=
lipp ermuthigt, das Werk der Verständigung mit dem römi=
schen Stuhle noch nachdrucksvoller zu verfolgen. Er sandte
Wolfger abermals nach Rom. Hier war bereits Erzbischof
Albrecht von Magdeburg, der Nachfolger des Philipp
sehr entschieden anhangenden Ludolf, einem entschiedenen Auf=
treten für den Hohenstaufen, von dem er bereits die Regalien
erhalten hatte, ausweichend, in der Hoffnung, der Thronstreit

werde bis zu seiner Rückkehr nach Deutschland ein Ende genommen haben, angekommen, um aus den Händen des Papstes
das Pallium zu empfangen. Auch er, sowie die Abgesandten
der Stadt Cremona, suchten die Friedensbemühungen zu
fördern. Doch war der Papst weit entfernt, nun auf
einmal die bisher eingenommene Haltung aufzu-
geben und sich bestimmt für den Hohenstaufen zu
erklären. Er erließ im Juni oder Juli 1207 ein Schreiben
an sämmtliche geistliche und weltliche Fürsten
Deutschlands, in welchem er die Nothwendigkeit der Einigkeit und die in Folge des Thronstreites eingerissene Noth mit
beredten Worten darlegte. Da er nun nach dem Beispiele
des Hohenpriesters, welcher sich selbst zum Sühnopfer hinge-
geben, auf die Wiederherstellung des Friedens eifrig bedacht
sei, habe er einige Cardinäle nach Deutschland zu senden sich
entschlossen, und befehle ihnen, deren heilsamen Ermahnungen
und Aufträgen in Demuth und willig nachzukommen. Im
Juni befand sich Wolfger bereits wieder in der Umgebung
Philipps und kündigte ihm die Ankunft der Legaten an.
Es waren dieses der Cardinal Leo aus dem Geschlechte der
Brancaleone und Hugolinus, Bischof von Ostia, Graf
von Segni und naher Verwandter Innocenz' III.,
welcher später als Gregor IX. die Kirche kraftvoll
regierte. Die Wahl so hervorragender Kirchenfürsten mußte
Philipp als ein erfreuliches Zeichen der päpstlichen Aufmerksamkeit betrachten. Auch mußte er dieselbe zu würdigen.
Er ließ die Legaten in ehrenvollem Geleite einholen und nach
Speier führen, wo er sie empfing und auf seine Kosten be-
wirthen ließ. In Worms fand schon nach wenigen Tagen
die feierliche Aussöhnung mit der Kirche statt. Nachdem Philipp geschworen hatte, sich in allem, wegen dessen
er excommunizirt worden war, den Befehlen des Papstes
zu unterwerfen, wurde er von dem Bann losgesprochen. Auf
einem Fürstentag zu Nordhausen sollten die Unter-

handlungen zwischen Philipp und Otto beginnen.

Der Letztere hatte seine Wahl, wie oben erzählt worden,
hauptsächlich dem englischen Gelde zu verdanken. Aber sein
Oheim Johann, welchem er nach der glänzenden Versammlung zu Soest, auf der Höhe seines Glückes stehend, selbst
Hilfe gegen den König von Frankreich zugesandt hatte, war
nicht einmal im Stande, seine eigenen festländischen Besitzungen
zu vertheidigen. Um so mehr fehlte ihm die Macht und der
Wille, das sinkende Glück seines Neffen wieder aufzurichten.
Kaum erhielt Otto einen kleinen Theil des ihm von Richard
vermachten Schatzes ausbezahlt. Nichtsdestoweniger wandte er
sich, als er vor Philipp aus Köln nach Braunschweig
entweichen mußte und die Zahl seiner Anhänger auf Wenige
zusammengeschmolzen war, noch einmal an seinen Oheim. Er
fuhr im Frühjahr 1207, nachdem König Waldemar von
Dänemark seine Erblande gedeckt, nach England hinüber und
erhielt hier einen glänzenden Empfang, sowie 6000 Mark Unterstützung, die freilich seinen Kräften ebenso wenig wiederum auf-
zuhelfen vermochten, als die Reichskleinodien Englands, welche
Johann ihm auf Borg auslieferte. Während er im Auslande
um Hilfe bettelte, hielt Philipp, welcher soeben seine Tochter
mit dem ältesten Sohn des Herzogs von Brabant verlobt
und dem Thronerben des Königs von Böhmen eine
seiner Töchter zur Ehe versprochen hatte, um diese beiden mächtigen Fürsten fester an sich zu ketten, (im April 1207) seinen
feierlichen Einzug in Köln, und ließ sich von den dortigen
Bürgern, welche ihm einen glänzenden Empfang bereitet hatten,
die Huldigung leisten. Einige Monate später baten ihn der
Graf Thomas von Savoyen und der Markgraf Azzo
von Este um Belehnung mit ihren Besitzungen, zum Beweise,
daß auch jenseits der Alpen er sich bereits Anerkennung
als Reichsoberhaupt verschafft hatte. Ueberhaupt hatte Philipp, obwohl bis jetzt fortwährend damit beschäftigt, sich eine

feste Grundlage in Deutschland zu erkämpfen, doch die aus=
wärtigen Angelegenheiten nicht aus den Augen ver=
loren, wenn er auch nicht in dieselben mit Nachdruck eingreifen
konnte und sich damit begnügen mußte, wenigstens die Grund=
züge seiner Familienpolitik vorläufig festzuhalten, die genauere
Ausführung derselben der Zukunft überlassend. So hatte er
bisher in Italien wenigstens einige Trümmer der Macht sei=
nes Bruders zu retten gesucht. Während in Unteritalien
zuerst Markwald, dann Diepold von Vohburg die
deutsche Partei mit Waffengewalt aufrecht erhielten, kämpfte der
kriegerische Gegenerzbischof Lupold mit Hilfe deutscher Heer=
haufen und der einheimischen Gibellinen in Ober= und Mittel=
italien. — Als im Jahr 1199 auf dem Reichstage zu
Magdeburg der Bischof Albert von Ykeskola Phi=
lipp um Eröffnung eines Kreuzzuges gegen die heidnischen
Liesen bat, willfahrte er seinem Wunsche, sowie er im Jahr
1200 denselben Albert, nunmehrigen Bischof des von ihm
gegründeten Riga, zum Reichsfürsten ernannte und kraft
kaiserlicher Machtvollkommenheit mit ganz Liesland belehnte.
Wurde durch diese Angelegenheit im Nordosten mehr das
Reich, so wurde durch eine andere im Südosten die Per=
son Philipps berührt. Der Kaiser Alexios III. von Kon=
stantinopel, welcher sich, wahrscheinlich um seiner Herrschaft
den Schein der Rechtmäßigkeit zu geben, den Namen der Kom=
nenen beilegte, war, wie sein durch ihn vom Throne gestürzter
und geblendeter Bruder Isaak, in große Schläfrigkeit ver=
sunken und hatte diesem, nicht einmal im Interesse der Selbst=
erhaltung, so wenig Aufmerksamkeit geschenkt, daß er ihm, nach=
dem er ihn eine Zeit lang in dem kaiserlichen Palaste gefangen
gehalten hatte, in der Nähe der Hauptstadt eine Wohnung an=
wies, ohne ihm daselbst den freien Verkehr mit seinen Freunden
und Anhängern abzuschneiden. So hatte Isaak Gelegenheit,
an seinen Schwiegersohn Philipp Briefe abzusenden, um mit
ihm über seine Befreiung und Wiedereinsetzung in das Reich

zu verhandeln. Bald darauf gelang es seinem Sohne Alexios, auf einem pisanischen Schiffe nach Ancona zu entfliehen. Da ihm Innocenz, den er in Rom besuchte, eine ausweichende Antwort gab, reiste er nach Deutschland zu seinem Schwager Philipp, welcher sich schon im Herbst 1201 mit dem ihm befreundeten Markgrafen Bonifaz von Montferrat, dem Haupte der damals französisch-flandrischen Kreuzfahrer, über diese Angelegenheit besprochen hatte. Zwar konnte Philipp dem jungen Alexios keine unmittelbare Hilfe leisten; auch zeigte sich damals unter den Deutschen geringe Theilnahme für einen Zug in's Morgenland. Doch waren seine Gesandten thätig, um mit den Kreuzfahrern in Zara einen Vertrag hinsichtlich der Wiedereinsetzung Isaaks abzuschließen. Wie er bei den Unterhandlungen mit dem Papste (1203) die Hoffnung aussprach, daß er oder sein Schwager den Thron von Konstantinopel besteigen könnte, so gab er auch nach dem Tode des Letztern und nach Errichtung des lateinischen Kaiserthums die Ansprüche auf denselben nicht auf. Als des Kaisers Balduin Bruder und Nachfolger Heinrich von Flandern sich um eine seiner Töchter bewarb, gab er ihm zur Antwort: „Glaubt wohl dieser hergelaufene Abenteurer, nur dem Namen nach ein Kaiser, meine Tochter zum Weibe zu bekommen, die von väterlicher und mütterlicher Seite aus kaiserlichem Geblüte ist, und der nach dem Erbrechte das abend- und morgenländische Kaiserthum gehört? Jedoch,“ fügte er lächelnd hinzu, „will er mich als römischen Kaiser und seinen Herrn anerkennen, will ich ihm die Erbin des Reiches schicken.“

Im August 1207 nahmen die Unterhandlungen in Nordhausen mit dem in dem benachbarten Harlingenburg befindlichen Welfen ihren Anfang. Aber schon nach einigen Tagen wurden sie nach Quedlinburg verlegt. Als die päpstlichen Gesandten Otto zur Theilnahme an den Verhandlungen aufgefordert hatten, da sein Gegner von dem Banne gelöst sei, hatte er sie unwillig auf das päpstliche Schreiben, worin die

Freilassung Bruno's von Köln zur Bedingung gemacht war,
hingewiesen. Gegen den weiteren Vorwurf der Bestechung wurden sie von dem Papste selbst in Schutz genommen. Als
nun Philipp dem Welfen durch die Legaten als Friedens-
bedingung anbieten ließ, daß er gegen Verzichtleistung
auf die königliche Würde seine Tochter Beatrix nebst
dem Herzogthum Alemannien und sonstiger reicher Mitgift
erhalten sollte, wies er dies mit Unwillen ab. Ebenso wenig zeigte
er sich geneigt, das Reich Arelat sammt der Königswürde
anzunehmen. Umsonst gingen die Unterhändler hin und her
und hielten beide Nebenbuhler zweimal eine persönliche Zusammenkunft. Der einzige Erfolg der Unterhandlungen war, daß Philipp gegen seinen unmittelbaren Vortheil sein zahlreiches Heer auflöste und einen
bis zum 2. Juni des folgenden Jahres dauernden Waffenstillstand abschloß. Wie in dieser Beziehung, so handelte
Philipp auch darin nach dem Willen des Papstes, daß er
auf Bitten der Abgesandten des Patriarchen von Jerusalem
und der Templer- und Johanniterorden eine fünfjährige Steuer
von sechs Denaren von jedem Pfluge und zwei Denaren von
jedem Hause zur Vertheidigung des heiligen Landes für das
ganze Reich ausschrieb. — Noch waren zwischen Philipp und
dem römischen Stuhle einige Punkte zu erledigen. Unter
diesen war der schwierigste die Schlichtung der in der Mainzer
und Kölner Diöcese entstandenen Spaltungen, da es für
jeden Theil schwer hielt, den auf seiner Seite stehenden Erzbischof fallen zu lassen. Doch wurde auch dieser Gegenstand
zuletzt zu gegenseitiger Befriedigung bereinigt.

In einem Schreiben vom 1. November 1207 an Philipp
gab sich des Papstes veränderte Stimmung kund. Er würdigte ihn, „nachdem er durch die Legaten die Gnade der Absolution erhalten", des Grußes und Segens und dankte ihm
für das, was er auf seine Ermahnung mit bereitwilliger Frömmigkeit gethan. Aber auch er sei seinerseits, so viel er mit

Gottes Hilfe vermöge, eifrig auf deſſen Ehre bedacht. Auch
die an ſeine Legaten gerichteten Schreiben legen den Beweis
ab, mit welcher Aufmerkſamkeit Innocenz den Verhandlungen
Schritt für Schritt folgte. Da ihre Boten einige ſeiner Briefe
verloren hatten, ſandte er ihnen Abſchriften derſelben, damit ſie
ſich überzeugen könnten, daß ſie nichts zu befürchten hätten,
wenn dieſelben in die Hände Philipps gefallen ſein ſollten.
Gewiß iſt es ein Beweis der höchſten Unparteilichkeit und Un-
eigennützigkeit in Feſthaltung des in dieſem Streite eingenommenen Standpunktes, wenn der Papſt ſeine Legaten bei dieſer
Gelegenheit verſichern konnte, in den verlorenen Schreiben finde
ſich nichts Tadelndes, ſondern nur Lobenswerthes, und es erhelle
aus ihnen, daß er nicht in liſtiger Zweideutigkeit, ſondern in
reiner Einfalt vorgehe, weder zur Rechten noch zur Linken ab-
weichend.

Nachdem die Legaten auf den Wunſch Philipps Ende
1207 zurückgerufen worden waren, trat der Patriarch von
Aquileja in Begleitung mehrerer angeſehener Männer abermals die Reiſe nach Rom an. Auch Otto ſandte auf den
Rath des Papſtes, damit ſeine Sache nicht unvertheidigt
bleibe, den allein noch unter den geiſtlichen Fürſten ihm wahrhaft anhänglichen und treu ergebenen Biſchof von Cambrai ab. Daß der Papſt in der That immer noch die Sache
des Welfen eifrig vertrat, geht ſchon daraus hervor, daß, wie
er demſelben als Beweis ſeiner ungeſchwächten Treue, Liebe
und Zuneigung mittheilte, die Geſandten ſeines Gegners ſich
öffentlich beſchwerten, ihr Herr hätte eine beſſere Uebereinkunft
mit Otto, als mit dem Papſte abſchließen können. Ohne
Zweifel bildeten auch die italieniſchen Angelegenheiten einen
Gegenſtand der Erörterung. Es handelte ſich beſonders darum,
die Verhältniſſe zwiſchen Philipp und dem jungen
Friedrich von Sicilien auf eine Weiſe feſtzuſtellen, daß
daraus für die Kirche keine Gefahr erwachſen könne. Den
Streit wegen der mittelitalieniſchen Beſitzungen, auf

welche die Kaiser und Päpste schon lange Zeit Anspruch mach=
ten, glaubte Philipp, wenn man einem gleichzeitigen, freilich
nicht ganz unparteiischen Chronisten Glauben schenken darf, da=
durch am leichtesten schlichten zu können, daß er, an den früher
gemachten Vorschlag wieder anknüpfend, eine seiner Töchter dem
Sohne von Innocenz' Bruder Richard, welcher zu derselben
Zeit von dem jungen Friedrich zum Grafen von Sora er=
nannt worden war, zur Ehe versprach mit Toscana, Spo=
leto und der Mark Ancona als Mitgift.

Während die Unterhandlungen ununterbrochen fortge=
führt wurden, rüsteten sich beide Gegner zum Entschei=
dungskampfe. Otto versah seine Städte und Burgen mit
hinreichenden Besatzungen und Vorwällen, knüpfte heimlich Ver=
bindungen mit dem Markgrafen von Meissen und dem
Landgrafen von Thüringen an und schickte Boten nach
England hinüber. Besonders rechnete er auch diesmal auf
den König von Dänemark, welcher durch die Wahl seines
Gegners zum Erzbischofe von Bremen auf die hohen=
staufische Partei noch mehr erbittert war, und Otto auf dessen
Bitte um so kräftiger mit Truppen und Geld unterstützte, je
weniger es ihm entgehen konnte, daß der endliche Sieg des
Hohenstaufen die Wiederherstellung der alten Reichsgrenze gegen
Norden zur Folge haben dürfte. Aber auch Philipp bot aus
allen Theilen des Reichs seine Streitkräfte zum Zuge nach
Norden auf, entschlossen, seinen Gegner in seinem letzten Boll=
werke Braunschweig aufzusuchen.

Schon waren die Verhandlungen in Rom zu Ende
geführt. Schon hatte sich Wolfger und etwas später die
beiden Cardinallegaten auf den Weg gemacht, jener, um seinem
Herrn das Ergebniß der Unterhandlungen zu überbringen, diese,
um endlich das entscheidende Wort auszusprechen. Da erhielt
das Gesicht des Mönchs von Ratzeburg seine Erfüllung. Eben
befand sich Philipp in Bamberg, dem Sammelplatze für
die kriegerischen Zuzüge aus Süddeutschland. Am 21. Juni

Morgens hatte er seine Nichte Beatrix, die einzige Tochter des Pfalzgrafen von Burgund, mit dem Herzoge Otto von Meran aus dem Geschlechte der Grafen von Andechs vermählt und dem jungen Paar das Geleite gegeben. In den bischöflichen Palast zurückgekehrt, hatte er sich zur Ader gelassen und ruhte nun in Gesellschaft seines Kanzlers, des Bischofs Konrad von Speier und des Truchseß Heinrich von Waldburg in einem abgelegenen Zimmer, als Pfalzgraf Otto von Wittelsbach eintrat, mit blankem Säbel auf ihn losstürzte und ihn am Halse tödtlich verwundete, ehe Heinrich von Waldburg es zu verhindern mochte. Am folgenden Tage wurde der Leichnam in dem Dome bestattet. Als Ursache der Frevelthat wird angegeben, daß Philipp Otto, einem Neffen des Cardinalerzbischofs Konrad von Mainz und des von Friedrich I. mit dem Herzogthum Baiern belehnten Otto von Wittelsbach, eine seiner Töchter zur Ehe versprochen, nachher aber wegen seiner rohen und grausamen Sinnesart verweigert habe. Der Chronist Arnold von Lübek führt als weitere Ursache an, Otto habe, nachdem sein Plan, eine Tochter seines Herrn, dessen treuer Anhänger er stets gewesen, zu heirathen fehlgeschlagen, um die Tochter des Herzogs Heinrich von Schlesien gefreit und Philipp um ein Empfehlungsschreiben gebeten. Dieser habe, nicht wünschend, daß die Fürstentochter, mit welcher er mütterlicher Seits verwandt war, einen so unverständigen, grausamen und gottlosen Mann zum Gemahl erhalte, dem Pfalzgrafen einen Uriasbrief mitgegeben. Otto habe Verdacht geschöpft, das Schreiben geöffnet, mit dessen Inhalt sich bekannt gemacht und von nun an nur auf den Tod des Königs gesonnen. Auch der Bischof Egbert von Bamberg und der Markgraf Heinrich von Krain und Istrien, Brüder des soeben mit Philipps Nichte verheiratheten Herzogs von Meran, wurde der Mitschuld an dem Morde geziehen, ob mit Unrecht, bleibt zweifelhaft. Otto von Wittelsbach und der Markgraf Heinrich wurden geächtet und deren Güter für herren-

los erklärt. Gleiches Loos traf den Bischof von Bamberg.
Der Stammsitz des Geschlechts Wittelsbach wurde von sei=
nem Vetter, dem Herzoge Ludwig von Baiern, zerstört
und an seiner Stelle der heiligen Jungfrau zu Ehren eine
Kirche erbaut. Im Februar 1209 wurde der Mörder auf einem
an der Donau oberhalb Regensburg gelegenen Hofe der Mönche
von Ebrach entdeckt und von dem Reichsmarschall Hein=
rich von Kalentin erschlagen. — Irene, in Deutschland
Maria genannt, welche ihrem Gemahle eine Tochter geboren,
eilte nun, zum zweiten Male, nachdem ihr eigenes väterliches
Haus dem Untergange verfallen, in fremdem Lande, durch ein
furchtbares Geschick Waise geworden, von der blutigen Stätte
auf die Burg Hohenstaufen, wo sie schon nach zwei Monaten
im Wochenbett an einer Frühgeburt starb. In dem benach=
barten Kloster Lorch wurde sie neben mehreren Mitgliedern
des hohenstaufischen Hauses begraben. Acht Tage vor ihrem
Tode, den 20. August 1208, hatte sie für die Seelenruhe ihres
Gemahls, als Erbin seiner Hausgüter, für das schwäbische Klo=
ster Adelberg eine Schenkungsurkunde ausgestellt, welche mit
den bezeichnenden Worten beginnt: „Unbegreiflich sind die Ge=
richte Gottes und unerforschlich seine Wege!"

Gewiß war es eine merkwürdige Fügung, daß Philipp,
welcher von den zeitgenössischen Schriftstellern als durchaus
mild und edel geschildert wird und gewiß „der beste aller
Staufen" war (Böhmer), nachdem er einen elfjährigen,
wechselvollen Bürgerkrieg seinem Abschlusse nahe gebracht und
nicht nur den Papst selbst sich versöhnte, sondern sogar seinen
heftigsten Gegner gewonnen hatte, durch den Mordstahl eines
seiner Anhänger aus dem Geschlechte, welches seinem Hause
die Erhebung zu Macht und Ehren zu verdanken hatte, noch
unerwarteter als sein Vater, der in fremdem Lande, ohne
die heilige Stadt gesehen zu haben, und als sein Bruder Hein=
rich, der mitten in seinen großartigen Entwürfen starb, in
dem Augenblick von dem Weltschauplatze abgerufen wurde, als

er endlich der irdischen Ruhe sich erfreuen zu können hoffen
durfte. Deutschland war jetzt durch das bisher in diesem Reiche
unerhörte Ereigniß, welches **einen Hauptabschnitt in
der Tragödie des hohenstaufischen Hauses bildet**,
wiederum, wenn auch nur auf kurze Zeit, in die wirrenvolle
Lage zurückgerufen, in welcher es sich nach dem Tode Heinrichs VI. befunden hatte. Es brachen allenthalben Fehden
aus. Raub, Plünderung und Unterdrückung der Schwächeren
griffen wieder um sich. War schon unter den Rittern und
Baronen rohe Gewaltthätigkeit einheimisch, so löste sich nach
Philipps Tode dessen zahlreiches hinterlassenes Heer auf
und ergoß sich plündernd über das wehrlose platte Land. Während des Bürgerkrieges hatte Philipp zur Belohnung seiner
Anhänger und Besoldung seiner Truppen das hohenstaufische
Hausgut, nachdem er den reichen Schatz seines Bruders Heinrich geleert, verschleudert und das Ansehen, sowie die von
seinen Vorgängern wieder vermehrten Rechte der Krone ver-
ringert. Jetzt aber wurden in Schwaben, Franken und
im Elsaß, wo mit der königlichen Gewalt auch die her-
zogliche erledigt war, die königlichen Städte, Hofgüter und
Klöster geplündert und in Asche gelegt. Zu diesem Elende,
in welchem man die Erfüllung schrecklicher Zeichen an Sonne
und Mond und des Erscheinens eines Kometen erkennen wollte,
kam ein in Folge großer Hitze eingetretenes Hinsterben vieler
Menschen. Viele Edelleute verließen in Betrachtung der Eitelkeit der irdischen Dinge und wie alles vorübergehend und
hinfällig sei, die Welt und erwählten zum alleinigen Dienste
Gottes ein klösterliches Leben.

2. Otto IV. Kaiser.

Innocenz III. befand sich in St. Germano, als er durch
den Cardinallegaten Hugolinus, welcher nebst dem Cardinal
Leo auf dem Weg nach Deutschland begriffen war, zuerst die

Nachricht von Philipps Ermordung erhielt. Dieselbe mußte in Rom und Italien, wie in Deutschland und allenthalben einen ungeheuern Eindruck hervorbringen. Gott selbst, mochte man denken, hat sich, nachdem er Deutschland für seine Sünden lange heimgesucht, in das Mittel gelegt und durch Zulassung der Frevelthat für die Sache des Schwächeren und gegen den von dem Papste so lange Verworfenen sich entschieden. An diesen wandte sich nun auch Otto, wahrscheinlich bereits in den ersten Tagen des August, bat ihn unter der Versicherung, daß er ihm alles, was er sei und sein werde, verdanke, er möge nach dem Tode seines Verwandten alle Mühe auf seine Erhebung verwenden und gab ihm Nachricht von dem Ueber- und Rücktritte einer Anzahl von Fürsten. Ehe die geistlichen und weltlichen Fürsten zu einer Entscheidung über die Angelegenheiten des Reiches zusammenträten, möchte Innocenz sie durch dringende Vorschreiben bearbeiten. Besonders wichtig wäre es, wenn die Erzbischöfe von Mainz und Köln sobald als möglich zu ihm zurückgebracht werden könnten. Auch auf die italienischen Städte, sowohl auf die bisher getreuen, als auf die der Gegenpartei angehörenden möchte er durch Lobsprüche und Ermahnungen zu seinen Gunsten einwirken. Aber bereits war der Papst Otto, ehe er dessen Schreiben erhielt, zuvorgekommen, hatte ihn auf seine Vorliebe für dessen Person aufmerksam gemacht, welcher gemäß er ihm, als ihn seine Freunde und Verwandten fast allein gelassen, getreu und für ihn thätig geblieben sei, und deßhalb sogar von Seite der ihm feindlich gesinnten, durch das Geld seiner Gegner bestochenen Römer einen Aufstand zu bestehen gehabt habe, welcher mit Schmähungen und Beleidigungen gegen seine Verwandten verbunden gewesen sei. Nachdem nun sein Nebenbuhler aus dem Wege geräumt sei, werde er aus allen Kräften, obwohl dessen Neffe bereits als Widersacher gegen ihn auftrete, auf seine Beförderung bedacht sein. Auf der andern Seite aber möge auch er Güte und Herablassung, Ehre und Dank gegen Alle erweisen, herber Reden und kränkender Handlungen sich enthalten, in Bewilligungen nicht hart, noch in Versprechungen geizig sein, jedoch sie sämmtlich halten; ferner den geistlichen und weltlichen Fürsten hinreichende Bürgschaft dafür leisten, daß sie nichts (wegen ihres bisherigen Verhaltens) von ihm zu befürchten hätten. Auf seine eigene Person möge er, königlichen Ernst und Weise sich aneignend, sorgsam acht haben, die Schläfrigkeit ablegen und um Alles sich eifrig bekümmern. Schließlich stellte er ihm anheim, zur Vollziehung der Ehe mit Philipps Tochter, über welche schon früher verhandelt worden sei, zu schreiten. Zu gleicher Zeit wurden sämmtliche Erzbischöfe Deutschlands sammt ihren Suffraganen dringend ermahnt, sich die Herstellung des Friedens angelegen sein und keinen neuen König wählen zu lassen. Deßgleichen wurde sämmtlichen geistlichen und weltlichen Fürsten unter Androhung von Strafen befohlen, dem Könige Otto getreu beizustehen. Der König von Böhmen und die übrigen Ueberläufer wurden ermahnt, Otto, von dem sie nach ihren früheren Aeußerungen nicht aus freiem Willen, sondern gezwungen abgefallen seien, Hilfe und Gunst zu gewähren. Die Herzoge von Zähringen, Meran, Sachsen und Baiern und die übrigen Fürsten, welche von Anfang an auf der Seite Philipps gestanden hatten, wurden benachrichtigt: Da die Ursache zum Streite nun durch das göttliche Gericht aufgehoben sei, so müsse er (indem er die grausame, für ein frommes Gemüth verabscheuungswürdige Mordthat verwünsche) vermöge seiner Stellung deren Wiederaufleben verhüten. Deßhalb möchten sie nach der Fügung der göttlichen Vorsehung nunmehr dem Könige Otto offen und wirksam anhängen, um dadurch die Gnade Gottes und des Papstes Huld zu verdienen. Der König von England wurde erinnert, um seines eigenen Interesses und seiner eigenen Ehre willen seinen Neffen kräftig zu unterstützen und gegen ihn nicht hart und geizig zu sein. — Eines umständlicheren Schreibens (17. September 1208) bedurfte es gegenüber dem Könige von Frankreich. Innocenz führte ihm zu Gemüthe, wie derselbe sich selbst gegen ihn brieflich geäußert habe, daß er gerechte Ursache zur Beschwerde über den Herzog von Schwaben oder, wie er ihn nenne, König der Römer gehabt habe. Diese Ursachen werden nun von dem Papste weitläufig angeführt. Wahrscheinlich wäre Philipp allerdings, wenn er bei längerem Leben, nach völliger Unterwerfung seines Gegners, zur Kaiserkrone gelangt wäre, bald mit dem Könige von Frankreich zerfallen, da nur die Feindschaft gegen den mit dem Könige von England verbündeten Welfen das Band war, welches Beide an einander fesselte. Aber doch war Philipp August noch widerwärtiger die nun bevorstehende Erhebung Otto's. Innocenz suchte daher, unter dankbarer Hervorhebung der Verdienste der Könige von Frankreich um die Kirche und unter Hinweisung auf die kirchenfeindliche Gesinnung des hohenstaufischen Hauses, das bisherige Benehmen des apostolischen Stuhles in der Reichsangelegenheit zu rechtfertigen. Er theilte ihm hierbei mit, daß er, um die Befürchtung, als ob diese Erhebung für Frankreich nachtheilig sein werde, abzuschneiden, sich von Otto eine mit einem goldenen Siegel und durch ein eidliches Versprechen bekräftigte Urkunde dafür habe ausstellen lassen, daß derselbe sich hinsichtlich der Festsetzung und Beobachtung des Friedens mit Frankreich ganz dem päpstlichen Urtheilsspruche unterwerfen wolle. Es erweckt eigenthümliche Gedanken, wenn man in diesem Schreiben liest, daß der König von Frankreich dem Papste schon früher seine Absicht auf Eroberung der an Frankreich grenzenden, zum römischen Reiche gehörenden Städte zu erkennen gegeben hatte. „Also schon damals französische Vergrößerungsgelüste!" (Böhmer.)

In Deutschland gingen die Dinge indessen ganz nach dem Willen des Papstes. Nachdem der einflußreiche Erzbischof Albrecht von Magdeburg sich Otto, frei lich unter Bedingungen, welche für diesen erniedrigend waren und den Beweis ablegen, wie tief schon damals die Centralgewalt des Reiches gesunken war, angeschlossen hatte, versammelten sich die Fürsten von Sachsen und Thüringen und andere Anhänger Philipps am Mauritiustage (22. September 1208) zu Halberstadt. Hier wurde Otto, nachdem er auf den Rath des genannten Erzbischofs und des Herzogs Bernhard von Sachsen von seinem Plane, die hohenstaufische Partei mit Krieg zu überziehen, abgestanden, und vorher mit deren Führern unterhandelt hatte, noch einmal zum Könige gewählt. Durch den inzwischen nach einem zweijährigen Aufenthalte aus Rom zurückgekehrten Erzbischof Siffried von Mainz wurde auf den 11. November 1209 ein Reichstag nach Frankfurt berufen. Hier wurde Otto von allen anwesenden geistlichen und weltlichen Fürsten als König anerkannt und ihm von Konrad von Scharfeneck, Bischof von Speier, Philipps Protonotar, unter der Bedingung der Bestätigung in seinem Amte die von ihm bisher auf Trifels aufbewahrte Reichskrone und heilige Lanze übergeben. Außerdem fand hier, um die Versöhnung der Parteien zu befestigen und besonders die zahlreichen hohenstaufischen Dienstmannen zu gewinnen, die vorläufige Verlobung mit Philipps ältester Tochter statt, welche ihm als Mitgift den immerhin noch beträchtlichen hohenstaufischen Nachlaß beibrachte, zur Unzufriedenheit mancher Anhänger des alten Kaiserhauses, welche es nicht verschmerzen konnten, daß von dem jungen Friedrich in Sicilien, welcher mehreren Urkunden zufolge von den schwäbischen Klöstern nach Philipps Tode als ihr Herzog anerkannt worden war, keine Rede war. Beatrix selbst, die zwölfjährige Waise, deren Großväter die Kaiserkronen des abendländischen und morgenländischen Reichs getragen, war durch den Bischof von Speier in die Versammlung geführt worden, wo sie unter Thränen die Bestrafung der Mörder

ihres Vaters erflehte. Nach diesem kam es an die Angelegen=
heiten des Reiches. König und Fürsten schwuren, nach den
Rechten und Satzungen Karls des Großen zu leben. Zur
Wiederherstellung und Erhaltung der Rechte und Sicherheit
im Reiche wurden strenge Gesetze erlassen. Von Frankfurt
zog Otto über Mainz, Worms, Speier nach Schwaben,
dessen Herzogthum er zum Reiche einzog, überall strenge das
Richteramt über Räuber und Unruhestifter ausübend, aber auch
durch sein hochfahrendes Benehmen manche Vasallen kränkend.
In der Nähe von Augsburg, wahrscheinlich auf benach=
bartem baierischen Boden, hielt er, wenn auch mehr aus Roh=
heit denn aus Gerechtigkeitsliebe, strenges Gericht über die
Friedensbrecher, nachdem er über die Mörder Philipps aber=
mals die Acht „nach baierischem Gesetze" ausgesprochen hatte.
Hier, wo die Wahlboten der italienischen Städte erschienen,
wurde auch die Romfahrt in Aussicht genommen. Die
Wahl Otto's durch die Fürsten war Innocenz durch
den Bischof von Speier gemeldet worden. Wenn er
diesen Prälaten belobte, daß er sich an Otto angeschlossen und
ihm die Reichsinsignien eingehändigt habe, so gab er dem Bi=
schof von Cambrai seine große Freude über einen Brief
desselben zu erkennen, in welchem ihm nicht bloß Gewünschtes,
sondern sogar Unverhofftes gemeldet worden sei. Am meisten
frohlocke er darüber, daß Otto einen andern Men=
schen angezogen habe und mehr als bisher auf dem
Wege der Gerechtigkeit wandle. Da der König ihn unter die
hauptsächlichsten Förderer seiner Erhebung zählen müsse, trage
er ihm auf, demselben mit emsigem Ermahnen und Aufmuntern
zur Seite zu stehen, auf daß er seinen Willen nach dem Ge=
setze des Herrn richte und über dieses bei Tag und Nacht
forsche. Auch der Erzbischof von Magdeburg und
der König von Böhmen, die Herzoge von Zäh=
ringen und Oesterreich wurden mit Briefen zu Gunsten
Otto's bedacht. Wie Innocenz diesem den 5. Januar

1209 schrieb, wirkte die Ankunft seiner Boten in seiner Krank=
heit auf ihn so, daß er wie durch eine Heilkraft aus den Schmer=
zen des Siechthums in die Freude der Gesundheit versetzt wor=
den.   Nichtsdestoweniger r ü g t e e r a u f s a n f t e W e i s e,
daß zu ihm nicht dem alten Herkommen gemäß einige der a n =
g e s e h e n s t e n F ü r s t e n, um d i e K a i s e r k r ö n u n g z u
e r b i t t e n, gesandt worden seien.

Bereits unter dem 16. Januar 1210 erließ I n n o c e n z
e i n m e r k w ü r d i g e s B e g l ü c k w ü n s c h u n g s s c h r e i b e n. Das=
selbe beginnt mit einer lauten Lobpreisung Gottes, welcher seine
Sehnsucht hinsichtlich Otto's bereits zum großen Theile er=
füllt habe und dieselbe zur Ehre und Wohlfahrt der Kirche
und des Reiches und der ganzen Christenheit noch voll machen
werde. „Denn, wie wir aus glaubwürdiger Quelle vernommen
haben, hast du mit der Zunahme an weltlicher Macht zugleich
auch wunderbares Wachsthum an geistlicher Kraft erhalten, so
daß wir hinsichtlich deiner uns mit den Worten des Herrn
rühmen können: Wir haben einen Mann gefunden nach un=
serm Herzen. Siehe, geliebtester Sohn, unser Herz ist so innig
mit dem deinigen verschmolzen, daß wir mit e i n e m Herzen
und e i n e r Seele in allem dasselbe wollen und denken. Un=
sagbar ist der Segen, welcher daraus ersprießen wird. U n s
b e i d e n i s t j a d i e R e g i e r u n g d i e s e r W e l t i n e r s t e r
R e i h e a n v e r t r a u t. Sind wir einstimmig im Guten,
wahrhaftig, dann werden nach dem Propheten Sonne und
Mond in ihrer Ordnung stehen, das Krumme wird gerade und
das Rauhe eben werden. Denn uns beiden kann, ist Gott mit
uns, nichts widerstehen, da wir die zwei Schwerter haben, von
denen der Apostel sagte: Siehe, hier sind zwei Schwerter, und
der Herr erwiderte: Es ist genug. Denn die päpstliche Auto=
rität und die königliche Gewalt, beide in ihrer Fülle in uns
wohnend und durch jene zwei Schwerter angedeutet, reichen
vollkommen aus zur segensreichen Verwaltung des Amtes, wenn
jeder Theil durch den andern kräftig unterstützt wird. In der

That ist es auch vonnöthen, daß Einer dem Andern wirksam zu Hilfe komme, damit der Zustand der Welt, welcher durch die Ueberfülle der Bosheit in eine Ruine verkehrt worden ist, durch unsere Sorgfalt nach Ausrottung der Laster und Anpflanzung von Tugenden wiederhergestellt werde." Wie in mehreren Schreiben des Papstes an Otto eine, wenn auch in aller Feinheit in Form von Tadel oder Aufmunterung zur Tugend sich geltend machende Unzufriedenheit über dessen Betragen sich kund gibt und vielleicht eben diese sittliche Schwäche des Welfen zu der späteren Hinneigung zu Philipp, gegen welchen mehr seine hohenstaufische Abstammung, als seine persönlichen Eigenschaften in die Wagschale gelegt worden waren, beigetragen haben mag, so scheint schon damals eine Ahnung davon, daß Otto auf eine falsche Bahn gerathen könne, in ihm aufgetaucht zu sein, wenn er in obigem Schreiben also fortfährt: „Daher ist hohe Wachsamkeit nöthig, daß nicht ein feindseliger Mensch unter uns Unkraut durch Erregung ärgerlichen Zwistes oder Argwohns säe; denn zu solchem bösen Werke sind ohne Zweifel Viele bereit, Alle nämlich, welche ungestraft Uebles thun oder im Trüben fischen wollen. Von solchen wende deine Ohren gänzlich ab. So oft nämlich zwischen Königthum und Priesterthum Zwietracht herrschte, übersah und duldete jeder Theil wegen des andern die Freiheit der Bösen. Wenn diese dann List und üble Nachrede ausübten, erhielt die Uneinigkeit starke Zunahme zu großem Nachtheile für das Zeitliche und Gefahr für die Seelen." Damit nun aller Stoff zur Zwietracht für alle Zukunft entfernt werde, wolle er ihm durch seine Gesandten billige Forderungen zur Bewilligung vorlegen, in der Hoffnung, daß er sich in der Zukunft zu noch weit Größerem bereit erklären werde. Schließlich ermahnte er ihn, die Geistlichen und Kirchen zu lieben und zu ehren, zu erhalten und zu schirmen, um sich in Allem als ein frommer und ergebener Fürst zu erweisen. Ein weiteres Schreiben des Papstes an Otto vom 10. März bezog sich auf den jungen König Friedrich von Sicilien, dessen Rivalität dieser sehr gefürchtet zu haben scheint. Otto hatte Innocenz mitgetheilt, daß sicherem Vernehmen nach der Sohn des Kaisers Heinrich VI. damit umgehe, die Ruhe des Reiches zu stören und durch Bitten und Versprechen soweit als möglich Anhänger zu gewinnen. Der Papst möge daher jenem weder Rath noch Hilfe gegen ihn gewähren, sondern im Gegentheil auch fernerhin sich seiner annehmen. Innocenz beschwichtigte seine Befürchtungen. Da Friedrich, König von Sicilien, nach väterlicher und mütterlicher letzter Willensverfügung unter die Vormundschaft des apostolischen Stuhles gestellt worden sei und sein ganzes Reich von diesem zum Lehen trage, so sei der Papst ihm als seinem Vasallen Loyalität, jener ihm Treue schuldig. Während er daher ihm in allem, was sein Königreich betreffe, zur Hilfe sein werde, werde er weder ihn, noch einen Andern gegen Otto unterstützen, welchen er zu erheben sich so sehr bemüht habe.

Den 22. Mai 1205 stellte Otto zu Speier in Folge seiner neuen Königswahl noch einmal eine Urkunde aus, in welcher er den Papst Innocenz, den er wegen der vielen Wohlthaten gegen ihn auf's Innigste verehre, sowie dessen rechtmäßigen Nachfolgern und der römischen Kirche alle die Obedienz, Ehre und Hochachtung verhieß, welche seine Vorfahren, die katholischen Könige und Kaiser, beobachtet hätten. Die freie Wahl der Prälaten wurde den Kapiteln zugestanden, den Appellationen an den apostolischen Stuhl in geistlichen Angelegenheiten freier Lauf gelassen, das „mißbräuchliche" Spolienrecht aufgehoben, die Verwaltung aller geistlichen Angelegenheiten dem Papste und den Prälaten überlassen, zur Ausrottung der „ketzerischen Bosheit" Hilfe angeboten, der römischen Kirche der Besitz des wieder erlangten Landes und die Wiedereroberung des Entrissenen zugesagt. Zu diesen Besitzungen gehöre alles Land von Radicofani bis Ceperano, die Mark Ancona, das

Herzogthum Spoleto, das Land der Markgräfin Mathilde, die Grafschaft Bertinoro, das Exarchat Ravenna und die Penta= polis sammt den dabei liegenden Ländern, wie sie in vielen Privilegien der Kaiser und Könige von Ludwig an verzeichnet seien. Endlich wolle er der Kirche zur Erhaltung und Ver= theidigung des Reiches Sicilien sammt allen dessen Rechten als frommer Sohn und katholischer Fürst beistehen.

Für die vielen Trübsale der letzten Jahre, aus denen er durch seines Gegners Mißgeschick wider Erwarten befreit worden war, fand Otto einen Ersatz in der Reihe glänzender Feste, die er nun nach einander feierte. In Hagenau (Anfangs Mai 1209) wurde auf einer allgemeinen Versammlung die Romfahrt geboten. Sein Aufenthalt in Altenburg, in dessen Um= gebung weithin kaiserliche Güter lagen, wurde durch Gesandte aus Polen, Böhmen und Ungarn verherrlicht. Das Pfingstfest wurde in Braunschweig in Anwesenheit seiner beiden Brüder, des Pfalzgrafen Heinrich am Rhein und des Herzogs Wilhelm von Lüneburg, gefeiert. Als Her= zog Bernhard von Sachsen hier den von Herzog Heinrich errichteten gegossenen Löwen erblickte, sprach er: „Wie lange sperrest den Rachen nach dem Osten du? Laß ab, schon hast du, was du wolltest, und wende dich dem Norden zu." Darob lachten Alle; Einige aber merkten tieferen Sinn: daß es des Kaisers Pflicht und hohe Zeit sei, den Eroberungsgelüsten des Dänen im Norden von Deutschland, statt, wie Otto bisher gethan, in die Hände zu arbeiten, endlich einmal energisch ent= gegenzutreten. — Ueber Goslar zog Otto nach Walken= ried, wo er den Abt Guido aus dem berühmten Kloster Morimond (in der Champagne) mit andern Cisterzien= seräbten antraf, von denen er sich in die Gemeinschaft ihres Ordens aufnehmen ließ. Reichlich mit Gnaden und Geschenken bedacht, folgten sie ihm zu dem allgemeinen Hoftage nach Würzburg. Beinahe sämmtliche geistliche und weltliche Für= sten Deutschlands, darunter der König von Böhmen, so=

wie die Gesandten der italienischen Städte, welche ihre Unterwerfung entgegenbrachten, hatten sich hier (Ende Mai) eingefunden. Schon waren auch die päpstlichen Legaten Leo und Hugolinus mit päpstlicher Dispensation wegen der Ehe mit Philipps Tochter angekommen. Nachdem der Cardinalbischof von Ostia diese Vermählung als Ursache der Zusammenkunft angegeben, bat Otto die Fürsten um ihren Rath, ob er ohne Schaden seiner Seele sein Vorhaben erfüllen könne. Die Fürsten traten bei Seite. Nach einiger Berathung, bei welcher der Abt von Morimond im Namen aller klösterlichen Genossenschaften des Cisterzienser- und Cluniacenserordens den Vorschlag machte, daß Otto zur Sühne für diese gegen die Gewohnheiten der Kirche, wenn gleich auf dem Wege der Dispensation einzugehende, gewissermaßen sündhafte Ehe auf seinen Gütern ein Cisterzienserkloster gründe und einen Kreuzzug gelobe, trug der beredte und gebildete Herzog Leopold von Oesterreich als Meinung der geistlichen und weltlichen Fürsten und der Gesetzeskundigen vor, daß Otto um des Friedens und der Wohlfahrt des Reiches willen sich mit der Herzogstochter vermählen möge. Hierauf wurde das „mannbare Mädchen" durch die Herzoge von Baiern und Oesterreich in die Versammlung geführt und um ihre Zustimmung gefragt. Erröthend sprach sie das Jawort aus. Da stieg der König vom Throne, verneigte sich und verlobte sich mit ihr, gab ihr einen Ring vom Finger, umarmte und küßte sie. Hierauf hieß er sie dem Throne gegenüber zwischen den Cardinälen sitzen. Und nachdem sie und die Fürsten sich niedergelassen, erhob er sich wieder und rief: „Dieß ist eure Königin, ehrt sie nach Gebühr!" Mit glänzendem Geleite wurde sie sodann sammt ihrer Schwester nach Braunschweig gebracht. Otto aber beschäftigte sich noch mit der Befestigung des Landfriedens und mit den Vorbereitungen auf die bevorstehende Romfahrt. Augsburg, wo er von Ulm aus eintreffend Mitte Juli nochmals einen Hoftag hielt,

war der Sammelplatz des Heeres. Es erschienen die Erz=
bischöfe Dietrich von Köln (der Nachfolger des im
November 1208 auf der Veste Blankenburg verstorbenen Bruno),
Johann von Trier, Albrecht von Magdeburg
und viele Bischöfe und Aebte; unter den weltlichen Großen
die Herzoge von Oesterreich, Baiern, Lothrin=
gen, Kärnthen und Zähringen, viele Markgrafen
und Grafen; 1500 Ritter wurden von den Lehensherrn auf=
geboten; selbst viele Bürger, besonders aus Braunschweig,
wollten dem Könige das Geleite geben. Auch Wolfram
von Eschenbach, der gefeierte Sänger des Parcival und
Titurel, wollte als Zeuge den kommenden Festen und Herrlich=
keiten beiwohnen. Durch Verpfändung von Reichslanden, so=
wie durch Besteuerung der in Deutschland zurückbleibenden Gro=
ßen suchte sich Otto die nöthigen Geldmittel zu verschaffen.
Nachdem er den Pfalzgrafen am Rhein zum Reichs=
verweser diesseits und den Herzog Heinrich von Bra=
bant jenseits der Mosel und den Landgrafen Rudolf
von Habsburg in den obern Landen ernannt, sowie den
Patriarchen Wolfger von Aquileja, um die nöthigen
Vorkehrungen zu treffen, vorausgesandt hatte, trat er im Au=
gust 1209 den Zug über die Alpen an.

Während des zehnjährigen Thronstreites war Italien
sich beinahe ganz selbst überlassen gewesen. So hatte der un=
ruhige Volksgeist Gelegenheit, sich ungestört zu bethätigen. Aus
der Italien schon lange durchziehenden Spaltung zwischen sol=
chen Städten und Fürsten, welche an die Kirche, und solchen,
welche sich an die Kaiser anschlossen, bildeten sich die Gegen=
sätze der Ghibellinen und Welfen heraus. So weit
kam es, daß man von den einzelnen Adeligen und sogar von
angesehenen Bürgern wußte, welcher Partei sie angehörten, da
sie sich durch äußere Abzeichen und Farben und selbst durch
die Zahl der Fenster von einander unterschieden. Wie so oft
bei ähnlichen Verhältnissen, mußte auch hier der Name eines

Anhängers der kaiserlichen Macht, der Freiheit des Volkes und der Kirche bloß zum Vorwande für selbstsüchtige Zwecke dienen. In den einzelnen Städten huldigte der Adel öfters der ghibellinischen Partei, während das Volk im Anschluß an die Welfen seinen Vortheil suchte, daher eine unzählige Menge von Fehden das schöne Land beunruhigte. Es war eine schwierige Aufgabe, so viele particuläre Interessen und die schroff einander gegenüber stehenden Parteien mit einander in Einklang zu bringen und die Rechte des Reiches wieder geltend zu machen, ohne zugleich den thatsächlichen Bestand, welcher sich während des Interregnums gebildet hatte, gänzlich umzustoßen. Innocenz hatte die lombardischen und tuscischen Städte, welche vom Reich abhingen, ersucht, den von Otto als Reichslegaten nach Italien gesandten Patriarchen von Aquileja in Beziehung auf das, was dem Reiche rechtlich zugehöre, Folge zu leisten. Wolfger aber hatte er unter Bezeugung seiner Zufriedenheit, daß derselbe auf Otto's Seite getreten und die Legation nach Italien angenommen habe, aufgetragen, das Land der Gräfin Mathilde nach dem Befehle des Königs und nach dem von diesem geleisteten Eide für die römische Kirche in Besitz zu nehmen. Doch konnte das Benehmen des Patriarchen, in welchem der alte Ghibelline stark fortlebte, nicht den Beifall des Papstes finden. Derselbe ließ den Vicegrafen von Castro-Aquado nebst einigen andern Pilgern, welche aus dem heiligen Lande zurückgekehrt waren, aus unbekannten Gründen gefangen setzen: eine Handlungsweise, worüber der Papst, unter dessen Schutze die Kreuzfahrer standen, sowohl gegen Wolfger selbst, als gegen Otto seinen großen Unwillen aussprach. Von den Florentinern forderte Wolfger nicht bloß die Wiederherstellung der Rechte des Reichs, sondern sogar eine Summe von 10 000 Mark, obwohl sie ihn, wie sie an den Papst schrieben, ehrenvoll empfangen und sich bereit erklärt hatten, ihm für den König zu huldigen und die Heeresfolge zu leisten.

Um so nothwendiger war die baldige Ankunft des Königs. Nachdem er über Innsbruck, Brixen und Trient die Etsch abwärts durch die Veroneserklause gezogen, schlug er zum ersten Mal ein Lager in der Gegend von Peschiera am Gardasee auf. Da die Ghibellinen und Welfen Deutschlands sich durch den Anschluß an ihn scheinbar mit einander vereinigt hatten, hätte er auch in Italien die höhere Stellung eines über den Parteien stehenden Reichsoberhauptes einnehmen sollen. Leider aber zeigte sein Benehmen nur zu bald, daß er in die Fußstapfen seiner hohenstaufischen Vorgänger getreten sei. Vom Glücke berauscht und der edlen Mäßigung, sowie überhaupt einer tieferen sittlichen Grundlage entbehrend, gab er sich den Anschauungen der zu ihm übergetretenen ghibellinischen Partei hin, welchen nun auch wohl viele der ehemaligen Welfen huldigten, nachdem sie früher im Gegensatze gegen die Hohenstaufen aus Parteiinteresse das kirchliche Banner geführt hatten. Auch konnte es nicht fehlen, daß die ihn zahlreich umgebenden italienischen Hofrichter, welche schon Friedrichs I. überschwängliche Ansichten von der Hoheit des Kaiserthums genährt hatten, einen nachtheiligen Einfluß auf ihn ausübten. In der veronesischen Mark, wo Otto sich jetzt befand, stand Ezzelin an der Spitze der Ghibellinen, während Markgraf Azzo von Este als Fürst der Welfen galt. Ebenfalls hervorragend an Macht und Ansehen war der kaiserlich gesinnte Salinguerra. Ihren glühenden Parteihaß und ihre persönliche Feindschaft gegen einander hatten sie in langwierigen heftigen Fehden bekundet. Otto empfing Ezzelin und Azzo gleich ehrenvoll. Wenn er in diesem den entfernten Verwandten erblickte, achtete er in jenem die streng kaiserliche Gesinnung. Als in des Königs Gegenwart eines Tages ein heftiger Streit zwischen ihnen ausbrach, mußte ihnen der Marschall Kalentin mit dem Schwerte in der Hand Ruhe gebieten. Doch begleiteten beide den Zug bis nach Imola, wo Azzo, durch den König mit seinem Gegner ausgesöhnt, sich verabschiedete. Durch die Zuzüge der lombardischen Städte, besonders der Mailänder, verstärkt, zog Otto nach Toscana. Auf seinem Wege nach Rom kamen ihm Gesandte der Venetianer entgegen, welche ihm zu der Wendung seiner Dinge Glück wünschten, und denen er ihre Rechte bestätigte.

Mailand selbst, dem Haupte der Lombardei, hatte der König bereits in einem Schreiben sein großes Vertrauen in ihre Anhänglichkeit ausgedrückt. Da diese alte Feindin der Hohenstaufen sich vom Anfange des Thronstreites an für den Welfen erklärt hatte, so glaubte er nicht mehr den Umweg machen zu müssen, um sie noch fester an sich zu ketten. Von Mantua aus ordnete Otto den Kanzler Bischof Konrad von Speier nebst mehreren andern Bischöfen und Hofbeamten als Gesandte ab, um dem Papste seine Ankunft zu melden. Nachdem er bei der Ueberfahrt über den Po einem durch den Grafen von St. Flora gelegten Anschlage auf sein Leben glücklich entgangen war, wandte er sich nach Bologna, wo er die italienischen Stände um sich versammelte und ein durch den Präfecten Roms und einen päpstlichen Notar überbrachtes freundliches Schreiben von Seite Innocenz' erhielt, welcher ihn von der Ankunft seiner Gesandtschaft benachrichtigte und die Hoffnung ausdrückte, daß er seiner großen Liebe gegen ihn immer eingedenk sein werde. Ueber die Apeninnen zog Otto nach Pisa. Daß er sich von dieser Stadt die Zusage der Stellung einer Hilfsflotte ertheilen ließ, deutet auf schon damals gefaßte weitaussehende Pläne hin. In Viterbo traf er mit dem Papste zusammen, welcher hier auf ihn gewartet hatte. Unter Freudenthränen umarmten sich bei der ersten Begegnung die Häupter der Christenheit. Zwei Tage lang besprachen sie sich mit einander über die Verhältnisse zwischen der Kirche und dem Reiche, welche vor Ertheilung der Krönung festzustellen waren. In Frieden und Eintracht trennten sie sich von einander. Den 2. October kam Otto in zahlreicher Begleitung von geistlichen und weltlichen Fürsten und 6000 Geharnischten vor Rom an, wohin ihm der Papst vorausgeeilt war. Am Monte Mario auf dem rechten Ufer der Tiber, eine halbe Stunde oberhalb der St. Peterskirche, schlug er das Lager auf. Alsbald erhob sich in der Stadt ein Volksaufstand. Nicht bloß hatte der König von Frankreich Einwendungen gegen die Krönung versucht; auch viele Einwohner der Stadt, selbst der Senator und einige Cardinäle waren dagegen. Kaum ist anzunehmen, daß Innocenz' Scharfblick die zweideutige Haltung Otto's, die sich besonders in dem Benehmen seines Stellvertreters in Italien, des Patriarchen von Aquileja, abspiegelte, entgangen sein sollte. Auf der andern Seite aber waren die Dinge schon zu weit vorgeschritten. Wie hätte er jetzt demjenigen die Krönung verweigern können, den er zehn Jahre lang unter so schwierigen Umständen gehalten hatte? Nachdem er daher am 4. October die Sicherheitseide entgegengenommen hatte, welche ihm, den Cardinälen und der römischen Kirche durch die deutschen Fürsten und andern Getreuen des Königs auf dessen Befehl und in seiner Gegenwart wegen des Kommens, Weilens und Heimgehens bei seiner Krönung geschworen worden waren, ertheilte er dem neuen Kaiser in der schon damals in ihrer alten Form prächtigen und mit einer Menge Kostbarkeiten verzierten St. Peterskirche an demselben Tage feierlich die Krönung. Vor der Pforte hielt der Kaiser dem Papste die Steigbügel. Während des Gastmahls, welches Otto den Römern gab, herrschte Jubel. Aber gleich darauf wiederholten sich in höherem Grade die Feindseligkeiten zwischen den Römern und den Deutschen. Das Volk fiel, weil es entweder von dem Kaiser größere Freigebigkeit gehofft hatte, oder durch den Uebermuth der Deutschen gereizt worden war, voll Erbitterung über diese her. Mehrere Ritter aus dem Gefolge des Kaisers wurden nebst vielen Andern erschlagen und 1100 Pferde erstochen.

Mit der Krönung nahm aber auch das gute

Einvernehmen zwischen Innocenz und Otto ein Ende. Nachdem dieser sein Ziel erreicht zu haben und des Papstes nicht mehr zu bedürfen glaubte, nahm er auf einmal eine ganz andere Haltung an. Noch im Lager vor Rom bat er Innocenz um eine Unterredung an einem von diesem zu bestimmenden Orte, da er weder in Viterbo noch in Rom Zeit gehabt habe, sich über mehrere Punkte, welche sich auf die Ehre Gottes, das Wohl der römischen und die nothwendige Ruhe der ganzen Kirche bezögen, mit ihm zu besprechen. So sehr wünsche er diese Unterredung, daß er sich eher der Todesgefahr aussetzen und auf sein Verlangen in die Stadt kommen würde, damit ja nicht ein so heilsames, zum Vortheile der ganzen Kirche dienendes Geschäft unerledigt bleibe. Innocenz antwortete ihm den 11. October, am siebenten Tage nach der Krönung, nicht mehr in der bisher herzlichen Weise, daß er nach Erwägung aller Umstände aus verschiedenen Gründen, von denen ihm der Ueberbringer des Briefes einige mittheilen werde, seinem Wunsche nicht entsprechen könne. Er bitte ihn, diese Ablehnung, als durch die Umstände geboten, ihm nicht übel zu nehmen, besonders da durch einen zuverlässigen und vorsichtigen Unterhändler jegliches Geheimniß dem Andern überbracht werden könne. Hinsichtlich dessen, was ihm über das Land der Markgräfin Mathilde durch den päpstlichen Kämmerer von Seite des Kaisers eröffnet worden sei, rathe er ihm, gleichfalls auf einen Ausweg bedacht zu sein, welcher zur beiderseitigen Ehre gereichen könnte. Nun ließ Otto die Maske vollends fallen. Von Rom aus zog er nach Toscana, besetzte das Gebiet der Gräfin Mathilde, belehnte Azzo von Este mit der Mark Ancona, welche Innocenz dem Letzteren bereits übertragen hatte, Salinguerra mit Argelata und Medicina und Diepold mit dem Herzogthum Spoleto. Umsonst waren die Bemühungen des Papstes, ihn unter Hinweisung auf die ihm

erwiesenen großen Wohlthaten und die beschworene Verpflich=
tung, das Eigenthum der Kirche zu schirmen, vor
dem weiteren Fortwandeln auf der abschüssigen Bahn zurückzu=
halten. Otto gab ihm zur Antwort: er habe nicht min=
der geschworen, die Würde des Reiches zu erhalten und alle
zerstreuten und verlorenen Rechte desselben nach Kräften wieder
zu gewinnen. Mit eindringlichen Worten hielt Innocenz
ihm noch einmal das Gefährliche seines Benehmens vor: er
möge bedenken, wie er durch den apostolischen Stuhl zum
Gipfel des Ansehens erhoben worden sei, und den Herrn des
Himmels erkennen, der die Mächtigen vom Throne stürze und
die Armen erhebe. Aber freilich seine Handlungen bewiesen,
daß er seiner nicht gedenke. Nicht sich begnügend mit den
Grenzen, womit seine Vorfahren im Reiche zufrieden waren,
erkühne er sich, das Erbgut des hl. Petrus anzugreifen, welches
eher zu mehren als zu mindern seine Pflicht wäre. Nachdem
er ihm noch das Beispiel Nabuchodonosors vorgehalten,
welcher wegen seines Hochmuths sei in einen Ochsen verwandelt
worden und Gras gefressen habe wie ein Thier, und an seinen
Vorfahren Friedrich erinnert, welcher die Bedrückungen
gegen den apostolischen Stuhl an seiner Person und selbst an
seinen Söhnen zu büßen gehabt habe, und wie einst Moses
nicht sei für würdig erachtet worden, das Land der Verheißung
zu sehen, schloß er mit der Ermahnung, die Rechte des apostο=
lischen Stuhles fernerhin nicht zu beeinträchtigen und des ge=
schworenen Eides zu gedenken. Gott strafe die Großen wie
die Kleinen; er möge zusehen, daß seine Wurzel nicht aus dem
Lande des Lebens ausgerissen werde; würde er in seiner Ver=
kehrtheit beharren, so würde unfehlbar der Bann=
fluch ausgesprochen werden. Otto gab in seiner
Antwort fast höhnisch seine Verwunderung darüber zu er=
kennen, daß der Papst sich bemüht habe, mit vielen Worten
unverdienten Tadel über sein Leben auszusprechen. Um sich
kurz zu fassen, so habe er nichts gethan, weßhalb er geistliche

Strafen verdiene. Denn das Geistliche, was zu des Papstes Amte gehöre, beeinträchtige er nicht im Entferntesten, vielmehr wolle er, daß es unter kaiserlichem Ansehen unverkürzt bleibe, ja sich erweitere. Ueber Weltliches aber habe er, wie der Papst wohl wisse, volle Gewalt und stehe demselben keine Entscheidung zu. Wer das Sacrament austheile, solle kein Blutgericht halten, und wie der Papst über Geistliches freie Vollmacht habe, so wolle er auch als Kaiser im ganzen Reiche über das Weltliche entscheiden.

Selbst die unter der Oberherrschaft des römischen Stuhles und unter dem besondern Schutze Innocenz' als Vormünders stehenden Besitzungen des jungen Königs Friedrich von Sicilien traf Otto Anstalt, mit Krieg zu überziehen. Die Umstände schienen ihm hiezu bei dem in dem genannten Königreiche herrschenden Parteiwesen günstig zu sein. Außerdem hoffte er den verhaßten Hohenstaufen, den einzigen übrig gebliebenen Sprößling aus dem den Welfen feindlichen Hause, zu vernichten und sich seines bei dem bevorstehenden Kampfe mit dem Papste gefährlichen Nebenbuhlers zu entledigen. Als nun Otto nach Besetzung des größten Theils des Kirchenstaats, obwohl auch Friedrich ihn durch eine besondere Gesandtschaft unter Verzichtleistung auf sein väterliches Erbe hatte ersuchen lassen, ihm den ruhigen Besitz seines Königreichs zu gewähren, in Apulien einfiel, belegte oder bedrohte ihn wenigstens Innocenz III. mit dem Bann in der Martinswoche 1210 und sprach dann diesen, der Stimmung der deutschen Bischöfe bereits versichert, am Gründonnerstag des folgenden Jahres über ihn und seine Anhänger wegen Verletzung seines Eides und wegen seines widerrechtlichen Verfahrens gegen den Kirchenstaat und gegen Sicilien im Lateran feierlich aus. Die den Winter über durch den Abt von Morimond zwischen Kaiser und Papst geführten Unterhandlungen führten zu keinem Ziele. Vergeblich hatten kluge und verständige Män-

ner, darunter der auch als Schriftsteller bekannte geistreiche
Marschall vom Reich Arelat, Gervasius von Tilbury,
Otto von Verfolgung seiner Pläne abzuhalten und unter Hin=
weisung auf seinen Ahnherrn Lothar, welcher auch von einem
Innocenz (II.) die Krone erhalten habe, zur Aussöhnung
mit dem Papste zu bewegen gesucht. Er möge demjenigen,
welchem er das Ganze verdanke, nachgeben, wenn durch ihn
des Reiches Rechte in Unbedeutendem geschmälert würden.
Aengstige ihn sein Gewissen, als ob er den Krönungseid ver=
letze, so möge er auf die allgemeine Stimme hören, welche ihm
Undankbarkeit vorwerfe. Er möge dem Papste seine Sache
anheimstellen, der sein Richter sei, ohne einen Richter über sich
zu haben. Sei derselbe gegen ihn ein gerechter Richter, so
könne er durch einen Spruch nur gewinnen; im andern Falle
aber werde die Ungerechtigkeit auf jenen fallen. Auch der Erz=
bischof Eberhard von Salzburg, den der Kaiser zu sich be=
schieden hatte, ließ sich weder durch Bitten noch durch Gewalt
bewegen, mit ihm Partei gegen den Papst zu ergreifen.

Otto verharrte in seinem Plane, sowie in seiner
Feindseligkeit gegen die Kirche, ließ die nach Rom Pil=
gernden durch seine Leute ausrauben und schnitt zuletzt den
Weg nach Rom ganz ab. Nachdem er den Winter in Capua
zugebracht, welches nebst Neapel, das ihm gehuldigt hatte,
seinetwegen mit dem Interdicte belegt worden war, eroberte
er fast das ganze Land bis Tarent. Schon hatte er mit einigen
sicilianischen Großen und mit den das Gebirge bewohnenden
Saracenen Verbindungen angeknüpft, und hatten die Pisaner,
der Abmahnungen des Papstes ungeachtet, eine Flotte in Be=
reitschaft gestellt. Aber auch der Papst bot nun alle Hilfsmittel,
die geistigen und materiellen Kräfte zum Sturze, wie früher
zur Erhebung des undankbaren, treulosen Welfen auf, welcher
der Kirche noch gefährlicher und verderblicher erschien, als selbst
der verhaßte Heinrich VI. Hiebei kam ihm zu statten,
daß er sich bei dem großen Hasse der Römer gegen den

Kaiser auf deren Treue und Standhaftigkeit verlassen konnte. Schon im Februar 1211 gab er dem Könige von Frankreich seinen tiefen Schmerz über das Benehmen des Kaisers zu erkennen. „Hätten wir doch," ruft er aus, „Otto gleich von Anfang an so gut gekannt wie du! Wer mag ihm fernerhin noch Vertrauen schenken, da er trotz so vieler feierlicher Verträge und Bürgschaften nicht einmal uns, Christi, obwohl unwürdigem Stellvertreter, Wort hält? Wo ist noch Wahrheit, wo Treue, Sitte, Gesetz, Ehrfurcht, Frömmigkeit, wo Vertrauen, Wohlwollen, Liebe, wo Recht der Natur? Aber er möge zusehen, daß er sich nicht selbst betrüge! Er verachtet unsere Bitten und Ermahnungen, die Welt nicht noch mehr zu verwirren und in Lüsternheit nach fremdem Gute die Hilfe für das heilige Land zu verhindern. Schon geht sein Uebermuth so weit, daß er öffentlich verkündet, alle Könige der Erde würden sich ihm unterwerfen müssen." Sofort eröffnete er ihm, daß er denselben mit dem Banne bedroht habe, wenn er nicht von Sicilien ablasse, sowie, daß er seine Unterthanen, wenn er den Bann auf sich lade, von dem Eide der Treue entbinden werde. Endlich theilte er ihm Otto's mündliche Aeußerung mit, daß er mit dem König von Frankreich, so lange dieser das Land seines Oheims besetzt halte, höchstens einen Scheinfrieden beobachten werde, und daß die von diesem ausgestellten, diesem entgegenstehenden Erklärungen der Papst nur in seinem Kasten behalten möge. Wie Innocenz III. in diesem Schreiben den König von Frankreich schließlich bat, die angestammte Ergebenheit gegen die römische Kirche bereitwillig zu gewähren, so ließ er ihn bald darauf durch seinen Capellan Raynald für den Fall der Noth um Hilfe gegen den ersuchen, welcher sich Kaiser nenne. Alle Bischöfe Oberitaliens erhielten den Befehl, den Bann über Otto feierlich zu verkünden. Außerdem wurden Maßregeln getroffen, um daselbst die kirchliche Partei zu befestigen. Aber wichtiger war, was nunmehr in

Deutschland selbst vorgekehrt wurde, um die Macht des Kaisers daselbst zu entwurzeln. In einem bald nach Verhängung des Bannes an die deutschen Fürsten abgesandten Schreiben beklagte sich Innocenz über Otto's Undankbarkeit, Treulosigkeit und Gottlosigkeit und theilte ihnen mit, daß er denselben nach vergeblicher Aufforderung als unverbesserlich mit dem Banne belegt und alle seine Unterthanen von dem Eide der Treue entbunden habe. Daraus, daß Otto ohne ihre Zustimmung die Verfolgung gegen die Kirche und den Zug gegen das sicilische Reich unternommen habe, könnten die Fürsten entnehmen, welche Rücksichten er gegen sie beobachte. Würde ihm sein Vorhaben gelingen, so hätten sie von ihm, der in England erzogen worden sei, dasselbe zu befürchten, was sein Großvater (Heinrich II.) und sein Oheim den englischen Baronen bereitet hätten. Auf den etwaigen Vorwurf, daß er ja seine Erhebung zum Kaiserthume auf alle Weise befördert habe, antwortete er, er habe eine so plötzliche Umwandlung nicht ahnen können. Auch habe er seinen Fehler aus Unwissenheit zuerst zu büßen. Endlich forderte er sie auf, auf ein Heilmittel zu denken, so lange es noch Zeit sei, und versicherte sie seiner Bereitwilligkeit, diejenigen, welche seine Ermahnungen und Befehle beachten würden, unter allen Umständen zu unterstützen.

Die Worte des Papstes fanden fruchtbaren Boden. Hatte Otto schon damals, als ihm ein gefährlicher Nebenbuhler gegenüber stand, um ihm mit meist größerem Glücke die Krone streitig zu machen, durch sein Benehmen seine Freunde und Anhänger von sich gestoßen, so beklagten sich diese nun, als er auf der Höhe des Glückes und der Macht stand, noch mehr über seinen Stolz, seine Härte und Undankbarkeit, wie er an seinem Hofe Alle ohne Unterschied des Ranges behandle, die Erzbischöfe bloß Geistliche, die Aebte Mönche, die edelsten Frauen Weiber nenne. Auch erregte es Unzufriedenheit, daß er viele seiner englischen Begleiter zu geistlichen

und weltlichen Stellen beförderte. Besonders waren es die
Bischöfe, welche sich gegen Otto im Hinblick auf dessen Benehmen gegen den Papst und die Kirche erhoben. Nachdem
die Erzbischöfe von Mainz und Trier und der Bischof von Speier sich zu Koblenz für den jungen Friedrich entschieden hatten, hielt Siffried mit dem Könige
von Böhmen, dem Landgrafen von Thüringen, dem
energischen Erzbischofe Albrecht von Magdeburg und andern Fürsten, unter dem Vorwande, den wegen des Mordes
Philipps geächteten Bischof Egbert wieder einzusetzen,
zu Bamberg heimlich eine Besprechung, welche jedoch zu keinem andern Resultate führte, als daß von dem Erzbischofe
von Mainz der Bann über Otto verkündet und die
Erzbischöfe und Bischöfe Gleiches zu thun aufgefordert wurden.
Erst auf einer Fürstenversammlung zu Nürnberg
wurde Otto von den soeben genannten und noch mehreren
minder angesehenen geistlichen und weltlichen Fürsten, von den
letzteren besonders auch unter dem Einflusse des Königs
von Frankreich, welcher Alles aufbot, um durch Niederwerfung des Welfen sich in dem Besitze der dem König
von England abgenommenen beträchtlichen Landstriche zu
sichern, als Ketzer abgesetzt und beschlossen, zwei schwäbische Ritter, Anselm von Justingen und Heinrich
von Neuffen, mit Anträgen an Friedrich nach Sicilien
abzusenden. Da nun aber ein Theil der Fürsten auf Otto's
Seite verblieb, so trat auf's Neue eine Spaltung im
Reiche ein. Das Erzstift Mainz wurde von dem Pfalzgrafen Heinrich und andern Großen, das Bisthum Lüttich
von dem Herzoge von Brabant verwüstet, und auch in Thüringen entstanden Fehden. Da nun Erzbischof Dietrich
von Köln über Otto den Bann auszusprechen sich weigerte,
wurde Adolf, welcher im Jahr 1205 sich mit seinem Gegner
unter Zustimmung der Stände des Erzstiftes mit einer jährlichen Summe von 250 Mark abgefunden und durch das nun-

mehrige Benehmen des Kaisers wegen seines Abfalls zu Philipp gerechtfertigt, im November 1210 von dem Papste die
Erlaubniß erhalten hatte, in Pontificalkleidern zu celebriren,
mit Einwilligung des betreffenden Diöcesanbischofs Priester zu
weihen und Kirchenämter, mit Ausnahme der bischöflichen, anzunehmen, von Siffried das Erzstift wieder zugesprochen.
Dietrich aber begab sich nach Rom, wo er jahrelang vergeblich seinen Proceß mit seinem Gegner führte.

Als Otto erfuhr, daß die deutschen Fürsten in Folge
der päpstlichen Excommunikation von ihm abgefallen, entschloß
er sich im November 1211, ungern seine Siegeslaufbahn unter-
brechend, nachdem er vorher noch die Großen Unteritalia-
liens auf einer Versammlung in der Treue gegen ihn bestärkt
hatte, zur eiligen Rückkehr nach Deutschland, um seinem Nebenbuhler zuvorzukommen und ihm den
Land- und Seeweg abzuschneiden. In Montefiascone
pflog er mit den päpstlichen Gesandten fruchtlose Friedensunterhandlungen. Darauf hielt er im Januar 1212 zu
Lodi einen vergeblichen Hoftag, auf welchem der Markgraf
Azzo von Este sammt den Städten Genua, Cremona
und Ferrara als Anhänger des Papstes geächtet wurden.
Mailand, in dessen Mauern er sich vierzehn Tage lang aufhielt,
sowie Ezzelin sammt ihren beiderseitigen Anhängern bildeten
den Stützpunkt seiner Macht in Oberitalien — in merkwürdiger Verkehrung der Verhältnisse, welcher
zufolge nun ein Theil der frühern Ghibellinen an den geächteten Welfen und der Welfen an den jungen Hohenstaufen sich anschloß. Bereits Anfangs März 1212 langte
Otto in Frankfurt an. Eine Menge weltlicher Großen sammelte sich hier um ihn, während mit Ausnahme des
Bischofs von Halberstadt sämmtliche geistliche Fürsten den Umgang mit dem Gebannten mieden. Die Herzoge
von Zähringen und Baiern, die Markgrafen von
Münster und Brandenburg und viele thüringische

Grafen versprachen ihm Treue und Hilfe. Im Mai eröffnete er auf einer zweiten Versammlung zu Nürnberg seinen noch immer zahlreichen Anhängern die Ursache des Streites mit dem Papste und stellte ihnen vor, wie es um ihre Wahlfreiheit geschehen sei, wenn dem Papste gestattet würde, die Kaiser nach seinem Belieben abzusetzen. Nachher wurde über den Landgrafen von Thüringen die Reichsacht verhängt und der König Ottokar von Böhmen seines Landes verlustig erklärt und mit demselben sein und der verstoßenen Adele Sohn Wratislav mit Zustimmung mehrerer anwesender böhmischer Grafen (Zuppanen) durch Ueberreichung von sechs Fahnen belehnt. Wie ebenfalls auf dem genannten Reichstage beschlossen worden war, wurde nun gegen den Landgrafen von Thüringen der Krieg eröffnet. Das Erzstift Magdeburg, dessen kurz zuvor nebst Siffried von Mainz zum päpstlichen Legaten ernannter Erzbischof ihn glücklicher mit geistlichen als mit weltlichen Waffen bekämpfte, ward furchtbar verwüstet, so daß man unter den dortigen Bewohnern die Klage vernahm, ein Kaiser Otto und ein Erzbischof Albrecht hätten das Erzbisthum gestiftet und ein Kaiser Otto und ein Erzbischof Albrecht hätten es zerstört. Um die noch schwankenden Anhänger des hohenstaufischen Hauses sich zu erhalten und andere wieder auf seine Seite zu bringen, hielt Otto den 7. August 1212 zu Nordhausen sein feierliches Beilager mit Philipps Tochter. Aber schon vier Tage darauf starb Beatrix, man weiß nicht aus welcher Ursache, jedenfalls zu Otto's Unglück. Das Volk sah in diesem Ereignisse eine Strafe des rächenden Gottes. Auf die Nachricht von dem Tode ihrer Erbherrin verließen die Schwaben und Baiern heimlich das kaiserliche Lager, so daß die Belagerung von Weißensee aufgehoben werden mußte.

3. Otto IV. im Thronstreite mit König Friedrich von Sicilien.

Um so besser kam dieses Ereigniß seinem nunmehrigen Nebenbuhler Friedrich von Sicilien zu statten. Die von den Gegnern Otto's abgesandten schwäbischen Ritter hatten inzwischen ihre Aufträge erfüllt. Während Heinrich von Neuffen in Verona zurückgeblieben war, um in der Lombardei für den Hohenstaufen zu wirken, war Anselm von Justingen über Rom glücklich nach Sicilien gelangt. Obwohl noch nicht alle Gründe, welche Innocenz III. einst gegen die Wahl Friedrichs geltend gemacht, ihr Gewicht verloren hatten, so war doch dieser damals allein der Fürst, welcher dem Welfen mit wahrscheinlichem Erfolg als Nebenbuhler gegenüber gestellt werden konnte. Er gab daher dem Plan der deutschen Fürsten um so mehr seine Zustimmung, als Friedrich soeben nicht bloß dem päpstlichen Cardinallegaten Gregor den Huldigungseid für das Königreich Sicilien geleistet, sondern auch „zur Beseitigung jeden Streites zwischen der Kirche und dem Staate" die Freiheit der Bischofswahlen anerkannt hatte. Ungeachtet des dringenden Abrathens seiner Gemahlin und vieler sicilianischer Großen, welche ihm die Gefährlichkeit und Schwierigkeit des Unternehmens vorhielten, und denen wohl in Erinnerung an die Zeiten Heinrichs VI. eine genaue Verbindung des „sicilianisirten" Königs mit den verhaßten Deutschen nicht wünschenswerth erschien, nahm der jugendliche Friedrich, gedenkend der Großthaten seiner Vorfahren, und wie auch ihm durch den unerwarteten Gang der Ereignisse die Laufbahn zu der höchsten Macht und Ehre eröffnet sei, die Anträge der deutschen Fürsten an und setzte, nachdem er seine Gemahlin Constanze zur Reichsverweserin ernannt und seinen eben erst geborenen Sohn Heinrich hatte als Thronerben krönen lassen, im März 1212 von Palermo nach Gaeta über. In Rom wurde er von dem Papste, den Cardinälen, dem Senator und dem Volke auf's Ehrenvollste em-

pfangen. Im besten Einvernehmen mit seinem Wohlthäter Innocenz und reichlich von demselben mit Geld unterstützt, setzte
er, nachdem er wegen Siciliens den Lehenseid geschworen, seinen
Weg in Begleitung des zum päpstlichen Legaten ernannten Erzbischofs Bernhard von Bari der Sicherheit halber abermals zur
See nach Genua fort. Diese wichtige Seestadt trat um so
entschiedener auf seine Seite, weil sie dadurch dem nebenbuh-
lerischen Pisa einen Vortheil abzugewinnen hoffte. Nachdem
Friedrich hier beinahe drei Monate auf Kosten der von
ihm mit Bestätigung ihrer Privilegien und Bewilligung neuer
Vortheile belohnten Stadt zugebracht, entschloß er sich, obwohl
nebst dem Grafen von Savoyen Mailand und bei-
nahe sämmtliche lombardische Städte in Bewahrung
der alten Feindschaft gegen das hohenstaufische Haus der Mahnungen des Papstes ungeachtet ihm feindlich entgegentraten
und den Weg über die Alpen verlegten, im Vertrauen auf sein
Glück zur Weiterreise und gelangte, von den Markgrafen
von Este und Montferrat geleitet, unter großen Gefahren über Pavia, Cremona, Mantua und Verona durch das
Etschthal nach Trient und von da über steile Berge auf Fuß-
pfaden wahrscheinlich durch das obere Engaddin nach Chur,
wo ihn der Bischof Arnold als König empfing. Bald
darauf schloß sich ihm der Abt Ulrich von St. Gallen
an. Unter seinem Schutze näherte er sich über Altstetten und
den Ruppen den reizenden Ufern des Bodensees. Unter-
wegs erfuhr er, sein Gegner Otto sei in Eilmärschen aus
Thüringen aufgebrochen und stehe bereits in Ueberlin-
gen, ja seine Diener und Köche seien bereits in Konstanz
angekommen. Mit einem Gefolge von 60 Rittern, deren Dienste
er sich durch Vertheilung von Reichs- und Erbgütern erkaufte,
drang Friedrich nach diesem strategisch wichtigen Punkte
vor. Bei dem Anblicke der ziemlich bedeutenden Anzahl Leute
des Abtes von St. Gallen schöpfte der dortige anfangs schwan-
kende Bischof Konrad von Tegernfeld Muth, so daß er sich

für den Hohenstaufen erklärte, nachdem dessen Begleiter, der Erzbischof von Bari, in seiner Eigenschaft als päpstlicher Legat den Bann über Otto feierlich ausgesprochen hatte. Als gleich darauf Otto mit 200 Rittern vor der Stadt ankam, fand er die Thore verschlossen. An so scheinbare Zufälligkeiten knüpfen sich zuweilen Ereignisse, deren Folgen noch Jahrhunderte hindurch fortwirken! Wäre Friedrich von Staufen, sagte man damals, drei Stunden später vor Konstanz angekommen, so wäre er vielleicht niemals in das Herz Deutschlands eingedrungen. In Basel fand er bereits den Bischof von Straßburg mit 500 Mann, mehrere Aebte und Grafen aus dem Stammlande seines Geschlechts, dem Herzogthum Alemannien, um sich versammelt. Hier war es, wo er den 26. September dem Ottokar von Böhmen, welcher ihn inzwischen in Regensburg erwartet hatte, zum Lohne für seine Verdienste, weil er ihn vor Andern zum Kaiser gewählt habe, in Bestätigung dessen, was bereits der verstorbene König Philipp gethan, sammt seinen Nachfolgern das Königreich Böhmen taxfrei auf ewige Zeiten verlieh, ihm unter Anderm das wichtige Recht verlieh, die Bischöfe seines Landes zu belehnen und ihn von dem Besuche der königlichen Hoftage mit Ausnahme der in der Nähe seines Landes zu Bamberg, Nürnberg und Merseburg stattfindenden, befreite. Außerdem sollte ihm auch fernerhin die Jurisdiction über Polen verbleiben. Wie Ottokar, so schenkte er auch dessen Bruder, dem Markgrafen Wlatislav von Mähren, kaiserliche Lehengüter. Umsonst wollte Otto, den Schwarzwald übersteigend, seinen Gegner bei Breisach aufhalten. Die dortigen Bürger, durch des Letztern Fortschritte kecker gemacht, erhoben einen Aufstand und verjagten ihn mit seinen zuchtlosen Soldaten, welche ihnen Beleidigungen und ihren Weibern und Töchtern Schmach angethan hatten, aus der Stadt. Friedrich aber eroberte, nachdem ihn nach des Papstes Anordnung Bischof Liutold von Straßburg nach Colmar geleitet hatte, die Reichsburg

Hagenau, verhieß daselbst seinem Verwandten, dem Herzoge Friedrich von Lothringen, welcher, in der Hoffnung, etwas von ihm zu erhalten, mit bewaffneter Hand zu ihm gekommen war, eine bedeutende Geldsumme und verzichtete, „in der Absicht, die Fehler seines Gegners, welcher wegen seiner Nichtberücksichtigung der geistlichen Fürsten den Menschen widerwärtig und von Gott verlassen worden sei, zu vermeiden" und in Anbetracht der aufopfernden Dienste, welche Siffried von Mainz ihm geleistet habe, auf alle Güter, welche seine Vorfahren im Reiche von der Mainzer Kirche trügen. Lupold aber setzte er mit des Papstes Einwilligung wieder in sein Bisthum Worms ein, von welchem derselbe vier Jahre lang verbannt gewesen war, und ertheilte um seinetwillen der Wormser Kirche ebenfalls mehrere Vortheile. Kurz darauf wurden auch die Verbindungen mit Frankreich befestigt. Unter Vermittlung des Bischofs Konrad von Speier, Otto's IV. früheren und nunmehr Friedrichs II. Hofkanzlers, wurde an der Reichsgrenze zwischen Toul und Vaucouleur eine persönliche Zusammenkunft zwischen Friedrich und Ludwig, dem Erstgeborenen Philipp Augusts, gehalten und daselbst ein Vertrag abgeschlossen, durch welchen sich der Erstere verpflichtete, mit dem ehemaligen Kaiser Otto und dem Könige Johann von England und deren Anhängern nur mit Beistimmung des Königs von Frankreich Frieden zu schließen und keinen von denen, welche diesen beunruhigen würden, in sein Land aufzunehmen. Die 20 000 Mark, welche Friedrich von dem Könige von Frankreich erhalten haben soll, ließ derselbe nachher durch seinen Kanzler unter die bei ihrer Charakterlosigkeit der Bestechlichkeit leicht zugänglichen Fürsten vertheilen, um ihrer Anhänglichkeit eine festere Grundlage zu geben, nachdem auch von seinem Gegner Otto einst durch englisches Geld ein Anhang erkauft worden war. Auf einem noch in demselben Monat stattfindenden Hoftage zu Mainz waren viele Fürsten anwesend und leisteten ihm, mit Gnaden bedacht, Huldigung. Zu Frankfurt wurde er sodann Anfangs December 1212 auf einer zahlreichen Versammlung, welcher Abgesandte des Papstes und des Königs von Frankreich beiwohnten, förmlich zum Könige gewählt. Am folgenden Sonntage, den 9. December, wurde er zu Mainz auf Ersuchen des Erzbischofs von Köln von Siffried gekrönt. Aus dem Elsaß, Schwaben und Baiern, wo er verschiedene Anordnungen traf, zog er nach Eger. Der dortige Fürstentag (12. Juli 1213) ist dadurch wichtig, daß Friedrich hier dem Papste, durch dessen Wohlthat, Mühe und Vormundschaft er ernährt, geschützt und erhoben worden sei, in Beziehung auf die Freiheit der Kirche und des Kirchenstaates dieselben Versprechen machte, welche Otto in ähnlicher Lage zu wiederholten Malen geschworen und sogleich nach seiner Krönung so schnöde gebrochen hatte. Einige Monate später vollzog er einen Act der Pietät gegen seinen Oheim Philipp, dessen Leichnam er am 25. December 1213 in Speier neben seine Vorfahren aus dem salischen Hause in der Kaisergruft feierlich beisetzen ließ. Die Liebe, mit welcher er bei dieser Gelegenheit, wie sonst überhaupt desselben gedenkt, beweist, daß er ihn von aller (ihm von anderer Seite zur Last gelegten) Usurpation auf sein eigenes Anrecht an die deutsche Krone freisprach.

Während das sicilianische Kind, wie Friedrich von seinen Gegnern spottweise genannt wurde, sich in dem oberen Deutschland festsetzte, hielt sich Otto ziemlich unthätig in Sachsen auf. Nach seiner Rückkehr aus Italien hatte er den Plan gehabt, den König von Frankreich in seinem eigenen Lande zu beschäftigen und ihn zu verhindern, sich zum Vortheile des Hohenstaufen in die Reichsangelegenheiten zu mischen. Sowohl aus diesem Grunde, als um das zur Erregung von Argwohn durch einige von seinen oder Johanns, wahrscheinlich mit französischem Gelde bestochenen Leuten in Poitou verbreitete Gerücht zu widerlegen, daß er eine Gesandtschaft des Königs von Frankreich angenom=

men habe, forderte er alle seine Lieben und Getreuen, d. h. die ihm anhängenden niederländischen und nordfranzösischen Großen auf, seinem Oheim zur Wiedererlangung seines Rechtes nach dem Maße seiner Liebe zu ihm Hilfe zu leisten, indem er versprach, solche als ihm selbst erwiesen anzusehen. Eine durch eine feierliche Gesandtschaft überbrachte Urkunde enthielt die Versicherung Otto's, daß er seinem Oheim aus allen Kräften, wie und wann es demselben beliebe, beizustehen bereit sei. Diese und andere damit zusammenhängende Schritte des Welfen ermuthigten Johann in dem Grade, daß er nun selbst zum energischen Kampfe mit dem Könige von Frankreich sich rüstete. Aber zum Nachtheile für ihn, wie für seinen Neffen, ließ sich Johann nicht bewegen, dem Letzteren, ungeachtet wiederholter dringender Bitten, die Subsidiengelder auszubezahlen, welche nöthig gewesen wären, um dem inzwischen in Deutschland angekommenen, von Frankreich kräftig unterstützten Friedrich ein entsprechendes Heer entgegen zu stellen. Daher entschloß sich Otto, sich an die Spitze des Herzogs von Brabant, der Grafen von Boulogne, Flandern, Holland und vielen andern Fürsten, welche ein Heer von mehr als 100 000 Mann aufgebracht hatten, zu stellen. Während sein Oheim dem Könige von Frankreich aus Poitou durch die Bretagne entgegenzog, nahm Otto mit den Verbündeten den Weg durch Flandern in der sichern Zuversicht auf einen glänzenden Sieg. Wohl mochte er hoffen, nach Niederwerfung des Königs von Frankreich seinen jugendlichen Nebenbuhler, welchen er, der von der Kirche so lange Geschützte und Getragene, einen Pfaffenkönig schalt, zu beseitigen und abermals aus großer Bedrängniß zum Gipfel der Macht emporgehoben zu werden. Zugleich aber galt es, seine Rache gegen die Geistlichkeit zu befriedigen, von welcher er sich nun allenthalben verlassen sah, so daß er nicht einmal einen Priester fand, welcher ihn, als er sich eben erst mit des Herzogs von Brabant Tochter Maria endlich einmal verehelichte, einsegnen wollte. Die Klo-

ster- und Weltgeistlichkeit sollte seinem Plan zufolge ihrer Güter beraubt und nur auf den Zehnten
und die freiwilligen Gaben der Gläubigen angewiesen werden.
An der Stelle des umgestürzten Bischofsstuhls von Lüttich
gedachte er seinen Kaiserthron aufzurichten. Aber die berühmte Schlacht bei Bouvines in Flandern (27. Juli 1214),
welche über die Geschicke der nächsten Zukunft entscheiden sollte,
wurde, ungeachtet der Uebermacht der Verbündeten und der
großen persönlichen Tapferkeit Otto's, von den Franzosen
glänzend gewonnen. Nun zog auch Friedrich, um dieses
glückliche Ereigniß zu benützen, wahrscheinlich im Einverständnisse mit dem Könige von Frankreich, von welchem er
den in der Schlacht erbeuteten kaiserlichen Adler zugesandt erhielt, mit Heeresmacht an den Niederrhein, und brachte
den charakterlosen Herzog von Brabant, noch ehe Otto
von seinem Oheim auf sein Ansuchen neue Hilfsgelder zur
Stärkung seiner Streitkräfte erhalten hatte, zur Unterwerfung
und führte ihn sammt dessen Sohne gefangen mit sich. Selbst
der König Waldemar von Dänemark, Otto's lang-
jähriger Freund und Verbündeter, trat nun auf des Hohenstaufen Seite. In Metz, wo Friedrich die lothringischen
Stände im December 1214 um sich versammelte, schloß er mit
demselben „aus Liebe zum Frieden mit den benachbarten Königen und damit die Kirche sich durch ihre Mitwirkung der Ruhe
erfreue, immerwährende und unverbrüchliche Freundschaft", und
trat auf den Rath und mit Beistimmung der Fürsten alles
Grenzland des Reichs jenseits der Elbe und Elbe, welches
König Knud erobert, und zugleich noch des letztern und seines
Vaters Erwerbungen in Slavien an ihn ab.

Otto's Macht war nunmehr auf immer gebro-
chen, Friedrichs Stellung gesichert. Otto hatte sich nach
der Schlacht bei Bouvines über Brabant mit seiner jungen Gemahlin nach Köln zurückgezogen. Aber hier wurde man seines
langen Aufenthaltes überdrüssig. Seine leichtsinnige Gemahlin

verschwendete ungeachtet der Noth des Kaiserthums beim öffentlichen Spiele große Summen. Da machten die Bürger, welche,
an seinem Glücksterne verzweifelnd, ihre Stadt nicht länger
der herannahenden Gefahr aussetzen wollten, dem Kaiser das
Anerbieten, ihm, wenn er aus ihrer Mitte scheide, nicht bloß
seine Schulden zu bezahlen, sondern ihm noch 600 Mark Unterstützung zu geben. Unter so unrühmlichen Verhältnissen eilte
Otto, nachdem er kurz vorher noch Frankreich zu theilen
und die Macht der Kirche zu stürzen im Sinne getragen hatte, nach Braunschweig. In Deutschland aber ging
das Gerücht, der Kaiser sei unter dem Vorwand, er gehe zur
Jagd, davon geritten; die Kaiserin sei ihm heimlich, nachdem sie
vorher ihre Gläubiger um Zahlungsfrist gebeten, in Pilgertracht
nachgefolgt. — Kurz darauf eroberte Graf Adolf von Berg
Kaiserswerth und befreite darin den Bischof von Münster,
sowie die von Otto noch festgehaltenen Geiseln der Stadt
Aachen. Deßgleichen fielen die Burgen Trifels und Landskron in die Hände des Hohenstaufen. Nachdem er nach
einander Sachsen, Thüringen, Franken und Schwaben
besucht hatte, zog er abermals nach dem Niederrhein. Den
24. Juli 1215 langte er in Begleitung vieler Fürsten und
Edlen vor Aachen an. In Folge einer unter den Bürgern
entstandenen Entzweiung öffnete ihm jetzt die Kaiserstadt freiwillig die Thore, welche er voriges Jahr mit Gewalt zu sprengen nicht vermocht hatte. Am St. Jakobstage wurde er —
da der Erzbischof Dietrich als Anhänger Otto's mit dem
Banne belegt und Adolf nicht wieder in seine Rechte eingesetzt
worden war, so daß das Erzstift für verwaist galt — durch
den Erzbischof von Mainz, den Primas von Deutschland
und Legaten des apostolischen Stuhles, gekrönt. Erhöht wurde
die Feierlichkeit durch die für den jungen König Deutschlands
bedeutungsvolle Einschließung des von seinem Großvater Friedrich erhobenen Leichnams Karls des Großen in einen von
den Aachenern gestifteten kunstreichen und mit edlem Metall

Brischar, Innocenz III.   7 bedeckten Sarg, wobei Friedrich, seinen Mantel ablegend, selbst die Nägel einschlagen half. Um einen Beweis seiner frommen Gesinnung zu geben und des Papstes Gunst gegen sich zu erhöhen, nahm Friedrich am Tage seiner Krönung auf die Predigt des Scholastikers Johann von Xanten hin das Kreuz. Seinem Beispiele folgten der Erzbischof von Mainz, die Bischöfe von Lüttich, Bamberg, Passau und Straßburg, die Herzoge von Meran, Brabant, Limburg und Oesterreich), sowie viele Grafen und Edle.

Drittes Kapitel.

Frankreich.

1. Unter Ludwig VII.

Die nächste Stelle nach Deutschland nahm damals Frankreich in der christlichen Welt ein. Zwar war die Macht des französischen Königs am Ende des 12. Jahrhunderts noch immer klein im Verhältnisse zu der des Kaisers. Die Normandie, die Bretagne und Aquitanien und somit beinahe der ganze Westen Frankreichs befanden sich im Besitze des Königs von England; ein beträchtlicher Theil des Südens gehorchte dem Könige von Aragonien, während das mit dem römischen Reich verbundene Arelat sich bis zum Ausfluß der Rhone erstreckte. Außerdem konnte der König gemäß den Principien des Feudalsystems auch in dem zu Frankreich gehörigen Burgund und in den weit ausgedehnten Grafschaften Flandern, Champagne und Toulouse nur einen ziemlich geringen Einfluß ausüben. Doch suchte Ludwig VII. während seiner langen Regierung (1137—1180) die Macht der Krone durch Beförderung des Strebens der Städte nach Errichtung von Gemeinden zu heben, sowie er auf der andern Seite, ähnlich wie einige der besten deutschen Kaiser (Heinrich II. und Lothar III.), sich auf die Kirche stützte und die Bischöfe den weltlichen Großen als geistliche Pairs gegenüberstellte.

Uebrigens verschaffte die Stellung, welche Frankreich in kirchlicher Beziehung einnahm, diesem Staate ein viel größeres Gewicht, als ihm sonst vermöge seiner politischen Lage zugekommen wäre. In den Kämpfen zwischen Kaiserthum und Papstthum stand Frankreich gewöhnlich auf Seite des letzteren. Seine Könige räumten einer Reihe von Päpsten, welche von den Kaisern oder von dem durch die kaiserliche Partei aufge= stachelten römischen Volke aus ihrem Sitze vertrieben worden waren, eine Zufluchtsstätte ein aus Anhänglichkeit an die ver= folgte Sache und im eigenen Interesse, um nicht das Oberhaupt der Kirche zu einem Werkzeuge des kaiserlichen Despotismus herabsinken zu lassen, zugleich auch in der Absicht, um die Macht des Kaisers durch die Beschützung seiner Gegner zu schwächen. Aehnliche Motive mochten auch auf Ludwig VII. einwirken, als er den von dem Könige Heinrich II. auf's Heftigste verfolgten Erzbischof Thomas Becket von Canterbury, den helden= müthigen Kämpfer für die Freiheit der anglicanischen Kirche, in sein Reich aufnahm. Denn derselbe bot zugleich auch den unzufriedenen Großen der unter englischer Herrschaft stehenden Provinzen Frankreichs, wenn auch unabsichtlich, einen Anhalts= punkt zu einer politischen Opposition gegen ihren Lehens= herrn dar.

Große Bedeutung erhielt Frankreich durch den Antheil, den es an dem Kampfe gegen die Mauren in Spanien, beson= ders aber an den Kreuzzügen nach Palästina nahm. Der erste Kreuzzug ging von Frankreich aus und wurde größten= theils mit französischen Kräften ausgeführt. Während in Deutsch= land die Begeisterung für solche Unternehmungen nur mit großen Anstrengungen vorübergehend entflammt werden konnte, und wohl auch dessen kriegerische Elemente in den Heerfahrten nach Italien und in dem Kampfe mit der Partei der Päpste fast beständig ein hinreichendes Feld für die Bethätigung ihrer Kräfte eröffnet sahen, boten die Aufforderungen der Kirche zu den Zügen in das Morgenland dem romantischen, abenteuerlichen Sinne der französischen Barone und Ritter eine willkommene Gelegenheit dar, sich Ehre und Ruhm, sowie Reichthümer, Fürstenthümer und Herrschaften zu erkämpfen. In der That waren auch die lateinischen Staaten Palästina's ganz auf französischer Grundlage aufgeführt und wurden großentheils durch französische Kräfte zusammengehalten, und wurde dadurch dem Namen „Franke" in dem Orient eine solche Bedeutung gesichert, daß derselbe bis auf unsere Tage daselbst die allgemeine Bezeichnung für die Abkömmlinge des christlichen Abendlandes überhaupt geworden ist.

Von großer politischer Bedeutung für Frankreich waren fernerhin die Mönchsorden. Schon im 11. Jahrhundert wurde eine große Anzahl neuer Klöster errichtet. „Bis dahin," sagt ein Chronist jener Zeit, „sah man nirgends andere Klöster als solche, deren Gründung in's höchste Alterthum hinaufreichte. Damals aber begann man fast überall neue zu errichten. Es wurden denselben Einkünfte zugewiesen, welche für die von allen Seiten dahin Zusammenströmenden hinreichten. Hatte man aber nicht die Mittel, um ein großes Kloster zu erbauen, so gründete man deren für zwei, für vier oder überhaupt für so viele Personen, als man ernähren konnte. Der Eifer des Jahrhunderts für die Klöster war so groß, daß man diese kirchlichen Institute zu gleicher Zeit allenthalben in Städten und Flecken, auf Burgen und Schlössern, ja selbst in Wäldern und in solchen Gegenden an's Licht treten sah, welche bisher als Aufenthalt für die wilden Thiere oder als Höhlen für die Räuber gedient hatten." Unverhältnißmäßig größer war noch die Zahl der Klöster, welche das 12. Jahrhundert in's Leben rief. „Es ist ein schönes Schauspiel," bemerkt ein anderer, dem Prämonstratenser=Orden angehöriger Chronist jenes Jahrhunderts, „die Kirche zu sehen, umgeben von verschiedenen Orden und Bekenntnissen: auf der einen Seite die Prämonstratenser, die Cistercienser, die Clu=

niacenfer und so viele heilige Frauen, welche mit einander
wetteifernd sich üben in der Enthaltsamkeit und Genügsamkeit
unter dem Joche des Gehorsams und überall neue Einrichtungen
gründen, auf der andern Seite die Carthäuser, die noch
strenger als die andern ihrer Anzahl und ihrem Besitze Grenzen
setzen, um sich gegen die Habsucht zu schützen, an welcher wir
so viele der Ordensgemeinden erkranken sehen, und, jeder einzelne in besonderen Zellen lebend und selten Andere erblickend
— es möchte denn sein, um den gemeinschaftlichen Gottesdienst
zu feiern, oder um wechselseitig Werke der Liebe auszuüben —,
sich den Theil erwählt haben, vollkommen der Welt abzusterben
und um so sorgfältiger, je verborgener, Gott zu leben. Außerdem sah man noch allenthalben sich ausbreiten die Ritter des
Tempels zu Jerusalem und die Brüder des Hospitals, welche
unter dem Habite von Ordensleuten in Armuth lebend nach
Jerusalem für die Vertheidiger des Glaubens oder für die Armen und Kranken die Unterstützung brachten, welche sie sich
durch ihre Händearbeit oder durch die Almosen der Gläubigen
verschaffen konnten. Die Bischöfe aber und die weltlichen Fürsten gaben voll Bereitwilligkeit ihre Zustimmung, oder boten
wohl selbst Felder, Wiesen und Wälder dar, sowie was sonst
zur Erbauung der Klöster nothwendig war." Beinahe sämmtliche dieser neuen Orden und Congregationen nun sproßten —
wie auch in unserer Zeit die meisten religiösen Vereine — auf
dem Boden Frankreichs auf und trieben von da aus ihre Wur-
zeln in die übrigen Länder der Christenheit. Aber die zahlreichen Colonien, welche an verschiedenen, oft sehr entlegenen
Orten angelegt wurden, wurden nicht von dem Mutterlande
losgetrennt, sondern blieben in steter Verbindung mit demselben,
und ihre Vorsteher und Repräsentanten versammelten sich zu
bestimmten Zeiten an dem Hauptorte zu Generalcapiteln und
bezeugten daselbst dem Haupte des Ordens ihre Unterwürfigkeit.
Es ist nicht zu läugnen, daß die übrigen Völker des Abendlandes für diese Pflanzstätten des religiösen Lebens und der

Civilisation dem französischen Volke zu jener Zeit zu großem Danke verpflichtet waren, während das letztere selbst in den aus seinen Klöstern hervorgegangenen Mönchen Führer fand, welche ihm den Verkehr mit dem Ausland eröffneten und vermittelten und so zu seinem Wohlstande nicht wenig beitrugen.

Gehoben wurde noch die Bedeutung des damaligen Frankreich durch den Aufschwung, den die Wissenschaft daselbst schon längere Zeit zu nehmen angefangen hatte. Schon im 11. Jahrhundert gab es in vielen Städten Frankreichs, besonders aber der Normandie, berühmte Schulen. Im 12. Jahrhundert aber wurden alle diese durch die Pariser-Schulen überflügelt. Am meisten zeichneten sich unter diesen außer der bischöflichen Lehranstalt die Schulen in den Abteien von St. Victor und St. Genovefa durch ihre Lehrer aus, und der Ruf derselben drang so weit, daß schon im Jahr 1144 die Dänen und bald darauf auch die Engländer für ihre studirenden Landsleute daselbst Collegien errichteten. Mehrere Briefe italienischer und deutscher Fürsten, in welchen Jünglinge, welche nach Paris des Studiums wegen reisten, an Ludwig VII. empfohlen wurden, beweisen, daß Paris damals für die Metropole der Wissenschaft galt. In der zweiten Hälfte des 12. Jahrhunderts traten die Lehrer der verschiedenen Schulen unter einem Rector zu einer, wenn auch noch nicht eng geschlossenen Gemeinschaft zusammen, welche jedoch nichtsdestoweniger einer bedeutenden Auctorität genoß. In der That war auch keine Regierung so reich an großen Männern, die theils in Frankreich geboren waren, theils daselbst ihre wissenschaftliche Bildung erhalten hatten und daselbst ihre Wirksamkeit entfalteten, als die des genannten Königs. Die bloße Hinweisung auf die Namen eines Abälard, Suger, des hl. Bernhard, Gilbert von Porreda, Peter des Ehrwürdigen, Peter Lombardus und Johannes von Salisbury — vieler andern zu geschweigen — reicht hin, um die Wahrheit unserer Behauptung bestätigt zu finden. Daher wurde schon im 13. Jahrhundert von einem Schriftsteller der Gedanke ausgesprochen: wie den Deutschen das Kaiserthum, den Italienern das Papstthum, so sei den Franzosen das Studium oder die Wissenschaft von dem dreieinigen Gotte zugetheilt worden.

Zwar gehörte Ludwig VII. nicht zu den ausgezeichnetsten Königen von Frankreich; doch verdient sein Andenken immerhin von der Nachwelt wegen seiner sittlichen Eigenschaften in Ehren gehalten zu werden. Die gleichzeitigen Schriftsteller loben seine Frömmigkeit, Herzensgüte, Anspruchslosigkeit und Leutseligkeit und seine eifrige Fürsorge für das Wohl seiner Unterthanen. Doch vergessen sie nicht auf seine für einen König zu große Einfalt und auf seinen Mangel an Muth und Energie aufmerksam zu machen, welcher ihn besonders abhielt, den gefährlichen Planen des Königs von England stets den durch das Interesse Frankreichs gebotenen Widerstand entgegenzusetzen.

Als derselbe seine Kräfte abnehmen fühlte, wünschte er seinen vierzehnjährigen Sohn Philipp August noch bei seinen Lebzeiten zu seinem Nachfolger salben zu lassen. Schon wurden zu der feierlichen Handlung in Rheims Veranstaltungen getroffen, als der junge Prinz sich durch die Strapazen bei einer Schweinshatze in der Nähe von Compiègne ein heftiges Fieber zuzog, welches für sein Leben befürchten ließ. Ludwig beschloß nun zu dem Grabe des hl. Thomas, seines Freundes und Schützlings, der ihm dreimal nach einander im Schlafe erschienen war, zu wallfahrten, um seine Fürbitte anzurufen. Besser als er erwartet hatte, wurde er von Heinrich II. aufgenommen, welcher ihn selbst nach Canterbury begleitete. Reichliche Geschenke bezeugten seine Devotion für den heiligen Martyrer. Sein Vertrauen wurde nicht getäuscht. Kaum hatte er in dem Hafen von Witsand gelandet, als er die Wiederherstellung seines Sohnes erfuhr. Da er kurz darauf nach seiner Rückkehr durch einen Schlagfluß an der rechten Seite gelähmt wurde, sah er darin einen Wink der Vorsehung, die Krönung seines Sohnes zu beschleunigen, welcher er selbst nicht bei-

wohnen konnte. Zwar lebte er noch bis zum Herbste des folgenden Jahres (er starb den 18. September 1180), ohne jedoch
mehr die Geschäfte der Regierung zu führen. Er wurde in
der von ihm gestifteten Cistercienserabtei Barbaux begraben,
wo ihm seine dritte Gemahlin Adelheide von Champagne ein
(im 17. Jahrhundert auf Befehl des Cardinals von Fürsten-
berg, des Inhabers der Abtei, restaurirtes) Denkmal errichten ließ.

2. Philipp August. Die erste Hälfte seiner Regierung.

Philipp August entwickelte, nachdem die wegen des entscheidenden Einflusses am Hofe zwischen den Parteien entstandenen Streitigkeiten gehoben worden waren, große Energie,
um die Macht der Krone gegenüber seinen Vasallen zu behaupten und zu erweitern. Nachdem er mit dem Könige Heinrich II. von England in einen Krieg verwickelt gewesen, ließ
er sich im Januar 1188 in Gemeinschaft mit dem Letzteren
auf einer Versammlung zwischen Gisors und Trie mit dem
Kreuze zum Krieg gegen die Ungläubigen bezeichnen. Doch
wurde die Ausführung des Vorhabens durch den zwischen Philipp August und Richard Löwenherz ausgebrochenen
Krieg, sowie durch den in der englischen Königsfamilie heftig
entbrannten Streit verzögert. Endlich nahm der König, nachdem er die während seiner Abwesenheit nothwendigen Vorkehrungen getroffen, am Feste Johannis 1190 in dem Kloster
St. Denis nach altem Brauche von dem Altare des Martyrers
die Oriflamme und empfing aus den Händen des Erzbischofs
von Rheims, seines Oheims und Reichsverwesers, den Stab
sammt der Pilgertasche. Schon auf der Hinreise in das Morgenland drohten Streitigkeiten mit dem inzwischen nach dem
Tode seines Vaters auf den englischen Thron erhobenen König
Richard auszubrechen, welch Letzterem man es als ein übles Omen
deutete, daß, als er sich auf den von dem Erzbischof von Tours

überreichten Pilgerstab stützen wollte, derselbe zerbrach). Die Furcht, von dem tapfern König von England verdunkelt zu werden, sowie die Hoffnung, von dem reichen Erbe des kürzlich verstorbenen Grafen Philipp einen Antheil zu gewinnen, bewogen Philipp August, unter dem Vorwande, die Folgen einer soeben überstandenen Krankheit machten ihn zu den Strapazen des Krieges untauglich, zu einer unrühmlichen Rückkehr aus Palästina. Zur Beruhigung Richards mußte er vor seiner Abreise vor allem Volke auf das Evangelium schwören, daß er weder selbst dem Könige von England, dessen Landen und Leuten Schaden zufügen, noch dies Andern gestatten, sondern dieselben im Frieden bewahren und ebenso wie seine Stadt Paris vertheidigen wolle. Von Haltung des Eides war freilich keine Rede. Er verband sich auf die ihm höchst erwünschte Nachricht von Richards Gefangenschaft mit dessen Bruder Johann, von dem er sich einen großen Theil der Normandie abtreten ließ. Nach Richards Rückkehr in seine Staaten erneuerten sich die blutigen Kämpfe zwischen Frankreich und England. Der feige, charakterlose Johann wurde über die Ankunft seines Bruders von solchem Schrecken ergriffen, daß er alsbald an Unterwerfung dachte. Um aber Richard einen Beweis zu geben, daß er gründlich mit seinem bisherigen Verbündeten brechen wolle, übergab er auf eine für ihn charakteristische Weise die ihm von Philipp August anvertraute Festung Evreux. Er lud die französischen Ritter der Besatzung, 300 an der Zahl, zu einer Mahlzeit ein. Kaum hatten diese nach dem Eintritt in den Festsaal die Waffen abgelegt, als er sie sämmtlich durch seine englische Leibwache niederhauen und ihre Köpfe auf Pfählen rings um die Stadt aufpflanzen ließ. Der König von Frankreich aber nahm dadurch Rache, daß er in Eile aufbrach, alle Engländer und sonstigen Bewohner der Stadt niedermachte und diese in einen Aschenhaufen verwandelte. Eine Niederlage, welche Philipp August bei Freteval im Jahr 1194 erlitt, ist dadurch merkwürdig, daß er bei dieser Veranlassung seine ganze Kanzlei mit allen Briefen, unter denen sich auch die jener Vasallen, welche während Richards Ge= fangenschaft zu Johann übergegangen waren, befanden, sein Siegel, die Kapelle, die Verzeichnisse der Einkünfte ꝛc. an die Engländer verlor. Da Richard diese Actenstücke nicht heraus= geben wollte, bemühte sich Philipp, den erlittenen Schaden so gut als möglich zu ersetzen, besonders dadurch, daß er seinen bisherigen sehr gewandten Archivar als Registrator beauftragte, das in seinem reichen Gedächtnisse Haftende aufzuzeichnen. Seit dieser Zeit blieb das Archiv, welches die Könige von Frankreich bisher auf ihren Reisen mit sich führten, in Paris, zuerst in der Kirche, nachher in dem Palaste in Gewahrsam. — Zwar wurde unter Vermittlung des päpstlichen Legaten in Frankreich und des Abts von Cisterz (23. Juli 1194) ein Waffenstillstand geschlossen, welcher bis Allerheiligen des fol= genden Jahres dauern sollte. Allein nun griff auch Kaiser Heinrich VI. in die englisch=französischen Verhältnisse ein. Anknüpfend an den Lehenseid, welchen ihm Richard vor seiner Entlassung aus der Gefangenschaft geleistet, sandte er diesem eine goldene Krone als Geschenk zu und machte ihm den Antrag, Frankreich mit vereinigter Macht anzugreifen, um dessen König zu demüthigen und zu einem Vasallen des Reichs zu machen. Es entstand ein heftiger Krieg zwischen Richard und Philipp August, von welch Letzterem meh= rere Vasallen in Folge von Bestechung abfielen. Einen Be= weis von der bittern Feindschaft, von welcher beide Könige erfüllt waren, liefert die Thatsache, daß sie gegenseitig den Ge= fangenen die Augen ausstechen ließen. Immer mehr Große fielen von Philipp August ab. Zwischen Courcelles und Gi= sors wurde er empfindlich geschlagen. Als er sich über die Epte nach Gisors zurückziehen wollte, wurde die Brücke mit Flüchtlingen, welche die Engländer vor sich hertrieben, dermaßen angefüllt, daß sie brach, der König mit Andern in den Fluß fiel und mit Mühe gerettet wurde. Inzwischen hatte Inno=

cenz III. den päpstlichen Stuhl bestiegen. Nicht gleichgiltig sah er zu, wie sich zwei der Hauptvölker des Abendlandes im gegenseitigen Kampfe aufrieben, während das heilige Land unter dem Joch der Ungläubigen seufzte. Er sandte den Cardinal Peter von Capua nach Frankreich mit dem Auftrage an die beiden Könige, unter Strafe des Interdicts innerhalb zwei Monaten Frieden oder auf fünf Jahre Waffenstillstand zu schließen. Der Mahnung des Papstes zufolge kamen die Könige im Januar 1199 zwischen Vernone und Andely zusammen. Der König von Frankreich saß zu Pferd an dem Ufer der Seine, während sich Richard auf einem Nachen befand. Unter Vermittlung des Legaten vereinigten sie sich über einen fünfjährigen Waffenstillstand, während dessen Alles im bisherigen Zustande verbleiben sollte. Der drohende Wiederausbruch des Kriegs wurde durch Richards plötzlichen Tod verhindert.

Der frühe Hingang dieses Königs sowohl, als der des Kaisers Heinrich VI. änderte auf einmal die politische Lage zu Gunsten des französischen Königs. Da die Erhebung Otto's IV. hauptsächlich ein Werk der englischen Politik gewesen war, so war Philipp August der natürliche Verbündete Philipps des Hohenstaufen. Er hatte jedoch vorerst während des Thronstreites von dem einen der beiden Nebenbuhler wenig zu fürchten, von dem andern ebenso wenig zu hoffen. Doch war er bemüht, die Sache Philipps bei dem Papste zu unterstützen. Großen Gewinn stellte ihm die Thronbesteigung Johanns in Aussicht, welcher ebenso feig und unkriegerisch war, als Richard sich tapfer und starkmüthig gezeigt hatte. In der That war auch das folgende Jahrzehnt, während dessen das deutsche Reich in sich getheilt und England von einem Schwächling regiert war, der Vergrößerung der französischen Königsmacht in hohem Grade günstig. Daß Philipp August die Gelegenheit nicht alsbald benützte und anfänglich einem freundlichen Verhältnisse zu Johann nicht abgeneigt war, hatte seinen Grund in dessen Streite mit der Kirche,

welcher seine Thätigkeit nach Außen lähmte und ihn zur Vor=
sicht stimmte.

3. Die Ehestreitigkeiten zwischen Philipp August und Ingeburge.

Nach der Rückkehr aus dem heiligen Lande gedachte Phi=
lipp August, drei Jahre nach dem Tode seiner ersten Ge=
mahlin Isabella von Hennegau, sich auf's Neue zu vermählen.
Eine nähere Verbindung mit dem Königshause von
Dänemark, diesem an seegeübten, unternehmungslustigen
Kriegern reichen Lande, dessen vornehmere Söhne sich in Paris,
dem Hauptsitze der Wissenschaft, ihre Bildung holten, und dessen
Geistlichkeit mit der französischen in freundschaftlichen Bezie=
hungen stand, schien ihm gegen England, gegen das er die
alten Ansprüche der dänischen Fürsten geltend machen konnte,
große Vortheile darzubieten. Er ließ um Ingeburge, deren
ausnehmende Schönheit ihm gerühmt worden war, werben.
Unter Fackelschein traten die französischen Gesandten, der Bischof
von Noyon und die Grafen von Nevers und Montmorency in
des Königs Palast. Als Morgengabe für die Braut verlangten
sie das von Knud dem Großen sich herleitende Recht Däne=
marks auf England, sowie ein Heer und eine Flotte, um
dasselbe geltend zu machen. Als die dänischen Großen ihrem
Könige abriethen, auf solche Forderung einzugehen, da die
Wenden und Heiden ihnen hinlänglich zu schaffen machten und
England reich und mächtig genug sei, um sich gegen jeden
auswärtigen Feind zu vertheidigen, ließ sich Knud besonders
durch die Bemühungen des Abtes Wilhelm von dem Kloster
des hl. Thomas von Paraklet, eines gebornen Franzosen, be=
wegen, seine Schwester nach Entrichtung eines ansehnlichen
Brautschatzes den Gesandten auf die eidliche Gelobung hin zu
übergeben, daß sie sogleich nach ihrer Ankunft in Frankreich
vermählt und gekrönt werden sollte. Mit einem ehrenvollen
Geleite, an dessen Spitze Bischof Peter von Roeskild stand,

fuhr Ingeburge nach Frankreich. Philipp August kam ihr bis nach Amiens entgegen. Am Tage ihrer Ankunft fand die Vermählung mit seiner lang ersehnten Braut und am folgenden, am Feste Mariä Himmelfahrt, in Anwesenheit vieler geistlichen und weltlichen Großen und vor einer zahlreichen Volksmenge die Krönung durch den Erzbischof von Rheims statt. Allein schon während derselben sah man, wie der König beim Anblicke der neuen Gemahlin heftig zitterte und erblaßte, so daß er es kaum bis zum Ende der Feierlichkeit aushalten konnte. Ein solches Benehmen wurde verschiedenen Ursachen zugeschrieben. Man glaubte, der König habe an seiner Gemahlin in der Brautnacht einen geheimen Fehler entdeckt, ja sogar er habe sie nicht als Jungfrau befunden. Die gewöhnlichste Ansicht erkannte hierin die Einwirkung böser Mächte. Vielleicht machte sich auch der Aerger geltend über das Fehlschlagen des Planes, an Dänemark eine kräftige Hilfe wider den übermächtigen König Richard zu erhalten, um ihm die eheliche Verbindung mit der der französischen Sprache unkundigen Dänin widerwärtig zu machen.

Um die lästige Verbindung zu lösen, berief Philipp August Anfangs November eine Versammlung von Bischöfen nach Compiegne; auch die Königin wurde beigezogen. Da jedoch ihre Begleiter in ihre Heimath zurückgekehrt waren, so war sie alles Beistandes beraubt und konnte an den Verhandlungen nicht theilnehmen. Nachdem einige Zeugen die Verwandtschaft beschworen hatten, wurde von dem Vorsitzenden, dem Erzbischofe von Rheims, damaligem päpstlichen Legaten in seiner Provinz, die Ehescheidung ausgesprochen. Die Königin, von einem Dolmetsch von dem Spruche in Kenntniß gesetzt, rief weinend und jammernd aus: „Uebles, übles Frankreich! Rom! Rom!" mit diesen Worten andeutend, daß sie an den heiligen Stuhl, die letzte Zuflucht der Bedrängten und das höchste Gericht der Christenheit, appellire. Da sie sich nach Dänemark zurückzukehren weigerte, ließ sie der König in das an der Grenze seines Reichs gelegene Frauenkloster Beaurepaire in der Nähe von Tournay, dem Aufenthaltsorte mehrerer verstoßener Gemahlinnen französischer Großen, bringen. Hier brachte sie ihre Tage in religiösen Uebungen zu. Der Abt Wilhelm übersandte ihr aus Dänemark Trostschreiben: sie möge ihre Hoffnung auf Gott fest hinrichten, welcher das Herz des Königs umstimmen, oder aber, wenn er sich nicht ändere, ihm schon sein Gericht bereiten werde. Der Bischof von Tournay aber setzte sein Ansehen und seine Beredsamkeit bei dem Erzbischofe von Rheims ein, um dessen Beistand für die unglückliche Verbannte zu erwirken. „Wer könnte so eisernen Herzens und diamantenen Sinnes sein, daß ihn nicht die Königstochter in ihrem großen Unglücke rührte! Sie, die ausgezeichnet ist an Sitten, schamhaft in der Rede, rein in Werken, schön von Antlitz, wie die ambrosische Jungfrau und noch schöner durch ihren Glauben; jung an Jahren, aber alt durch ihre Klugheit, ja so zu sagen reifer als Sara, weiser als Rebekka, anmuthiger als Rachel, frömmer als Anna, keuscher als Susanna?" Ihre tägliche Beschäftigung sei Beten, Lesen oder Händearbeit; Würfel und Brettspiel seien ihr unbekannt. Ihr Gebet lasse sie vom frühesten Morgen bis zur Sext unter Thränen und Seufzern zu Gott emporsteigen. Im Betsaale sehe man sie niemals sitzen, sondern entweder in aufrechter Haltung, oder aber auf den Knieen und zur Erde gebeugt. Eine solche Fürstin und erlauchter Sprößling von Königen und Märtyrern sehe sich aus Mangel an nothwendigem Lebensunterhalt genöthigt, ihre Kleider und ihren geringen Hausrath zu veräußern; sie bitte um Nahrung, fordere Almosen und breite die Hände aus nach dem, welcher es ihr darreiche. Weinend habe er sie oft gesehen und mit ihr geweint, und sie ermahnt, ihre Gedanken auf Gott zu werfen, was sie auch unaufhörlich gethan habe. Zuletzt bat er den Erzbischof flehentlich, sich der Königin, welche, von ihren Freunden und Verwandten getrennt, auf ihn ihre einzige Hoffnung setze, sich zu erbarmen und ihr sein Herz nicht zu verschließen.

Die Ehescheidung konnte nicht umhin, großes Aufsehen und bei denen, „welche Gott fürchteten und Gerechtigkeit übten", Aergerniß zu erregen. Papst Cölestin III. erhielt genauere Nachricht hievon durch seinen Legaten, welcher soeben aus Frankreich zurückgekehrt war. Der König von Dänemark sandte seinerseits den 90jährigen Abt Wilhelm und den Kanzler Andreas an den Papst und die Cardinäle nach Rom. Außerdem überbrachten dieselben eine von dem Erzbischof Absalon von Lund verfaßte Stammtafel, durch welche die Grundlosigkeit der Verwandtschaft zwischen Philipps erster Gemahlin Isabella und Ingeburge nachgewiesen wurde.

Als Cölestins III. Bemühungen, den König zu liebevoller Gesinnung gegen seine Gemahlin zu bewegen, fruchtlos sich erwiesen, entschloß er sich, den rechtswidrigen Urtheilsspruch gegen dieselbe für nichtig zu erklären. Als die dänischen Gesandten am römischen Hofe erfuhren, daß ihnen im Auftrage des Königs von Frankreich an mehreren Orten nachgestellt werde, um sie aufzuheben, verließen sie Rom bei nächtlicher Weile und bestiegen ein kaiserliches Schiff, um nach Pisa zu entfliehen. Sie wurden jedoch von dem Herzoge von Burgund in Dijon aufgegriffen, ihrer Briefschaften beraubt und nach einer Haft von sieben Tagen auf Verwenden des Abtes Guido von Cisterz nach Clairvaux gebracht. Obwohl eine von dem Erzbischofe von Sens veranstaltete Versammlung, an welcher sich die dänischen Gesandten betheiligten, ihre Bemühungen zu Gunsten der Königin geltend machte, verschlimmerten sich noch die Verhältnisse, da der König, sei es auf die Einflüsterungen einiger Großen hin, sei es dem Gelüste seiner eigenen Sinnlichkeit nachgebend, schon Schritte gethan hatte, um eine andere eheliche Verbindung anzuknüpfen. An mehrere Fürstenhäuser soll er sich, wiewohl vergeblich, mit seinen Anträgen gewendet haben. So wies die Erbtochter des reichen Pfalzgrafen am Rhein die dem hohenstaufischen Hause erwünschte Verbindung im Hinblick auf das der Dänin gegenüber gegebene ab-

schreckende Beispiel zurück und blieb ihrer Jugendliebe, dem
Welfen Heinrich, getreu. Weniger gewissenhaft und für ihre
Zukunst besorgt war Agnes, die Tochter des Herzogs
Berthold von Meranien, aus dem Hause der Grafen
von Andex, welche nicht bloß ihre Abstammung von Karl dem
Großen, sondern auch ihre ausgezeichnete Schönheit dem Könige
begehrenswerth machte. Im Juni 1196 hielt Philipp in
Compiègne das Beilager in Gegenwart vieler Großen, welche
der Schönheit und Anmuth der Neuvermählten ihre Huldigung
darbrachten. Cölestin III. ließ dieser neuen Uebertretung des
Sittengesetzes gegenüber den König durch Abgesandte nochmals
warnen und die Trennung aussprechen. Seine Bevollmächtigten
traten jedoch nicht mit der nothwendigen Energie auf. Sie berie-
sen zwar die hohe Geistlichkeit von Frankreich in dieser Angelegenheit nach Paris. „Da sie aber stummen Hunden glichen, welche
nicht bellen können und für ihre Haut fürchteten, brachten sie
nichts zu Stande." Der König von Dänemark wandte
sich an die römische Curie, um dieselbe zur Ergreifung strenger
Maßregeln zu bewegen. Deßgleichen erhob auch Ingeburge
aus dem Thurm zu Etampes, wo sie von ihrem Gemahle,
welcher in glänzenden Hoffesten und in dem sündhaften Umgange mit seinem Kebsweibe seine Lust fand, vergessen schmachtete,
ihre Stimme, um dem Papste die Größe ihrer Leiden mitzu-
theilen und seine Hilfe abermals anzuflehen. Schon drei Jahre
seien verflossen, seit der König sich mit ihr verlobt und sie ehelich
erkannt habe. Nun aber habe er eine Herzogstochter zu sich genommen und halte sie als Gemahlin, sie selbst aber in eine Burg
einkerkern lassen, so daß sie die Augen zum Himmel zu erheben
weder wage, noch vermöge. Nicht das Geringste könne er ihr
zur Last legen, was eine solche Scheidung rechtfertige. „Von
Betrübniß und Trauer bin ich erfüllt; denn mein Brod esse ich
mit Schmerz und den Trank muß ich unaufhörlich mit meinen
Thränen vermischen, nicht bloß wegen meiner, sondern auch
wegen des Königs, welcher zur Verachtung des rechtmäßigen

Glaubens den Christen und Allen in seinem Reiche ein Bei=
spiel in der Uebertretung der göttlichen Gebote gibt." Auch
bei religiösen Gemeinschaften suchte sie Trost und geistliche
Hilfe. Um ihren Bitten mehr Nachdruck zu geben, übersandte
sie dem Kapitel zu Amiens eine Kasel mit dem Wunsche, daß
in derselben an den Festen der seligsten Jungfrau die Messe
gefeiert werde.

So lange der altersschwache Cölestin III. lebte, hatte
Philipp August nicht zu befürchten, daß der römische Stuhl
zum Aeußersten gegen ihn schreiten werde. Aber auch diese
Angelegenheit nahm Innocenz III. mit der ganzen Energie
seines Charakters in die Hände. Kaum hatte er den päpst=
lichen Stuhl bestiegen, als er den Bischof von Paris beauf=
tragte, den König von Frankreich zur Aussöhnung mit
seiner rechtmäßigen Gemahlin zu ermahnen. Nicht bloß geist=
liche, sondern auch zeitliche Nachtheile seien von seiner fortge=
setzten Hartnäckigkeit zu befürchten. Da er mit der gegen das
Verbot der Kirche in sein Ehebett Aufgenommenen keine recht=
mäßige Nachkommenschaft zeugen könne, so sei Gefahr vorhan=
den, daß nach dem Absterben seines einzigen Sohnes das Reich
an Fremde komme. Schon sei ganz Frankreich, abgesehen von
andern Geißeln, mit Mißwachs und Hagel heimgesucht worden;
wenn er sich nicht alsbald eines Besseren besinne, werde er die
Zuchtruthe Gottes noch härter empfinden. Bald darauf wandte
sich Innocenz III. in dieser Angelegenheit an den König
selbst. Nachdem er die unerschütterliche Anhänglichkeit seiner
Vorfahren an den heiligen Stuhl rühmend hervorgehoben, geht
er zu der Eheangelegenheit über, deren Schlichtung sich Cöle=
stin vergeblich unterzogen habe. Er hält dem Könige vor,
wie seine Verachtung der Kirchengesetze nicht bloß wie eine ver=
derbliche Krankheit weiter um sich greife und dem römischen
Stuhle wegen dessen Schwäche und Fahrlässigkeit nicht geringe
Vorwürfe zuziehe, sondern auch ihm selbst bereits zum Nachtheile
gereiche, da sein bisheriges Glück seit der letzten Zeit gänzlich

von ihm gewichen sei. Nachdem er ihn sofort sehr eindringlich zur Entfernung der unrechtmäßig Beigelegten aus Frankreich und Zurückrufung der Verbannten, deren wunderbare Heiligkeit und Würde ihm von mehreren glaubwürdigen Männern bezeugt werde, ermahnt, stellte er ihm die Anwendung der kanonischen Strafmittel in Aussicht, mit dem Bemerken, daß er unwandelbaren Sinnes und unerschütterlich in seinem Vorsatze, wie er sei, sich weder durch Bitten und Geschenke, noch durch Haß oder Liebe von dem rechtmäßigen Pfade werde abbringen lassen. Da diese Ermahnungen fruchtlos blieben, ging der Papst einen Schritt weiter. Er ertheilte seinem Legaten Peter von Capua, welcher in Frankreich für einen Kreuzzug wirken und einen Waffenstillstand zwischen Philipp August und dem Könige von England bewerkstelligen sollte, den weiteren Auftrag, den französischen König zu bedrohen, daß, wenn er sich nicht binnen Monatsfrist mit seiner Gemahlin würde vollständig ausgesöhnt haben, sein ganzes Land mit dem Interdicte belegt werden sollte. Sämmtliche hohe und niedere Geistlichkeit erhielt strengen Befehl, dasselbe in der vorgeschriebenen Form zu beobachten.

Obwohl in Erfüllung seiner sonstigen Aufträge glücklich, kam der Legat in Vereinigung des Ehestreites nicht vorwärts, vielleicht weil er, wie ein Chronist schreibt, zu geringe Energie an den Tag legte und sich scheute, es auf das Aeußerste ankommen zu lassen. Innocenz III. selbst versuchte noch einmal den Weg der Milde. In einem Schreiben (vom 15. October 1199) an den Klerus in Frankreich gab er seinen tiefen Schmerz darüber zu erkennen, daß seine bisherigen Bemühungen, den König von Frankreich auf den rechten Weg zurückzuführen, fehlgeschlagen seien, und daß er nun zur Vermeidung des Scheines, als ob er mehr auf Menschen, als auf Gott sehe, genöthigt sei, gegen ihn einzuschreiten. Schon habe dem Vernehmen nach der Herzog von Böhmen, dessen Beispiele folgend, seine rechtmäßige Gemahlin verlassen und sich ohne Scheu eine Ehe-

brecherin beigelegt. Auch andere Fürsten und Privatpersonen
ständen im Begriffe zu judaisiren und ihren Frauen Scheide=
briefe zu geben, wenn nicht den Principien so bald als
möglich entgegengetreten werde. Er habe daher seinen Legaten
beauftragt, den König mit der Verhängung des Interdicts
zu bedrohen. Während er ihm sodann bei Strafe der Su=
spension verbot, zur Zeit des Interdicts kirchliche Verrich=
tungen vorzunehmen, sprach er die Erwartung aus, daß die
Erzbischöfe, Bischöfe und Aebte, da bisher die kirchliche Freiheit
in Frankreich am meisten geblüht habe, dem Könige durch un=
aufhörliche Bitten und Ermahnungen anliegen würden, den Be=
fehlen des apostolischen Stuhles zu gehorchen. Um so eifriger
sollten sie sich hierzu bereit finden, als die französische Geist=
lichkeit in dem ehrenrührigen Rufe stehe, daß solche Aus=
schweifung nicht ohne Beihilfe einiger aus ihnen sei begangen
worden.

Da der König in seiner Hartnäckigkeit beharrte, berief
der Cardinal, um den bestimmten Weisungen des Papstes nach=
zukommen, auf Nikolaustag 1199 ein Concil nach Dijon.
Es wohnten demselben die Erzbischöfe von Lyon, Rheims, Be=
sançon und Vienne, achtzehn Bischöfe und viele Aebte bei.
Auch Philipp August war durch zwei Aebte vorgeladen
worden. Er ließ dieselben aus seinem Palaste werfen, sandte
jedoch zwei Bevollmächtigte an das Concil, um gegen dessen
Beschlüsse Einsprache und Berufung an den römischen Stuhl
einlegen zu lassen. Es konnte jedoch hierauf keine Rücksicht
genommen werden, da der Legat den Befehl hatte, jede Appel=
lation abzuweisen. Sieben Tage lang dauerte das Concil,
dessen Thätigkeit auch durch anderweitige Gegenstände in An=
spruch genommen wurde. Am Schlusse desselben um Mitter=
nacht erschienen die Prälaten, Pechfackeln in den Händen, in
dem Dom. Mit dumpfer Stimme erhoben die Stiftsherren
den Trauergesang: Miserere, um Gottes Barmherzigkeit im
Namen der Schuldigen anzurufen. Zum letzten Male ertönte

8*

der Schall der Glocken. Die Kruzifixe auf den Altären wurden
verhüllt, die Reliquien der Heiligen und die Bilder der Kirchen-
patrone in die unterirdischen Grüfte gebracht, die geweihten
Hostien von den Flammen verzehrt. Vor dem versammelten
Volke erhob nun der Legat in violetter Stola seine Stimme
und verkündete im Namen Christi über alle Länder des Königs
von Frankreich das Interdict, bis dieser den ehebrecherischen
Umgang mit seiner Beischläferin Agnes von Meranien aufgebe.
Ein tiefes Seufzen ließ sich in der Kirche vernehmen; Greise,
Weiber und Kinder zerflossen in Thränen; der Gerichtstag des
Herrn schien angebrochen; man sollte von nun an vor Gott
erscheinen ohne den Beistand der Kirche. Die Bekanntmachung
des Interdicts wurde von dem Legaten bis auf zwanzig
Tage nach dem Weihnachtsfeste verschoben. Als diese Frist
dem Ablaufe nahe war, ohne daß der König eine Sinnesänderung an den Tag gelegt hätte, begab sich der Legat nach Vienne,
der Hauptstadt des Königreichs Burgund. Hier, wohin der
Arm des Königs von Frankreich nicht reichte, versammelte er
viele Prälaten um sich und sprach das Interdict öffentlich aus,
indem er allen Prälaten Frankreichs durch Schreiben die strenge
Beobachtung desselben bei Strafe der Suspension anbefahl und
alle Zuwiderhandelnden auf das nächste Christi-Himmelfahrtsfest
an den römischen Stuhl zur Verantwortung wegen Ungehorsams verwies. Der Papst hatte es dem Legaten freigestellt,
entweder ganz Frankreich, oder aber nur den König, dessen
Kebsweib und deren Hausgesinde und alle Orte, wo sie sich
aufhielten, mit dem Interdicte zu belegen. Peter aber hatte
ungeachtet seiner bisherigen Langmuth die strengere Maßregel
gewählt.

So wurden nun von jetzt an alle Kirchen verschlossen,
und durfte Niemand in sie eingelassen werden als zur Taufe
der Kinder. Auch durften sie nur zuweilen geöffnet werden,
zum Anzünden der Lichter oder aber, wenn ein Priester die
Eucharistie und Weihwasser für Kranke holen wollte. Einmal

in der Woche, am Freitag in der Frühe, durfte eine Messe, um der letzten Wegzehrung der Kranken willen, gehalten werden, mit Zulassung eines einzigen Klerikers als Altardieners. An Sonntagen wurde von den Priestern in dem Vorhof gepredigt und statt der Messe das Wort Gottes „ausgesäet". Die kanonischen Tagzeiten wurden außerhalb der Kirche gebetet; wenn die Episteln oder Evangelien gelesen wurden, sollten sich die Geistlichen hüten, daß sie nicht von den Laien gehört würden. Auf den Kirchhöfen war es nicht gestattet, die Todten über oder unter der Erde zu begraben, und außerdem mußte den Laien eröffnet werden, daß sie sich schwer versündigten, wenn sie die Leichname auch an nicht geweihten Orten zur Erde bestatteten, da sie in diesem Falle sich eine ihnen nicht zustehende Verrichtung widerrechtlich aneigneten. Den Parochianen wurde verboten, in die offene Kirche zu treten. Die Taschen der Pilger durften nur außerhalb der Kirchen geweiht werden. In der Charwoche sollte die Messe nicht gefeiert, sondern diese bis zum Ostertage verschoben werden, und auch da nur privatim in Anwesenheit eines einzigen Klerikers stattfinden. Auch durfte Niemandem, außer Todtkranken, der Leib des Herrn gereicht werden. In derselben Woche oder auch am Palmsonntage war den Pfarrgenossen zu verkünden, daß sie am Osterfeste in der Frühe vor der Kirche zusammenkommen sollten, um die Erlaubniß, Fleisch und das geweihte Brod des Tages zu genießen, zu erhalten. Sodann wurde verboten, die Weiber der Reinigung halber in die Kirche einzulassen; vielmehr sollten dieselben am Tage ihrer Reinigung mit ihren Nachbarn außerhalb der Kirche beten. Auf Verlangen sollte jedem die Beichte in der Vorhalle abgenommen werden; wenn in der Kirche sich kein Vorhof befände, wurde gestattet, daß auf der Schwelle der nächsten Kirchenthüre, welche bei ungestümer und regnerischer Witterung geöffnet werden konnte, die Beichte stattfinde; Alle blieben hiebei von der Kirche ausgeschlossen, mit Ausnahme des Priesters und des Beichtlings,

jedoch in der Weise, daß Beide von den außerhalb sich Befin=
benden gehört werden konnten. Bei heiterem Wetter dagegen
sollten die Bußen vor dem Thore der wohlverschlossenen Kirche
ertheilt werden. Außerhalb der Kirche durften keine Gefäße
mit Weihwasser aufgestellt werden. Ebenso wurde die Erthei=
lung der letzten Oelung verboten. Der Papst bestätigte das
Verfahren seines Legaten in der Einschränkung, daß er Allen,
welche das Kreuz genommen hatten, die Indulgenz
ertheilte, dem Meßopfer beizuwohnen und eines christlichen Be=
gräbnisses theilhaftig zu werden. In bei weitem den meisten
Diöcesen wurde das Interdict von Lichtmeß an in Vollzug
gesetzt. Mehrere Bischöfe jedoch, unter welchen der Erzbischof
von Rheims, schoben die Vollziehung hinaus und erklärten
durch eigene Gesandte vor dem römischen Stuhle, schon das
bloße Gerücht von einem bevorstehenden Interdicte habe
das Volk in Bewegung gebracht, man habe mit Gewalt die
Thore der Kirche geöffnet; es sei unmöglich, diese frommen
Gefühle der Menge zu unterdrücken, welche mit Ungestüm die
Zurückgabe ihrer Altäre, Patrone und Feste verlange. Der
Papst erklärte diese Einwendungen für frivol. Wenn auch
das Heilmittel hart erscheine, so sei es doch dem Zustande des
Kranken angemessen, welcher ihm hierfür nachmals mehr Dank
wissen werde, als denjenigen, die bisher seine Krankheit durch
Willfährigkeit genährt hätten. Die Drohung, daß alle Kleriker,
ohne Unterschied des Ranges, im Falle des Ungehorsams mit
der Suspension zu belegen seien, hatte eine allgemeine Unter=
werfung zur Folge. So wurde denn das Interdict allent=
halben beobachtet, nur einige Klöster genossen des Privile=
giums, während der Nacht die heiligen Geheimnisse zu feiern,
und das zu St. Denis, auch die Metten bei verschlossenen
Thüren mit dumpfer Stimme zu beten. „Welch schreckliches,
bejammernswerthes Schauspiel,“ ruft ein Chronist aus, „war
da in den einzelnen Städten zu sehen! Die Thore der Kirchen
verschlossen, der Eintritt in dieselben wie Hunden verwehrt,

die öffentlichen Chorgebete aufgehoben, das Geheimniß des Leibes und Blutes des Herrn nicht gefeiert, an den hohen Festtagen kein Zusammenströmen des Volkes, die Leichname der Verstorbenen nicht nach christlichem Ritus dem Begräbnisse übergeben, so daß ihr Gestank die Luft erfüllte und ihr Anblick den Lebenden Schauder einflößte." Je mehr in jenen Zeiten das öffentliche und private Leben von dem christlichen Geiste durchdrungen, von religiösen Gebräuchen durchwebt war, um so schwerer mußte das Interdict auf dem Volke lasten. Was die Kirche im Laufe der Zeit Erhebendes, Verschönerndes, Beseligendes geschaffen, war gleichsam durch einen Vorhang dem Volke entzogen und nur die natürliche unheilige Welt lag vor ihm da. Man überschritt die Grenzen des Landes, zog in die Normandie, die Bretagne und andere Besitzungen des Königs von England, um sich des kirchlichen Gottesdienstes zu erfreuen. Der Graf von Ponthieu, welcher Philipps jüngste Schwester heirathete, ließ sich durch den Erzbischof von Rouen den ehelichen Segen ertheilen. An mehreren Orten erhob das Volk meuterische Bewegungen und wollte die Bischöfe und Priester zwingen, die Kirche zu öffnen und die heiligen Geheimnisse zu feiern.

Philipp August war über die Beobachtung des Interdicts auf's Aeußerste ergrimmt. Als der Bischof von Paris vor ihn trat, fuhr er ihn an: „Bischof! reizet mich nicht zum Zorn! Ihr Prälaten bekümmert euch um nichts; wenn ihr nur eure fetten Einkünfte genießet, so beunruhigt es euch nicht, was aus dem armen Volke wird. Gebet acht, daß ich euch euren Brodkorb nicht höher hänge und alle eure Güter einziehe!" Umsonst suchte ihn der Bischof zu beruhigen und zu bewegen, daß er dem Befehle des Papstes Folge leiste. Der Bischof wurde mit Gewalt seiner Pferde, Kleider und sonstiger Habe beraubt und gezwungen, zu Fuß aus seinem Bisthume zu gehen. Aehnlich erging es dem Bischofe von Senlis. Auch die Stiftsherren und Pfarrer wurden aus

ihren Stellen vertrieben und mußten sich inzwischen an andern
Orten niederlassen. Die Ingeburge ließ Philipp auf
das feste Schloß Etampes bringen und daselbst in strengem Gewahrsam halten. Seine Wuth hatte ihn so sehr aller Besinnung
beraubt, daß er das Volk, statt es durch milde Maßregeln zu
gewinnen und das Gehässige des Interdicts auf den Klerus
zu wälzen, ebenfalls seinen Unwillen fühlen ließ. Er nahm
den Rittern, welche bisher Steuerfreiheit genossen, und deren
Leuten den dritten Theil ihrer Habe mit Gewalt hinweg und
legte den Bürgern der Städte unerhörte Abgaben auf. Da
setzten sich die Barone mit ihren Vasallen zur Wehre; die
eigenen Kriegsleute des Königs wollten ihm nicht mehr dienen
und flohen ihn wie einen Rebellen gegen die Gesetze der Kirche.
Schon soll der Papst damit umgegangen sein, zu dem Aeußersten zu schreiten, das Interdict, das den König nur ver-
härtete, aufzuheben und über ihn persönlich den Bann zu verhängen.

Da Philipp die Stimmung des ganzen Volkes gegen sich
hatte, fand er es für gerathen, versöhnliche Schritte zu thun.
Er wandte sich an den römischen Stuhl, um über den Legaten
Beschwerde zu erheben und die eidliche Erklärung abzugeben,
daß er vor Legaten oder delegirten Richtern Recht stehen wolle.
Des Papstes Antwort war scharf und entschieden. Es frage
sich, ob er dem gesprochenen oder dem erst zu sprechenden Rechte
stehen wolle. Im erstern Falle solle er das Kebsweib von
seinem Ehebette entfernen und die Königin wieder zu sich
nehmen, sowie den vertriebenen Bischöfen und sonstigen Geistlichen volle Genugthuung leisten, dann würde das Interdict
aufgehoben werden; wolle er aber Untersuchung über die Verwandtschaft und Rechtsverhandlung, so möge er Bürgschaft leisten und die genannten Bedingungen erfüllen. Diese Antwort
erfüllte Agnes mit Trauer. Philipp aber soll voll Wuth
ausgerufen haben: „Wohlan, ich werde ein Ungläubiger! Saladin war glücklich, er hatte keinen Papst." Aber es waren

damals noch nicht die Zeiten Heinrichs VIII.; nicht stand es
in der Macht der Könige, sich über hergebrachte Rechte und
Sitten hinwegzusetzen und ihren von Lust oder Herrschsucht geleiteten Willen zum Gesetze zu stempeln. Bei dem Geiste der
Unabhängigkeit der Großen und dem religiösen Sinne der unteren Klassen war die Zustimmung der Träger der öffentlichen
Meinung in allen wichtigen Fragen nicht zu umgehen. So
berief denn auch Philipp die geistlichen und weltlichen Großen
seines Reiches zu einer Versammlung nach Paris. Auch Agnes soll hier erschienen sein, hoch schwanger, in Trauerkleidern,
blaß und abgehärmt. Aber Niemand war da, der sich für sie
erhoben hätte, die früher durch ihre Anmuth und Schönheit
bezaubert hatte. Die Barone bewahrten ihr Schweigen. Auf
die Frage, was zu thun, antworteten sie einstimmig: sich dem
Willen des Papstes zu unterwerfen, Agnes bis zur endlichen
Entscheidung zu entlassen und die gefangene Ingeburge zu sich
zu nehmen. Hierauf wandte sich der König zu seinem Oheim,
dem Erzbischofe von Rheims, ob es wahr sei, daß ihm der
Papst geschrieben habe, die Ehescheidung, die er ausgesprochen,
sei nur ein Possenspiel zu nennen. Der Erzbischof bejahte die
Frage. „Also," fuhr ihn der König an, „seid Ihr ein Thor
und Gecke, daß Ihr einen solchen Spruch habt ergehen lassen."
Die wiederholten Bitten des Königs um Aufhebung des Interdicts und das inständige Flehen der Agnes um Erbarmen
hatten keine andere Wirkung, als daß der Papst seinen Verwandten, den Cardinalbischof von Ostia, Octavianus, einen
durch Geschäftsgewandtheit, feine Bildung und Erfahrung ausgezeichneten Mann, als Legaten mit genau bestimmten Instruc-
tionen nach Frankreich sandte. Der genannte Cardinallegat,
dem außerdem später noch der Cardinalpriester Johannes beigesellt wurde, ward bei seiner Ankunft überall auf's Freudigste,
wie im Triumphe, empfangen. Man erkannte in ihm denjenigen, welcher den auf dem Lande lastenden Fluch lösen und das
theuerste Gut zurückbringen werde. Manche waren aus weiter

Ferne nach Lyon, Clugny, besonders aber nach Vezelay gekom=
men, um sich seines Anblickes zu erfreuen. Kaum hatte der
König die Nachricht von der Ankunft Octavians erhalten, als
er nach Sens eilte, wo er denselben eines ehrenvollen Empfanges
würdigte. Nach einer erhaltenen Zurechtweisung legte er zuletzt
unter Thränen das Versprechen ab, sich den Anordnungen des
Papstes zu unterwerfen. In Gegenwart vieler Prälaten,
Kleriker und einer zahlreichen Volksmenge leistete er sämmt=
lichen Geistlichen und Kirchen Genugthuung, gab mehreren
Klöstern Privilegien und söhnte sich mit den Bischöfen wieder
aus. Nachdem er auf die Aufforderung des Legaten feierlich
versprochen hatte, die Beigelegte bis zur Entscheidung des
Streites von dem Ehebette und aus seinem Angesichte zu ent=
fernen, ließ er die Königin aus Gisors auf das Schloß St.
Leger zu Nesle in Vermandois, wo von Altersher die Köni=
ginnen sich aufzuhalten und auch die Könige die Hauptfeste zu
feiern pflegten, bringen. Hier fand auf Anordnung des Legaten
am Vorabende von Mariä Geburt eine Versammlung vieler
Bischöfe statt. Philipp ließ sich bewegen, seine kranke Ge=
mahlin in Begleitung des Legaten und eines Klostergeistlichen
zu besuchen und ein längeres Gespräch mit ihr zu führen. Der
König hatte sie seit dem Tage der Trennung nicht mehr gesehen
und stets eine solche Abneigung gegen sie gezeigt, daß Niemand
in seiner Gegenwart ihrer auch nur mit einem Worte zu er=
wähnen sich getraute. Nur ungern hatte er sich dieser Be=
dingung unterworfen, wie der Ausdruck seines Gesichts zu er=
kennen gab. Auf seine Aeußerung, der Papst thue ihm Gewalt
an, erwiderte Ingeburge: „Er will nur, daß die Gerechtig=
keit ihren freien Lauf erhalte." Hierauf ließ sie der Legat von
drei Bischöfen mit der ihrer königlichen Würde geziemenden
Ehrenbezeugung vor einer ungeheuern Volksmenge in die öffent=
liche Versammlung führen. Der Mahnung, sie als Gemahlin
und Königin von Frankreich anzunehmen und ehrenvoll zu be=
handeln, leistete Philipp, obwohl mit Widerstreben, Folge.

Zuletzt legte auf vieles Drängen in dessen Namen ein vertrauter Ritter den Eid ab, daß er seine Gemahlin in der angegebenen Weise behandeln und nicht ohne Urtheil der Kirche entlassen wolle. Nunmehr wurde von dem Legaten das Interdict aufgehoben, welches sieben Monate lang auf dem Lande gelastet hatte. Plötzlich ertönten wieder die Glocken und wurde die Hülle von den Bildern hinweggenommen. Das Volk stürzte in die Kirche mit solchem Gedränge, daß gegen 300 Leibeigene dabei das Leben verloren.

Der König trennte sich nun zwar von Agnes, ließ sie aber, weil sie der Entbindung nahe sei, nicht aus dem Reiche entfernen, während er auf der andern Seite auf keine Weise bewogen werden konnte, der Ingeburge eheliche Liebe zu bezeigen. Daher wurde von dem Legaten die Bestimmung getroffen, daß nach Ablauf einer Frist von sechs Wochen, sechs Tagen und sechs Stunden die Rechtsverhandlung wegen der Ehe zu Soissons beginnen sollte. Der König von Dänemark und der Erzbischof von Lund wurden im Namen des Papstes aufgefordert, entweder persönlich oder durch Bevollmächtigte die Sache der Königin zu vertreten. Auch wurden die Capitel von Clugny und Cisterz sammt andern religiösen Genossenschaften ersucht, mit den Waffen des Gebetes einen glücklichen Ausgang des Streites herbeiführen zu helfen. Freilich war ein übernatürlicher Beistand hiezu überaus nothwendig, da das Benehmen des Königs keine Sinnesänderung erwarten ließ. Sogleich nach Aufhebung der Versammlung ließ er Ingeburge wieder nach Etampes bringen. Zwar berichtete der Legat von einer ihrer königlichen Würde angemessenen Behandlung, welche ihr zu Theil werde, allein die Schreiben der Ingeburge an den Papst meldeten das Gegentheil: sie werde nur mehr in noch engerer Haft gehalten, so daß ihr nicht die geringste Freiheit eingeräumt, noch die königliche Ehre bezeigt, noch Jemand gestattet werde, sich mit ihr ohne besondere Genehmigung des Königs zu unterreden, mit Ausnahme zweier dänischer Kapläne, welche nur ein einziges Mal es mit Mühe erwirkt hätten, in Anwesenheit von dem König aufgestellter Zeugen sich mit ihr in französischer Sprache zu unterhalten. Deßgleichen sei untersagt worden, in der königlichen Kapelle bei der in Frankreich üblichen Fürbitte für König und Königin ihrer Erwähnung zu thun. Sodann aber beschwerte sie sich sowohl über den Legaten, daß derselbe, als der Bischof von Troyes in den König ernstlich gedrungen sei, sie wieder mit dargereichter Rechten zu Gnaden aufzunehmen, gesprochen habe, sie müsse während sieben Monaten Königin von Frankreich und Gemahlin des Königs sein, als über den König, daß dieser dem eidlichen Versprechen, sie nicht ohne Urtheil der Kirche zu entlassen, die Worte: „innerhalb sieben Monate" beigefügt habe.

Auf der andern Seite beschwerte sich auch der König: er sei von dem Legaten nicht mit derselben Rücksicht behandelt worden, wie mehrere seiner Vorgänger in ähnlichen Verhältnissen. Der heilige Vater möchte ihn ermahnen, glimpflicher gegen ihn zu verfahren. Er könne dieß um so mehr erwarten, da er sich gegenüber demselben zu dem eidlichen Versprechen erboten habe, gegen die römische Kirche wiederholter Aufforderungen ungeachtet niemals ein Bündniß eingehen zu wollen. Der Papst rechtfertigte das Benehmen seines Legaten sowohl dem Könige als der Ingeburge gegenüber, deren Beschwerden er für unbegründet erklärte. Indem er sodann in Zweifel zog, was sie ihm hinsichtlich ihrer harten Behandlung mitgetheilt, ermahnte er sie zum Gottvertrauen und zur Standhaftigkeit und gab ihr die feste Zusicherung, er werde ihr seinen Beistand nicht entziehen, obgleich er des Königs Forderung um Recht nicht habe abweisen können. Außerdem forderte er den König von Dänemark auf, geeignete Anwälte und Zeugen mit den erforderlichen Beweismitteln zur Vertheidigung seiner Schwester abzusenden.

Einen tiefen Einblick in die Art und Weise, wie Innocenz III. diesen Ehestreit betrachtete, gewährt dessen vertrau-

liches Schreiben an Octavian, welcher sich allerdings
in einer schwierigen diplomatischen Stellung befand, und über
den inzwischen mehrere Klagen erhoben worden waren. Er
lobte zwar im Allgemeinen sein Verfahren bei der Versammlung zu St. Leger, unterließ jedoch nicht, in wohlwollendem
Tone, in der Sprache des Freundes ihn auf das, was er an
ihm Tadelnswerthes fand, aufmerksam zu machen. Es habe
ihn zwar befremdet, daß das Kebsweib des Königs nicht ungeachtet seines ausdrücklichen Befehls aus dem Reiche entfernt
worden sei; doch habe er sich beruhigt, als er die dringende
Ursache, ihre nahe Entbindung, vernommen habe. Da nun
aber hieraus ein schwerer Argwohn entstehen könnte, als habe
der König mit ihrer Erlaubniß zwei Frauen zugleich, so möge
er sich alle Mühe geben, daß dieser Grund hinweggeräumt
werde. Denn sollten die Rechtsverhandlungen in Folge der
Nichterfüllung einer der Vorbedingungen unterbrochen werden, so
könnte der König dieses der Nachlässigkeit des Legaten oder der
Zweideutigkeit des Papstes zuschreiben und vorgeben, man hätte
ihn hieran früher erinnern sollen; auch könnte man glauben,
es sei nur zum Scheine gehandelt worden, da er doch in Allem
offen und wahr verfahren wissen wolle. Er möge daher inständig in den König dringen, daß er seiner Gemahlin die
eheliche Liebe zuwende. Nichts würde in gegenwärtiger Zeit
für den apostolischen Stuhl zu größerer Ehre und
dem Legaten mehr zum Ruhme gereichen, als wenn durch dessen
Bemühen und des apostolischen Stuhles Autorität der gute Anfang dieser Angelegenheit mit einem glücklichen Erfolge gekrönt
würde. Er theilte ihm sodann den Inhalt jenes Beschwerde-
schreibens der Königin mit, welches ihn und die Curie mit
dem größten Schmerz erfüllt habe. Er schreibe ihm dieses
nicht, als ob er Allem Glauben schenke, sondern damit er dahin
wirke, daß es keinen Glauben finde. Er möge daher dafür
sorgen, daß der Königin wieder die gebührende Ehre und
Freiheit gewährt werde, und insbesondere, daß geistliche und

weltliche Große sie, wie es einer Königin gegenüber gebräuch=
lich sei, besuchen, und auch der König zuweilen bei ihr ein=
kehre und ihr die nöthigen Bedürfnisse verabreichen lasse. „Denn
da wir nicht zum Scheine, sondern in Wahrheit die Erfüllung
aller Bedingungen befohlen haben und eine solche Restitution
keine wahre, sondern nur eine scheinbare wäre, so würde der
König nicht uns, sondern sich selbst täuschen, wenn er seiner
Gemahlin nicht die angemessene Behandlung angedeihen läßt.
Denn wir werden bis zur Vergießung des Blutes,
wenn es nothwendig werden sollte, der Wahrheit und Ge=
rechtigkeit anhängen und nicht zugeben, daß in dieser
Angelegenheit etwas durch Täuschung oder zum Scherze versucht
werde. Hüte dich vor der fortwährenden Vertraulichkeit mit
solchen, in deren Gegenwart Niemand das Wort zu Gunsten
der Königin zu ergreifen wagt, aus Furcht, es möchte von den
Anwesenden weiter gebracht werden. Du wirst dich wohl er=
innern, wie wir zu dir allen Ernstes gesprochen haben, diese
Angelegenheit werde, wenn sorgfältig durchgeführt, zu großer
Erhöhung des apostolischen Stuhles, aber auch, wenn
nachlässig behandelt, zu dessen nicht geringer Beschämung
gereichen. Gewiß wäre es schimpflich, wenn ein so kräftiger
Anfang einen geringen Ausgang nehmen würde, und man uns
das Wort des Dichters vorwerfen könnte: ‚Der Berg hat
eine Maus geboren.‘ Wir geben es dir daher als eine
Gewissenssache zu bedenken, mehr uns als den König,
mehr die ganze Kirche als eine einzige Person, mehr
dein Seelenheil als den königlichen Willen vor Augen zu haben
und in Allem so vorzugehen, daß du dir das Wohlgefallen
Gottes erwerbest und eine Zunahme deines Rufes bewirkest.
Im Uebrigen geben wir dir die Versicherung unseres vollen
Wohlgefallens, da wir all dieses nur im Vertrauen und in
Vertraulichkeit als Freund zum Freunde gesprochen haben, und
beschwören dich im süßesten Tone der Brüderlichkeit, dich in
keiner Weise gegen die besagte Königin einnehmen, sondern im

Gegentheile ihr nach Kräften die gebührende Gunst angedeihen zu lassen."

Um aber auch für andere Fälle einen Beweis abzulegen, daß er die Nichterfüllung seiner bestimmten Befehle nicht ungeahndet lasse, verwarf Innocenz die Wahl des Bischofs Hugo von Auxerre zum Erzbischofe von Sens in Anbetracht, daß derselbe zu denen gehört hatte, welche das Interdict nicht von Anfang an beobachteten, „um einen Unterschied zwischen den Gehorsamen und Widerspenstigen zu machen", in einem öffentlichen Consistorium. Allgemeine Freude gab sich hierüber kund. Einer rief aus: „Niemals wird der Bischof von Auxerre durch Richtigsingen so viel verdienen, als er durch Falschsingen bereits verloren hat." So große Verachtung traf ihn, daß man allgemein mit dem Finger auf ihn zeigte, als auf einen, der seine Fahne feig verlassen habe. Um das zerknickte Rohr nicht vollends zu zerbrechen, ließ ihm der Papst auf sein demüthiges Schreiben wieder Gnade angedeihen und setzte ihn wieder in sein Bisthum ein. Die übrigen widerspänstigen Bischöfe und Aebte aber mußten, da sich der Papst ihre Bestrafung vorbehalten hatte, entweder persönlich, oder wenn sie durch Krankheit und Altersschwäche verhindert waren, durch Stellvertreter ihre Lossprechung von der Strafe betreiben.

Zur bestimmten Zeit, um Mittfasten, fanden der König, Ingeburge und Octavian in Soissons sich ein. Der König von Dänemark hatte einige Bischöfe und sonstige ehrenwerthe und einsichtsvolle Männer abgesandt, um die Sache seiner Schwester zu vertreten. Als Philipp, welcher von einer Schaar beredter Advocaten umgeben war, die Aufhebung der Ehe wegen zu naher Schwägerschaft verlangte, antworteten die dänischen Anwälte: „Wir sind Augen- und Ohrenzeugen, wie Eure Gesandten Euern sehnlichen Wunsch, die erlauchte Königstochter zu heirathen, kund gaben, und als der König von Dänemark zustimmte, in Eurem und ihrem Namen eidlich beschworen, daß Ihr sie sogleich bei ihrem Eintritte in Euer

Reich mit Euch vermählen, sie krönen und zeitlebens königlich behandeln lassen werdet. Hier sind die Urkunden, welche von Euch hiefür sind ausgestellt worden. Wir klagen Euch an des Meineids und Treubruchs vor dem Herrn Papst und appelliren an diesen von dem Cardinal Octavian, welcher uns verdächtig ist, als mit Euch verwandt und für Euch parteiisch." Deßgleichen appellirte auch Ingeburge an den römischen Stuhl. Octavian erwiderte: „Wartet doch die demnächstige Ankunft und das Urtheil meines Collegen ab." „Wir haben appellirt," sagten sie, „und reisen ab." Den Tag darauf langte der Cardinal Johannes an. Auf seine Heiligkeit und Redlichkeit setzte der Papst großes Vertrauen. Auch bewahrte er seine Hände rein von den ihm angebotenen königlichen Geschenken. Die Verhandlungen wurden wieder aufgenommen. Zehn Bischöfe und viele Aebte vertheidigten die Sache der Königin. Als zuletzt Niemand mehr für sie aufzutreten wagte, erhob sich eines Tages ein armer unbekannter Kleriker aus der Volksmenge und setzte, nachdem er sich von dem Könige das Wort erbeten und erhalten, die Sache der Ingeburge mit solcher Gewandtheit an's Licht, daß er allgemeine Bewunderung fand. Ebenso räthselhaft verschwand dieser Vertheidiger der Unschuld, in welchem man einen Gesandten des Himmels erkannte. Schon waren vierzehn Tage über den Verhandlungen verflossen und der Legat im Begriffe, eine Entscheidung zu Gunsten der Königin zu treffen, als Philipp, um derselben auszuweichen, eines Morgens der Versammlung durch einen Bevollmächtigten erklären ließ, er wolle Ingeburge als Gemahlin anerkennen, vor der Abtei unserer lieben Frau, wo dieselbe ihre Wohnung hatte, hielt, sie zu sich verlangte, hinter sich auf das Pferd setzte und mit ihr, ohne Abschied zu nehmen, zu allgemeinem Erstaunen aus der Stadt ritt. Die Versammlung löste sich auf. Der Cardinal Johannes reiste ab, Octavian blieb. Der König hatte für den Augenblick einen wenig ehrenhaften Sieg errungen und die Entscheidung des Streites auf einen

weiteren Zeitpunkt hinausgeschoben. Ingeburge aber ließ er
in dem königlichen Schlosse zu Etampes wieder in engster Haft
halten, wo sie alles Trostes entbehrte.

Da trat ein Ereigniß ein, welches die Schlichtung des
Streites um Vieles erleichtern konnte. Agnes starb noch in
demselben Jahre in dem Schlosse zu Poissy, wohin sie Philipp
hatte bringen lassen, aus Gram über die Entfernung von ihrem
Geliebten, für dessen Kebsweib zu gelten ihren Stolz verletzte.
Der Name Tristan, den sie ihrem hier geborenen Sohne gab,
der ihr bald in das Grab nachfolgte, sollte seinem traurigen
Ursprunge einen bleibenden Ausdruck verleihen. Zwei andere
Kinder, Philipp und Marie, überlebten dieselbe, zu welchen
ihr Vater eine große Zuneigung hegte. Obwohl er nach französischem Rechte aus eigener Auctorität dieselben hätte legitimiren
können, wandte er sich doch an den Papst mit der Bitte, diese
seine Kinder für seine rechtmäßigen Nachkommen zu erklären,
um einen Beweis seiner kirchlichen Gesinnung zu geben und
zugleich die Legitimation für alle Fälle unanfechtbar zu machen.
Innocenz stellte mit Rücksicht darauf, daß der König nicht
bloß von seiner ersten Gemahlin nur einen einzigen Sohn besitze, sondern auch, daß er bei der Vermählung mit Agnes
die durch den Erzbischof von Rheims ausgesprochene Ehescheidung für begründet angenommen habe, die Legitimationsurkunde
noch in demselben Jahre zu nicht geringem Erstaunen und
Mißfallen mancher Großen aus. Obwohl derselben die Clausel
angehängt war, daß diese Bewilligung der Ehesache keinen Ein-
trag thun solle, so legten doch die darauf folgenden Schritte
des Königs den Beweis ab, daß er der Ingeburge einerseits
seine Liebe ebenso wenig als bisher zugewandt und anderseits
die Hoffnung auf das Gelingen seiner Absichten noch nicht aufgegeben habe. Wenn er sich jedoch der Erwartung hingab, der
Papst werde seiner Beschwerde, daß es ihm nicht gestattet gewesen sei, gleich andern Fürsten seine Streitsache durch Prälaten seines Reiches zur endgiltigen Entscheidung bringen zu

laſſen, Gehör leihen, ſo konnte er ſich aus deſſen Antwort=
ſchreiben überzeugen, daß derſelbe nicht geſonnen ſei, von ſei=
nem bisherigen Verfahren abzugehen. Nachdem Innocenz ihm
vorgehalten, wie er ſelbſt es geweſen ſei, der dem Urtheils=
ſpruche zuerſt vorgebeugt habe, erklärte er ſich bereit, nach Kräf=
ten dahin zu wirken, daß die Sache in möglichſter Bälde auf
dem Wege ſtrengen Rechtes entſchieden werde. Zum Schluſſe
ermahnte er ihn, der Königin eine ſtandesgemäße Behand=
lung angedeihen zu laſſen, welche er ihr, wenn ſie auch nicht
einmal mit ihm vermählt geweſen und aus irgend einem andern
Grunde nach Frankreich gekommen wäre, ſchuldete, aber ihr
ganz beſonders deßhalb nicht vorenthalten ſollte, damit ſein
Proceß keinen Aufſchub erleide.

Wie wenig der König dieſer Aufforderung nachkam, zeigt
ein Schreiben der Ingeburge an den Papſt, aus welchem
hervorgeht, daß derſelbe nunmehr geradezu die ſeiner höchſt
unwürdige Abſicht verfolgte, ſeine Gemahlin durch fortgeſetzte
ſchmachvolle Behandlung ſo ſehr in die Enge zu treiben, daß
ſie ſelbſt auf ihre ehelichen Rechte verzichte. Eine ganze Reihe
von Klagen, welche, wie Raynald ſagt, „kaum mit trockenen
Augen geleſen werden können", ſchüttete die Unglückliche vor
dem Statthalter Chriſti aus. „Wäre es mir vergönnt von
oben," ruft ſie aus, „die Füße meines ſich erbarmenden Eliſäus
zu umfaſſen und mit Thränen zu benetzen, mehr mit der That
als in Briefen würde ich die Angſt meines Herzens ausdrücken.
Entreißet mich doch, gerechter Vater, daß ich nicht erliege. Es
verfolgt mich mein Herr Ehegemahl, König Philipp, welcher
mich nicht bloß nicht als Gattin anſieht, ſondern, um durch die
Einſamkeit meines Geſängniſſes meine Jugend zum Ueberdruſſe
zu bringen, durch ſeine Trabanten nicht aufhört, mich mit Spott
und Schmähungen zum innern Unwillen aufzuſtacheln, auf daß
ich ihm zu Willen die Rechte der Ehe und das Geſetz
Chriſti bei Seite ſetze, durch Vorläufer des Antichriſts,
welche den Schein der Frömmigkeit annehmen, mich zu reizen

nicht erröthet. Wisset aber, heiliger Vater, daß in meinem
Kerker mir kein Trost zu Theil wird, und ich Unselige unerträgliche Belästigungen erleide. Niemand wagt mir einen Be-
such abzustatten, außer etwa ein Religiose, noch darf ich aus
dem Munde eines Geistlichen das Wort Gottes zu meiner Erquickung vernehmen, noch einem Priester die Beichte ablegen;
der Messe kann ich selten beiwohnen, den kanonischen Tagzeiten
niemals. Niemand aus meinem Heimathlande darf mit oder
ohne Brief zu mir kommen oder mit mir sprechen; die Nahrung wird mir nur allzu spärlich gereicht; kein Heilmittel, wie
es die menschliche Schwachheit erfordert, noch ein Arzt, der für
die Gesundheit meines Leibes Sorge trüge, steht mir zu Gebote.
In das Bad zu gehen, mir Ader zu lassen, ist mir nicht gestattet; deßwegen fürchte ich wegen des Gesichts, und es möchten
schwere Krankheiten über mich kommen. An Kleidern, besonders
an solchen, wie sie einer Königin gebühren, habe ich Mangel.
Den Gipfel meines Elendes aber erkenne ich darin, daß jene
sehr geringen Personen, welche nach des Königs Willen meine
Umgebung bilden, mir niemals freundliche Worte geben, sondern mich durch Schmähreden derart kränken, daß sie, wie ich
weiß, wenn sie fortgezogen sind, mit mir Mitleid haben. Doch
wozu so viele Worte? Ich kann mein Elend nicht im Einzelnen
auseinander setzen; denn das wird mir verweigert, was keinem
katholischen Weibe verweigert werden darf, und was keiner noch
so Verworfenen angethan werden darf, mir zugefügt. Solche
Leiden beugen mich nieder, daß ich des Lebens überdrüssig bin
und nicht weiß, was ich thue. Auf Euch, heiliger Vater, sind
meine Augen gerichtet, daß ich nicht zu Grunde gehe, und zwar
nicht dem Leibe, sondern der Seele nach; denn da ich täglich
sterbe, um Euerer Ehre, um der unversehrten Erhaltung der ehelichen Rechte willen, wie süß, wie
angenehm, wie lieblich wäre für mich Elende, Trostlose, von
Allen Verworfene der leibliche Tod, welcher von so vielfacher
Todesgefahr mich befreien würde! Weil auf allen Seiten Trüb-

sale mich umgeben und ich, wenn ich gegen den Willen
Gottes handle, dem Tode verfalle, wenn nicht, den Händen
meiner Verfolger nicht entfliehen kann, so bitte ich Euch, Vater
des Trostes, um Trost. Sollte ich, durch Drohungen und
Schrecken gezwungen, aus weiblicher Schwachheit mich zu etwas
gegen die Rechte der Ehe verstehen, so möge es mir nicht
zum Nachtheile meiner ehelichen Verbindung angerechnet und
von Euch nicht anerkannt werden. Und sollte vielleicht mein
Herr Ehegemahl, durch Satanslist verführt, gegen mich eine
neue Rechtsverhandlung erheben, so möge Euere Heiligkeit bewirken, daß ich in Freiheit gesetzt und meinen Verwandten zurückgegeben, meinen Willen in Allem frei erklären kann, und
daß ich von dem Eide, welchen mir etwa die Furcht abgepreßt,
durch apostolische Erbarmung freigesprochen werde. Lasset mir,
heiliger Vater, Euren Trost empfinden und entziehet mir die
Gerechtigkeit nicht, die Ihr Allen erweiset, auf daß Ihr am
jüngsten Gerichte eine würdige Belohnung von dem allmächtigen
Gott empfanget."

Innocenz erhob kräftig seine Stimme zu Gunsten der
Bedrängten. Er forderte Philipp abermals auf, seiner Gemahlin eine königliche Behandlung angedeihen zu lassen. Sollte
ihn nicht die Furcht Gottes, die Hochachtung gegen den apostolischen Stuhl, die hohe Abkunft und Vortrefflichkeit der Königin hiezu bestimmen, so möge er doch wenigstens seinen eigenen
guten Namen, der höher als große Reichthümer zu schätzen,
berücksichtigen und nicht vergessen, daß er durch sein Benehmen
nicht bloß der ganzen Kirche Aergerniß gebe und des apostolischen Stuhles Ehre beeinträchtige, sondern vor Allem seinen
eigenen Vortheil hintansetze. Sollte nämlich die Königin das
Zeitliche segnen, so würde es heißen, ihr Gemahl habe ihren
Tod verschuldet und die Hälfte seines eigenen Leibes getödtet,
und er könnte sich dann um keine andere Verbindung mehr
umsehen. Der Abt von Casemario, welcher mit noch andern
Aufträgen nach Frankreich gesandt wurde, hatte dieses Schreiben

dem Könige zu übergeben und ihm noch mündliche Ermah=
nungen zu ertheilen, sowie auch die Königin zu besuchen und
im Namen des Papstes zu trösten. Daß jedoch Innocenz
in demselben Jahre noch (9. December 1203) für nöthig fand,
Philipp unter Geltendmachung derselben Beweggründe zu
einem andern Benehmen gegen seine Gemahlin zu ermahnen,
dient zum Beweise für die fast unüberwindliche Herzenshärtig=
keit des Erstern, welcher vielleicht eine zu große Wichtigkeit
darein setzte, daß die Thronstreitigkeiten im deutschen Reiche
dem römischen Stuhle große Rücksicht gegen Frankreich nahe=
legten. In einem Schreiben an Ingeburge vom 12. Juli
1205 gestand der Papst selbst, daß alle seine Bemühungen
des Königs Gemüth gegen sie nicht hätten günstiger stimmen
können, und daß er auch von der Zukunft keinen bessern Erfolg
hoffe. Er machte ihr zugleich bekannt, daß Philipp seine
Scheidungsklage nun nicht mehr auf die Verwandtschaft, son=
dern auf die Verzauberung gründe, welche ihn sich derselben
ehelich zu nähern hindere. Von dem Wunsche ausgehend, daß
dem für beide Theile so elenden Zustande bald ein Ende ge=
macht werde, sandte er an dieselbe einen Abgeordneten, welcher
ihr Trost spenden und ihre Gesinnung erforschen sollte, um
nach deren Kenntnißnahme für sie die nöthige Fürsorge treffen
zu können. Zwei Jahre später, im April 1207, forderte In=
nocenz den König abermals auf, die Abneigung gegen seine
Gemahlin zu besiegen und ihr wenigstens die königliche Ehre
erweisen zu lassen. Der Abt von la Vaux=Sarnay hatte den
Auftrag, dem Könige das päpstliche Schreiben einzuhändigen
und auseinander zu setzen. Die Schlußworte des Briefes: er
habe dem genannten Abte, als einem vorsichtigen und ehren=
werthen Manne, jenen Auftrag gegeben, damit nicht jetzt, wie
früher einmal, dem Könige sein Schreiben durch einen Andern
ungetreu erklärt werde, deuten eine Unzufriedenheit über das
Benehmen eines frühern Bevollmächtigten an. Wie sich dieses
genauer verhalte, ob und welche Verhandlungen während der

verflossenen zwei Jahre stattgefunden haben, darüber hat sich keine Nachricht erhalten. Der König ließ dem Papste durch den Abt Johann von St. Genovefa mittheilen, daß er zu dem Versuche, sich seiner Gemahlin ehelich zu nahen, bereit sei; nur dürfe, wenn ihm dieses nicht gelinge, seiner Ehescheidungssache daraus kein Nachtheil geschehen. Wenn er die der Vollziehung der Ehe hinderliche Zauberei überwinden wolle, so müsse er sich mit Gebet, Almosen und heiligen Opfern vorbereiten und mit Furcht Gottes der Gemahlin sich nahen; dann werde es sich zeigen, ob der Zauber gelöst sei. Sollte das eheliche Werk nicht gelingen, so werde er das Hinderniß der Zauberei unter- suchen und zum Urtheile schreiten, ohne welches das eheliche Band nicht getrennt werden könne. Ob der König den Ver- such machte, ist unbekannt. Die weit verbreitete Sage von dem bösen Geiste, über dessen Wirksamkeit man die nähern Umstände wissen wollte, war jedenfalls nicht ungeeignet, die öffentliche Meinung mit einer etwaigen Scheidung auszusöhnen. Schon hatte der nach Frankreich wegen Betreibung eines Kreuzzugs abgesandte Cardinal Gualo von dem Papste den Auftrag er- halten, das Hinderniß des etwa über der Ehe ruhenden Zau- bers, nachdem er die Königin in volle Freiheit gesetzt, zu untersuchen, und nach Befund der Sache mit Zustimmung bei- der Theile eine kanonische Entscheidung zu treffen, oder aber den Streit mit den nöthigen Beweismitteln vor den apostolischen Stuhl zu bringen, wo die Anwälte sich zu einer festgesetzten Frist einfinden sollten. Da schlug der König nochmals einen andern Weg ein, ob er nicht endlich zu seinem Ziele gelange. Er zwang der Ingeburge durch das Versprechen, ihr ein jährliches Einkommen von 1000 Pfund zu bewilligen, die eid- liche Zusicherung ab, in ein Kloster zu treten, und bat den Papst um Ausstellung der Vollmacht, nicht bloß wegen Ver- wandtschaft und Zauberei, sondern auch wegen des Gelübdes ein Scheidungsurtheil zu fällen. Der König ging von der allem Anscheine nach auch von dem Cardinal Octavian ge-

theilten Ansicht aus, daß es sich bei diesem Streite nur um einen
ostensiblen Grund zur Scheidung handle, und daß sich
daher keine Schwierigkeit mehr gegen seine Vermählung erheben
werde, wenn er eidlich beschwöre, daß er seine sich freiwillig
zum klösterlichen Leben verpflichtende Gemahlin niemals
fleischlich erkannt habe.

Die weitläufige Auseinandersetzung über die in der Kirche
hinsichtlich der Ehescheidungen von jeher befolgte Disciplin,
welche ihm Innocenz als Antwort auf seinen Antrag zusandte, mußte Philipp eines Andern belehren. Indem er
den bekannten Ehestreit zwischen Lothar und Teutberge ausführlich erörterte, zog er zwischen diesem Falle und
dem seinigen eine sehr fruchtbare Parallele. Besonders wollte er
Philipp an diesem Beispiele zeigen, wie außerordentlich rücksichts-
voll und nachgiebig er sich gegen denselben gezeigt habe. Sein
Vorgänger Nikolaus habe die beigelegte Walrada „Lothars
Kebsweib“, er die seinige „edle Frau“ genannt; jener habe
Lothar nur schlechtweg „König“ — „wenn der in der That
König heißen kann, der die nothwendigen Zügel über seinen
Leib verloren hat“ —, er aber Philipp sogar „christlicher König
und katholischer Fürst“ betitelt. Jener habe über zwei Erzbischöfe, die von Trier und Köln, er aber nicht einmal über
den einzigen Erzbischof von Rheims, des Königs Oheim, das
Absetzungsurtheil ausgesprochen. Nicht habe er über ihn und
seine Beigelegte, wie Nikolaus über Lothar und Wal-
raba, den Bann verhängt, noch ihn, obwohl sehr häufig und
dringend dazu ermahnt, mit kanonischen Strafen gezwungen,
seine Gemahlin in Freiheit zu setzen und auf ihr Begehren ihr
die eheliche Pflicht zu leisten. Ob er glaube, daß er seinem
Vorgänger, wenn dieser ihn auch an Verdienst und Wissenschaft
übertreffe, an Macht und Würde nachstehe, so daß es ihm
nicht zukomme, in derselben Weise gegen einen König einzuschreiten? Um ihm aber einen Beweis seiner besondern Zuneigung zu geben, wolle er ihm mittheilen, daß er auf dessen

Bitte den Legaten Gualo bevollmächtigt habe, den Ehestreit,
es möge sich um eine Verwandtschaft oder Zauberei oder Ge-
lübbe oder was immer für ein trennendes Hinderniß handeln, zu untersuchen; nur dürften die verschiedenen Punkte nicht
durcheinander geworfen, sondern müßten einzeln für sich nach
der hiefür vorgeschriebenen Form erörtert werden. Vor Allem
müsse er darauf bringen, daß die Königin, wie auch Nikolaus für Teutberge verlangt habe, volle Freiheit erlange
hinsichtlich des Verkehrs mit ihren Verwandten, sowie hinsichtlich des Ortes, an welchem keine Gewalt zu befürchten und es
nicht schwer wäre, die von der Kirche berufenen Zeugen und
sonstigen Personen aufzubringen. Daß er nicht persönliche Ansichten vortrage, sondern sich streng an die Normen des kirchlichen Rechtes halte, könnten erfahrene Männer bezeugen. Er
ermahne daher den König, was erlaubt, schicklich und förder-
lich sei, genau zu erwägen und seinen Sinn von Jenen abzuwenden, die ihn auf sündhaften Pfaden festhalten möchten.

Die Angelegenheit war noch nicht weiter vorwärts geschritten,
als Innocenz im Jahr 1210 Ingeburge ein herrliches
Trostschreiben zusandte, in welchem sich der tiefsinnige Verfasser der Betrachtungen über das Elend der menschlichen Natur
zu erkennen gibt. „In der Theilnahme über die Bitterkeit
deines Geschickes ermahnen wir dich inständig, du mögest, wie
du durch den Ehebund mit dem Könige zur Herrschaft über
Andere berufen wurdest, so, verehrungswürdige Königin, dich
selbst beherrschen in der Beschwerniß des gegen dich erhobenen
Kampfes, durch welche Gott deine Tugend prüfen wollte, dich
also in aller Widerwärtigkeit und Herbe bewährend, daß du
dieselben mehr mit Festigkeit des Gemüths, als aus Drang
der Nothwendigkeit erträgest und hierin nicht sowohl gehorchest,
als zustimmst dem göttlichen Willen. Nie traurig aufnehmend,
was dir gegen deinen Willen begegnet, bringe freudig, nicht
unwillig, dein Opfer dar in Anbetracht, daß alles, was in diesem
Jammerthale von den Menschen gespendet wird, ein nothwen-

diger Tribut des menschlichen Lebens ist, von welchem sich zu
befreien Niemand mit Erfolg verlangen noch hoffen kann. Deßhalb, theuerste Tochter in Christo, tröste dich über dein Schicksal und, einen männlichen Geist dir aneignend, verliere nicht
die Standhaftigkeit, auf daß du nicht, dein eigenes Verhängniß
beklagend, darüber seufzest, daß dir Härteres als vielen Un-
würdigern begegne. Denn da ohne Gegner die Tugend hin-
welkt, deren Werth sich meist durch die Geduld offenbart, so
darf das nicht zur Uebertreibung des Schmerzes verkehrt werden, was mit mehr Recht als Mittel des Trostes betrachtet
werden kann. Der himmlische Vater wollte dich nach Art der
irdischen Eltern, welche ihre Kinder, die sie zur Tugend anleiten
wollen, nicht im Wohlleben auferziehen, durch diese Drangsale
erproben und sich nicht so fast eine verzärtelte als auserwählte
Tochter zubereiten. Halte es daher für gefährlicher, wenn in
den Verworfenen die Keckheit durch die Zügellosigkeit genährt,
als wenn die Tugend in den Auserwählten durch die Zucht
gekräftigt wird, und laß dich demüthigen Sinnes üben in der
Geduld. Und weil den geduldigen Duldenden das Dulden kein
Leiden ist, ertrage Alles so gleichmüthig, daß der, in dessen
Hand das Herz des Königs ist, und der es nach seinem Willen
lenkt, durch das Verdienst deiner Demuth bewegt, nicht bloß
durch Hebung der Ursache deines Mißgeschicks und durch Versöhnung deines Gemahls deine Geduld belohne, sondern auch
durch seine Gnade als der wahre Bräutigam getreuer Seelen
die Bekümmerniß deines Herzens ersetze. Hinsichtlich unser
aber sei versichert, daß wir, so weit es möglich und schicklich
ist, dir keineswegs den Beistand der apostolischen Gunst entziehen werden."

Noch einmal machte Philipp im Jahr 1212 den Versuch,
die Ehescheidung durchzusetzen. Ingeburge hatte vor dem
Abte von Latrappe und dem inzwischen zum Cardinale ernannten Minister Curzon Geständnisse abgelegt, auf welche er neue
Hoffnungen baute. Innocenz aber, welcher sich damals nach

Excommunicirung Otto's IV. in mißlicher Lage befand, er=
widerte, bei der von dem Könige eidlich bezeugten Vollziehung
der Ehe sei es ihm unmöglich, dem offenbaren Ausspruche
des Herrn: „Was Gott vereinigt hat, das soll der Mensch
nicht trennen", entgegenzuhandeln, eröffnete ihm ganz unver=
hohlen, daß er ihm in dieser Angelegenheit keineswegs will=
fahren könne, und bat ihn, er möchte ihn deßhalb nicht länger
belästigen, damit es nicht den Anschein gewinne, als wolle er
seine Bedrängniß als Hebel gegen ihn gebrauchen. In der
That söhnte sich der König im folgenden Jahre blei=
bend mit seiner Gemahlin wieder aus, zu großer Freude
seines Volkes, welches an der langjährigen Trennung großes
Aergerniß genommen hatte. Ob zu diesem Schritte außer der
unerschütterlichen Festigkeit des Papstes auch die Absicht, bei
dem bevorstehenden gefährlichen Kampfe mit dem Kaiser
Otto IV., König Johann von England und andern Geg=
nern nicht bloß den Segen des Himmels, sondern auch die
opferbereite Zuneigung seiner Unterthanen zu gewinnen, mitge=
wirkt habe, wagen wir nicht zu entscheiden. Gewiß ist es unter
die größten Verdienste Innocenz' III. zu rechnen, die
Unauflöslichkeit der Ehe, einen der Hauptpfeiler des
christlich=socialen Lebens, unter so schwierigen Verhältnissen wäh=
rend eines sich fast durch sein ganzes Pontificat hindurch=
ziehenden Streites aufrecht erhalten und der Macht der Kirche
über irdische List und Gewalt einen für alle Zeiten lehrreichen
und erfreulichen Sieg verschafft zu haben.

4. Die spätere Regierungszeit des Königs Philipp August.

Nachdem die zwei ersten Jahrzehnte der Regierung
Philipps hauptsächlich über dem Streben verflossen waren,
die Selbständigkeit der Krone gegenüber den gro=
ßen Vasallen, insbesondere gegen die ihm an Macht über=
legenen Könige Heinrich II. und Richard von England,

zu behaupten, folgte die Glanzperiode derselben, welche bis zu seinem Tode dauerte. Uebrigens traten unvorhergesehene Umstände ein, welche den Aufschwung der Macht der französischen Krone außerordentlich begünstigten.

Unter Richards Nachfolger Johann wurde die englische Macht in Frankreich zum größten Theile vernichtet. Diejenigen Vasallen, welche ihre Geschicke an die des genannten Königs von England geknüpft hatten, wie die Grafen von Flandern und Boulogne, wurden in seinem Sturze begraben. Im südlichen Frankreich hatten bisher die französischen Könige geringen Einfluß ausgeübt. Die höchste Macht gehörte daselbst dem Könige von Aragonien und zum großen Theile, wenigstens rechtlich, dem deutschen Kaiser; der Graf von Toulouse aber war unter solchen Umständen in seinem weiten Ländergebiete bisher von der französischen Krone beinahe unabhängig geblieben. Die Thronstreitigkeiten im deutschen Reiche, der unerwartete Tod des tapfern Königs Pedro von Aragonien und die Minderjährigkeit des Sohnes desselben, der in Folge der Albigenserkriege herbeigeführte Fall des Grafen von Toulouse ebneten dem Könige von Frankreich die Bahn, um seine Macht auch in der südlichen Hälfte des ehemaligen Reiches der Karolinger weiter auszudehnen.

Als der frühgealterte König, welcher in dem letzten Abschnitte seines Lebens geringere Energie entfaltete, durch ein lang anhaltendes verzehrendes Fieber an sein nahes Lebensende gemahnt wurde, machte er im September 1222 sein Testament, welches ein schönes Zeugniß seiner Frömmigkeit und Freigebigkeit ablegt. 25 000 Pariser Pfund erhielten dessen Vollstrecker, um das Andern zugefügte Unrecht wieder gut zu machen. Eine bedeutende Summe wurde zur Unterstützung des heiligen Landes, für den König von Jerusalem, die Templer- und Johanniterorden, für wohlthätige Zwecke rc. bestimmt. Die Religiosen von St. Denis, welchen er alle seine Juwelen vermachte, erhielten die Verpflichtung, jeden Tag 30 Messen für die Ruhe seiner Seele zu lesen. Dieselbe Anzahl von Messen mit gleicher Intention wurde den Kanonikern von St. Victor vorgeschrieben, denen er eine Abtei hatte erbauen lassen. Seiner wohlverdienten Gemahlin Ingeburge und seinem zweiten Sohne Philipp, einem Sprößling der Agnes, vermachte er je 12 000 Pfund, der Erstern mit dem Bemerken: er hätte sie reichlicher bedenken können, habe sich aber in Beziehung auf sie eingeschränkt, um das ungerecht an sich Gezogene besser wieder ersetzen zu können.

Im folgenden Jahre wollte er sich nach Paris begeben, wohin er eine Reichsversammlung zur Berathung über mehrere wichtige Angelegenheiten berufen hatte. Er konnte je=doch bloß nach Mantes auf einer Sänfte gebracht werden. Unter heftigen Paroxismen des Fiebers, während deren er noch seiner geliebten Agnes gedachte, starb er hier in einem Alter von 58 und nach einer Regierung von beinahe 44 Jahren, und wurde seinem Wunsche zufolge in der Kirche zu St. Denis begraben. Die getreue, standhafte Ingeburge, diese „durch Geduld geheiligte Heroin der Pflicht", zog sich in ein Kloster bei Cor=beil zurück, wo sie nach 14 Jahren starb. Sie wurde in der dortigen Kirche begraben, welche sie reichlich dotirt hatte, damit jeden Tag Gebete für das Heil ihres Gemahls sollten Gott dargebracht werden.

Während der Leichenfeierlichkeit für den Letztern zu St. Denis erhob sich ein Streit zwischen dem Erzbischof von Rheims und dem Cardinallegaten Konrad. Beide machten auf die Ehre, das Seelenamt zu halten, An=spruch. Zuletzt kamen sie mit einander überein, daß jeder zu gleicher Zeit an zwei verschiedenen Altären die Messe in dem=selben Tone singen, der Erzbischof von Sens dagegen und 21 Bischöfe sammt allen Mönchen und Klerikern gleichsam nur einem Celebranten antworten sollten.

Philipp wird unter die bedeutendsten Könige Frank=reichs gerechnet, daher ihm auch die Ehrentitel „Eroberer", der

„Großherzige" und besonders „A u g u ft" beigelegt wurden, welch
letzterer gewöhnlich seinen Namen schmückt. Nichtsdestoweniger
würde man seine Persönlichkeit überschätzen, wollte man ihm
einen besonders großartigen und edlen Charakter zuschreiben.
Ohne in irgend einer Beziehung besonders hervorzuragen, fehlte
ihm jedoch keine der einem Regenten nothwendigen Eigenschaften.
Obwohl nicht von der verzehrenden Herrschsucht Kaiser Hein=
richs VI., noch von der ritterlichen Tapferkeit König Richards,
noch von ausgezeichneter Frömmigkeit oder von aus innerem
Drange des Geistes und Gemüthes hervorgehendem Eifer für
Künfte und Wissenschaften, strebte er doch entschieden dahin, die
Macht der Krone nach außen und innen zu heben, brachte er
den größten Theil seines Lebens in Kämpfen zu, ohne sich zu
scheuen, als tapferer Ritter an den Mühen und Strapazen des
Soldaten Theil zu nehmen, legte er Freigebigkeit gegen Kirchen
und Klöster und Interesse für den großen geistigen Aufschwung
seines Zeitalters an den Tag. Wenn P h i l i p p A u g u ft auch
nicht, wie schon behauptet worden ist, die feudale Monarchie in
Frankreich an die Stelle des bisherigen feudalen Föderalismus
gesetzt, so hat er doch die Krone aus ihrer Erniedrigung wieder
emporgehoben, eine Anzahl von Großvasallen und Würdenträ=
gern als Pairs um sich versammelt und mit ihrer Hilfe bereits
für das ganze Reich allgemein giltige Gesetze zu geben den
Anfang gemacht, die bisherige Verpflichtung der Könige, für
Afterlehen dem unmittelbaren Lehensherrn Huldigung zu leisten,
aufgehoben und nach dem Beispiele seines Vaters die Interessen
des B ü r g e r ft a n d e s, in welchem er ein Gegengewicht gegen
den Adel und eine Stütze der Krone erkannte, befördert. Da=
her hielt auch der König seine Herrschaft für so gesichert, daß
er, der erste seines Stammes, es unterließ, seinen Erstgeborenen
L u d w i g bei Lebzeiten krönen zu lassen. In seinem Benehmen
gegenüber der Kirche und dem Papstthum, der auch politisch
bedeutendsten Macht jener Zeit, blieb er schon aus Politik der
Ueberlieferung seiner Vorfahren getreu, ohne sich jedoch an den

Rechten der Krone etwas zu vergeben. Seiner Erziehung zufolge, welche auf Erlernung und Uebung in den ritterlichen
Künsten hinzielte, mangelten ihm umfassende wissenschaftliche
Kenntnisse. Am liebsten umgab er sich mit Ingenieuren, deren
er sich zur Belagerung der festen Plätze, welche einen Hauptgegenstand der damaligen Kriegsführung bildete, mit Erfolg
bediente. Nicht hatte an ihm, wie an den Königen Alfonso II.
und Pedro II. von Aragonien, an Richard von England und an dem Kaiser Heinrich VI., die Dichtkunst einen
begeisterten Jünger. Doch erfreute er sich an den Romanen,
welche damals in Frankreich in Aufnahme kamen, ließ sich dieselben vorlesen und rief den Mönch Heliand, den Verfasser einer
mit Fabeln ausgeschmückten Chronik, an seinen Hof. Er wendete
der Verschönerung seiner Hauptstadt Paris, deren Cathedrale
damals ihrer Vollendung nahe war, große Aufmerksamkeit zu.
Auch die herrlichen Dome zu Amiens und Rheims begannen
damals sich zu erheben. Besonders aber wußte er die Bedeutung der Universität zu Paris zu würdigen, welche unter
ihm, im Genusse der von ihm bewilligten, leider nicht selten
mißbrauchten Vorrechte und unter dem Schutze und Wohlwollen
der Päpste bei dem Zusammenflusse wißbegieriger Männer und
Jünglinge aus allen Theilen des Abendlandes bereits zu so
hoher Blüthe gelangte, daß sie Paris den ehrenvollen Beinamen des zweiten Athens verschaffte.

Nicht unerwähnt können wir schließlich das Verhältniß Philipp Augusts und seines Vaters zu den Juden seines Reiches
lassen, um so weniger, als die Judenfrage auch in unserer
Zeit die allgemeine Aufmerksamkeit auf sich gezogen hat. Ueber
das Thun und Treiben der Juden in Frankreich beklagt
sich der sonst so milde und gemäßigte Abt Peter der Ehr-
würdige von Clugny in einem Schreiben an König Ludwig VII. vom Jahr 1146 bei Gelegenheit der Rüstungen
zum zweiten Kreuzzuge, indem er unter Anderem ausruft:
„Aber was nützt es, die Feinde der christlichen Hoffnung in

fremden und fernen Ländern zu verfolgen, wenn die gottes=
lästerlichen Juden, die noch weit schlimmer als die Sara=
cenen sind, nicht weit von uns, sondern in unserer Mitte, so
frei, so kühn, so frech Christum und alle heiligen Sacramente
ungestraft zu lästern, zu zertreten und zu schänden wagen?
Wie wird der Eifer Gottes die Söhne Gottes verzehren, wenn
ganz ungestraft durchkommen die schlimmsten Feinde Christi
und der Christen, nämlich die Juden? Wenn die Sara=
cenen zu verabscheuen sind, weil sie, obwohl sie die Geburt
Christi von der Jungfrau gleich uns bekennen und in Vielem
mit uns über denselben übereinstimmen, doch den dreieinigen
Gott und den Sohn Gottes, was wichtiger ist, läugnen und
seinen Tod und seine Auferstehung, worauf unser ganzes Heil
sich gründet, in Abrede stellen, wie viel mehr sind zu verwün=
schen und zu hassen die Juden, welche, Christum und den christ=
lichen Glauben ganz von sich weisend, sogar die jungfräuliche
Geburt und alle Geheimnisse der menschlichen Erlösung ver=
werfen, lästern, verhöhnen? Ich verlange nicht, daß sie getödtet,
sondern daß sie nach ihrer Bosheit gebührend gestraft
werden. Und welche Art und Weise, die Gottlosen zu strafen,
wäre angemessener als die, wodurch auf der einen Seite die
Bosheit geahndet und auf der andern Seite die Liebe unter=
stützt wird? Was ist gerechter, als daß sie desjenigen, was
sie betrügerischer Weise genommen haben, verlustig werden,
und daß ihnen das, was sie niederträchtiglich gestohlen haben,
den Dieben, und was noch schlimmer, den bis jetzt frechen und
ungestraft gebliebenen Dieben abgenommen werde? Von was
ich rede, ist Allen bekannt. Denn nicht von einfachem Ackerbau,
nicht von gesetzlichem Kriegsdienste, nicht von irgend einem
ehrbaren Berufsgeschäfte füllen sie ihre Scheuern mit Früchten,
ihre Keller mit Wein, ihre Beutel mit Geld, ihre Schränke
mit Gold und Silber an, sondern von dem, was sie, wie ge=
sagt, den Christen hinterlistig entziehen, von dem, was sie die=
bischer Weise von Dieben, wenn es auch den größten Werth

hat, um geringen Preis sich erwerben. Wenn ein nächtlicher Dieb Rauchfässer, ja sogar heilige Kreuze oder geweihte Kelche entwendet, so flüchtet er sich, da er die Christen flieht, zu den Juden, verbirgt sich nicht bloß bei ihnen, einer verdammlichen Sicherheit sicher in ihren Schlupfwinkeln, sondern verkauft auch, was er sogar der heiligen Kirche gestohlen, den Synagogen des Satans. Außerdem ist, damit ein so ruchloser Verkehr zwischen den Dieben und Juden um so sicherer sei, ein bereits altes, aber wahrhaft teuflisches Gesetz von christlichen Fürsten selbst ausgegangen, daß, wenn eine geistliche Sache, oder, was noch schwerer ist, ein heiliges Gefäß bei einem Juden gefunden wird, der Jude weder die durch ein Sacrileg erworbene Sache zurückzugeben, noch den verruchten Dieb anzugeben gezwungen werden solle. So bleibt ungestraft ein verabscheuungswürdiges Verbrechen an dem Juden, wofür mit dem schrecklichen Tod am Galgen der Christ büßen muß. Er wird fett und lebt in Wonne und Ueppigkeit von dem, wegen dessen der Christ an dem Stricke aufgehängt wird. Es möge also hinweggenommen oder wenigstens größtentheils vermindert werden die schlecht erworbene Fettigkeit der Juden, und das christliche Heer, welches zur Bekämpfung der Saracenen der eigenen Gelder und Länder nicht schonet, die auf die schändlichste Weise erworbenen Schätze der Juden nicht verschonen."

Im Jahr 1144 hatte zwar Ludwig VII. alle Juden, welche, nachdem sie sich hatten taufen lassen, wieder zum Mosaismus zurückkehrten, aus seinem Lande verbannt und den Befehl ertheilt, über jeden, der ergriffen würde, Leibes- und selbst Todesstrafe zu verhängen. Daß jedoch der König im Ganzen genommen gegen die Juden nicht ungünstig gestimmt war, scheint aus der Aeußerung eines anonymen Schriftstellers hervorzugehen, der demselben vorwirft, er habe, obwohl sonst sehr fromm, Gott dadurch beleidigt, daß er die Juden in seinem Reiche aus übermäßiger Geldgier über alle Maßen erhoben und mit Privilegien, welche Gott, ihm selbst und seinem

Reiche widerstrebten, ausgestattet. Hiemit stimmt ein Brief des Papstes Alexander III. (vom Jahre 1179) an den Erzbischof von Bourges überein, welchem zufolge sowohl dieser Prälat, als auch der Papst selbst über das Benehmen des Königs gegen die Juden unzufrieden waren. Alexander III. eröffnet hier dem Erzbischof, er habe dem Könige geschrieben und durch Andere schreiben lassen, er möge von der Vertheidigung der Juden in dem Stücke abstehen, daß sie christliche Leibeigene besitzen dürften. Auch möge der Erzbischof nicht dulden, daß die Juden da neue Synagogen bauen, wo sie bisher keine gehabt haben. Nur wenn ihre alten Synagogen baufällig werden, möge man sie dieselben wieder herstellen lassen, aber nicht in der Weise, daß sie dieselben geräumiger und kostbarer aufführen, als sie früher waren. Denn die Juden müssen es noch sehr hoch anschlagen, daß sie in ihren alten Synagogen und Gewohnheiten geduldet werden.

Aus der Erzählung des zeitgenössischen Rigord ist ersichtlich, in welch erstaunlicher Weise die Juden damals in Frankreich um sich gegriffen hatten. In Paris besaßen sie die Hälfte der Stadt und hatten christliche Dienerschaft, welche sie zur Beobachtung ihrer Gebräuche und zu dem Abfalle von dem Christenthum veranlaßten. Die Ritter, Bürger und Landleute waren den Juden so sehr verschuldet, daß diese den Christen Hab und Gut hinwegnahmen, oder sie zum Verkaufe desselben nöthigten, oder in ihren Häusern gefangen hielten. Die kirchlichen Geräthschaften, Kelche und Cruzifixe, welche ihnen als Pfänder übergeben worden waren, behandelten sie so geringschätzig, daß sie in den Kelchen ihren Kindern Weinsuppen kochten und zu essen gaben. Als es nun vorkam, daß ein Jude in Paris aus Furcht, die königlichen Beamten möchten in den Judenhäusern Nachforschungen anstellen, kirchliche Gegenstände, darunter ein kostbar verziertes Crucifix und ein ebenfalls mit Edelsteinen geschmücktes Evangelienbuch, in einen Abtritt warf, wurden auf den Rath eines im Rufe

der Heiligkeit stehenden Einsiedlers die Christen in Frankreich
von den Schulden an die Juden gelöst, indem der König
nur den fünften Theil der ganzen Summe für sich in Anspruch
nahm, eine Maßregel, welche den genannten Geschichtschreiber
zu der Bemerkung veranlaßt: „Jenes Jahr kann mit Recht ein
Jubeljahr genannt werden; denn wie im alten Gesetze im
Jubeljahre alle Besitzungen frei an ihre ursprünglichen Besitzer
zurückfielen und alle Schulden nachgelassen wurden, so haben,
nachdem eine so große Erleichterung der Schulden durch den
christlichsten König eingetreten war, die in Frankreich wohnenden Christen ewige Freiheit von den Schulden der Juden."
Im April des folgenden Jahres erhielten alle Juden die
Weisung, sich bis zum nächsten Feste Johannis des Täufers
zum Abzuge aus Frankreich zu rüsten. Ihre bewegliche
Habe durften sie verkaufen, alle ihre Häuser und ihr ganzes
Eigenthum an Grund und Boden wurde für den Fiscus eingezogen. Um sich von ihrem Vermögen nicht trennen zu müssen,
ließen sich Einige taufen. Die meisten aber verließen, nachdem
sie vergeblich den König durch Bestechung der Grafen und
Barone, Erzbischöfe und Bischöfe zu ihren Gunsten umzustimmen
gesucht hatten, das Königreich. Im Jahr 1183 wurden ihre
Synagogen zu christlichen Tempeln eingeweiht. Im Jahr
1192 vollzog der König ein strenges Gericht zu Bray-sur-
Seine. Die Gräfin dieser Stadt hatte sich von den Juden
durch viele Geschenke verleiten lassen, denselben einen Christen
zu übergeben, welchem sie fälschlich Diebstahl und Mord zur
Last legten. Diesen knüpften sie, nachdem sie ihm eine Dornen-
krone auf's Haupt gesetzt und ihn unter Faustschlägen durch die
Stadt geschleppt, an einem Galgen auf. Kaum hatte Philipp
hievon Nachricht erhalten, als er an den Ort heraneilte, die
Thore mit Wachen umstellte und mehr als 80 Juden verbrennen ließ. Durch so strenge Maßregeln gegen die verhaßten Juden erwarb sich Philipp nicht bloß die Zuneigung
seines Volkes, sondern bereicherte auch, was wohl für ihn die

Hauptsache war, auf leichte Weise seinen Schatz. Im Jahr
1198 jedoch rief er aus Geldnoth die Juden wider alle Erwartung zurück und behandelte sie mit solchem Wohlwollen,
daß er Innocenz III. zu einer tadelnden Abmahnung veran-
laßte. Er richtete nicht bloß an den König selbst (16. Januar 1205), sondern auch an den Erzbischof von Sens und
den Bischof von Paris (15. Juli desselben Jahres) in dieser
Angelegenheit Schreiben. In dem letzteren erhielten die beiden
Prälaten den Auftrag, den König und einige der mächtigsten
Vasallen zu ermahnen, daß sie den Ungerechtigkeiten und dem
Uebermuthe der Juden Einhalt thun sollten, wobei er unter
Anderem bemerkte: Wir haben erfahren, daß die Juden, welche
die Gnade der Fürsten in ihren Landen zugelassen hat, derart
unverschämt geworden sind, daß sie sich zur Schmach für den
christlichen Glauben Excesse zu Schulden kommen lassen, welche
man nicht nur nicht nennen, sondern an die man nicht einmal
ohne Schande denken darf. Denn auf ihre Anordnungen hin
müssen die christlichen Ammen ihre Kinder, wenn sie am Osterfeste den Leib und das Blut des Herrn empfangen, drei Tage
lang, ehe sie säugen, die Milch in die Latrine fließen lassen.
Außerdem begehen sie noch abscheuliche und unerhörte Dinge
gegen den katholischen Glauben, wegen deren für die Gläubigen
zu befürchten ist, sie möchten sich den göttlichen Unwillen zu-
ziehen, da sie dieselben ungestraft thun lassen, was zur Schmach
für unsern Glauben gereicht. Die Ermahnungen des Papstes
hatten denn auch den Erfolg, daß Philipp im Jahr 1206
ein Edict gegen den Wucher und die Sacrilegien der Juden
erließ. Nach einer andern Nachricht soll er sogar im Jahr
1209 alle Juden in ganz Frankreich haben gefangen nehmen
lassen.

Viertes Kapitel.

England.

1. Heinrich II.

Nach dem Tode Stephans (er starb den 28. October 1154) bestieg Heinrich, Sohn Gottfrieds Plantagenet, Grafen von Anjou und der Mathilde, Tochter Heinrichs I., der Beherrscher beinahe der ganzen von den Grenzen der Picardie bis zu den Gebirgen von Navarra reichenden Westküste Frankreichs, den Thron von England. Kaum war er mit seiner Gemahlin Eleonore, welche ihm eine so große Ländermasse in Frankreich als Erbgut zugebracht hatte (19. December 1154), zu Westminster mit großer Feierlichkeit gekrönt worden, als er, erst 21jährig, seine Thätigkeit den Regierungsgeschäften zuwandte, eifrig bemüht, dem Unheile abzuhelfen, welches die langwierigen Parteikriege und Unruhen unter seinem Vorgänger dem Lande zugefügt hatten. Eine große Stütze fand er anfänglich an dem von ihm zum Kanzler ernannten Thomas Becket, den er seiner vertrautesten Freundschaft würdigte und nach dem Tode Theobalds zum Erzbischofe von Canterbury erwählen ließ. Da aber der neue Primas von England die Vertheidigung der kirchlichen Rechte und die Pflicht des Gewissens der Gunst des gewaltthätigen Königs vorzog, verwandelte sich die frühere Freundschaft in die bitterste Feindschaft, welche zuletzt das langjährige Exil und den blutigen Tod des großen Kämpfers für die Freiheit der Kirche zur Folge hatte (December 1170). Aber während der Erzbischof bald nach seinem Tode auf den Altar gehoben wurde, kehrte das Unglück bei dem Könige ein, welches bis zu seinem Tode nicht mehr von ihm weichen sollte. Zwar gelang es ihm, Irland, und zwar bei der Uneinigkeit seiner Häuptlinge mit ziemlich großer Leichtigkeit, seinem Scepter zu unterwerfen, sowie auch seine Herrschaft über die stets unruhigen, freiheitsliebenden Walliser geltend zu machen. Auch söhnte er sich mit der Kirche wieder aus, indem er, nach Uebernahme der ihm von dem päpstlichen Legaten auferlegten Bußwerke, auf den Knieen liegend Absolution von den Kirchenstrafen erhielt. Allein es erhob sich jetzt gegen ihn ein Kampf, der theilweise in seinem Streite mit dem Erzbischofe von Canterbury wurzelte, mit einigen Unterbrechungen bis an das Ende seines Lebens sich fortspann und ihm dieses auf das Tiefste verbitterte. Er hatte, hauptsächlich um die Folgen der über ihn und sein Land, wie er befürchtete, zu verhängenden Kirchenstrafen von sich abzuwenden, seinen Erstgeborenen Heinrich durch den Erzbischof von York mit Umgehung des Primas zum Könige krönen lassen. Die Strafen, welche Thomas Becket wegen der Vollziehung dieser Handlung über mehrere englische Bischöfe im Auftrage des Papstes verhängen ließ, führten dessen gewaltsamen Tod herbei, insofern die über das Benehmen des Erzbischofs erbitterten Prälaten den König zu jener leidenschaftlichen Aeußerung aufstachelten, welche in den vier normannischen Rittern den Entschluß zur Ermordung von dessen Gegner hervorrief. Aber auch für Heinrich II. und seinen Erstgeborenen lag kein Segen in der von der Kirche mit dem Fluche belegten Krönung. Der König hatte seinen Erstgeborenen wie auch seine übrigen Söhne zuerst mit allzu großer Zärtlichkeit behandelt und deren ungestümen Neigungen freien Zügel schießen lassen. Als sie aber im Alter vorangeschritten waren, behandelte er sie als Unmündige. Sein Erstgeborener machte nach seiner Krönung auf eine Stellung als König Anspruch. Die Rathgeber und Gesellschafter, die der alte König ihm gab, trugen noch dazu bei, ihn in diesem Gedanken zu bestärken, indem sie ihm die Ueberzeugung beibrachten, daß sein Vater dadurch, daß er ihn habe krönen lassen, factisch zu seinen Gunsten auf das Königthum verzichtet habe.

Der junge König trat nun, unterstützt von seinem Schwiegervater Ludwig VII. von Frankreich, welcher unzufrieden war, daß seine Tochter Margaretha an der Krönung ihres Gemahls nicht hatte Antheil nehmen dürfen, feindlich gegen seinen Vater auf. Es sammelte sich um ihn ein großer Anhang. Die Königin Eleonore hatte aus Eifersucht und zur Befriedigung ihrer Rache gegen ihren Gemahl, welcher ihr die Liebschaft mehrerer Concubinen vorgezogen, die er in seinen verschiedenen Schlössern hielt, ihren ältesten Sohn Heinrich bereits gegen den Vater aufgehetzt. Sie sandte ihm nun auch seine jüngeren Brüder Richard und Gottfried zu. Der junge König wollte die Gunst des Papstes gewinnen, indem er in einem langen Schreiben mit großer diplomatischer Gewandtheit alle Momente zusammen zu stellen wußte, welche einen Eindruck auf den römischen Stuhl hervorbringen konnten. Heinrich selbst, dieser sonst so stolze und herrschsüchtige Monarch, schrieb an Alexander voll Unterwürfigkeit, indem er um seinen heilsamen Rath nachsuchte und unter Anderm sogar bemerkte: „Eurer Jurisdiction gehört das Reich England an, und was die Verbindlichkeit des Lehensrechts betrifft, so bin ich euch unterthan." Der Papst entschied sich vorerst für keinen von Beiden. Als die Lage des alten Königs immer mißlicher wurde, schiffte er von dem Festlande, wo er mit seinen Söhnen und dem Könige von Frankreich gekämpft hatte, nach England hinüber, Eleonore sammt seiner Schwiegertochter Margaretha gefangen mit sich führend. Von Southampton, wo er landete, setzte er seine Reise, ohne auszuruhen, nach Canterbury fort. Der Ruf der an dem Grabe des heiligen Martyrers gewirkten Wunder breitete sich immer weiter aus. Der König beschloß, den göttlichen Zorn, den er durch Verfolgung des Primas sich zugezogen, durch Büßung seines Vergehens zu versöhnen und die Fürbitte des Heiligen in seiner Noth anzurufen. Als er nach einem anstrengenden Ritte durch die ganze Nacht hindurch, während dessen er keine andere Erfrischung als

Brod und Wasser zu sich genommen, in der Frühe des Morgens der Cathedrale ansichtig wurde, stieg er vom Pferde, zog
seine Kleider aus, legte das Gewand eines Büßers an und
setzte den Weg barfuß durch die benachbarten Ortschaften und
schmutzigen Straßen der Stadt vor den Augen des Volkes nach
der Kirche zu fort. Seine Fußtritte erschienen auf dem Wege,
den er wandelte, den Zuschauern mit Blut bedeckt, und waren
es auch; denn von seinen zarten Füßen, die durch die rauhen
Steine verletzt waren, floß viel Blut zur Erde. In der Cathedrale angekommen, ging er unter Weinen und Schluchzen dem
Grabe des Heiligen zu und verbrachte daselbst, zur Erde niedergeworfen, mit ausgespannten Armen längere Zeit im Gebete.
Inzwischen sprach Bischof Gilbert von London von der Kanzel
herab zu dem Volke, der König rufe in seinem Namen Gott
zum Zeugen an, daß er den Tod des Erzbischofs weder befohlen,
noch gewollt, noch auf arglistige Weise gesucht habe. Weil jedoch
die Mörder aus seinen unvorsichtigen Aeußerungen zu ihrer Un-
that Veranlassung genommen hätten, sei er gekommen, um Buße
zu thun und Freisprechung zu erhalten. Dann erhob sich der
König und begab sich in das Capitelhaus, wo sich die Mönche
des Klosters nebst einigen Bischöfen und Aebten versammelt
hatten. Hier kniete er vor ihnen nieder und bekannte sein Vergehen. Jeder derselben gab dem königlichen Büßer drei oder
vier Streiche mit einem knotigen Stricke auf den Rücken. Nachher kehrte Heinrich wieder in die Gruft zurück und brachte
daselbst den ganzen Tag und die Nacht im Gebete zu, ohne
Speise und Trank zu sich zu nehmen und einen Teppich oder
sonst etwas vor sich ausbreiten zu lassen. Nach der Mette besuchte er in der obern Kirche die Altäre und die dort ruhenden
Leiber der Heiligen. Nach Sonnenaufgang verlangte und hörte
er eine Messe. Nachdem er von dem geweihten Wasser des
Martyrers getrunken und eine Flasche mit demselben angefüllt
hatte, bestieg er freudig sein Pferd und ritt nach London.

Diese Verdemüthigung am Grabe des hl. Thomas,

an welcher vielleicht auch die Rücksichten der Politik
mehr oder weniger Antheil hatten, trug um so mehr zur Ver=
stärkung der moralischen Macht des Königs unter der
englischen Bevölkerung bei, als sich gleich darauf die Nachricht
verbreitete, daß der ihm besonders gefährliche König Wil=
helm von Schottland wie durch Zufall in die Hände
Ranulfs von Glanville gefallen sei, und zwar an demselben
Morgen, an dem Heinrich II. versöhnt das Grab des heiligen
Martyrers verließ. Ueberall wurde dieses Ereigniß der kräf=
tigen Fürsprache des Heiligen zugeschrieben. Schnell waren
sämmtliche Gegner des Königs in England niedergeworfen.
Derselbe konnte nun seine wilden, beutelustigen Brabançons
und Walliserjölblinge auf das Festland hinüberführen, um
Rouen zu entsetzen. Vor der genannten Hauptstadt der Nor=
mandie hatten sich Ludwig VII., der junge Heinrich und
der Graf von Flandern, die den Plan der Landung in Eng=
land aufgegeben hatten, gelagert. Aber die stürmischen Anfälle
des feindlichen Heeres wurden von den Belagerten muthig zu=
rückgeschlagen. Am zwanzigsten Tage der Belagerung (10. Au=
gust) verkündigte Ludwig VII. einen Waffenstillstand zu Ehren
des hl. Laurentius. Die Bürger von Rouen überließen sich
sofort der Freude und Lust. Aber während die Straßen von
Gesang und Musik ertönten und die Jugend sich im Lanzen=
brechen übte, stellten die Feinde ihre Streitkräfte in Ordnung.
Zufälliger Weise waren einige Geistliche auf den Thurm der
Cathedrale gestiegen. Als sie die feindlichen Bewegungen be=
merkten, läuteten sie Alarm. Die erschrockenen Bürger eilten
zu den Waffen, trieben die Belagerer nach einem hartnäckigen
Gefechte zurück und machten die unrühmliche Kriegslist zunichte.
Am andern Morgen rückte Heinrich II. mit seiner Armee
heran und zwang die Verbündeten, welchen der Mundvorrath
abgeschnitten worden war, zum Rückzuge. Er stand jetzt seinen
Feinden gegenüber so sehr im Vortheile, daß er die Offensive
ergreifen konnte. Ludwig VII. aber, an dem glücklichen Er=

folge verzweifelnd und durch die bedeutenden Kriegskosten be=
lästigt, machte seinen Verbündeten bemerklich, daß es rathsam
sei, mit dem alten Könige Frieden zu schließen.

Im September 1174 wurde derselbe in der That zwischen
Heinrich II. und seinen drei rebellischen Söhnen
geschlossen. Beide Könige, „die im verflossenen Jahre der un=
geheuere Umfang des Reiches nicht hatte fassen können, führte
jetzt ein Schiff nach England hinüber. Zur bestimmten Stunde
aßen sie mit einander an Einem Tische, und Ein Bett ver=
schaffte den ermüdeten Gliedern Erquickung".

Aber bald brachen Zwistigkeiten der Brüder sowohl
unter sich als mit dem Vater aus und wurden von dem
jugendlichen Könige Philipp August von Frankreich beför=
dert, um daraus Nutzen zu ziehen. Als der Hartnäckigste zeigte
sich dießmal Gottfried. Heinrich II. schickte Gesandte an ihn
mit der Bitte, dem Kampfe, aus welchem nur die Gegner ihrer
Familie Vortheil zögen, ein Ende zu machen. Einer dieser Ge=
sandten, ein normannischer Geistlicher, erschien vor ihm mit einem
Crucifix in der Hand und beschwor ihn, des Blutes der Christen
zu schonen und nicht das Beispiel Absalons nachzuahmen. Er
aber antwortete: „Bist du gekommen, mich meines Geburts=
rechtes zu berauben?" „Gott bewahre mich," sagte der Priester.
„Ich will Euch keinen Nachtheil bringen." „Du verstehst nicht
meine Worte," erwiderte Gottfried. „Es ist eine Bestimmung
unserer Familie, daß wir einander nicht lieben. Dieses ist
unser Erbe, und keiner von uns wird je auf dasselbe verzichten."
Der junge Heinrich konnte seinerseits auch nicht lange ruhig
bleiben. Er unterhielt Verbindungen mit den Häuptern der
Aufständischen in Aquitanien und bot sich als Vermittler zwi=
schen ihm und Richard an. Eines Tages sollte auf seine Ver=
abredung eine Verhandlung zu Limoges, welches von Hein=
rich II. belagert wurde, stattfinden. Als sich der König den
Stadtthoren näherte, wurde er mit einem Hagel von Pfeilen
empfangen, von denen einer durch seinen Brustharnisch drang

und ihn leicht verwundete. Dennoch wurde dieser Vorfall als Mißverständniß angesehen. Nach abermaligen Unterhandlungen kam man überein, daß der König in Limoges eintreten sollte, um sich mit Gottfried zu besprechen. Als Heinrich II. auf dem Marktplatze erschien, flog ein Pfeil von der Citadelle und durchbohrte seinem Pferde die Ohren. Er bot ihm Gottfried dar, unter Thränen zu ihm sprechend: „Sage mir, mein Sohn, ob ich, dein unglücklicher Vater, verdient habe, von dir, meinem Sohn, durchbohrt zu werden." Obwohl die Bischöfe der Normandie auf päpstlichen Befehl die Urheber und Anstifter des Krieges mit dem Banne belegten, zeigte sich doch wenig Aussicht zu dessen Beendigung. Der junge Heinrich spielte stets eine zweideutige Rolle. Heute aß er an demselben Tische mit seinem Vater und tunkte seine Hand in dieselbe Schüssel; gleich darauf ging er zu den Aufrührern über und bewies gegen sie dieselbe Vertraulichkeit. Einmal versprach er seinem Vater im Namen der Letzteren, die Festung von Limoges zu übergeben, sobald die nöthigen Unterhändler geschickt würden. Als einige derselben von Seite Heinrichs II. vor den Aquitaniern erschienen, wurden sie vor des jungen Heinrichs Augen beinahe sämmtlich niedergehauen. Denjenigen, welche zu gleicher Zeit in das Lager Gottfrieds geschickt wurden, ging es nicht besser. Zwei derselben wurden getödtet, der Dritte schwer verwundet und der Vierte in's Wasser geworfen. Schon war der Pfingstmontag als der Tag der Schlacht zwischen den beiden Brüdern und dem Vater bestimmt. Da erhielt dieser durch einen Eilboten die Nachricht, sein ältester Sohn liege zu Chateau=Martel bei Limoges auf den Tod krank darnieder und bitte ihn um die letzte Gunst, ihn vor seinem Tode zu besuchen. Der König wurde von seinen Freunden abgehalten, dem Verlangen zu folgen, da es nicht sicher sei, sich diesen schändlichen Verschwörern zu überlassen. Er gab jedoch dem Erzbischofe von Bordeaux einen Ring, den er vom Finger gezogen, um ihn seinem Sohne als Zeichen seiner Liebe und Ver-

zeihung zu überbringen. Nachdem der junge Heinrich den=
selben geküßt hatte, bekannte er zuerst vor den anwesenden Bi=
schöfen und Mönchen, dann vor allen Uebrigen seine Sünden.
Alsdann legte er seine weichlichen Kleider ab, umgab sich mit
einem Cilicium, ließ sich einen Strick um den Hals legen und
sprach zu den Bischöfen und andern Geistlichen: „Ich übergebe
mich unwürdigen, mit Schuld beladenen Sünder durch die=
sen Strick Euch, Diener Gottes, mit dem Verlangen, unser
Herr Jesus Christus, welcher dem reumüthigen Schächer am
Kreuze seine Sünden vergeben, möge auf Eure Bitten und
durch seine unaussprechliche Barmherzigkeit meiner unglücklichen
Seele sich erbarmen." Alle antworteten: „Amen." Darauf
sagte er zu ihnen: „Ziehet mich vermittelst dieses Strickes von
meinem Bette und leget mich auf jenes Aschenbett." Sie thaten,
wie er befohlen, und legten unter sein Haupt und seine Füße
zwei große viereckige Steine. Nach diesem befahl er, daß sein
Leichnam nach Rouen gebracht und daselbst begraben werden
sollte. Nachdem er dann den Leib und das Blut des Herrn
empfangen, gab er (11. Juni 1183) in seinem 27. Jahre seinen
Geist auf. Sein Vater aber warf sich auf die Nachricht von
dem Tode seines Erstgeborenen auf die Erde nieder und brach
in heftige Thränen aus. Den Tag nach der Beerdigung seines
Sohnes ließ er Limoges bestürmen. Diese Festung sowohl,
als die Schlösser mehrerer Verbündeten wurden von Grund
aus zerstört. Wie er überhaupt auf die Aquitanier einen Haß
warf, weil er aus Furcht vor ihrer Falschheit nicht gewagt
hatte, seinen sterbenden Sohn zu besuchen, so verfolgte er ins=
besondere den giftigen Bertrand de Born, dem er den
ganzen Krieg seines Sohnes mit ihm zuschrieb. Er zog mit
seinem ganzen Heere vor dessen Schloß Hauteville, um es zu
zerstören. Die Burg wurde genommen und der Troubadour
als Gefangener in des Königs Zelt geführt. Heinrich wollte,
ehe er über ihn sein Urtheil sprach, noch sein Rachegefühl an ihm
befriedigen und sagte zu ihm höhnisch: „Bertrand! Ihr habt

früher behauptet, zu keiner Zeit die Hälfte eures Verstandes
zu bedürfen. Hier habt Ihr Gelegenheit, wo der ganze Euch
nicht wird fehlen dürfen." „Sire," antwortete dieser, „es ist
wahr, ich habe dieses gesagt und ich habe die Wahrheit gesagt."
„Und ich," erwiderte der König, „glaube, daß Euer Verstand
Euch abhanden gekommen ist." „Ja, mein Herr," sagte Bertrand, „er ist mir abhanden gekommen an dem Tage, als der
tapfere junge König, Euer Sohn, gestorben ist: an diesem
Tage habe ich Verstand, Geist und Kenntnisse verloren." Bei
dem Namen seines Sohnes brach der König in Thränen aus
und verschwand. Als er zurückkam, war jeder Rachegedanke
in ihm erloschen. „Ja, Bertrand," sprach er, „es ist recht,
daß Ihr den Verstand wegen meines Sohnes verloren habt;
denn er wollte Euch mehr Gutes, als irgend einem Menschen
auf der Welt. Ich aber schenke Euch aus Liebe zu ihm das
Leben, Eure Habe und Euer Schloß. Ich nehme Euch wieder
in Gnaden an und bewillige Euch 500 Mark Silber für den
Schaden, den Ihr erlitten habt."

Diesem tiefen Eindrucke, den der frühzeitige Tod seines
im Kampfe mit ihm gestorbenen Erstgeborenen auf das Gemüth Heinrichs II. hervorbrachte, ist auch dessen Aussöhnung
mit seiner Gemahlin Eleonore zuzuschreiben. Sie wurde aus
der Haft, in der sie mehr als zehn Jahre lang gehalten worden war, befreit, und in ihrer und des Herzogs Heinrich des Löwen Gegenwart der Friede mit seinen Söhnen
Richard und Gottfried feierlich geschlossen. Doch war derselbe auch dießmal nur von kurzer Dauer. Gottfried verlangte von seinem Vater zu der Bretagne noch die Grafschaft
Anjou, verließ, als er eine abschlägige Antwort erhielt, trotzig
dessen Hof und begab sich zu dem Könige von Frankreich.
Ehe er jedoch den Krieg gegen seinen Vater erneuern konnte,
wurde er auf einem Turniere von dem Pferde geworfen. Er
fiel unter die Füße der Pferde seiner Mitkämpfer und wurde
tödtlich verwundet (im August 1186). Philipp August aber

ließ ihn in der Notre-Dame-Kirche zu Paris mit großem Ge-
pränge beerdigen.

Aber nun trat, um den über dem Hause Anjou liegenden
Fluch recht offenbar zu machen, zwischen Richard, dem nunmehrigen Thronfolger, und seinem Vater eine abermalige Spaltung aus. Heinrich weigerte sich Jahre lang, Richard seine
Verlobte Adelheid, welche seiner Obhut anvertraut worden war,
zu übergeben. Es verbreitete sich sogar das Gerücht, daß der
König zu der französischen Prinzessin in einem sündhaften Verhältnisse stehe. Eindringlicher noch als Richard forderte
Philipp August, der für den Ruf seiner Schwester besorgt
war, Adelheid für ihren Gemahl. Aber selbst die Drohungen
des Papstes, ihn mit dem Bannfluche zu belegen, waren nicht
im Stande, Heinrich zu Weiterem als zu ausweichenden Vor-
schlägen und trügerischen Versprechungen zu bestimmen. Richard
schloß sich nun um so enger an seinen künftigen Schwager an.
Um ihre Freundschaft und Brüderlichkeit an den Tag zu legen,
aßen sie, wie ein Chronist jener Zeit sagt, jeden Tag an demselben Tische, aus demselben Teller und schliefen in Einem
Bette. Diese heftige Liebe beängstigte den König von England. Er schickte öfters Boten an den französischen Hof, um
Richard zur Rückkehr aufzufordern. Dieser stellte sich, als
ob er erscheinen wolle, ohne sich jedoch zu beeilen. Endlich
machte er sich auf den Weg. Zu Chinon aber, wo der königliche Schatz war, hob er den größten Theil der dortigen Gelder
auf, ungeachtet des Widerstrebens der Wächter, und begab sich
nach Poitou, um die dortigen Schlösser in festen Stand zu
setzen. Da er jedoch an den mit ihm unzufriedenen Bewohnern
dieses Landes keine Unterstützung fand, kehrte er zu seinem
Vater zurück und schwur ihm auf das Evangelium, gegen Jedermann treu und hold zu sein.

Im folgenden Jahre fand zwischen Heinrich II., Philipp August und Richard zu Bonmoulins eine Zusammenkunft statt. Nachdem hier Philipp August die Abschließung

der Ehe mit Adelheid abermals gefordert, trat er im Auftrage
Richards mit dem Verlangen auf, denselben zum Erben seines
Königreichs und aller seiner sonstigen Besitzungen zu erklären
und ihm von allen seinen Vasallen den Lehenseid leisten zu
lassen. Heinrich aber, nicht uneingedenk der Unbilden, welche
ihm sein erstgeborener Sohn wegen dessen Erhebung zu=
gefügt, ertheilte eine ausweichende Antwort. Nun rief Richard,
der befürchtete, der König möchte seinem jüngsten Bruder Jo=
hann, wie das Gerücht ging, die Krone übergeben, aus:
„Nun scheint mir wahrscheinlich, was ich zuvor für unmöglich
gehalten hatte,“ und wandte sich zu dem Könige von Frank=
reich hin, gürtete sein Schwert ab, kniete vor ihm nieder und
leistete ihm in Gegenwart seines Vaters mit ausgestreckten Ar=
men den Vasalleneid, indem er seine Hilfe anflehte, damit er
nicht seines Erbrechts beraubt werde. Philipp aber nahm
ihn als Lehensmann an und gab ihm die Schlösser zurück,
welche er Heinrich abgenommen hatte. Nun begannen die
Feindseligkeiten auf's Neue. Die Bewohner des südlichen Frank=
reich erhoben sich, erfreut über den tödtlichen Zwiespalt zwischen
Vater und Sohn, zu Gunsten Richards, welcher an Philipp
August eine kräftige Stütze hatte, während von Heinrich im=
mer mehr Barone und Ritter abfielen. Der Cardinal Hein=
rich, Bischof von Albano, den der Papst zur Schlichtung des
Streites abgesandt hatte, belegte Richard mit dem Banne,
starb jedoch kurz darauf in Flandern. Heinrich sandte Boten
auf Boten an den König von Frankreich und an Richard.
Der Letztere zeigte sich nicht geneigt, auf Friedensverhandlungen
einzugehen. Doch mußte er sich dazu verstehen, einer von Phi=
lipp August bewilligten Zusammenkunft mit Heinrich II.
beizuwohnen. Auch der Cardinallegat Johann von Anagni
und die Erzbischöfe von Rheims, Bourges, Rouen und Canter=
bury machten sich zu dieser Versammlung, welche zu La=Ferté=
Bernard stattfinden sollte, auf und sprachen vor Eröffnung
derselben über Alle, sowohl Geistliche als Laien, welche dem

Abschlusse des Friedens in den Weg treten würden — die Personen der Könige selbst ausgenommen —, den Bann aus. Zu La-Ferté-Bernard machte Philipp August dem Könige von England den Vorschlag, die zu Bonmoulins gestellten Bedingungen zu erfüllen. Heinrich II. zeigte sich seinerseits bereit, seinen jüngsten Sohn Johann, den er bis jetzt für ihn ganz treu und ergeben hielt, mit Adelheid zu vermählen und ihm alle Besitzungen des Festlandes abzutreten. Philipp August wollte jedoch seinen Verbündeten auch nicht im Stiche lassen und verwarf diesen Vorschlag. Als ihm der Cardinal Johann von Anagni drohte, für den Fall, daß er nicht mit dem Könige von England wolle Frieden schließen, über Frankreich das Interdict zu verhängen, erwiderte er, er werde eine solche Sentenz weder fürchten noch halten, da sie sich auf kein Recht stütze; denn es stehe dem römischen Stuhle nicht zu, über Frankreich deßwegen eine Strafe auszusprechen, weil es Krieg gegen seine rebellischen Vasallen erhebe, um ihre Ungerechtigkeiten und die Ehre seiner Krone zu rächen. Auch fügte er spöttisch bei, der Cardinal habe wohl bereits die Sterlinge des englischen Königs ausgewittert. So lösten sich die Unterhandlungen fruchtlos wieder auf.

Heinrich II. wollte das Waffenglück versuchen; aber er verlor seinen Geburtsort Mans sammt dem ganzen Gebiete von Tours, während von allen Seiten die Franzosen, sowie die Bewohner der Bretagne und von Poitou auf ihn anrückten. In dieser verzweifelten Lage verlangte er abermals eine Unterhandlung mit Philipp August. Dieselbe fand auf einer Ebene zwischen Tours und Azay-sur-Cher statt. Diesesmal trat der König von Frankreich, der nun Gelegenheit gefunden hatte, seinen längst im Grabe ruhenden Vater zu rächen, mit ganz andern Bedingungen auf. Er verlangte, daß Heinrich sich als seinen Vasallen erkläre und sich seiner Gnade und Barmherzigkeit übergebe; daß Adelheid bis zur Rückkehr Richards von dem Kreuzzuge, den derselbe gelobt, einigen unab-

hängigen Männern anvertraut werde; daß Heinrich auf die
Souveränitätsrechte über alle Städte von Berry, die bisher
unter der Lehensherrschaft von Aquitanien gestanden hatten,
verzichte, daß er 200 000 Mark für die Rückgabe seiner Erobe=
rungen bezahle; daß alle diejenigen, welche auf Seite Richards
gegen den Vater gestanden, die Vasallen des Erstern bleiben
sollten, und daß endlich Heinrich seinem Sohne Richard
zum Zeichen der wahren Aussöhnung den Friedenskuß ertheile.
So hart diese Bedingungen waren, so wenig konnte sich Hein=
rich II. denselben entwinden. Während sich beide Könige auf
der Ebene mit einander besprachen, schlug ein Blitzstrahl bei
heiterem Himmel zwischen ihnen ein. Aeußerst erschreckt trennten
sie sich von einander. Kaum waren sie wieder zu einander zu=
rückgekehrt, als ein zweiter, noch furchtbarerer Schlag erfolgte.
Der König von England, durch Kummer und Krankheit
schon geschwächt, gerieth in solche Bewegung, daß er beinahe zu
Boden gesunken wäre und nur durch seine Umgebung auf dem
Pferde erhalten werden konnte. Die Unterhandlung wurde ab=
gebrochen und Heinrich sah sich genöthigt, sich in sein Lager
bringen zu lassen. Hier wurde ihm von den Franzosen der
Friedensvertrag überreicht. Die Artikel wurden vorgelesen. Als
man an denjenigen kam, welcher die auf Seite Richards
stehenden Vasallen betraf, verlangte er, daß ihm die Namen
derselben aufgezeichnet würden. Der erste Name, der ihm in's
Auge fiel, war der seines Sohnes Johann. Bei diesem
Namen gerieth er in eine krampfhafte Bewegung. Mit starren
Augen um sich blickend, rief er aus: „Ist es wahr, daß Jo=
hann, mein Herz, mein Sohn der besondern Liebe, den ich
mehr als die andern geliebt, aus Liebe zu dem ich mir all
dieses Unglück zugezogen habe, sich auch von mir getrennt hat?"
Auf die Erwiderung, nichts sei wahrer, als dieses, sank er auf
das Bett zurück und sprach: „Nunmehr mag Alles gehen, wie
es kann: ich bekümmere mich nicht mehr um mich und um die
Welt." Darauf trat Richard zu ihm, um von ihm den im

Vertrag ausbedungenen Friedenskuß zu verlangen. Er ertheilte ihm denselben mit anscheinender Ruhe. Während derselbe sich aber entfernte, murmelte er mit dumpfer Stimme: „Möchte mich doch Gott nicht sterben lassen, ehe ich mich an dir gerächt habe!" Als Richard in das französische Lager kam und den Vorfall erzählte, brachen der König von Frankreich und sämmtliche Hofleute in lautes Gelächter aus. Heinrich ließ sich nach Chinon bringen, wo seine Krankheit in ein heftiges Fieber überging. In den Paroxismen hörte man ihn die Rache des Himmels über seine undankbaren Söhne herabschwören. „Schande," rief er aus, „Schande über einen besiegten König! Verflucht sei der Tag, an dem ich geboren wurde! verflucht vor Gott seien die Söhne, welche ich hinterlasse!" Die Bischöfe und sonstigen Geistlichen, welche das Bett umgaben, machten alle Anstrengungen, um ihn zur Zurücknahme des Fluches über seine Söhne zu bewegen, aber vergebens. Seinem natürlichen Sohne, dem Kanzler Gottfried, welcher seiner am Sterbelager mit kindlicher Liebe wartete, gab er seinen Segen und seinen Ring vom Finger und sprach den Wunsch aus, daß er das Erzbisthum York oder das Bisthum Winchester erhalten möge. Am vierten Tage ließ er sich, als alle Hoffnung auf Genesung verschwunden war, in die Kirche vor den Altar tragen, wo er die letzten Tröstungen der Religion empfing.

Als er verschieden war (6. Juni 1189), fielen seine Diener sogleich über den Leichnam her und raubten seine Kleider, sowie auch alle Kostbarkeiten, die sich in den Gemächern befanden. Heinrich hatte gewünscht, in der berühmten Frauenabtei zu Fontévraud, welche einige Meilen von Chinon entfernt lag, begraben zu werden. Aber man konnte kaum Leute, Pferde und Wagen auftreiben, um ihn dahin zu bringen. Schon war die Leiche in der großen Kirche der Abtei aufgestellt, um am folgenden Tage in die Gruft gesenkt zu werden, als Richard auf die Nachricht von dem Tode seines Vaters herbeikam.

Er fand den König auf einer Bahre liegend, das Gesicht aufgedeckt und in seinen Zügen noch Spuren des heftigen Todeskampfes zeigend. Von Erschütterung ergriffen, warf er sich auf die Kniee und betete vor dem Altare, erhob sich jedoch schon „nach einer Pause von einem Paternoster", um nicht wieder zurückzukehren. Man hatte den Leichnam mit einigen Insignien der königlichen Würde schmücken wollen, allein die Wächter des Schatzes zu Chinon verweigerten dieselben und schickten nach langen Bitten einen alten Scepter und einen Ring von geringem Werthe. In Ermangelung einer Krone setzte man dem Könige ein Diadem, welches aus den Goldfranzen eines Frauenkleides gemacht worden war, auf das Haupt. Das war die Herrlichkeit, in welcher der einst so stolze König von England und Herr eines großen Theiles von Frankreich in die Gruft zu seinen Vätern hinabstieg.

In der Schilderung des Charakters Heinrichs II. stimmen die Schriftsteller jener Zeit, die zum Theile an seinem Hofe gelebt haben, so ziemlich mit einander überein. Sowohl in seinem Aeußern, als auch in seiner Geistes- und Gemüthsbeschaffenheit hatte er mit seinen Vorfahren aus dem Geschlechte Wilhelms des Eroberers große Aehnlichkeit. Er war von mittlerer Größe, majestätischer Haltung und blühender Gesichtsfarbe. Seine ihn entstellende Leibesdicke suchte er durch stete Bewegung und Mäßigkeit zu vermindern. Seine rastlose Natur trieb ihn von einem Ende seines Reichs zum andern. Leidenschaftlich gab er sich der Jagd hin. Kam er von derselben Abends nach Hause zurück, so brachte er, nachdem er die Mahlzeit flüchtig eingenommen, sein Gefolge, mit dem er sich noch Stunden lang stehend unterhielt, zur Verzweiflung. Von Natur reich begabt und besonders mit einem außerordentlich starken Gedächtnisse ausgerüstet, hatte er sich frühzeitig wissenschaftliche Kenntnisse erworben, und erfreute er sich auch noch auf dem Throne an dem Umgange mit Gelehrten. Seine Hauptleidenschaft war sein ungemessener Ehrgeiz und seine maßlose Herrschsucht. Da er aber auf der andern Seite zu behutsam war, um sein Glück den Wechselfällen des Krieges leichtsinnig anzuvertrauen, so fand sein Ehrgeiz an seiner Vorsicht eine Schranke, und suchte er durch eine zögernde Politik seinem Ziele näher zu kommen. Damit stand in Verbindung seine allgemein bekannte Treu= losigkeit und Doppelzüngigkeit, welche er mit dem Grundsatze rechtfertigte, es sei besser, Worte zu bereuen, als geschehene Dinge; besser, der Falschheit beschuldigt zu werden, als mit einem Lieblingsplane zu scheitern. Seine Herrschsucht hatte ihn in den Kampf mit Thomas Becket geführt, den er für ein willfähriges Werkzeug seiner Absichten gehalten hatte. Die Streitigkeiten mit diesem verzehrten mehrere Jahre lang seine besten Kräfte, und der Verfolgung des unerschütterlichen Primas wurde von seinen Zeitgenossen das unmittelbar darauf folgende Familienunglück und sein tragisches Ende beigemessen. Während er die Großen seines Reichs demüthigte und erniedrigte, ihre Rechte verweigerte und ihre Erbinnen mit Leuten von niedern Ständen verheirathete, setzte er seinen Stolz darein, seine Lieb= linge zu erheben und mit Glanz und Reichthümern auszustatten. Um so rachgieriger und grausamer war er gegen seine Feinde. Bei Gelegenheit von Widerspruch, den er zuweilen fand, brach seine angeborene Zornmüthigkeit in Wuth aus, welche ihn einem rasenden und wilden Thiere ähnlich machte. Seiner nicht mehr mächtig, brach er in solchen Augenblicken in Schimpfworte aus, und suchte er sich an Allem zu vergreifen, was ihm in die Hände fiel. Als ihm einst sein von ihm begünstigter Minister Richard Humet etwas zur Rechtfertigung des Königs von Schottland zu sagen wagte, wurde er von solcher Wuth ent= flammt, daß er Humet einen Verräther nannte, sich die Mütze vom Haupte riß, sein Schwert hinwegschleuderte, die Kleider abwarf, die seidene Decke von seinem Bette hinwegzerrte und zuletzt sich niedersetzte und das Stroh am Boden zernagte. Ein anderes Mal wollte er einem Edelknaben, der ihm ein Schreiben brachte, die Augen ausreißen, so daß Blut floß.

2. Richard I.

Nach Heinrichs II. Tode (6. Juni 1189) war dessen nunmehr ältester Sohn Richard zu dem Throne berufen. An den Streitigkeiten seines Hauses hatte er sich ebenfalls, wie oben erwähnt worden, auf eine wenig ehrenvolle Weise betheiligt. Wenn jedoch diejenigen, die ihn in seiner Verrätherei gegen seinen Vater unterstützt hatten, von ihm belohnt zu werden hofften, so konnten sie sich bald überzeugen, daß er, König geworden, den Werth der Treue nunmehr selbst zu schätzen wisse. Während er seine bisherigen Vertrauten mit wenigen Ausnahmen aus seiner Nähe verbannte, schloß er sich an die treuen Diener seines Vaters an. Am 3. September 1189 ließ er sich in Gegenwart des sämmtlichen hohen Klerus und Abels durch den Erzbischof Balduin von Canterbury feierlich krönen. Er saß noch beim Krönungsmahle in Umgebung der hohen und niedern Geistlichen, Barone und Ritter, als die Nachricht von einem Tumulte sich verbreitete. Wie überall, so hatten die Juden auch in England, wo sie unter dem Schutze Heinrichs II. zu großen Reichthümern gelangt waren, den Haß des Volkes auf sich gezogen. Die von Philipp August von Frankreich gegen sie erlassenen Maßregeln hatten die Meinung verbreitet, daß Richard bei seiner Thronbesteigung dem Beispiele seines Nebenbuhlers folgen werde, und bei den Christen ebenso freudige Hoffnung, als bei den Juden Besorgnisse erweckt. Um den König günstig für sich zu stimmen, waren die Juden aus allen Grafschaften mit reichen Geschenken nach London geeilt. Richard erließ jedoch ein Verbot, daß weder Juden noch Weiber am Tage seiner Krönung sich in seiner Nähe zeigen sollten. Als nun nichtsdestoweniger einige der vornehmsten Juden sich in dem Palaste unter dem Haufen der Schaulustigen hervordrängten, um den König an der Tafel zu sehen, wurden sie von den Wächtern schimpflich hinausgejagt, mißhandelt und einige getödtet. In Folge eines sich rasch ver-

breitenden Gerüchtes, der König habe die Juden zu morden
und auszuplündern erlaubt, versammelte sich das Volk zu
Haufen, brannte die Häuser der Juden nieder und tödtete
deren Besitzer. Die von dem Könige zur Herstellung der Ruhe
abgesandten Ritter vermochten dem Morden und Brennen nicht
Einhalt zu thun. Am andern Morgen ließ der König drei
Rädelsführer hängen, weil sie auch Christenhäuser angezündet
und einen Christen ermordet hätten. Richard hatte nicht im
Anfange seiner Regierung seine Unterthanen zu Gunsten eines
verhaßten Volkes erbittern wollen; allein die an den Tag ge=
legte Straflosigkeit mußte dazu führen, daß die Wuth gegen
die Juden sich noch steigerte. Viele Kreuzfahrer wollten
auf dem Zuge zu der Seeküste ihre Tapferkeit zuerst an den
Juden erproben. An verschiedenen Orten traten Verfolgungen
gegen dieselben ein. Am bedeutendsten war das Blutbad,
welches im März 1190 zu York stattfand. Die meisten Ju=
den aus der Stadt und Umgegend zogen sich, um dem gegen
sie im Anzug begriffenen Sturme auszuweichen, in die dortige
Burg zurück. Als sie, 500 an der Zahl, den Befehlshaber,
welcher eines Morgens ausgegangen war, nicht mehr einließen,
rief dieser den Sheriff und das Volk gegen sie zu Hilfe. Das
Lösegeld, welches die nunmehr Belagerten anboten, wurde zu=
rückgewiesen. In ihrer Verzweiflung faßten die Unglücklichen
den Entschluß, sich gegenseitig umzubringen. Sie schnitten ihren
Weibern und Kindern die Kehlen ab, vergruben ihre Schätze
oder warfen sie in's Feuer und nahmen sich zuletzt das Leben.
Die wenigen Uebriggebliebenen erhielten Erlaubniß, sich taufen
zu lassen, wurden aber beim Herausgehen aus dem Schlosse
ermordet. Zuletzt wurden die Schuldbriefe, welche die Ju=
den der größeren Sicherheit wegen den Beamten übergeben
hatten, in der Cathedrale verbrannt. Die Schuldigsten ent=
gingen auch dießmal der Strafe durch die Flucht nach Schott=
land. Doch muß bemerkt werden, daß diese Greuel bei den
damaligen Geschichtschreibern keine Billigung fanden.

Die Thätigkeit Richards wurde nun ganz durch die Vorbereitungen auf den Kreuzzug, den er schon bei Lebzeiten
seines Vaters gelobt hatte, in Anspruch genommen. Je mehr
eine Kreuzfahrt gegen den siegreichen ritterlichen Saladin
seinem Hange nach kriegerischen Abenteuern entsprach), mit um
so lebhafterm Sinne ging er auf das ruhmwürdige Unternehmen
ein. Obwohl ihm sein Vater einen reichgefüllten Schatz hinter-
lassen hatte, war er doch vor Allem darauf bedacht, so viel
als möglich Geld sich zu verschaffen. Auf einer Versammlung
zu Pipewell vergab er die erledigten Bisthümer und Abteien
gegen große Geldsummen. Wie er seine Mutter Eleonore
durch Anweisung sehr bedeutender Einkünfte zufrieden stellte,
so gab er seinem Bruder Johann, um sich dessen Anhänglichkeit zu erwerben, zu der Grafschaft Mortaigne in der Normandie so viele Besitzungen in England, daß diese den dritten
Theil des Landes bildeten. Die hohen Würden, Schlösser und
Ländereien, sowie die Richterstellen wurden um Geld verkauft;
sogar London hätte er, wie er selbst ausrief, zugeschlagen, wenn
er einen Käufer gefunden hätte. Ehe er den Kreuzzug an-
trat, übertrug er seinem Günstlinge, dem Kanzler Wilhelm
Longchamp, Bischof von Ely, den er, sowie Hugo, Bischof
von Durham, zu Statthaltern ernannt hatte, die Großrichter-
würde und ließ ihm von Clemens III., damit er sein Reich
ohne Sorge verlassen könne, den Titel eines päpstlichen Legaten
ertheilen. Uebrigens verfehlte das Unternehmen dieses Kreuzzuges, so großartig es begonnen worden, doch größtentheils
seinen unmittelbaren Zweck, erwarb Richard freilich den Ruhm
heldenmüthiger Tapferkeit bei Christen und Ungläubigen, hatte
aber für ihn sowohl, als für sein Land unglückliche Folgen, besonders auch deßhalb, weil England während seiner
Abwesenheit der Tummelplatz von Parteikämpfen
war, deren Darstellung uns hier zu weit führen würde.

Schon waren viele Pilger wieder nach England zurückgekehrt, verwundert über das lange Ausbleiben Richards,

deſſen Schiffe ſie in Brunduſium geſehen, als ein Schreiben des Kaiſers Heinrich VI. an den König von Frankreich auch nach England die Kunde von ſeiner Gefangennehmung brachte. Auch außerhalb Englands erregte das Schickſal des ritterlichen Kreuzfahrers Theilnahme, ſo ſehr es auch ſeine Feinde, die er ſich durch ſein anmaßendes Benehmen zugezogen, erfreute. In Folge einer Aufforderung des Erzbiſchofs von Rouen verſammelten ſich die Prälaten zu Oxford und ſandten, nachdem bereits der Biſchof von Bath, um die Freilaſſung des Königs zu bewirken, nach Deutſchland abgereiſt war, zwei Aebte dahin ab. Die Königin Eleonore aber wandte ſich mit lebhaften Beſchwerden an den Papſt, mit der Bitte, den Herzog von Oeſterreich mit dem Banne und Interdicte zu belegen und den Kaiſer mit gleichen Strafen zu bedrohen. In einem um ſo ſchmählichern Contraſte gegen die Treue und den Unwillen der Hohen und Niedern zeigte ſich Richards Bruder Johann. Nachdem nicht lange zuvor ſeine Mutter den Plan Philipp Auguſts, England und die Normandie mit der Hand ſeiner Schweſter Alix Johann zuzuſichern, vereitelt hatte, leiſtete dieſer dem Könige von Frankreich Huldigung, ſchloß mit demſelben gegen Abtretung von Giſors, des Vexin und der Stadt Tours ein Bündniß und verpflichtete ſich, ohne deſſen Erlaubniß mit ſeinem Bruder keinen Frieden einzugehen. Er landete ſofort mit einem Heer Söldlinge an der Küſte von England. Aber vergeblich forderte er den Erzbiſchof Walter und die übrigen Oberrichter unter dem Vorgeben, König Richard ſei geſtorben, auf, ſich für ihn zu erklären. Ihrer Wachſamkeit, ſowie der emſigen Thätigkeit Eleonorens war es zuzuſchreiben, daß England gegen alle feindlichen Angriffe geſichert und Richard getreu blieb. Johann aber ſchloß einen Waffenſtillſtand bis Allerheiligen und begab ſich nach Frankreich. Inzwiſchen hatte ſich ſein Bundesgenoſſe Philipp Auguſt, nachdem er ſich nicht geſcheut, dem gefangenen Richard den Huldigungseid zurück-

zugeben, eines Theils der Normandie bemächtigt. Vor der
Hauptstadt Rouen aber mußte er, da sogar die Weiber sich zur
Abwehr des Feindes bereit zeigten, schimpflicher Weise wieder
abziehen. Freilich handelte es sich darum, die Gefangenschaft
des gefürchteten Gegners so schnell als möglich zu benützen.
Aber auch Richard hatte seine Freunde, welche für ihn thätig
waren und auf den Kaiser und Papst einwirkten. Wilhelm
von Ely hatte sich alsbald aufgemacht, um den Aufenthalt
seines Herrn ausfindig zu machen. Nachdem sich Richard
auf dem Reichstage zu Speier vor dem Kaiser wegen der
gegen ihn erhobenen Beschuldigungen vertheidigt hatte, kam er
mit demselben vorläufig über den Abschluß eines Bündnisses
und über die Entrichtung eines bedeutenden Lösegelds überein.
Schon hatten die kaiserlichen Bevollmächtigten das mit den
größten Schwierigkeiten und unter hartem Steuerdruck zusam-
mengebrachte Geld abgewogen und unter ihrem Siegel fortgeführt, hatte Heinrich VI. den Montag nach Weihnachten als
Tag der Befreiung festgesetzt und Richard, der bereits
für alle seine Besitzungen die kaiserliche Oberherrschaft anerkannt, urkundlich mit dem Königreich
Arelat belehnt, als sich neue Schwierigkeiten erhoben. Der
König von Frankreich und Johann hatten dem Kaiser
hohe Geldsummen anerboten, wenn er den Gefangenen noch
eine Zeit lang in Gewahrsam behalte oder ihnen ausliefere.
Heinrich VI., dessen Geldburst mit seiner Herrschsucht im
Verhältnisse stand, machte durchaus kein Hehl, daß er dem
Meistbietenden zuschlagen werde und legte Richard die Briefe
seiner Gegner vor. Es brauchte daher eines entschiedenen Auftretens nicht bloß Richards und seiner Mutter, die dieser
nebst dem Erzbischofe von Rouen nach Deutschland gerufen hatte,
sondern auch der geistlichen und weltlichen Reichsfürsten, um
endlich die Freilassung des Königs zu bewirken, nachdem derselbe für den Rest des Lösegeldes Geiseln, darunter den Erzbischof von Rouen und den Bischof von Bath, gestellt hatte.

Am 13. März 1194 kam er endlich nach mehr als vierjähriger Abwesenheit wieder in England an. Im Triumphzuge wurde der König, dessen ritterliche Tapferkeit im heiligen Kampfe ihm die Bewunderung, dessen lange Gefangenschaft ihm die Theilnahme seiner Unterthanen erworben hatte, empfangen. Aber die große Freude über seine Rückkehr wich bald anderen Empfindungen. Statt nun die Steuerkräfte des erschöpften Volkes zu schonen, war Richard nur darauf bedacht, möglichst viel Geld zur Auslösung der Geiseln, besonders aber zum Kriege gegen den König von Frankreich, nach welchem er dürstete, zusammenzuraffen. Voll Ungeduld begab er sich sodann auf das Festland. Bei der Landung kam ihm sein Bruder Johann entgegen und flehte ihn fußfällig um Verzeihung an. Auf die Fürsprache seiner Mutter ließ er sie ihm angedeihen. Aber seine Güter und Schlösser wurden ihm noch zurückbehalten. Mit dem Könige von Frankreich begann er jetzt einen mit geringen Unterbrechungen bis zu seinem Tode fortdauernden Kampf. Bei der damaligen Art der Kriegsführung und bei den ziemlich gleichen Streitkräften beider Fürsten konnte es nicht leicht zur Entscheidung kommen. Auch führte Richard den Krieg nicht um des Friedens, sondern um des Krieges willen. Dann erst fühlte er sich heimisch und erst recht in seinem Elemente, wenn er Burgen brechen, im heftigen Reitergetümmel seine persönliche Tapferkeit an den Tag legen konnte. Auch fehlte es ihm nicht an glücklichen Zufällen. Das eine Mal fielen die Briefschaften des Königs von Frankreich in seine Hände; das andere Mal konnte er seinen Freunden frohlockend schreiben, wie er seinen Gegner von dem Wasser der Epte habe trinken lassen. Besonders erwünscht aber war ihm die Gefangennehmung des Bischofs Philipp von Beauvais, dessen sich seine Brabançonen bemächtigt hatten. Der genannte Bischof war ein alter Feind Richards, und dieser hatte ihn im Verdachte, dahin gearbeitet zu haben, daß er nicht bloß länger von dem Kaiser in der Gefangenschaft gehalten, sondern sogar — eine arge Schmach für einen König — in Ketten gelegt wurde. Richard ließ ihn daher sogleich in schweren eisernen Fesseln in einen Kerker zu Rouen werfen. In seiner Noth wandte sich der Bischof an Cölestin III. Der Papst antwortete ihm spöttisch: Wenn es ihm auch unglücklich ergangen sei, so sei es doch nicht zu verwundern: den friedliebenden Bischof habe er aus= und einen kriegerischen Ritter angezogen, den Schild statt der Insul, den Panzer statt der Albe, die Lanze statt des Hirtenstabs ergriffen, und so die Ordnung unbesonnen verkehrt, nicht um die Gewalt, wie er geschrieben, sondern um die Tugend mit Gewalt abzuwehren, nicht um für, sondern um gegen das Vaterland zu kämpfen. Nachdem er ihn sodann hart getadelt, daß er für einen eidbrüchigen König gefochten, setzte er die einigermaßen tröstlichen Worte bei, daß er bei dem Könige von England für ihn Fürsprache erheben wolle; denn nicht befehlen, sondern bloß bitten könne er dießmal bei dem Stande der Dinge. Als nun Cölestin den König von England ersuchte, sich seines theuren Sohnes, des Bischofs von Beauvais, zu erbarmen, erhielt er dessen Panzerhemd zugesandt mit der Anfrage, ob das der Rock seines Sohnes sei. Nein, erwiderte der Papst; es ist der Rock eines Sohnes des Mars; mag ihn Mars befreien, wenn er kann. Nicht einmal durch die Geldgier ließ sich Richards Rachsucht überwinden. Er schlug das Anerbieten von 10 000 Mark Lösegeld aus. Erst unter der folgenden Regierung erhielt der Bischof durch energisches Einschreiten des Cardinals Peter von Capua nach Entrichtung von 2000 Mark und Ablegung des eidlichen Versprechens, nie mehr gegen Christen zu kämpfen, die Freiheit.

Wie Kaiser Heinrich VI., endigte auch Richard bei Veranlassung eines unehrenhaften Kampfes gegen einen seiner Lehensleute, nachdem ihm besonders der berühmte Prediger Fulco, wenn er nicht Buße thue, seinen nahen Tod vorhergesagt hatte. Der Vicomte Guidomar von Limoges hatte auf

seinem Landgute einen Schatz gefunden. Da er aber dem
Könige nur einen Theil desselben ausliefern wollte, erschien
dieser mit seinen von Merchadó befehligten Söldnern vor dem
festen Schlosse Chaluz und wies das Anerbieten der geringen
Besatzung, die Thore gegen freien Abzug öffnen zu wollen, mit
den trotzigen Worten ab: er wolle sie lebendig haben und aufhängen. Als er nun eines Tages um die Burg ritt, um eine
zum Sturm geeignete Stelle zu erspähen, wurde er mit einem
Pfeile an der linken Schulter verwundet. Alsbald wurde
die Burg genommen. Sämmtliche Vertheidiger wurden seinem
Schwure gemäß aufgehängt. Den Bogenschützen aber, welcher
ihn verwundet, ließ er zu sich rufen. „Was habe ich Dir gethan," fragte er ihn, „daß Du mir das Leben nimmst?" „Meinen Vater und meine zwei Brüder hast du getödtet," antwortete
dieser. „Mit Freuden will ich jede Pein erbulden, daß der
stirbt, welcher über die Welt so viel Unheil gebracht hat."
Richard war edelmüthig genug, ihm das Leben und 100
Pfund zu schenken. Merchadó aber ließ ihn ohne des Königs
Wissen schinden und aufhängen.

Richard ertrug die heftigen Schmerzen mit großer Standhaftigkeit. Nachdem er gebeichtet und die Sacramente der
Sterbenden empfangen, verschied er den 6. April 1199 im
zweiundvierzigsten Lebensjahre. Seinem letzten Willen gemäß
wurde sein Leichnam in Fontévraud zu den Füßen seines Vaters,
seine Eingeweide zu Chaluz, sein Löwenherz aber zu Rouen
zur Anerkennung der Treue der dortigen Bürger beigesetzt.
Wegen seiner Leutseligkeit, seiner unbegrenzten Freigebigkeit
gegen seine Umgebung, besonders aber wegen seiner Tapferkeit,
welche ebenso sehr in einem löwenähnlichen Muthe, als in
seiner ungewöhnlichen Leibesgröße und Muskelkraft ihre Stütze
hatte, war Richard weitum berühmt, selbst bei den Saracenen,
welche die Stärke seines Armes empfunden hatten, und unter
welchen noch Jahrhunderte später sein Name als Schreckens-
wort galt. Aber diese glänzenden Eigenschaften wurden durch

Treulosigkeit gegen seinen Vater und seine Gemahlin Beren=
garia, eine Tochter des Königs Sancho VI. von Navarra, durch
Undankbarkeit, Habsucht, Gewaltthätigkeit und Grausamkeit
verdunkelt. Und so sehr er von seinen Zeitgenossen an durch
die folgenden Jahrhunderte herab als Blume der Ritterschaft
besungen wurde, so fehlte doch seinem Charakter die höhere
Weihe, welche jene Tugenden verleihen, an denen besonders
sein Zeitalter bei all seinen Schwächen so reich war.

3. Johann.

Nach dem kinderlosen Absterben Richards hätte nach
strengem Erbrechte des verstorbenen Gottfried Sohn, der
zwölfjährige Herzog Arthur von der Bretagne, den begrün=
detsten Anspruch auf die Erbfolge gehabt. Auch war derselbe
von Richard früher zu seinem Nachfolger bestimmt worden.
Die alte schlaue Eleonore hatte jedoch das Zerwürfniß zwi=
schen ihren beiden noch lebenden Söhnen beizulegen gewußt, so
daß Richard seinen Bruder Johann noch kurz vor seinem
Tode zum Thronfolger ernannte.

Die Bretagne, Anjou, Maine und Touraine, die Erbländer
der Plantagenets, erklärten sich alsbald für Arthur, welcher
von seiner Mutter Constanze an den König Philipp August
von Frankreich zur Obhut übergeben worden. Eleonorens
ererbtes Eigenthum, Poitou und Guienne, wurden leicht zur
Huldigung gebracht. Ebenso wenig Schwierigkeiten fand Jo=
hann in der Normandie, als deren Herzog ihm den 25. April
zu Rouen die mit goldenen Rosen geschmückte Krone aufge=
setzt wurde. In England selbst war die Stimmung eine
getheilte. Seit der Eroberung durch die Normannen hatten
hier mit Ausnahme Richards alle Könige ihren Thron haupt=
sächlich auf die Wahl durch das Volk gegründet. Am Himmels=
fahrtsfeste (27. Mai) wurde Johann in der Westminster=
kirche gekrönt. Der Erzbischof Hubert von Canterbury

soll, nach der freilich nicht ganz zuverläßigen Nachricht des be=
rühmten Geschichtschreibers Matthäus Paris, wohl nur,
um den Ausschluß Arthurs zu begründen, vor der heiligen
Handlung in einer Rede an die Großen auseinander gesetzt
haben, daß es an ihnen sei, aus den Mitgliedern des könig=
lichen Hauses den Tüchtigsten, für welchen er den Grafen Jo=
hann halte, zu wählen. Erst nachdem Johann geschworen,
die Kirche und deren Diener treu zu schützen, schlechte Gesetze
zu beseitigen und im ganzen Reiche Gerechtigkeit zu üben, wurde
die Krönung vollzogen.

An demselben Tage ernannte Johann den Erzbischof Hu=
bert zum Kanzler. Als dieser sich seiner neuen Herrlichkeit
und seiner Gunst bei dem Könige rühmte, mußte er von Hugo
Bandolph den gegründeten Spott vernehmen: wenn er die
Macht und Erhabenheit seiner Würde überdächte, würde er sich
nicht das Joch der Knechtschaft anlegen lassen; denn nie habe
man gehört oder gesehen, daß Einer aus einem Erzbischof ein
Kanzler, wohl aber aus einem Kanzler ein Erzbischof werde.

Johann setzte nun wieder auf das Festland über, um
seine dortigen Besitzungen gegen den König von Frankreich
zu vertheidigen, welcher, da er nicht mehr den Heldenarm
Richards zu fürchten hatte, energisch darauf ausging, die
Uebermacht seines die ganze Seeküste von Flandern bis an den
Fuß der Pyrenäen beherrschenden Vasallen zu brechen. Als
Hebel zu diesem Zwecke wollte Philipp den jungen Arthur
benützen. Er schlug ihn zum Ritter, nahm von ihm den Hul=
digungseid für Anjou, Maine, Touraine, Poitou und die Bre=
tagne entgegen und forderte bei einer Friedensverhandlung von
Johann, daß er seinem Neffen die genannten Landschaften
abtrete. Auf einen durch den Cardinallegaten Peter vermit=
telten Waffenstillstand folgte den 22. Mai 1200 der Friede
zu Guleton. Johann verpflichtete sich, dem französischen
Thronerben Ludwig die Hand seiner Nichte Blanca von Ca=
stilien mit der Stadt und Landschaft Evreux und andern an=

sehnlichen Lehen als Mitgift zu übergeben und Philipp Au=
gust die Summe von 20 000 Mark auszubezahlen. Außerdem
mußte er geloben, seinem Neffen Otto in dessen Kampfe mit
Philipp von Schwaben in keinerlei Weise beizustehen. Arthur
wurde einstweilen von dem französischen Könige aufge=
opfert und Johann als rechtmäßiger Nachfolger anerkannt.

Philipp hatte vorerst so viel gewonnen, daß er den geld=
bedürftigen Welfen von dem Könige von England trennte,
während dieser seinerseits, weit entfernt von den hochherzigen
Gesinnungen seines Bruders Richard, froh war, sich auf
den Vertrag gegenüber den Forderungen seines Neffen berufen
zu können. Da er den jungen Arthur, obwohl dieser Jo=
hann huldigen mußte, auch fernerhin in seiner Obhut behielt,
so war es ihm ein Leichtes, sich desselben bei der nächsten Ge=
legenheit wieder zu bedienen. Außerdem war es der damals
auf dem Höhepunkte stehende Streit mit dem Papste
wegen der Ingeburge, welcher Philipp in der Freiheit
der politischen Bewegung hemmte und zur Anknüpfung freund=
schaftlicher Beziehungen mit Johann stimmte.

Obwohl dieser an der Verhängung des Interdicts über
Frankreich die ernstliche Absicht des Papstes, die Heiligkeit
der Ehe gegen deren auch hochstehende Verletzer mit Anwendung
der schärfsten geistlichen Waffen aufrecht zu erhalten, erkennen
konnte, so war er doch leichtfertig genug, seinen Gegner hierin
nachzuahmen: ein Schritt, welcher für ihn um so gefährlichere
Folgen hatte, je mehr er Philipp August an sittlichen und
Regenteneigenschaften nachstand. Nachdem er zwölf Jahre lang
mit Hadwisa, der Tochter des Grafen von Glocester, vermählt
gewesen war, ließ er sich, kaum König geworden, unter dem ge=
wöhnlichen Vorwande zu naher Verwandtschaft durch den Erz=
bischof von Bordeaux von ihr trennen und sodann durch Bot=
schafter um die Hand einer portugiesischen Prinzessin werben.
Noch ehe er eine Antwort erhalten, faßte er den Entschluß,
Isabella, die Tochter des Grafen Aimar von Angoulême, durch

ihre Schönheit, als er sie zufällig gesehen, gefesselt, zur Ge=
mahlin zu nehmen. Dieselbe war zwar bereits mit dem Grafen
Hugo le Beau de la Marche verlobt; nichtsdestoweniger trug
er kein Bedenken, seinem Vasallen die Braut mit Zustimmung
ihres Vaters, den die glänzende Hoffnung, seine Tochter auf
einem Königsthrone zu sehen, angelockt hatte, zu rauben und
sich durch den Erzbischof von Bordeaux antrauen zu lassen.
Nachdem er in Westminster und später in Canterbury mit
dieser seiner jugendlichen Gemahlin durch den Erzbischof Hubert
abermals gekrönt worden war, sammelte er ein Heer, um einen
Aufstand in Poitou zu dämpfen, an dessen Spitze der mit per=
sönlicher Rache gegen ihn erfüllte Graf Hugo de la Marche
stand. Als Johann denselben vor sein Gericht rief, appellirte
derselbe an ihren gemeinschaftlichen Oberherrn, den König
von Frankreich. Philipp lud Johann vor seinen hohen
Lehenshof der zwölf Pairs, damit er sich als deren Mitglied
wegen der gegen ihn erhobenen Klagen rechtfertige. Als er
nicht erschien, wurde er all seiner französischen Lehen für ver=
lustig erklärt. Arthur wurden nun von Philipp die früher
genannten Länder wieder zugesprochen. Er mußte Johann
feierlich abschwören und wurde mit 200 französischen Rittern
dem Grafen Hugo und dessen Verbündeten zu Hilfe geschickt.
Auf die Nachricht, daß die altersschwache Königin=Mutter Eleo=
nore sich auf dem Schlosse Mirabeau in Poitou befinde, ent=
schloß er sich, den Platz mit seinen Waffengefährten zu nehmen.
Schnell war die schwach besetzte, verwahrloste Festung in ihren
Händen. Eleonore zog sich in den Thurm zurück und wußte
ihren Sohn von ihrer dringenden Noth in Kenntniß zu setzen.
Johann raffte sich eilends auf, überraschte die Belagerer
und machte den größten Theil derselben, darunter Arthur,
Hugo und mehr' als 200 Barone und Ritter zu Gefangenen.
Seinen Neffen ließ er in das Schloß Falaise in scharfes Ge=
wahrsam bringen; die meisten Uebrigen, darunter Arthurs Schwe=
ster Eleonore, wurden nach England in's Gefängniß gebracht.

Die Nachricht von diesem Ereigniß entflammte noch mehr die Fackel des Krieges. Philipp zog aus der Normandie, wo er bisher gekämpft hatte, an die Loire. Ganz Bretagne trat in Aufstand. Auf allen Seiten bedrängt, kehrte Johann, sich nicht mehr sicher fühlend, Anfangs December 1203 nach England zurück. Da verbreitete sich auf einmal das unheimliche Gerücht von dem Tode Arthurs. Noch jetzt ist der Hergang, dessen sich alsbald die Sage bemächtigte, nicht völlig aufgehellt. In Falaise soll Johann seinen Neffen besucht und durch freundliche Worte zu überreden sich bemüht haben, den Ansprüchen auf den Thron zu entsagen und auf seine Freundschaft zu vertrauen. Hochfahrend und trotzig habe Arthur erwidert, daß er des Königs von Frankreich Feindschaft sogar der Freundschaft seines Oheims vorziehen würde und weder durch Thurm noch Schwert sich einschüchtern lasse, auf sein väterliches Erbe zu verzichten. Durch diese Rede seines Neffen auf die ihm drohende Gefahr aufmerksam gemacht, habe Johann ihn in den neuen Thurm zu Rouen bringen lassen, wo er bald darauf verschwunden sei. Nach einer andern Nachricht beschloß Johann, den Einflüsterungen seiner Rathgeber folgend, Arthur durch Blendung und Entmannung unschädlich zu machen. Aber von den drei zur Ausführung dieses Befehls abgesandten Schergen entwichen zwei aus Scham. Als der Dritte sich bei dem Schloßvogte einstellte, ließ dieser den Befehl an Arthur nicht vollziehen, sondern, um das Leben desselben zu sichern, die Nachricht von seinem Tode verbreiten und zu dessen Beweise seine Kleider unter die Armen und Kranken vertheilen. Auf die Nachricht hievon loderte unter den von Rache entflammten Bretonen der Aufstand allenthalben noch heftiger auf. Als nun der Schloßvogt, um der Verwirrung vorzubeugen, öffentlich erklären ließ, daß Arthur noch lebe, wurde dessen Verderben beschleunigt. Johann ließ, durch die Anhänglichkeit der bretonischen Barone erschreckt und Niemand aus seiner Umgebung zur Vollbringung eines Meuchelmords bereit findend, seinen Neffen in das Schloß zu Rouen bringen, wo derselbe bald darauf aus dem Wege geräumt wurde. Nach der dichterischen Erzählung des Wilhelm Brito zog sich Johann, über der Ausführung seines verbrecherischen Vorhabens brütend, vor seinen Hofleuten in die schattigen Thäler von Molineux zurück. In der vierten Nacht bestieg er eine kleine Barke, fuhr an das jenseitige Ufer zu dem Thurm nach Rouen hinüber und ließ seinen Neffen zu sich herabsteigen. Gleichgiltig gegen dessen Wehklagen und Flehen um Erbarmen, ergriff er ihn an den Haaren, stieß ihm das Schwert in den Leib und die Schläfe und warf weiter unten den Leichnam in den Fluß. Von Ostern 1203, um welche Zeit der Mord geschah, bis zum Ende des Jahres, da er seiner Sicherheit wegen nach England übersetzte, gab er sich dem Vergnügen hin. Da wurde er durch ungünstige Nachrichten aus seiner Ruhe aufgeschreckt. Die Bretonen sammelten sich, dem Mörder Rache schwörend, um Guido von Thouars, den zweiten Gemahl der Constanze, welcher, ein kleines Kind, Alice, das ihm diese geboren, in den Armen haltend, zum Verweser des Herzogthums ausgerufen wurde. Der Bischof von Rennes aber eilte nach Paris, um den König von England bei seinem Oberlehensherrn des Mordes anzuklagen. Johann erschien nicht, wurde aber von dem Gerichtshofe der Pairs, da er mit Verletzung des seinem Lehensherrn Philipp geleisteten Eides seines älteren Bruders Sohn, einen Vasallen der Krone Frankreichs und nahen Verwandten des Königs, und zwar auf einem unter französischer Landeshoheit stehenden Gebiete ermordet habe, als der Felonie und des Hochverraths schuldig, zum Verluste sämmtlicher unter französischem Lehensverbande stehenden Besitzungen und nach einer Nachricht sogar zum Tode verurtheilt. Um dieses Urtheil auszuführen, stand ein mörderischer Krieg in Aussicht.

Innocenz III., dessen Bestreben dahin ging, die Kräfte des christlichen Europa sich nicht, besonders zum Nachtheile

für das heilige Land, aufreiben zu lassen, sondern gegen
die Feinde des Glaubens zu vereinigen, wandte der Beilegung
des Streites seine Aufmerksamkeit zu. Seinem Rath zufolge
sollten beide Könige ihre Angelegenheit dem Urtheile eines
Schiedsgerichts, und wenn dieses zu keinem Ziele führe, der
Entscheidung des apostolischen Stuhles anheimstellen. Zwar
scheint Johann zu friedlichen Gesinnungen geneigt gewesen
zu sein, wenigstens ließ er eine Gesandtschaft an den König
von Frankreich abgehen. Auch von Seite des Papstes kamen
bei dem Letztern der Abt von Casamario und zwei andere
Aebte als Bevollmächtigte mit einem Schreiben an, in welchem
die Pflicht des Statthalters Christi, unter den christlichen Für=
sten Frieden zu stiften, auseinander gesetzt wurde. Aber alle
Bemühungen des genannten Abtes, den Zweck seiner Sendung
zu erreichen, scheiterten an der Hartnäckigkeit Philipps,
dessen Erbitterung gegen Johann noch durch die lockende Aus=
sicht auf die Vergrößerung seiner Herrschaft Nahrung erhielt.
Philipp verwies die Gesandten auf eine Versammlung der
geistlichen und weltlichen Großen seines Reichs nach Mantes,
auf welcher er erklärte, wegen Lehen und Vasallen sei er nicht
verpflichtet, sich vor dem Papste zu verantworten, welcher
überhaupt sich nicht um das zu bekümmern habe, was
zwischen Königen vorgehe. Der Papst rechtfertigte sich
in einem Schreiben aus Anagni, in welchem er nach vorher=
gegangener Schilderung der traurigen Folgen des Krieges sein
Recht, in dieser Angelegenheit einzuschreiten, auf den klaren
Wortlaut des Evangeliums gründete: „Der König von Eng=
land, Dein Bruder im Glauben, klagt, daß Du gegen ihn sün=
digest; er hat Dich gemahnt, er hat viele Große zu Zeugen ge=
nommen, ob der Friede möchte hergestellt werden. Da seiner
Beschwerde nicht abgeholfen wird, hat er der Kirche Dich ange=
zeigt. Die Kirche hat väterliche Liebe, nicht richterliche Strenge
anwenden wollen und Dich ermahnt, Frieden oder wenigstens
Waffenstillstand zu schließen. Solltest Du jetzt selbst die Kirche

nicht hören wollen, so müßte man Dich für einen Heiden und Zöllner halten." Nachdem dann noch der Papst hervorgehoben, daß er sich nicht anmaße, über Lehen, wohl aber über Sünde und zuletzt noch über Meineid zu urtheilen, drohte er dem Könige von Frankreich, wenn er die väterliche Milde verachte, väterlichen Ernst gegen ihn anzuwenden. Aber auch dem Könige von England wurden seine Verschuldungen vorgehalten: wie er für die seinen Vasallen entrissenen Schlösser und Ländereien keinen Schadenersatz geleistet habe und an des Königs von Frankreich Hoftage als dessen Vasall nicht erschienen sei. Auch an die Erzbischöfe und Bischöfe Frankreichs schrieb Innocenz, daß es ihm nicht beigekommen sei, die Gerichtsbarkeit des Königs von Frankreich zu schmälern und sich in die Lehensbefugnisse zu mischen; daß er hier nicht die Könige, sondern die Christen im Auge habe, für welche es als solche kein besonderes Gesetz gebe, und ersuchte sie, seine Bevollmächtigten in Erfüllung des Auftrags, zwischen den beiden Königen Frieden oder wenigstens Waffenstillstand zu schließen, oder zuletzt zu untersuchen, inwiefern die Klage des Königs von England gegründet sei, zu unterstützen. Der Abt von Casamario und dessen Begleiter, der Erzbischof von Bourges, erhielten den Befehl, zu prüfen, ob der König von England verpflichtet sei, sich vor dem Gerichte des Königs von Frankreich zu stellen, oder ob dessen Einwendungen gegründet seien. Auf eine Versammlung der französischen Prälaten zu Meaux, welche der genannte Abt wahrscheinlich noch vor Ankunft dieser Briefe berufen hatte, wurde Johann vorgeladen. Er erschien aber hier weder persönlich noch durch Stellvertreter.

Inzwischen hatte der Krieg in aller Heftigkeit und in immer günstigerer Wendung für Philipp fortgedauert. Seit dem September 1203 hatte derselbe Galliard, die Hauptfestung der Normandie, welche Richard auf einem überhängenden Felsen

an der Seine erbaut hatte, belagert. Im März 1204 fiel
diese Burg, welche die Franzosen mit Wall und Graben um=
geben hatten, in seine Hände. Nach einander wurden Falaise,
Caen und eine Menge anderer fester Plätze erobert. Noch
hielten Rouen, Verneil und Arques Stand. Als die Bürger
dieser der französischen Herrschaft abgeneigten Städte Johann
um ungesäumten Beistand baten, soll er ihnen geantwortet haben,
sie möchten für sich selbst sorgen, er könne ihnen keine Hilfe
bringen. Als nun die Frist von 30 Tagen, die ihnen Phi=
lipp bewilligt hatte, vorüber war, öffneten sie die Thore.
So wurde die Normandie, welche durch die Schwäche eines
fränkischen Königs in die Hände eines tapferen Abenteurers
gefallen war, nach einem Zeitraum von nahezu 300 (292)
Jahren durch die Sorglosigkeit und Feigheit von Rollos'
unebenbürtigem Nachkommen wieder mit der Krone Frank=
reichs vereinigt, und die Weissagung Merlins erfüllt, daß
das Schwert vom Scepter solle getrennt werden. Kurz darauf
gingen auch Anjou, Maine und Touraine für die eng=
lische Herrschaft verloren. Die nicht anhaltenden Versuche zur
Wiedereroberung dieser ererbten Besitzungen, auf welche die
englischen Könige das Hauptgewicht gelegt hatten, waren im
Ganzen fruchtlos. Johann sah sich genöthigt, unter Ver=
mittlung der päpstlichen Legaten den 26. October 1206 einen
Waffenstillstand auf zwei Jahre zu schließen. So endete
auf unrühmliche Weise der erste Theil seiner Re=
gierung. Bereits aber hatte er in England selbst
neue Verwicklungen veranlaßt, an welche sich noch
unheilvollere Folgen für ihn knüpfen sollten.
Im Juli 1205 war Erzbischof Hubert von Canter=
bury, ein Mann, größer durch Eigenschaften, die einen Staats=
mann, als solche, die einen Kirchenfürsten zieren, gestorben,
nachdem in der letzten Zeit das hohe Vertrauen seines Herrn
sich in den Argwohn verwandelt hatte, als ob er sich mehr auf
Seite des Königs von Frankreich neige. Die Wieder=

beſetzung des verwaiſten Stuhles war um ſo wichtiger, als
der jeweilige Primas von England einerſeits vermöge
ſeiner Stellung nicht bloß in kirchlichen, ſondern auch in poli-
tiſchen Angelegenheiten eine höchſt einflußreiche Perſönlichkeit,
und andererſeits die Wahl deſſelben bei den eigenthümlichen
Verhältniſſen der Kirche von Canterbury mit beſonderen Schwierigkeiten verknüpft war. Wie mehrere andere Domkirchen Englands, war auch die Cathedrale von Canterbury als
Kloſter geſtiftet worden und befand ſich fortwährend im Be-
ſitze der Kloſtergeiſtlichen, welche alle Rechte des Domkapitels
ausübten. Daneben machten auch die Biſchöfe Anſpruch,
wenigſtens auf Theilnahme an der Wahl, welche ihnen freilich
von den Mönchen regelmäßig verweigert wurde. Doch kam
ihre Einwirkung inſofern ſtets zur Geltung, als die Könige
die ihnen von den Prälaten Vorgeſchlagenen durch ihren gewaltigen Einfluß den Mönchen der Chriſtkirche jedesmal aufzu-
drängen wußten.

Noch ehe die Leiche des Erzbiſchofs beigeſetzt war, mitten
in der Nacht, verſammelten ſich die jüngern Mönche und wählten, ohne Einholung der königlichen Zuſtimmung und ohne
Theilnahme der Biſchöfe, ihren Subprior Reginald und erhoben ihn unter Dankgeſängen auf den erzbiſchöflichen Stuhl.
Ihre Hoffnung einzig auf den päpſtlichen Stuhl ſetzend, welcher
ſchon in frühern Zeiten öfters um Aufrechthaltung des in ihren
Augen koſtbarſten Privilegiums gebeten worden war, nahmen
ſie dem Gewählten den Eid ab, ſogleich nach Rom zu reiſen
und die Beſtätigung einzuholen, jedoch bis zu deren Erlangung
ſeine Erwählung geheim zu halten. Aber kaum war dieſer an
der Küſte Flanderns gelandet, als er aus Eitelkeit als Erzbiſchof auftrat und Jedermann ſeine Empfehlungsbriefe vorzeigte.
Sobald die Mönche dieß erfuhren, beſchloſſen ſie, aus Furcht
vor den nachtheiligen Folgen ihres Schrittes, die Wahl wieder
aufzuheben und den König um Erlaubniß zur Vornahme einer
neuen zu erſuchen. Um Johanns Gunſt und Verzeihung

wegen des Vorgefallenen zu erwirken, wählten sie den von ihm empfohlenen Bischof von Norwich, Johann Gray, welcher sogleich in des Königs Gegenwart ausgerufen und investirt wurde. An demselben Tage noch zeigte Johann dem Papste die einstimmig mit seiner Genehmigung geschehene Wahl an, mit dem Bemerken, daß er gegen jede andere etwa ohne sein Mitwissen geschehene protestire. Die von der Wahl ausgeschlossenen Bischöfe sandten Bevollmächtigte nach Rom mit Urkunden und Zeugnissen, daß die drei letzten Erzbischöfe gemeinschaftlich von ihnen und den Mönchen gewählt worden seien. Aber auch von diesen ging zur Vertheidigung ihrer Wahl und zugleich im Namen des Königs eine mit Geldmitteln auf's Reichlichste versehene Deputation an den Papst ab, in dessen Hände nun die Entscheidung zwischen den drei Parteien gelegt war. Die Angelegenheit wurde mit sorgfältiger Einhaltung der herkömmlichen Formen untersucht. Nachdem durch Zeugen und in England selbst angestellte Nachforschungen der Thatbestand erhoben worden war, wurde Ende December 1206 folgender Beschluß gefaßt: Die Wahl des Subpriors Reginald sowohl, als die des Bischofs von Norwich wurde verworfen, die letztere ungeachtet der reichen Geschenke, welche die Abgesandten des englischen Königs dem Brudersohne des Papstes und drei einflußreichen römischen Bürgern gemacht hatten, deßhalb, weil Innocenz es nicht billigen konnte, daß der genannte Bischof, welcher ohnedieß dem Könige als Richter und Kanzler gedient hatte, und von dem zu befürchten stand, daß er gleich dem Erzbischofe Hubert seine geistlichen Berufsgeschäfte hintansetzen werde, gegen das canonische Recht sein Bisthum mit einem andern vertauschte. Hinsichtlich des Streites zwischen den Mönchen und Bischöfen über das Wahlrecht wurde, nachdem die Ersteren geltend gemacht, daß die Wahl, an welcher die Bischöfe unter den Königen aus der normannischen Dynastie Theil genommen, auf Gewalt und nicht auf Recht beruhe, entschieden, daß den Mönchen die von

Alters her ausgeübte Befugniß zur Wahl auch fernerhin aus=
schließlich zustehe. Es wurde daher den Bischöfen bei der
Wahl eines Erzbischofs ewiges Stillschweigen auferlegt und
ihnen befohlen, die Mönche niemals an derselben zu verhindern
oder sie deßhalb zu verfolgen. Der Papst hatte den Mönchen
an der Christkirche, um etwaigen Wahlstreitigkeiten in England
vorzubeugen, aufgetragen, für den Fall, daß die Wahl des
Subpriors verworfen werden sollte, die Vollmacht zur Vor=
nahme einer neuen Wahl zu ertheilen und auch den König um
Absendung von Stellvertretern in dieser Angelegenheit ersucht.
Die Mönche trugen Anfangs Bedenken, ohne königliche Zu=
stimmung zur Wahl zu schreiten. Innocenz aber machte sie
darauf aufmerksam, daß diese zu Wahlen an dem päpstlichen
Stuhle nicht erforderlich sei. Sie waren zwischen dem Bischofe
von Norwich, den zu erwählen sie dem Könige vor ihrer Ab=
reise versprochen hatten, und zwischen Reginald getheilt. End=
lich wählten sie einstimmig mit Ausnahme des protestirenden
Elias von Brantefeld, der an der Spitze der königlichen Ge=
sandtschaft stand, auf Befehl des Papstes Stephan Lang=
ton, Cardinalpriester vom Titel des hl. Chrysogonus. Diesen,
einen geborenen Engländer, welchen er schon während seines
Aufenthaltes zu Paris hochschätzen gelernt und als einen Mann
von untadelhaften Sitten und großem gelehrten Rufe, welcher
sogar eine Zeit lang die Kanzlerwürde an jener berühmten
Universität bekleidete, kurz vorher mit dem Purpur geschmückt
hatte, hielt er für den Würdigsten, einer der Nachfolger des
hl. Thomas zu werden. Auch mochte er bei der großen
politischen Bedeutung, welche England damals in seiner
Stellung zu Deutschland und Frankreich einnehmen konnte, einen
großen Vortheil selbst im Allgemeinen erhoffen, wenn ein Ge=
sinnungsgenosse von ihm auf dem Primatialstuhle von Canter=
bury sitze. Als die königlichen Gesandten sich weigerten, ihre
Zustimmung zu der Wahl zu ertheilen, wandte sich der Papst
an Johann selbst. Nachdem er ihm bemerklich gemacht, wie

er es als besondere Gunst betrachten müsse, daß er seine Zustimmung zu einer am römischen Hofe vorgenommenen Wahl einhole, fuhr er fort: Zwar könnte der apostolische Stuhl die Kirche von Canterbury um einen solchen in Wort und That vor Gott und den Menschen vermögenden, im Glanze der Verdienste leuchtenden, durch Ehrbarkeit des Lebens hervorragenden Mann beneiden, wenn er sich nicht von der Sorge leiten ließe, durch eine so feste Säule jene vor dem Einsturze zu bewahren. Außerdem habe er auch des Königs Ehre im Auge gehabt, da der Gewählte aus seinem Lande, aus einem ihm getreuen Geschlechte herstamme und ihm und der Kirche treu dienen werde. Er bitte ihn bei der Ehre Gottes, bei der Fürbitte des hl. Thomas, bei der Freiheit der Kirche, die so viele Trübsale erlitten habe, seine Gunst dem Gewählten nicht zu versagen. Würde er sich durch falschen Rath verleiten lassen, so müßte er der Anforderung canonischer Strenge Folge leisten. Den Prior und Convent machte er auf die große Freiheit aufmerksam, welche sie durch den päpstlichen Spruch gewonnen hätten, und ermahnte sie, in einmüthiger Gesinnung die Postulation ihrer Bevollmächtigten als von Allen ausgegangen zu betrachten. Kaum war Johann das Schreiben des Papstes zugekommen, als er, wie es seine Art war, ergrimmte. Er schalt die Mönche Verräther, da sie zuerst ihren Subprior und dann, um ihr Unrecht wieder gut zu machen, den Bischof von Norwich, zuletzt aber, nachdem sie sein Geld verbraucht hätten, in Rom Stephan Langton, seinen Gegner, gewählt hätten. An den Papst schrieb er drohend: der Erwählte sei ihm fremd und feindselig; durch die Wahl seien die Rechte seiner Krone angetastet worden. Er könne nicht begreifen, wie der Papst mit seinen Räthen nicht den hohen Werth der Freundschaft eines Königs von England zu schätzen wüßte, da derselbe aus seinem Reiche größere Einkünfte ziehe, als aus allen Ländern jenseits der Alpen. Er werde nicht anstehen, seine Rechte zu wahren, und wenn man auf ihn keine Rücksicht nehme, allen

Verkehr mit Rom sperren. Seine Boten gingen mit Geldmitteln reichlich versehen abermals nach Rom ab. Aber der Papst
erwies sich gegen das englische Geld unzugänglich. Im Gegentheil ging er von der Ansicht aus, daß diese Gelegenheit
zur Befestigung der Freiheit der englischen Kirche
und zur Behauptung der richterlichen Oberhoheit
des römischen Stuhles über alle katholischen Mächte
der Erde energisch benützt werden müsse. Auf jenen
drohenden Brief antwortete er nochmals in versöhnlicher Sprache:
er habe des Königs Ehre gewürdigt, wie nie ein anderer Fürst
gethan haben würde. Er möge nicht falschen Rathgebern Gehör schenken, sondern seinen wohlgesinnten Absichten folgen, wie
denn ja sein Vater und seine Brüder in die Hände apostolischer
Legaten jenen verderblichen Gewohnheiten abgeschworen hätten,
deren Opfer der hl. Thomas geworden sei.

Als Johann erfuhr, daß der Papst Stephan Langton den 17. Juni 1207 zu Viterbo eigenhändig das Pallium
umgehängt habe, gab er, von Wuth entbrannt, zwei Getreuen,
die zu den rohesten und grausamsten Rittern gehörten, den
Befehl, mit Bewaffneten nach Canterbury zu ziehen und die
Mönche als Hochverräther aus dem Kloster und Reiche zu
verjagen. Auf die Drohung, augenblicklich das Land zu räumen, wenn sie nicht mit dem Kloster und sämmtlichen Gebäuden
verbrennen wollten, entwichen die Mönche in allzu unbesonnener
Eile, ohne Gewalt abzuwarten, und schifften sich mit den Laien-
brüdern nach Flandern ein. An dem jenseitigen Ufer wurden
sie allenthalben festlich empfangen und in verschiedene Klöster,
besonders in das des hl. Bertin, vertheilt. Der Erzbischof
fand bei den Cisterciensern zu Pontigny, welche sich durch
die lange Beherbergung des hl. Thomas den Ruf der Gast-
freundschaft verdient hatten, Aufnahme und brachte seinen beinahe sechsjährigen Aufenthalt bei denselben mit frommen Uebungen und wissenschaftlichen Arbeiten zu. An die Stelle der
Vertriebenen wurden Mönche aus dem Kloster St. Augustin

gesetzt und die Verwaltung der Stiftsgüter einem der beiden Ritter anvertraut.

Der Papst seinerseits beauftragte die Bischöfe von Ely und Worcester, vor den König zu treten und ihn freimüthig zu ermahnen, mit Rücksicht auf das Heil seiner Seele, die Ruhe des Volkes, die Ehre Gottes und die Freiheit der Kirche, alle Abneigung gegen den Erzbischof abzulegen, denselben anzuerkennen und sein Amt ungestört führen zu lassen. Würden ihre Ermahnungen sich fruchtlos erweisen, so sollten sie das Interdict über England und Wales aussprechen und über dessen strenge Ausübung wachen. Schließlich stellte der Papst in Aussicht, daß er im Nothfalle seine Hand gegen den König selbst erheben werde. In einem zweiten Schreiben wurden die genannten Bischöfe angewiesen, das Interdict mit aller Strenge und ohne Rücksicht auf irgend welche Vorrechte der Templer, Hospitaliter und anderer Orden und Corporationen zu handhaben. Außerdem wurden sämmtliche Bischöfe in besondern Schreiben ermahnt, die Befehle ohne Furcht zu vollstrecken. Er selbst sei bereit, in einer so gerechten Sache bis in den Tod zu kämpfen. Würden jedoch einige unter ihnen den Gehorsam verweigern, so werde er eine solche Strafe über sie verhängen, daß dieselbe zur abschreckenden Warnung für Viele dienen müßte. Wenn Innocenz mit solcher Entschlossenheit gegen den König von England auftrat, so konnten noch andere Gründe zu dem Versuche mitwirken, in demselben eine Sinnesänderung hervorzubringen. Eine Reihe von Beschwerden lag gegen ihn vor, welche von seinem ungerechten und willkürlichen Verfahren gegen Geistliche und Laien Zeugniß ablegten. Schon vor seiner Thronbesteigung hatte er den Erzbischof von Dublin aus seinem Sprengel vertrieben. Wiewohl zuletzt auf dessen Klagen zu Rom der Papst bereits im Jahr 1204 den Auftrag ertheilt hatte, das jeweilige Bisthum, in dem sich der König befinde, mit dem Interdicte zu belegen, wenn er nicht innerhalb eines Monats Genugthuung leiste, so hatte derselbe doch bis Ende 1205 sich zu keinem milderen Verfahren gegen den greisen Prälaten bestimmen lassen. Deßgleichen hatte er gegen mehrere andere Bischöfe des ihm angehörigen Festlandes Gewaltthätig- keiten ausgeübt; seinen Halbbruder Gottfried, Erzbischof von York, genöthigt, das Land zu verlassen, so daß derselbe nach einem sechsjährigen Exil auf fremder Erde starb; die Ausübung der päpstlichen Gerichtsbarkeit verhindert; einer päpst- lichen Bulle, welche eine genaue Erhebung des Peterspfennigs von einer jeden Feuerstelle in jeder Gemeinde Englands ein- schärfte, durch den Erzbischof Hubert und den königlichen Richter Anerkennung und Zulassung verweigert; der Wittwe seines Bru- ders Richard, Berengaria, das ihr testamentarisch zugesicherte Einkommen vorenthalten; endlich war auch sein nur Habsucht und Trägheit an den Tag legendes Benehmen gegen seinen Neffen Otto nicht geeignet, ihm des Papstes Zufriedenheit und Zuneigung zu gewinnen.

Als im Auftrage des Letztern die Bischöfe von London, Ely und Worcester im Jahr 1208 den König unter Thränen beschworen, dem Erzbischofe den Eintritt und den Vertriebenen die Rückkehr zu gestatten, um von seinem Reiche das Aergerniß des Interdicts fernzuhalten, gerieth derselbe in Wuth, brach in Lästerworte gegen den Papst und die Cardinäle aus und schwur „bei den Zähnen Gottes" sämmtliche Geistliche und Bischöfe, wenn sie das Interdict auszusprechen wagten, dem Papste zuzuschicken und deren Güter für sich einzuziehen, die Abgesandten des Papstes aber, wenn sie sich in England blicken ließen, mit ausgestochenen Augen und abgeschnittenen Nasen zurückzusenden, damit man sie in der ganzen Welt kenne. Sie selbst aber sollten, wenn ihnen ihr Leben lieb sei, ihm so schnell als möglich aus den Augen gehen. — So wurde denn den 24. März am Montag auf den Passionssonntag von den- selben als päpstlichen Bevollmächtigten das Interdict über England ausgesprochen. Aller Gottesdienst und die Ausspendung der Sakramente hörte auf; nur an den Kindern durfte die Taufe und an den Sterbenden die heilige Oelung vollzogen werden. Die Leichen wurden außerhalb der Kirch= hofmauern in nicht geweihter Erde bestattet. Dem Zorne des Königs sich zu entziehen, entwichen jene drei Bischöfe als Voll= strecker des päpstlichen Befehls. Ihrem Beispiele folgten noch mehrere Andere, so daß bald nur noch die Bischöfe von Win= chester, Durham und Norwich, Johanns willige Werkzeuge, im Lande waren. Wie zur Zeit des hl. Thomas, wurden die Verwandten der von der Ungnade des Königs Betroffenen ihres Vermögens beraubt und in's Gefängniß geworfen. Der König wies, wie er gedroht, die Sheriffs und sonstigen Be= amten an, alle Geistlichen ohne weiteres aus ihren Prälaturen und Pfründen zu vertreiben; wenn diese wollten, könnten sie ihr Recht zu Rom holen. Ihre Güter und Einkünfte sollten zu Gunsten des Staats verwaltet werden. Die Meisten er= klärten, nur der Gewalt zu weichen; doch trugen die Beamten Bedenken, es auf das Aeußerste ankommen zu lassen. Zuletzt sah sich der König selbst genöthigt, den Geistlichen Nahrung und Kleidung aus ihren eigenen Einkünften zur Nothdurft zu bewilligen. Es ist begreiflich, daß unter solchen Umständen die Zuchtlosigkeit und habsüchtige Gewaltthätigkeit überhand nahm. Ordensleute wurden, wo man sie antraf, vom Pferde gerissen und mißhandelt. Als man den Mörder eines Priesters gebunden vor den König führte, gab dieser den Bescheid, ihn loszulassen, da er ihn eines Feindes entledigt habe. Doch erließ er, um der allgemeinen Verwirrung zu steuern, im April eine Proclamation, welcher zufolge Jeder, der einen Geistlichen durch Wort oder That mißhandle, an der nächsten besten Eiche aufgehängt werden solle. Um sich aber für den Fall, daß der Papst Excommunication und Los= sprechung der Vasallen von dem Eide über ihn verhän= gen sollte, zu sichern, ließ er die Barone ihre Söhne oder nächsten Verwandten als Geiseln stellen. Da wagte es Ma=

thilde, die Frau eines an der wallisischen Grenze ansässigen Edelmannes, den königlichen Schergen zu antworten: Dem Mörder seines eigenen Neffen würde sie niemals ihre Kinder anvertrauen. Obwohl der Mann sich vor dem Gerichte seiner Standesgenossen verantworten wollte, so mußte er doch diese, wie er sagte, thörichte Rede seiner Frau mit der Flucht nach Irland büßen.

Uebrigens wurden von mehreren Seiten Versuche zur Aussöhnung mit dem Könige gemacht. Von Pontigny aus schrieb Stephan Langton an denselben, wie sehr es ihn schmerze, daß über England das Interdict habe ausgesprochen werden müssen, und bat ihn demüthig um friedlichen Einzug in seine Diöcese. Er betrachte seine Wahl als ungiltig, antwortete ihm Johann; wolle derselbe seinem angemaßten Rechte entsagen, so sei er bereit, eine neue Wahl, vermuthlich nicht zu seinem Nachtheile, anzuordnen. Nachdem Stephans Bruder, Magister Simon Langton, mit dem Könige in dieser Angelegenheit Zusammenkünfte gehalten, begab sich der Erzbischof selbst auf den Grund eines erhaltenen Sicherheitsbriefes nach Dover, ohne jedoch in den daselbst gepflogenen Unterhandlungen einen Erfolg zu erzielen. Aber auch mit dem Papste wollte der König, welcher zwischen Zaghaftigkeit und Tollkühnheit hin und her schwankte, nicht alle Verbindung abbrechen. Er sandte den Abt von Beaulieu als Bevollmächtigten nach Rom, um sich bereit zu erklären, dem Gewählten aus Achtung gegen den römischen Stuhl Anerkennung und freies Geleite zuzusagen, der Kirche alles Entrissene zurückzuerstatten und die Mönche wieder in den vollen Genuß ihrer Güter einzusetzen. Weil er aber noch zu sehr aufgeregt sei, um den Erzbischof freundlich zu empfangen, wolle er dem Papste die Belehnung mit den Regalien übertragen. Innocenz ging auf den Rath der Cardinäle in den Vorschlag des Königs, unter Verwahrung, daß daraus nichts zum Nachtheile des königlichen oder kirchlichen Rechtes sollte gefolgert werden dürfen, ein und beauftragte die Bischöfe von London, Ely und Worcester, in seinem Namen dem Erzbischofe die Regalien zu übergeben. Dem Könige bezeugte er seine Freude, daß er einen guten Kampf zu kämpfen beginne, und drückte den Wunsch aus, er möge von dem Erwählten selbst die Lehenshuldigung entgegennehmen. Sobald Stephan sich auf dem erzbischöflichen Stuhle befinde, könnten die drei genannten Bischöfe das Interdict aufheben, doch so, daß der König sich, wenn eine noch ungelöste Frage auftauche, dem Rathe und Befehle des apostolischen Stuhles unterwerfe. Schon traf Stephan Langton im Jahr 1205 Anstalten zur Reise nach England, und hatte ihm der Papst eine Reihe Vollmachten zu diesem Zwecke ausgestellt. Aber bei dem wankelmüthigen Sinne des Königs kam die Angelegenheit nicht nur in's Stocken, sondern es traten noch neue Momente hinzu, welche die Lösung des Streites erschwerten. Die Wahlen auf die erledigten Sitze von Coventry, Exeter und Lincoln gaben Anlaß zu Beschwerden. Ebenso wenig waren die Angelegenheiten des Erzbischofs von York und der Berengaria erledigt. Innocenz gab daher dem Könige im Anfange des Jahres 1209 seinen Schmerz über dessen Hartnäckigkeit zu erkennen. Ob er nicht ahne, wie eitel es sei, wider die Kirche, ja wider Gottes Verfügung sich zu erheben, da Niemand seiner Hand entrinnen und seine Rathschlüsse ändern könne. Obwohl dem Könige seine väterliche Liebe, mit welcher er ihn bisher gewarnt und ermahnt habe, zuwider sei, so handle er doch als ein kluger und sorgsamer Arzt, welcher den Kranken, auch wenn er sich sträube, seiner Genesung wegen brenne und schneide. Sollte seine Krankheit sich hartnäckiger zeigen, so würde er zur Anwendung stärkerer Mittel, wenn die Heilung sie erfordere, schreiten müssen. Er möge doch einmal erfüllen, was er durch seine Bevollmächtigten versprochen habe, und nicht neue Schwierigkeiten aufsuchen, damit er nicht in Verlegenheit gerathe, welcher zu entrinnen ihm schwer fallen würde. Diesem gemäß bedrohte er ihn, wenn er nicht innerhalb drei Monaten alle seine Versprechen erfülle, bei Glockenklang und brennenden Lichtern ihn an allen Sonn- und Festtagen als Gebannten zu verkünden, damit die gesammte Kirche die Bestrafung desjenigen vernehme, welcher die gesammte Kirche beleidigt habe. „Siehe," rief er ihm zu- letzt zu, „der Bogen ist gespannt; fliehe, fliehe vor dem Pfeile, der nicht zurückprallt, damit er dir nicht eine schwerere Wunde schlage, deren Narbe auch dann noch bleibt, wenn jene zuletzt noch geheilt werden könnte!" In demselben Tone schrieb er an den König noch einmal, doch sein Heil zu bedenken und ihn nicht härter zu betrüben, sondern der Kirche, ja Gott selbst Gehör zu geben und seinem heilsamen Rathe zu folgen. Him- mel und Erde müsse er sonst als Zeugen anrufen, wenn er nunmehr zur Besiegung seiner Verstocktheit zu den äußersten Mitteln greife.

So wurde denn kurz darauf die päpstliche Sentenz ausgesprochen. Obwohl die in England zurückgebliebe- nen Prälaten „stumme Hunde waren, die nicht zu bellen wagten", so verbreitete sich doch nachgerade die Kunde von dem Vorgefallenen. Zuletzt wagte sogar der Archidiakon Gottfried von Norwich, ein Richter der königlichen Kammer, bei öffent- licher Gerichtssitzung die Aeußerung, es sei nicht mehr sicher für die im Besitze von Pfründen Befindlichen, länger im Dienste eines gebannten Königs zu verweilen. Zur Strafe dafür, daß er ohne Urlaub davon ging, ließ Johann ihn in einem bleier- nen Mantel in's Gefängniß werfen, wo er an dessen Schwere und aus Mangel an Nahrung nach einigen Tagen starb. In seiner Grausamkeit wurde Johann bestärkt durch einen „Pseudo- theologen", Meister Alexander, welcher ihm zuflüsterte, die Geiseln, welche das Land träfen, rührten nicht von der Schuld des Königs, sondern von den Verbrechen seiner Unterthanen her. Der König selbst sei eine Zuchtruthe in der Hand des rächenden Gottes, um seine Völker mit eisernem Scepter zu regieren, alle wie Töpfergeschirre zu zerbrechen und die Großen und Mächtigen in eherne Fesseln zu legen. Dem Papste stehe keine Gewalt über die weltliche Macht der Könige zu, da dem Apostelfürsten Petrus von dem Herrn nur das Regiment über die Kirche und die geistlichen Angelegenheiten anvertraut worden sei. Zur Belohnung für diesen schmeichlerischen Rath überhäufte Johann den Mönch mit Beneficien, welche Anderen entzogen wurden. Auf den Befehl des Papstes wurden ihm jedoch nachmals alle seine Pfründen genommen, so daß er in solche Armuth verfiel, daß er sein Brod von Thüre zu Thüre betteln mußte.

Die innere Unruhe, welche Johann trotz solcher beschwichtigenden Reden böser Rathgeber in sich fühlte, fand er Gelegenheit, durch kriegerische Unternehmungen gegen Schottland, Irland und Wales zu unterdrücken. Der König Wilhelm der Löwe hatte Johann gleich nach dessen Krönung zu Lincoln die Huldigung geleistet. Die Ordnung der Lehensverhältnisse war aber noch hinausgeschoben worden. Es kamen nun noch einige Zwistigkeiten hinzu, so daß im Sommer 1205 beide Könige im Northumberland mit Heeresmacht auf einander stießen. Der König von Schottland zog es jedoch vor, seinen mächtigern Gegner durch eine Summe von 15 000 Mark und Auslieferung seiner beiden Töchter zur Erziehung an den englischen Hof zufrieden zu stellen. In Irland, zu dessen Beherrscher ihn sein Vater einst eingesetzt hatte, wurde seine Anwesenheit hauptsächlich durch die Fehden der dort angesiedelten normannischen Barone, besonders der Mächtigsten derselben, der Lacy und Courcy und deren die Hoheit der englischen Krone gefährdenden Anmaßungen erfordert. Im Juni 1210 langte er mit einem Heere in Dublin an, wo ihm mehr als 20 Häuptlinge als ihrem Oberherrn huldigten. Mehrere Burgen der aufrührerischen Barone wurden genommen und die Lacy daraus vertrieben. Auch fiel jene Mathilde von Broose mit ihren Kindern in die Hände seiner Kriegsleute. Die unglückliche Mutter, welche sich durch ihre kecke Rede die Ungnade des

Königs zugezogen, wurde mit ihrem Sohne in dem Gefängnisse
zu Windsor zum Hungertode verdammt. In Irland wurden
die englischen Gesetze und Münzen eingeführt und dadurch ein
weiterer Schritt zur vollständigen Unterwerfung der Nachbar-
insel gethan, welche jetzt in Grafschaften eingetheilt und unter
die Verwaltung seines Günstlings, des Bischofs von Norwich,
gestellt wurde. Voll Freude über das Gelingen seines Unternehmens kehrte er Ende August wieder nach England zurück,
um im folgenden Jahre gegen die stets unruhigen Walliser
zu ziehen. Er nöthigte den Fürsten Llewellyn, den Gemahl
seiner natürlichen Tochter Johanna, und die übrigen Häuptlinge
am Fuße des Snowdon zur Unterwerfung und zur Ueberlassung von 28 ihrer Söhne und Angehörigen als Geiseln. Als
die Walliser schon im folgenden Jahre, durch den Papst, welcher sie von dem Lehenseide losgesprochen und das über ihr Land
verhängte Interdict aufgehoben hatte, sowie durch den König
von Frankreich aufgereizt, sich abermals erhoben und verheerend die Grenzen überschritten, brach er wuthentbrannt gegen
sie auf. Unmittelbar vor einem Gastmahle zu Nottingham ließ
er den 10. August hier sämmtliche Geiseln vor seinen Augen
aufknüpfen. Da erhielt er Nachricht von einer gegen ihn an-
gezettelten Verschwörung. Er umgab sich nun mit Söld-
lingen aus Flandern und Hennegau und zog in den Norden
seines Reiches, wo die Empörung zuerst ausbrach. Wahrscheinlich um die drohenden Bewegungen unter dem Volke abzu-
schwächen, setzte er damals, nachdem er bereits den ihm ver-
dächtigen Großen Geiseln abverlangt hatte, den Gewaltthätig-
keiten der Forstleute und Hafenbeamten Schranken und trug
auch für die Sicherheit im Lande und für den Schutz der
Unterdrückten mehr Sorge. — In York befand sich damals ein
einfältiger Mann, Peter von Wakefield mit Namen,
welcher bloß von Wasser und Brod lebte und bei dem Volke
als ein Prophet galt. Dieser sagte aus, am nächsten Himmelfahrtsfeste werde Johann nicht mehr König sein

und die Krone auf einen Andern übergehen. Als
der König von dem Manne hörte, ließ er ihn zu sich führen
und fragte ihn, ob er an jenem Tage sterben, oder auf welche
Weise er sein Reich verlieren werde. „Wisse," antwortete der=
selbe, „daß Du an genanntem Tage nicht König sein wirst;
werde ich der Lüge überwiesen, so kannst Du mit mir machen,
was Dir gut dünkt!" Der König ließ ihn in's Gefängniß
werfen, um den Ausgang abzuwarten. Auf diese Weise wurde
die Rede des Propheten in Kurzem in die entlegensten
Gegenden verbreitet, so daß man ihr solchen Glauben beimaß,
als wäre sie vom Himmel erschollen. Das Gerücht vergrößerte
sich, da sich Lüge auf Lüge häufte, und Jeder seine eigene
falsche Behauptung auf Rechnung des Wahrsagers setzte.

Die Kriege der letzten Jahre steigerten das Geldbedürf=
niß auf's Höchste. Zuerst reizte seine Habgier der Reichthum
der Juden, die er, als unter seinem besondern Schutze stehend,
früher gegen die Londoner Bürger vertheidigt, und denen er
sogar einen Oberrabbiner für ganz England gegeben hatte.
Er ließ daher im Jahr 1210 alle Juden seines Reiches auf=
heben und durch Gefängnißstrafen, ja durch qualvolle Mißhand=
lungen zur Herausgabe ihrer Schätze zwingen. 60000 Mark
soll er durch diese Maßregel gewonnen haben. In demselben
Jahr berief er alle Aebte, Prioren, Aebtissinnen,
Templer= und Johanniter=Meister und die Ver=
walter der übrigen Ordensgüter nach London und
preßte ihnen 100000 Pfund Sterling ab. Vergeblich war für
die Cistercienser die Berufung auf ihre Privilegien. Um
sich später dem Papste gegenüber sicher zu stellen, zwang er
sämmtliche Prälaten, durch Urkunden und Siegel zu bezeugen,
daß alle seit seiner Thronbesteigung von ihnen empfangenen
Gelder freiwillige Schenkungen gewesen seien. Im Jahr 1212
zwang er die Cistercienser, ihm zu seinem Kriege Pferde
und die Wagen zu stellen und 12000 Pfund Schadenersatz
dafür zu bezahlen, daß durch ihre Zustimmung und Hilfe der

Graf von Toulouse, der Gemahl seiner (verstorbenen) Schwester Johanna, zu Grunde gerichtet wurde. Wie Johann hier für seinen von den Kreuzfahrern in Südfrankreich als Begünstiger der ketzerischen Albigenser bekämpften Schwager, obwohl als Lehensherr Simoons von Montfort, des Hauptes der dortigen Kreuzfahrer, Partei ergriff, so stand er nun auch im Begriffe, die Verbindung mit seinem gebannten Neffen Otto fester zu knüpfen. Als er von der beabsichtigten Erhebung Friedrichs von Sicilien erfuhr, ließ er dem Papste, mit welchem er die Verhandlungen nie ganz abgebrochen, sagen, daß er nun um so mehr auf der Forderung, daß Stephan Langton abtreten müsse, bestehe.

Aber auch der Papst und die auf seiner Seite stehende Partei war nicht unthätig. Viele aus den vornehmsten Familien gab es, deren Frauen und Töchter Johann entehrt, Andere, die er durch Erpressungen arm gemacht, deren Eltern und Blutsfreunde er verbannt, die er ihrer Erbschaften beraubt hatte: weßhalb der König beinahe so viele Feinde als Große hatte. Der Erzbischof von Canterbury und die Bischöfe von London und Ely begaben sich bei solcher Stimmung der Gemüther nach Rom, schilderten dem Papste all die Gewaltthaten und Gräuel, welche König Johann seit dem Interdicte gegen die Sache Gottes unermüdlich verübt habe, und riefen dessen Erbarmen für die gleichsam in den letzten Zügen liegende anglicanische Kirche an. Tief bewegt von dem Elende und der Verwirrung des englischen Reiches gab Innocenz nach dem Rathe der Cardinäle, der zu Rom anwesenden Bischöfe und andern erfahrenen Männer den Ausspruch, daß Johann des Thrones entsetzt sei und mit päpstlicher Fürsorge einen andern Würdigern zum Nachfolger erhalten solle. Dem Könige von Frankreich ertheilte der Papst den Auftrag, für seine Sünden die Vollstreckung dieses Spruches zu übernehmen, und für sich und seine Nachfolger von England Besitz zu ergreifen. Die

Barone, Ritter und Krieger in beiden Ländern erhielten die Weisung, sie sollten sich wegen eines Kreuzzuges gegen Johann mit dem Könige von Frankreich, um die Unbilden der Kirche zu rächen, vereinigen. Innocenz hielt jedoch dem feigen und charakterlosen Tyrann gegenüber um so weniger alle Mittel erschöpft, als Johann immer noch einigen Verkehr mit dem römischen Stuhl unterhalten hatte. In geheimer Audienz setzte er dem Subdiakon Pandulf, welcher den englischen Bischöfen als Legat beigegeben wurde, die Bedingungen auseinander, unter welchen er mit Johann, falls dieser sich zur Buße und Genugthuung bereit zeige, Frieden schließen könne.

Im Jahr 1213 kam der Erzbischof von Canterbury mit seinen Genossen wieder in Frankreich an. Ihre Verkündigung des päpstlichen Spruches und die Aufforderung zum Kampfe gegen den König von England wurde freudig aufgenommen, da sie den Wünschen Philipp Augusts und seiner Barone vortrefflich entsprach. Sie bildete Gelegenheit zur Rache an dem verhaßten Könige und zur Erwerbung von Reichthümern, an welchen, wie man glaubte, England Ueberfluß hatte. Auch schien das in Aussicht gestellte Unternehmen bei der Auflösung des englischen Reiches und der daselbst herrschenden Unzufriedenheit nicht mit zu großen Opfern und Schwierigkeiten verbunden zu sein. Auf der (8. April 1213) stattfindenden Versammlung zu Soissons schwuren alle geistlichen und weltlichen Vasallen dem Könige Beistand zu seinem ruhmwürdigen Unternehmen. Nur der Graf Ferrand von Flandern entfernte sich, da ihm Philipp die Städte St. Omer und Aire und die Lehen von Artois nicht herausgeben wollte und außerdem, weil er bereits mit Johann in Verbindung getreten war. Auf den 23. April wurde das Heer nach Rouen aufgeboten und die Flotte zur Ueberfahrt in Bereitschaft gesetzt. Der Cardinal Robert Curzon, ein geborener Engländer, wurde auf jene Zeit von dem Papste mit mündlichen Aufträgen an Philipp gesandt. Johann erhielt durch seine

Spione von allem, was auf dem Festlande vorging, Nachricht und traf demgemäß seine Vorkehrungen. Er sorgte für An=fertigung von Belagerungsgeschütz, ließ alle größeren Schiffe des Landes in Beschlag nehmen und bemannen und sämmtliche streitfähige Mannschaft mit Waffen und Pferden bis Ende Ostern in die Nähe von Dover entbieten und warb außerdem eine Menge fremder Söldlinge an, welche ihn beständig umgaben. Bereits hatte er sich auch im Auslande um Bundesgenossen umgesehen. Er hatte die mächtigen Grafen von Boulogne und Flandern nebst mehreren lothringischen und norddeutschen Fürsten, welche auf Seite des gebannten Kaisers Otto standen, gewonnen, und so dem Könige von Frankreich einen gefährlichen Bund gegenüber gestellt. Aus Furcht vor der angedrohten Strafe ewiger Knechtschaft sammelte sich an den bestimmten Plätzen eine so große Menge von Kriegsleuten, daß ein Theil derselben aus Mangel an Lebensmitteln wieder nach Hause entlassen werden mußte. 60 000 wohlgerüstete Streiter waren zu Barhamdown bei Canterbury zur Musterung bereit. „Wären sie für König und Vaterland einmüthig be=geistert gewesen, keinen Fürsten unter dem Himmel hätte es gegeben, gegen den sich England nicht hätte vertheidigen können." Besonders aber setzte Johann seine Hoffnung auf den Kampf zur See, da seine Flotte der des französischen Königs über=legen war.

Soeben sollte zur Entscheidung mit den Waffen geschritten werden, als zwei Brüder des Templerordens im Auftrage Pan=dulfs und des Papstes, oder nach andern Nachrichten Johanns Boten aus Rom — er hatte nämlich, von Furcht getrieben, noch am Ende des vorigen Jahres eine Gesandtschaft an den römischen Stuhl abgeordnet und auch in einem Schreiben an den Grafen Pembroke in Irland seinen Wunsch, sich wieder mit der Kirche auszusöhnen, kund gegeben —, in aller Eile in England mit der Nachricht ankamen, daß der Papst den gemessensten Befehl zur schleunigen Betreibung der Angelegen=

heit ertheilt habe, und für Pandulf die Erlaubniß zu einer Zusammenkunft mit dem Könige erbaten. Johann ließ den Legaten sogleich durch die Tempelbrüder nach England hinüber geleiten. Pandulf wußte das Gemüth des zwischen entgegengesetzten Stimmungen hin und her schwankenden Fürsten trefflich zu bearbeiten. Er stellte ihm die unzählige Menge von Schiffen und Kriegern vor Augen, welche unter dem Oberbefehl des Königs von Frankreich im Begriffe stünden, sein Reich feindlich zu überfallen und ihn als Rebellen gegen Gott und den heiligen Vater vom Throne zu stürzen. Mit ihnen würden in England erscheinen die geächteten Bischöfe, Priester und Laien, um ihre Stellen und Güter wieder in Besitz zu nehmen. Es rühme sich der König von Frankreich, briefliche Zusicherungen der Treue und Unterwerfung von beinahe allen Großen des Reiches in Händen zu haben. Daher seine sichere Hoffnung auf das Gelingen des Planes. Johann möge daher sein Heil bedenken, Buße thun und sich dem Urtheile der Kirche unterwerfen, um durch die Milde des apostolischen Stuhles wieder das zu erlangen, dessen er zu Rom verlustig erklärt worden sei. Damit nicht seine Feinde über ihn frohlockten, möge er sich bekehren, sich hütend, daß er nicht in eine Verlegenheit falle, aus welcher er sich nicht zu retten vermögen werde. Der König wurde über die Rede des Legaten heftig bestürzt. Er bedachte, daß er schon fünf Jahre unter dem Banne liege, fürchtete des Königs von Frankreich zahlreiches Kriegsheer, sowie den Abfall der Großen und des Volkes von England, endlich aber schwebte ihm zu seiner größten Beängstigung die Prophezeiung des Eremiten vor Augen; das Himmelfahrtsfest stand nahe, an welchem er mit dem Leben das zeitliche und ewige Reich verlieren sollte. So ganz verwirrt unterlag er der Ueberredungskunst des Legaten und schwur auf die Evangelien, sich dem Urtheile der Kirche unterwerfen zu wollen. Sechzehn der angesehensten Großen des Reichs machten sich eidlich verbindlich, ihn, wenn

er sich eines Andern besinnen würde, nach Kräften zur Genugthuung zu zwingen. Den 13. Mai 1213 am Montage vor
dem Himmelfahrtsfeste kam zu Dover zwischen dem Könige
und dem päpstlichen Legaten in Gegenwart der Barone und
einer großen Volksmenge folgende, einer vollständigen Anerkennung der von dem Papste schon am 27. Januar ausgestellten Friedensbedingungen gleichkommende Uebereinkunft
zu Stande: Der König gewährt Frieden, volle Sicherheit und
freie Rückkehr dem Erzbischofe von Canterbury, den Bischöfen
von London, Ely, Herford, Bath und Lincoln, dem Prior
und den Mönchen von Canterbury, den Rittern Robert Fitz-
Walter und Eustach de Vascy, sowie den übrigen vertriebenen
Geistlichen und Laien. Vor ihrer Ankunft sollen ihnen Sicherheitsbriefe eingehändigt werden. Sie dagegen haben auf Verlangen des Königs unter Vorbehalt der Ehre Gottes und der
Kirche eidlich und schriftlich zu schwören, daß sie weder selbst
noch durch Andere gegen seine Person und seine Krone etwas
unternehmen und ihm ebenfalls Frieden und unangetastete
Sicherheit gewähren wollen. Wird der Vertrag von dem
Könige nicht gehalten, so soll er die Aufsicht über die vacanten
Kirchen verlieren; wird er von den Baronen nicht beschworen,
so soll das Patronat über die englische Kirche dem römischen
Stuhle zufallen. Alle Aemter und Pfründen sollen zurückgegeben und für den erlittenen Schaden in der Weise Ersatz
geleistet werden, daß den Bischöfen und Mönchen durch den
päpstlichen Bevollmächtigten sogleich 8000 Pfund Sterling zur
Bezahlung ihrer Schulden und zur Bestreitung ihres Reise-
aufwandes nach Frankreich geschickt werden. Deßgleichen seien
alle gegen Geistliche und Laien in dieser Angelegenheit verhängten Bußen aufzuheben. Sollte sich irgend ein Zweifel
geltend machen, welcher durch den päpstlichen Legaten nicht gehoben werden könne, so habe man sich unmittelbar an den
apostolischen Stuhl zu wenden. — Johanns Streitigkeit
mit dem Papste und mit der Kirche seines Landes

war nunmehr bereinigt; Ruhe und Friede im Innern
des Reichs schienen gesichert zu sein. Um die gefährliche Macht
der auswärtigen Feinde von sich abzuwenden, legte der
König seine Krone in die Hände Innocenz' III.,
als des Papstes, welcher seit vielen Jahren alle seine Vorgänger an Ansehen überragte, nieder, indem er auf diese Weise
seine Sache zugleich zu der des apostolischen Stuhles machte. Zwei Tage später stellte Johann im Hause
der Templer zu Dover eine Urkunde aus, in welcher er, weil
er die Barmherzigkeit wegen der der römischen Kirche zugefügten vielfachen Beleidigungen sehr vonnöthen und zur Genugthuung gegen Gott und die Kirche für sich nichts Würdigeres
vorzubringen habe, um sich zu erniedrigen für denjenigen,
welcher sich erniedrigt habe für uns bis zum Tode, das Königs-
reich England und Irland mit allen Rechten und Zu-
gehören Gott, dem Papste Innocenz III. und der römischen
Kirche zur Büßung seiner und seines ganzen Geschlechtes Sünden in Gegenwart Pandulfs übergab, um sie von Gott
und der römischen Kirche als Lehen zurück zu empfangen.
Als Zeichen der beständigen Lehenbarkeit versprach er,
unbeschadet des Peterspfennigs, jährlich 700 Mark für
England und 300 Mark für Irland je zur Hälfte am St.
Michaelsfeste und an Ostern der römischen Kirche zu entrichten.
Würde einer seiner Nachfolger diese Verbindlichkeit nicht mehr
anerkennen, so sollte er des Rechtes auf das Reich verlustig
gehen. Nachdem diese Urkunde, von dem Erzbischofe von Dub-
lin und einer Anzahl Barone unterzeichnet, Pandulf zur
Uebersendung nach Rom übergeben worden war, schwur der
König: „Ich Johann von Gottes Gnaden König von Eng-
land und Herr von Irland, schwöre von Stund an Treue
Gott und dem hl. Petrus, der römischen Kirche und meinem
Herrn, dem Papste Innocenz, und allen seinen katholischen Nachfolgern. Weder in Rath noch That, in Wort oder
Sinn soll es mir beikommen, daß sie Leben, Glieder oder Frei-

heit verlieren. Ihren Schaden will ich nach Wissen und Kräften verhindern und abwenden, Anschläge dagegen will ich ihnen entweder selbst oder durch Solche mittheilen, von denen ich mich versichert habe, daß sie es ihnen berichten werden. Rathschläge aber, welche sie entweder mir selbst, oder durch ihre Boten und Briefe anvertrauen, will ich geheim halten und zu ihrem Nachtheile Niemand eröffnen. Das Erbe des hl. Petrus und besonders die Reiche England und Irland will ich schützen und gegen Jedermann vertheidigen nach meinen Kräften. So wahr mir Gott helfe und sein heiliges Evangelium." Der Legat hielt sogleich an das Volk eine Rede, in welcher er die Aussöhnung des Königs mit der Kirche bekannt machte und den Großen im Namen des Papstes und bei Strafe des Bannes befahl, ihm gegen den König von Frankreich und alle auswärtigen Feinde beizustehen und mit ihm als gute Christen zu leben und zu sterben. Das Geld aber, welches ihm der König als Zeichen der Unterwürfigkeit gegeben hatte, trat er mit Füßen zum Verdruß und unter der Protestation des Erzbischofs von Dublin. — Dem Könige von Frankreich wurde jetzt von Seite des Papstes jeder Angriff untersagt, da demselben nur für den Fall erlaubt worden war, von England dauernd Besitz zu ergreifen, daß Johann in seiner Verstocktheit verharre. Und in der That hatte der Papst, nachdem er einmal als Oberlehensherr anerkannt war, die Pflicht, das Reich seines Vasallen in Schutz zu nehmen.

Mit großer Neugierde wurde der folgende Tag, das Himmelfahrtsfest, erwartet. Als Johann den Tag gesund und unverletzt zurückgelegt hatte, ließ er jenen Petrus an den Schweif eines Pferdes binden und von der Burg Corf, wo er gefangen gehalten worden war, bis nach Wareham schleifen und daselbst sammt dessen Sohne hängen. „Manchem schien es unwürdig," sagt der gleichzeitige Chronist Roger von Wendover, „eine so grausame Strafe für die Vorher-

sagung der Wahrheit zu verhängen; denn wer das soeben
Vorgefallene erwog, dem erwies es sich, daß der Wahr-
sager doch nicht die Unwahrheit gesagt hatte."

Aus Furcht vor dem Könige von Frankreich hatte
Johann seine Krone einem „fremden Priester zu Füßen gelegt", um sie als Vasall zurück zu erhalten, und sich damit
einer Demüthigung unterzogen, zu welcher er in dem Benehmen
seines Vaters gegen Papst Alexander III. zwar ein Vorbild
erkennen konnte, die aber dennoch bereits von den gleichzeitigen
Schriftstellern für schimpflich angesehen wurde. Nun fragte es
sich, welchen Weg Philipp August bei dieser unerwarteten Aenderung der Dinge einschlagen werde.

Kaum waren Pandulf die 8000 Pfund Sterling für die
vertriebenen Bischöfe eingehändigt worden, als er mit einem
Schreiben des Königs von England an den Papst,
worin dieser Nachricht gab, daß er die vorgelegte Uebereinkunft
ohne alle Aenderung angenommen habe und für die Zukunft
um Gewährung der apostolischen Gunst nachsuchte, nach dem
Festlande übersetzte und die verbannten Prälaten nach Mittheilung sämmtlicher Urkunden ohne Mühe zur Rückkehr nach England bestimmte. Als der Legat vor den König von Frankreich, welcher bereits zur Ueberfahrt gerüstet war, trat und
ihn ermahnte, von seinem Vorhaben abzustehen und sein Heer
zu entlassen, da Johann bereit sei, Gott und allen Befehlen
der Kirche sich zu unterwerfen; weßhalb nicht ohne Beleidigung
des Papstes England und dessen König mit Krieg überzogen
werden könne, erwiderte ihm Philipp im höchsten Zorne: Er
habe zur Ausrüstung der Schiffe und Waffen auf Befehl des
Papstes und zum Nachlasse der Sündenstrafen mehr als
60 000 Pfund verwendet. Freilich hätte der König von
Frankreich den Ermahnungen des Legaten kein Gehör gegeben, wenn nicht der Graf Ferrand von Flandern
unter allen Vasallen allein sich ihm widersetzt und vom Unternehmen gegen England abgelenkt hätte. Dieser erklärte, aus

Furcht, seinen Bund mit dem Könige von England brechen zu müssen, den Krieg gegen den Letztern für ungerecht und beschwerte sich, daß Philipp seine Städte und sein Erbe mit Unrecht in seiner Gewalt behalte. Ueber diese Rede erzürnt, ließ ihn der König sogleich von seinem Hoflager sich entfernen und schwur bei den Heiligen Frankreichs, entweder müsse Frankreich an Flandern oder Flandern an Frankreich fallen. Sogleich begann der Krieg gegen das reiche und mächtige Flandern, welches bis auf die neueste Zeit so oft die Eroberungslust des benachbarten Frankreichs gereizt hat. Von der Seinemündung lief die zahlreiche Flotte aus und fuhr links der Küste nach Damme, dem Hafen von Brügge, während Philipp mit dem Landheere Cassel, Ypern und Brügge eroberte und sich zur Belagerung von Gent, der reichsten Stadt des Landes, aufmachte. Mittlerweile aber erhielt Ferrand auf sein dringendes Gesuch von seinem Verbündeten in England unter dem Befehle Wilhelms Langschwert und einiger andern Großen 500 Schiffe und 700 Ritter mit vieler Mannschaft zu Pferd und zu Fuß zugesandt. Als sie den Hafen von Damme erreichten, fanden sie die französische Flotte, da sich fast das ganze Heer über das Land ergossen hatte, unbewacht. Mit leichter Mühe wurden 300 reichlich mit Waffen und Proviant versehene Schiffe erbeutet und nach England abgeführt und mehr als 100 verbrannt. Sogleich auf die Nachricht von diesem Unfalle brach Philipp von Gent auf, trieb die Engländer auf ihre Schiffe zurück, ließ sodann seine Schaaren das platte Land überall sengend und brennend durchziehen, brachte Gent und mehrere andere Städte in seine Gewalt, machte sich durch das hohe Lösegeld, welches er von den ausgelieferten Geiseln einzog, für die verlorenen Schiffe schadlos, zog hierauf aus Frankreich, wohin er zurückgekehrt war, zum zweiten Male nach Flandern und bemächtigte sich nach Eroberung der festen Plätze des ganzen Landes.

König Johann war darüber erfreut, daß er durch den

Krieg in Flandern von einem Einfall der Franzosen verschont
blieb. Er hatte seinen Soldaten in Flandern eine große Geldsumme geschickt und sie auf den Beistand des Kaisers Otto
hingewiesen, an welchen er den 25. Juli eine Gesandtschaft
hatte abgehen lassen. Schon hatte er zu Portsmouth sein Heer
zur Ueberfahrt nach Poitou versammelt, damit der König von
Frankreich von Westen und Osten zugleich bedrängt werde.
Schon glaubte man den Zeitpunkt nahe, da er die verlorenen
Länder wieder auf einmal gewinnen könne, als ihm die englischen Großen die Heeresfolge versagten, bis er vom Banne
gelöst sei. Johann sandte daher den 24. Mai an den Erzbischof und die verbannten Bischöfe Sicherheitsbriefe, welche
zur Entfernung alles Verdachtes mit der Unterschrift des Erzbischofs von Dublin, der Bischöfe von Winchester und Norwich
und von neun Baronen begleitet waren. Als er den 16. Juli
ihre Ankunft erfuhr, eilte er ihnen von Portsmouth, wo seine
Flotte lag, entgegen, warf sich ihnen mitten auf der Heer-
straße, wo er ihnen begegnete, zu Füßen und beschwor sie
unter Thränen, mit ihm und seinem Reiche Erbarmen zu haben.
Gerührt über diese Erniedrigung des Königs, hoben sie ihn
weinend von der Erde auf und geleiteten ihn bis zu der Thüre
der Cathedrale zu Winchester. Im Capitel wurde er unter
Absingung des fünfzigsten Psalmes in Gegenwart aller Großen
von dem Banne losgesprochen. Dabei schwur er auf die Evangelien, die Kirche zu leiten und zu schützen gegen alle ihre
Widersacher nach Kräften, die guten Gesetze seiner Vorfahren,
besonders des Königs Eduard, wieder einzuführen und die
schlechten abzuschaffen, sowie allen seinen Unterthanen vor seinem
Gerichtshofe ihr Recht zu willfahren. Bis nächste Ostern versprach er vollen Schadenersatz zu leisten bei Strafe des Rück-
falls in den Kirchenbann. Zugleich wiederholte er den Lehenseid gegen den Papst. Jetzt führte ihn der Erzbischof in
die Kirche und feierte die Messe. Nach deren Beendigung saß
er fröhlich mit den Erzbischöfen, Bischöfen und weltlichen Großen

an der Tafel. Am folgenden Tage wurde allen Sheriffs auf=
getragen, auf den 4. August vier rechtskräftige Männer aus
jeder Grafschaft nach St. Albans zu entbieten, um durch sie
und andere Bevollmächtigte den den Bischöfen und Stiftern
zu ersetzenden Schaden erheben zu lassen. Es eilten von allen
Seiten Adelige herbei, welche wegen ihrer Theilnahme an der
Schuld des Königs Gewissensbisse fühlten, um sich von ihren
Bischöfen lossprechen zu lassen. Da der Papst sich die Ab=
solution der Geistlichen vorbehalten hatte, begab sich der Bischof
von Norwich mit einigen Geistlichen und Hofbeamten nach
Rom. Doch wurde ihnen die Absicht untergeschoben, des Pap=
stes Milde in Beziehung auf die Leistung der Genugthuung
anzuflehen.

Nachdem Johann vom Bann gelöst war, wollte er
seinen Entschluß, von Portsmouth nach Poiton überzusetzen,
in Ausführung bringen. Da erschienen vor ihm viele Ritter
mit der Klage, unter dem lange anhaltenden Warten hätten sie
ihr Geld verbraucht. Sie könnten ihm daher nur folgen, wenn
er ihnen den nothwendigen Unterhalt gewähre. Als nun auch
die Barone Northumberlands erklärten, sie seien nicht verpflichtet,
über das Meer zu ziehen, fuhr er mit seinem Gefolge nach
der Insel Jersei, sah sich aber nach drei Tagen, weil allein
gelassen, zur Rückkehr nach England gezwungen. Schon hatte
er seine Söldner um sich in Bereitschaft, um die widerspänsti=
gen Barone zu züchtigen, als der Erzbischof von Canter=
bury vor ihm erschien und ihn erinnerte, daß es eine Ver=
letzung seines Eides wäre, wenn er gegen einen seiner Lehens=
leute Krieg erhöbe, ohne ihn vorher vor das Gericht seiner
Standesgenossen gezogen zu haben. Polternd fuhr ihn der
König an, er werde die Geschäfte des Reiches wegen des
Erzbischofs, welchen die Angelegenheiten der Laien nicht berühr=
ten, nicht aufschieben. Voll Wuth brach er am folgenden Tage
in aller Frühe auf und eilte nach Nottingham. Auch hieher
folgte ihm der Erzbischof und drohte Jeden, der vor Auf=

hebung des Interdicts gegen Jemand im Lande die Waffen
führe, mit Ausnahme des Königs, mit dem Banne zu belegen.
Der Erzbischof brachte den König auf diese Weise von sei=
nem Vorhaben vorerst ab und wich nicht von demselben, bis
er den Baronen einen Tag zur Verantwortung bestimmte. Am
4. August fand unter dem Vorsitze des Bischofs von Norwich
und Gottfried Fitz=Peters, Grafen von Essex, welche Johann
zu Reichsverwesern eingesetzt hatte, der Tag zu St. Albans
besonders zur Durchführung des Reichsfriedens, am 25. August
eine Versammlung weltlicher und geistlicher Großen in der
St. Paulskirche zu London statt. Nachdem der Erzbischof
hier eine Rede gehalten, in welcher er durch eine Stimme aus
den Zuhörern frevelhaft unterbrochen worden war, und Jeden
zur Angabe des ihm zugefügten Schadens aufgefordert hatte,
soll er einige Vornehme des Reichs beiseite genommen und
ihnen insgeheim erklärt haben, sie hätten gehört, wie er bei
der Absolution den König zur Leistung des eidlichen Ver=
sprechens genöthigt habe, die schlechten Gesetze abzuschaffen und
die guten, insbesondere die des Königs Eduard, wieder einzu=
führen. Er habe nun eine Urkunde Heinrichs I. gefunden,
durch welche sie wieder in den Besitz der alten Freiheiten ge=
langen könnten. Als diese verlesen war, bezeigten die Barone
laut ihre Freude und schwuren für diese Freiheiten im Noth=
falle bis in den Tod zu kämpfen. Der Erzbischof aber
sagte ihnen seine treueste Hilfe zu. Nachdem so eine Ver=
bindung unter ihnen abgeschlossen war, wurde die Ver=
sammlung aufgelöst.

Unter solchen Umständen erlitt der König einen um so
größern Verlust durch den Tod des Großrichters Gott=
fried Fitz=Peter, welcher in demselben Jahre 1213 starb.
Dieser, ein Mann von tüchtiger Kenntniß des Rechts und
reicher Erfahrung, durch Blutsverwandtschaft und Freundschaft
mit allen Großen des Reiches eng verbunden, war von Jo=
hann sehr gefürchtet. Als man ihm die Nachricht von seinem

Tode überbrachte, sagte er lachend: „Wenn er in die Hölle
kommt, möge er den Erzbischof von Canterbury grüßen; denn
er werde ihn ohne Zweifel dort antreffen." Zu den Umstehen=
den aber sagte er: Jetzt erst sei er König und Herr von Eng=
land. Daher verlor er denn von nun an, sich selbst überlassen,
allen Halt. Den Erzbischof Stephan von Canter=
bury, wie überhaupt alle unabhängigen und freimüthigen
Charaktere, haßte er wie Viperngift. Dieß ist nicht zu ver=
wundern, wenn er, wie erzählt wird, die Auferstehung der
Todten und andere christliche Glaubenslehren läugnete. Als
einmal bei einer Jagd ein fetter Hirsch vor seinen Augen aus=
geweidet wurde, rief er lachend aus: „Wie glücklich hat doch
dieser gelebt, da er noch nie eine Messe gehört!" Ob er jedoch
damals oder einige Jahre früher dem Emir Almumenin der
Almohaden in Afrika um den Preis seiner Hilfe den Uebertritt
zum Islam und die Lehensherrschaft angeboten habe, bleibt bei
all seiner Charakterlosigkeit immerhin zweifelhaft.

Innocenz hatte Johann bereits den 6. Juli seine
Freude über den bisherigen Gang der Angelegenheiten in Eng=
land bezeugt: der heilige Geist selbst habe es ihm eingegeben,
sein Reich der Kirche zu unterwerfen. Er versprach ihm, um
das Werk zur Vollendung zu bringen, den in seine Willens=
meinung eingeweihten Cardinalbischof Nikolaus mit
ausgedehnten Vollmachten an ihn abzusenden. Dem Erzbi=
schofe von Canterbury und den geistlichen und welt=
lichen Großen wurde er als Engel des Friedens empfohlen
und ihnen aufgegeben, dem Könige, der nun Vasall der
römischen Kirche geworden sei, unbedingt die schuldige Treue
zu leisten. Auch der König von Frankreich wurde er=
mahnt, den Bemühungen des Legaten um Herstellung des Frie=
dens ein geneigtes Gehör zu schenken.

Am St. Michaelsfeste langte Nikolaus mit einem Schrei=
ben an den Erzbischof an und wurde auf's Glänzendste
empfangen. Alsbald wurde zu London auf einem Concil

in Gegenwart des Legaten und des König s drei Tage lang
über die Entschädigungssumme verhandelt. Der König bot
100 000 Mark an und wollte sich eidlich verbindlich machen,
bis Ostern, wenn Jemand sich dadurch nicht befriedigt finden
würde, vollen Ersatz zu leisten. Der Legat wurde über das
Zaudern der Bischöfe, den Vorschlag anzunehmen, unwillig und
gab so zu dem Verdachte Anlaß, daß er mehr als billig für
den König Partei nehme. Dieser dagegen vernahm es nicht
ungern, daß die Bischöfe Verzug verlangten, um die ihnen
schuldige Summe genau bestimmen zu können. Am folgenden
Tage erneuerte der König die Unterwerfungsceremonie, ent-
richtete zum ersten Mal die Lehengebühr und stellte noch einmal
eine, dießmal mit einer Goldbulle versehene Unterwerfungs-
urkunde aus. Während nach einander zu Wellingford und Reading abermals wegen Wiedererstattung des Kirchenguts verhandelt wurde, waren des König s Gesandte in Rom
mit um so größerem Erfolge thätig. Johann erhielt das
Recht, daß seine Kapelle fürderhin nur von dem apostolischen
Stuhle selbst mit dem Banne belegt werden dürfe. Die Lehens-
urkunde wurde in einer eigenen Bulle bestätigt. Der Erzbischof und die Bischöfe erhielten den Befehl, die gegen
den König erlassenen päpstlichen Schreiben sogleich nach Aufhebung des Interdicts, welche als nahe bevorstehend verkündet wurde, zu zerhacken und zu verbrennen, alle Verbindungen aus der Zeit der Spaltung zwischen dem Priesterthume
und Königthume sollten aufgelöst werden. Würden die Geistlichen die angebotenen Entschädigungsgelder nicht annehmen,
so sollten dieselben zu dem bevorstehenden Kreuzzuge, dessen
Betreibung in England dem Legaten besonders empfohlen ward,
verwendet werden. In einem weiteren Schreiben erhielt der
Letztere den Auftrag, die erledigten Bisthümer und Abteien
in Uebereinstimmung mit dem König mit diesem treu ergebenen,
durch Unbescholtenheit und Wissenschaft hervorragenden Männern
zu besetzen, Widerspenstige dagegen mit geistlichen Strafen zu

belegen. Leider gebrauchte der Legat diese unbeschränkte Voll=
macht nicht nach der Absicht des überall nur das Wohl der
Kirche bezweckenden Papstes und jedenfalls nicht nach dem
Wunsche und zur Zufriedenheit der anglicanischen Geistlichkeit.
Man tadelte an ihm, daß er überall nur nach dem Willen des
Königs handle, statt sich mit den Prälaten in's Einvernehmen
zu setzen, die Unwürdigsten befördere, diejenigen, welche an den
Papst appellirten, suspendire und ihnen nicht einmal aus
ihrem Eigenthume das Reisegeld mitzunehmen gestatte. Im
Einverständnisse mit seinen Suffraganen, mit denen er sich im
Januar 1214 zu Dunstaple berathen, ließ Erzbischof Stephan
bei dem Legaten durch zwei Kleriker unter Berufung an den
apostolischen Stuhl Einsprache erheben, daß er nicht ferner unter
Mißachtung seiner Metropolitanrechte Prälaten an erledigte
Stellen setze. Der Legat aber sandte den Meister Pandulf
sogleich nach Rom, um den englischen Bischöfen zuvorzukommen.
Dieser schwärzte den Erzbischof bei dem Papste
an, während er des Königs Demuth und Mäßi=
gung mit den lebhaftesten Farben schilderte. Um=
sonst waren die Vorstellungen, welche des Erzbischofs Bruder,
Meister Simon Langton, geltend machte. Die Goldbulle
und die Versicherung Pandulfs, daß der Erzbischof und die
Bischöfe hinsichtlich der Genugthuung für den während des
Interdicts erlittenen Schaden zu genau und zu geizig seien,
erhielten das Uebergewicht. Die Anklage wegen der Habgier
der Bischöfe mußte um so fruchtbareren Boden finden, als der
Papst selbst die Erfahrung gemacht hatte, daß dieselben dem
römischen Stuhle von dem jährlichen Peterspfennige
nur 300 Mark zusandten, dagegen mehr als 1000 Mark unter
sich vertheilten. Der Legat erhielt daher auch Befehl, in dieser
Angelegenheit unter Androhung von Strafen größere Gewissen=
haftigkeit einzuschärfen. Auch die Aufhebung des Inter=
dicts wurde jetzt von dem Papste betrieben. In einem Schrei=
ben vom 24. Januar 1214 an den Legaten wurde die Ent=

schädigungssumme auf 100 000 Mark festgesetzt. Vielleicht wirkten auch nach dieser Seite hin nicht bloß die königlichen Gesandten, sondern auch Pandulf zu Gunsten Johanns.
Wenigstens erhielt Nikolaus ein zweites Schreiben, welches
obige Summe auf 40 000 Mark ermäßigte. Diesem gemäß
berief der Legat, welcher damals Staat und Kirche
in England regierte, eine allgemeine Versammlung in
die St. Paulskirche, um die Geldangelegenheit endlich einmal
in Erledigung zu bringen. Nach Abzug der 12 000 Mark,
welche Pandulf an die Bischöfe nach Frankreich überbracht
hatte, und der 15 000, welche später zu Reading an sie ausbezahlt
worden waren, blieben noch 13 000 zu ersetzen. Nachdem die
Bischöfe von Winchester und Norwich sich für diese Summe
verbürgt hatten, wurde das Interdict den 2. Juli von
dem Legaten aufgehoben, welches sechs Jahre,
drei Monate und vierzehn Tage „zum unersetzbaren
Schaden für die Kirche im Geistlichen und Zeitlichen" gewährt
hatte. Im ganzen Lande ertönte nun Glockenschall und freu-
diges Te Deum. Nun aber erschienen vor dem Legaten
Aebte und Prioren, Templer und Johanniter, Aebtissinnen und
Nonnen, Kleriker und Laien in unzähliger Menge und verlangten Genugthuung. Auch auf ihnen habe, wenn sie gleich
nicht aus dem Lande gewichen seien, der Druck des Königs
und seiner Beamten zum großen Schaden für Leib und Habe
gelastet. Der Legat erwiderte auf ihre Beschwerden, ihrer
geschehe in dem päpstlichen Schreiben keine Erwähnung, er
könne seine Vollmacht nicht überschreiten. Er stellte ihnen jedoch
anheim, bei dem römischen Stuhle Klage zu erheben.

Wenden wir nun unsern Blick auf das Festland, wo sich
inzwischen Dinge vorbereiteten, welche auch auf Eng-
land von entscheidendem Einflusse wurden.
Ungeachtet seines in der letzten Zeit eingegangenen innigen
Verhältnisses zu dem römischen Stuhle, war Johann mit
Otto IV. und den Grafen von Flandern und Toulouse,

welche Beide ihn in England besuchten, gegen den König
von Frankreich in den Bund getreten. Für ihn knüpfte
sich daran die Hoffnung, die verlorenen Provinzen
auf dem Festlande wiederum zu gewinnen und zugleich
seinen Neffen gegenüber dem Hohenstaufen Friedrich II.
auf dem beinahe umgestürzten Kaiserthrone zu befestigen. Freilich mußte diese Verbindung mit seinem Hauptfeinde, dem gebannten und abgesetzten Kaiser, die höchste
Mißbilligung des Papstes finden. Doch waren
dessen Bemühungen, ihn von dem Bündnisse mit dem Kaiser
abzuziehen und zwischen ihm und dem Könige von Frankreich zu vermitteln, ohne Erfolg. Nachdem Johann an
die Stelle des verstorbenen Fitz-Peter den Bischof von Winchester zur großen Unzufriedenheit des Landes zum Statthalter
und Großrichter ernannt und das Reich dem Schutze
Gottes, des Papstes und des Legaten Nikolaus anvertraut, schiffte er sich den 2. Februar mit
seiner Gattin und seinem Sohne Richard nebst einem großen
Schatze und Heerhaufen nach la Rochelle ein. Zuerst versicherte
er sich Poitous, dann zog er in die Bretagne. Schon hatte
er einige kleine Vortheile gewonnen, als er vor Philipps
Sohne Ludwig, welcher mit Heeresmacht gegen ihn heran-
zog, mit Zurücklassung des Lagers und Aufgebung der gewonnenen Festungen nach la Rochelle zurückeilte. Für den König
von Frankreich war das Mißlingen des Plans seines
Gegners, welchen derselbe mit dem Grafen Ferrand von
Flandern, dem Sohne des Königs Sancho von Portugal und
Gemahl der Johanna, der ältesten Tochter des Kaisers Balduin von Romania, verabredet hatte, von sehr wichtigen Folgen. Es befreite ihn von der Gefahr, zu gleicher Zeit von Nordwesten und Nordosten angegriffen und durch die Uebermacht erdrückt zu werden. Ohnehin war das vereinigte Heer der
Engländer, Niederländer und Deutschen, mit
welchem er bei Bouvines, einem Flecken am Flüßchen Marque,

den 27. Juli 1214 an einem Sonntage zusammenstieß, an
Zahl weit überlegen. Zum Oberbefehlshaber
über die 30000 Mann starken englischen Truppen hatte Jo=
hann seinen Halbbruder, Wilhelm Langschwert, Grafen von
Salisbury, ernannt. Der Graf Ferrand von Flandern
befehligte das Aufgebot der reichen Städte seines Landes. Dem
Kaiser Otto zur Seite standen sein Bruder Pfalzgraf Hein=
rich und eine Reihe tapferer Grafen und Ritter. Aber auch
im Heere Philipps hatte sich eingefunden, was Frankreich
an tapfern Männern aufzuweisen hatte. Selbst Bischöfe, Aebte
und andere Geistliche hatten sich demselben beigesellt. Den
Bischof Philipp von Beauvais hatten weder des
Papstes ernste Ermahnungen, noch lange Gefangenschaft ab=
geschreckt. Statt des Schwertes führte er den Streitkolben,
um, wie er sagte, nicht den Geboten der Kirche zuwider Blut
zu vergießen. Das Bewußtsein, welch wichtige Interessen auf
dem Spiele standen, aber auch der Begierde der Privatrache
vollen Zügel zu lassen, feuerten besonders die hervorragenden
Kämpfer zur Tapferkeit an. Schon war ein deutscher Lands=
knecht auf den König von Frankreich eingedrungen und
hatte ihn an einer Oeffnung zwischen dem Panzer und Hals=
kragen mit seinem Hacken gefaßt und vom Pferde gerissen, als
derselbe, durch seine gute Rüstung vor Verletzung geschützt,
durch die Emporhebung der Oriflamme von den herbeigeeilten
Kriegern wieder befreit wurde. In ähnliche Gefahr gerieth
Kaiser Otto. Als er wie ein Wüthender mit seinem schweren
einschneidigen Schwerte um sich hieb, fiel ihm ein Franzose in
die Zügel und ein Anderer führte einen Streich auf seine
Brust. Dieser, sowie ein zweiter glitt ab an seinem festen
Harnische; aber mit seinem tödtlich verwundeten Pferde stürzte
Otto zu Boden. Durch den tapfern Bernhard von Horstmar
wurde ihm vor den Nachsetzenden die Flucht gesichert. Den
Anführer der Engländer, Grafen von Salisbury, streckte der
Bischof von Beauvais mit seiner Keule zu Boden. Um

nicht als Geistlicher Hand an ihn zu legen, ließ er ihn durch
einen seiner Dienstleute fesseln. Unter den Niederländern that
sich Graf Reinhold von Boulogne hervor, dessen außerordentliche Leibesgröße noch durch zwei seinen Helm überragende
Wallfischbarten erhöht wurde. Er hatte vorgeschlagen, aus
Ehrfurcht vor dem Sonntage den folgenden Tag zur Schlacht zu
wählen und war deßhalb ein Verräther gescholten worden. Aber
während seine Umgebung bereits die Flucht ergriffen, hielt er
noch immer Stand, entschlossen, sein Leben so theuer als möglich
zu verkaufen. Schon war er mit seinem Pferde zu Boden
gestürzt, und ein Fußknecht, der ihm den Helm abgerissen,
stand im Begriff, ihm den Todesstoß zu geben, als er in der
Nähe Philipp Augusts den Kanzler Meister Guarin, erwählten Bischof von Senlis, erkannte und sich seiner Gnade
anvertraute: lieber wolle er sich dem Gerichtshofe des Königs
unterwerfen, als durch die Hand eines Knechtes sterben. Gegen
Abend war das verbündete Heer von dem Schlachtfelde verschwunden. Bloß 700 Brabanter waren aus des Kaisers
Centrum stehen geblieben. Als Philipp eine Heeresabtheilung gegen sie absandte, ließen sie sich nach tapferer Gegenwehr
beinahe bis auf den letzten Mann niedermachen.

So endigte die große erfolgreiche Schlacht bei
Bouvines mit dem glänzendsten Siege für den
König von Frankreich. Philipp machte sich dieses
Glückes durch Mäßigung und Milde gegen die Gefangenen
würdig. Er schonte ihr Leben, obwohl viele als seine Lehensleute dasselbe durch ihren Hochverrath verwirkt hatten. Am
wenigsten Anspruch auf seine Gnade hatte der Graf von
Boulogne. Noch von dem Schlachtfelde hinweg hatte er
Otto durch einen Boten auffordern lassen, sich nach Gent
zu begeben und mit Hilfe der dortigen Bürger den Krieg auf's
Neue zu beginnen. Am dritten Tage nach der Schlacht begab
sich der König in den Thurm zu Bapaume, wo die Grafen
von Flandern und Boulogne gefangen lagen, und machte

dem Letzteren wegen seiner vielfachen Treulosigkeit und Undank=
barkeit Vorwürfe. Nichtsdestoweniger wollte er ihm das ge=
gebene Wort nicht brechen. Mit einer künstlich ausgearbeiteten
Kette an einen schweren Block geschlossen, den zwei Menschen
kaum bewegen konnten, mußte er zwölf Jahre zu Peronne im
Gefängnisse zubringen. Der Graf von Flandern aber
wurde im Triumphe unter dem Spotte des Volkes nach Paris
geführt und im Louvre gefangen gehalten.

Als Johann in Partinay, 17 Meilen von London ent=
fernt, die Kunde von der Niederlage der Verbündeten erhielt,
soll er ausgerufen haben: „Seit ich mich mit Gott ausgesöhnt
und mich und mein Reich wieder der römischen Kirche unter=
worfen habe, fällt Alles zu meinem Unglücke aus.“ Er hatte
seine Kräfte erschöpft, 40 000 Mark, welche er während des
Interdicts allein den Cisterciensern abgepreßt, unnütz ver=
schwendet und hatte nun weder den Muth, noch die Macht, das
Kriegsglück abermals auf die Probe zu stellen. Er ließ daher
durch den Grafen von Chester und den im südlichen Frankreich
weilenden Cardinallegaten Robert Curzon einen Waffen=
stillstand vermitteln, welcher bald in einen bis Ostern 1220
geltenden Frieden verwandelt wurde. Der Kriegsgefangenen,
so sehr war Johann erniedrigt, wurde in demselben nicht im
Mindesten gedacht. Philipp blieb im Besitze alles Landes
bis an die Loire; die englische Herrschaft auf dem Festlande
war auf Poitou und Guienne beschränkt, und auch hier machte
der König von Frankreich seine Oberherrschaft in kräf=
tiger Weise geltend.

Noch unheilvoller war für Johann der Rück=
schlag, welchen der unglückliche Ausgang des Kampfes in
England selbst hervorbrachte. Zu der bisher unter dem
Adel und der Geistlichkeit bestehenden Unzufriedenheit über
Johanns Willkürherrschaft und Gewaltthätigkeit und des
Reiches Unterwerfung unter einen fremden Oberherrn kam nun
noch die Verachtung wegen seiner Schwäche und Feigheit.

Jetzt schien der Zeitpunkt gekommen, dem macht- und ruhm-
losen König die Wiederherstellung der alten Freiheiten abzupressen. Auch den Papst hatten die Unzufriedenen für ihren Plan zu gewinnen gesucht. Dieser aber ermahnte sie zur Treue gegen den König und zum Aufgeben
aller Verbrüderungen und Verschwörungen. Als nun Johann
nach seiner Rückkehr in England die Entrichtung des Schildgeldes von denjenigen, welche nicht in den Krieg gefolgt waren,
verlangte, wurde ihm dasselbe vielfältig, besonders von dem
Adel Northumberlands und der benachbarten Grafschaften verweigert. Den 20. November kamen die Gleichgesinnten unter
dem Vorwande, an dem Feste des hl. Eduard theilzunehmen,
in der Abtei St. Eduard zusammen. Sie brachten hier unter
besonderer Bezugnahme auf die Urkunde Heinrichs I. die
Gegenstände ihrer Beschwerden, besonders den Kriegsdienst außer
Landes, die vielen ungesetzlichen Auflagen, die Herbeiziehung
fremder Söldner und die Ertheilung von Lehen und Würden
an Auswärtige, zur Darstellung und schwuren nach einander,
dem Könige, wenn er ihre Forderungen nicht bewillige, die
Treue aufzukündigen und eine dieselben bekräftigende Urkunde
mit Waffengewalt abzuzwingen. Auf Weihnachten wollten sie
vor Johann erscheinen, inzwischen aber sich zum Kampfe
rüsten. Der König, welcher das Weihnachtsfest zu Worcester
feierte, hatte wahrscheinlich von den Anschlägen des Adels vernommen. In Eile brach er daher nach London auf und schloß
sich in den Tempel ein. Am heiligen Dreikönigsfeste traten
die Barone vor ihn „mit trotzigem Waffengepränge“, um ihren
Forderungen, er möge die Gesetze Eduards des Bekenners und
die Charta Heinrichs I. bestätigen, größeren Nachdruck zu geben.
Johann wies sie zuerst ab und verlangte sogar ein schrift-
liches Versprechen, niemals solche Forderungen erneuern zu
wollen. Als mit Ausnahme des Bischofs von Winchester, des
Grafen von Chester und des Ritters Wilhelm Brewer Alle
standhaft blieben, erklärte er sich bereit, bis Ostern Antwort

zu ertheilen. Unter Gewährleistung des Erzbischofs von Canterbury, des Bischofs von Ely, des Grafen Wilhelm Pembroke
für das Wort des Königs wurde der letztere Vorschlag nach
langem Hin- und Herreden angenommen.

Johann wollte nun die gewonnene Zeit so weit als möglich zu seiner Vertheidigung benützen. Er beschloß, die
Geistlichen von den Baronen zu trennen und auf seine Seite
zu ziehen. In dieser Absicht stellte er den 15. Januar 1215
zu Gunsten derselben eine Urkunde aus, welcher zufolge an den
erledigten Dom-, Collegiat- und Klosterkirchen die Wahl ungehindert stattfinden und den Erwählten nur aus gesetzlichen
Gründen die königliche Bestätigung vorenthalten werden sollte.
Nach diesem wollte er in allen Grafschaften durch seine Sheriffs die freien Leute sich Treue und Beistand gegen Jedermann
schwören lassen. Aber der Beisatz: „auch gegen jene Urkunde"
erregte Unzufriedenheit, so daß man von demselben abstehen
mußte. Daher erwies sich dieses Mittel als fruchtlos. Dagegen nahm der König aus den Händen des Bischofs von
London (2. Februar) das Kreuz, um sich der Sicherheit
halber des Privilegiums der Kreuzfahrer theilhaftig zu machen. Außerdem wandten sich sowohl Johann
als seine Gegner nach Rom, um den päpstlichen Beistand zu
erbitten. Die Gesandtschaft der Barone bat den heiligen Vater
als Oberlehensherrn, den König durch Ermahnungen
und, wenn es nöthig wäre, durch Zwang zur unverletzlichen Beobachtung der alten verbrieften Rechte anzuhalten. Umsonst
wiesen sie darauf hin, wie sie die frühern päpstlichen Gebote
gegen den König unerschrocken befolgt hätten, während dieser nur aus Furcht sich der Oberherrschaft der römischen Kirche
unterworfen habe. Innocenz glaubte die Sache seines Vasallen gegen die gewaltthätigen Forderungen der Barone in
Schutz nehmen zu müssen. Er gebot dem Erzbischofe von
Canterbury, die Sache friedlich beizulegen; die Barone
aber ermahnte er zur Mäßigung, indem er seine Vermittlung

anbot. Zugleich erklärte er alle seit dem Vertrage von Dover geschlossenen Verbindungen für nichtig und verbot bei S t r a f e d e s B a n n e s , neue zu schließen. Doch fanden diese Worte des P a p s t e s kein Gehör. Die Barone erhielten den Bericht ihrer Gesandtschaft, als sie eben mit 2000 Rittern, vielen Knappen und Reisigen sich in der Nähe von Stamford befan= den, entschlossen, von nun an Gewalt zu gebrauchen, da der K ö n i g ihnen von dem benachbarten Oxford aus harte Worte hatte sagen lassen. J o h a n n wich der Zusammenkunft mit ihnen aus, sandte jedoch den E r z b i s c h o f S t e p h a n und den Grafen Pembroke (der Bischof von Ely war inzwischen gestorben) an sie ab, um sich über ihre Forderungen genauer zu erkundigen. Die Barone übergaben ihnen eine Urkunde mit dem Bemerken, daß, wenn nicht die Unterschrift alsbald erfolge, sie ihn mit Waffengewalt dazu zwingen würden. Als J o h a n n die Punkte nach einander vorgelesen worden, rief er aus: „Warum verlangen sie nicht mein Reich? Sehr thö= richt, eitel und grundlos sind ihre Forderungen," und schwur in heftigem Zorne, ihnen niemals solche Forderungen zu be= willigen, die ihn zum Sklaven machen würden. Man muß gestehen, daß das nun folgende Benehmen des K ö n i g s den schwierigen Verhältnissen angemessen und ihm des P a p s t e s Gunst zu gewinnen noch mehr geeignet war. Er verwies die Barone an den P a p s t als Oberlehensherrn und erklärte sich bereit, nicht bloß die unter seinem Bruder Richard aufgekom= menen Mißbräuche aufzuheben, sondern auch alle hinsichtlich der Regierung seines V a t e r s erhobenen Beschwerden untersuchen zu lassen. Die Barone verwarfen dieses Anerbieten, auf un= bedingter Annahme ihrer Forderungen bestehend. Als nun des K ö n i g s R a t h g e b e r P a n d u l f und der Bischof von Exeter von dem E r z b i s c h o f e S t e p h a n verlangten, er solle gemäß dem päpstlichen Befehle die Excommunication über die Widerspenstigen verhängen, erwiderte dieser: er kenne des P a p s t e s Absichten besser und werde den Bann dann erst verkünden, wenn der König die fremden Truppen aus dem Land entfernt habe. Das Mißtrauen in Johanns Treulosigkeit und Arglist bewog die Barone, auch einen weitern Vorschlag, daß der ganze Streit einem Schiedsgerichte anvertraut werden solle, abzuweisen. Sie sagten dem Könige den Gehorsam auf, erklärten sich für das Heer Gottes und seiner heiligen Kirche, erwählten Robert Fitz-Walter zum Befehlshaber und schritten zur Belagerung der von Fremden besetzten Burg zu Northampton. Von allen Seiten strömten Kriegslustige herbei, manche bloß der Beute halber oder als Freunde von Aufruhr und Neuerung. Glücklicher als vor Northampton, welches vierzehn Tage lang vergeblich berannt ward, waren die Verbündeten vor Bedford. Eben wurden hier die Thore geöffnet, als sie von dem Rathe zu London die Einladung erhielten, vor den Mauern der genannten Stadt zu erscheinen. Sogleich brach eine Heeresabtheilung auf und besetzte nach einem die ganze Nacht hindurch dauernden Marsche Sonntags, den 17. Mai, noch vor Tagesanbruch, als die Bevölkerung zum Frühgottesdienste versammelt war, die Hauptstadt. Die Königlichgesinnten unter den Einwohnern sowie die Juden wurden ausgeplündert und der Adel in den Provinzen durch Ausschreiben zur Theilnahme an der heiligen Sache aufgefordert. Die Drohung, daß Jeder, der nicht zu ihnen stoße, als ein öffentlicher Feind werde behandelt werden, trieb Viele in ihr Lager. So verbreitete sich der Aufruhr durch das ganze Land. Der Rechtsgang wurde unterbrochen und die Einkünfte begannen bereits zu versiegen.

Dem Könige konnte die Gefahr, in welcher seine Krone schwebte, nicht entgehen; er sah keinen andern Ausweg, als sich der Nothwendigkeit der Verhältnisse zu fügen und die Forderungen seiner Gegner zu bewilligen. Wie hätte ein solcher Schritt bei ihm auch Bedenken erregen können, nachdem er sich bereits einigemal so tief erniedrigt, und außerdem durch lange

Uebung eine große Meisterschaft in der Kunst der Verstellung erworben hatte? Während er daher im Stillen fortfuhr, fremde Söldner an sich zu ziehen, trat er wegen eines Waffenstillstandes in Unterhandlung und erklärte sich bereit, ihre Forderungen anzunehmen; während er Versöhnlichkeit heuchelte, trug er sich mit Racheplänen um. Zu Runnymeade auf einer an der Themse zwischen Staines und Windsor gelegenen Wiese, einem schon von altersher gebräuchlichen Versammlungsorte, kamen die Parteien den 15. Juni verabredetermaßen zusammen. Dem verbündeten Adel auf der Wiese gegenüber befand sich der König auf einer kleinen Insel; seine Umgebung bildeten die Erzbischöfe von Canterbury und Dublin und sieben Bischöfe, Pandulf, der Templermeister, sammt einer Anzahl Edelleute. Doch konnte er nicht einmal auf die Treue aller dieser seiner Rathgeber rechnen. Ueber die Gesinnung des Erzbischofs Stephan insbesondere konnte kaum ein Zweifel obwalten. Nach langem Hin- und Herreden überreichte endlich dieser dem Könige eine die Forderungen der Barone enthaltende Urkunde zur Unterschrift. Obwohl das Mittelalter nicht arm an ähnlichen Aktenstücken ist, so hat diese sogenannte große Urkunde sie alle verdunkelt, und ist derselben neuerdings als „ehrwürdiger Ahnfrau und Stammmutter" der heutigen europäischen Verfassungen eine Bedeutsamkeit beigemessen worden, welche ihr an und für sich nicht zukommt [1].

---

[1] „In der Charta," sagt Ranke, „maßten sich die Barone sogar eine Zwangsgewalt über den König an, was dann nebst anderen größern Ansprüchen unter Heinrich III. beseitigt ward. Nicht die ursprüngliche Magna Charta Johanns, sondern die unter Heinrich III. erneuerte ist die Grundlage der englischen Freiheiten. Die Magna Charta blieb ein Vertragsentwurf, über dessen Vollzug Jahrhunderte hindurch gestritten werden sollte." Vgl. Hergenröther, Katholische Kirche und christlicher Staat in ihrer geschichtlichen Entwicklung ꝛc. S. 243 ff.

Durch den von den Königen wiederholt gegen sie versuchten Widerstand wurden die Engländer gewöhnt, sie als Grundlage der Freiheit zu betrachten. Aber nirgends ist in derselben die Rede davon, neues Recht zu schaffen, oder überhaupt das Verhältniß des Königs und seiner Vasallen, oder dieser in ihren verschiedenen Abstufungen unter einander auf eine eigenthümliche Weise festzusetzen. Vielmehr handelte es sich bloß darum, das in dem Abendlande allgemein herrschende und den damaligen Verhältnissen entsprechende Feudalsystem von seinen Auswüchsen zu reinigen und die seit Wilhelm dem Eroberer in Folge fürstlicher Willkürherrschaft eingeschlichenen Mißbräuche aufzuheben, sowie die Gefahr vor deren Rückkehr abzuschneiden. Folgende sind die wichtigsten Bestimmungen derselben:

1) Zuerst verspricht der König, alle alten Rechte und Freiheiten der anglicanischen Kirche unversehrt zu erhalten, indem er ausdrücklich auf die Wahlfreiheit hinweist, welche er derselben noch vor Ausbruch des Streites mit den Baronen unter Zustimmung des Papstes bewilligt habe.

2) Es war für die Könige während der letzten Regierungen eine Quelle des Einkommens gewesen, daß sie die Güter der Mündel, sowie das Recht, eine Erbtochter oder Wittwe zu heirathen, in Pacht gaben. Diesem entgegen wurde festgesetzt, daß der großjährige Erbe eines unmittelbaren Lehens nur die althergebrachte Erbschaftssteuer (Ehrschatz, Relevium) zu entrichten, die Vormünder dagegen nur einen mäßigen Nutzen von den Gütern ihrer Mündel mit Schonung der Besitzungen und Leibeigenen ziehen sollten. Erben und Erbinnen dürfen frei nach Verständigung mit ihren Verwandten sich verheirathen. Die Wittwen erhalten sogleich nach dem Tode ihres Gemahls ihr Erbe, Heirathsgut und Mitgift zurück und haben das Recht, ledig zu bleiben, müssen jedoch Bürgschaft stellen, sich nicht ohne Zustimmung ihres Lehensherrn zu verehelichen. Die Erhebung des Schildgeldes und der Beisteuer, welche

in der letzten Zeit, besonders unter Johann, jährlich und in unbestimmtem Maße eingefordert worden waren, sollte auf die drei von altersher gebräuchlichen Fälle: die Gefangenschaft des Königs, Ritterschlag seines ältesten Sohnes und Verheirathung seiner ältesten Tochter beschränkt werden. Dasselbe sollte auf die Afterlehensleute gegenüber ihren Lehensherrn Anwendung finden. Sonst wird für die Zukunft der König bei Erhebung der Steuern und Schildgelder an die Zustimmung des großen Rathes, welcher aus den Erzbischöfen, Bischöfen, Aebten, Grafen und größern Baronen bestand, gebunden. Alle diese sollten einzeln von dem Könige schriftlich, die übrigen unmittelbaren Lehensleute der Krone aber insgesammt durch den Sheriff wenigstens 40 Tage vorher unter näherer Angabe des Ortes, der Zeit und des Gegenstandes der Berathung einberufen werden. Die nicht anwesenden Mitglieder waren an den Beschluß der Versammlung gebunden. Zwar war dieser Reichsrath noch kein Parlament im heutigen Sinne des Wortes, doch sind in seiner Scheidung zwischen den geistlichen und weltlichen Großen, welche durch den König unmittelbar, und zwischen den übrigen Vasallen, welche bloß durch den Sheriff berufen werden sollten, und in seinem Rechte, die Erhebung der Gelder von seiner Zustimmung abhängig zu machen, die Keime eines solchen vorhanden.

3) Eine Reihe von Bestimmungen wurden in Beziehung auf die leichtere und bessere Verwaltung der Rechtspflege gegeben. Die große Unbequemlichkeit, daß die Gerichtshöfe der Person des Königs, welcher seinen Aufenthaltsort öfters wechselte, folgten und daher die Processe sich auf eine für die Parteien kostspielige Weise in die Länge schleppten, hatte bereits unter Richard einen Gerichtshof zu Westminster zur Schlichtung von Privatstreitigkeiten hervorgerufen. Diese Errichtung des sogenannten bürgerlichen Gerichtshofes erhielt nun ihre Bestätigung. Jährlich einmal sollten zwei Richter in jede Grafschaft geschickt werden, um mit Zuziehung

von vier Rittern Streitigkeiten über Lehen und Patronate zu
entscheiden. Um die Möglichkeit, aus den Processen auf unwürdige Weise Geld zu ziehen, abzuschneiden, mußte der König
versprechen, daß er Niemandem Recht und Gerechtigkeit verkaufen, verweigern und vorenthalten solle. Grafen und Barone
dürfen bloß von ihren Standesgenossen, die Geistlichen nur
wegen weltlichen Besitzes gerichtet werden. Kein freier Mann
darf verhaftet und außer durch den Spruch seiner Standesgenossen und nach den Gesetzen des Landes mit dem Verluste
seines Vermögens und seiner Freiheit bestraft oder in die Acht
erklärt werden. Die Vergehen sollen nur nach ihrer Größe
bestraft, und auf jeden Fall dem Freien sein Freilehen, dem
Kaufmann seine Waare, dem Hörigen sein Ackergeräthe gelassen
und die Geldstrafen durch beeidigte rechtschaffene Männer aus
der Nachbarschaft bestimmt werden. Den königlichen Beamten
soll untersagt werden, fernerhin Getreide, Pferde, Wagen und
Bauholz ohne vorhergehende Bezahlung oder Einwilligung des
Besitzers hinwegzunehmen.

4) Es war billig und von Wichtigkeit für die Entwicklung
des politischen Lebens in England, daß auch der Städte, deren
Beitritt den Sieg der Verbündeten hatte herbeiführen helfen,
in dem Freibriefe gedacht wurde. Diesem gemäß wurden London und allen übrigen Städten, Flecken und Häfen ihre alten
Freiheiten und Privilegien zu Wasser und zu Land bestätigt.
Gleiches Maß und Gewicht wurde für ganz England ange-
ordnet, und den fremden Kaufleuten das Recht, frei und sicher
nach England zu kommen, sich daselbst aufzuhalten, umher zu
reisen und zu handeln und wieder zurückzukehren gestattet.
Deßgleichen sollte jeder freie Mann die Befugniß haben, das
Reich zu verlassen und wieder dahin zurückzukehren, jedoch mit
Vorbehalt der Treue gegen den König und mit Ausnahme der
Kriegszeiten.

5) Viele Beschwerden hatte das Forstwesen veranlaßt.
Um das Wild zur Befriedigung der Jagdlust zu hegen und

zu schützen, hatten die normannischen Könige nach Willkür blutige Gesetze erlassen. Die hieraus entstehenden Bedrückungen wurden einigermaßen gelindert durch die Bestimmung, daß alle seit dem Regierungsantritte Johanns eingehegten Forste geöffnet und in jeder Grafschaft durch zwölf Geschworene aus dem Ritterstande alle Mißbräuche und Vergehen der Forstbeamten untersucht und 14 Tage nach der Entscheidung abgestellt werden sollten.

Einige andere Bestimmungen vorübergehenden Werthes hatten den Zweck, sich gegenüber der Treulosigkeit des Königs sicher zu stellen. Johann mußte versprechen, den Baronen die von ihnen in Empfang genommenen Geiseln und Urkunden wieder auszuliefern, mehrere Ausländer sammt ihrer ganzen Sippschaft von ihren Aemtern und sämmtliche fremde Söldner aus dem Lande zu entfernen; allen Engländern und Wallisern die ohne Urtheil ihrer Standesgenossen entzogenen Besitzungen und Rechte zurückzugeben und die ungerecht erhobenen Strafgelder zu erlassen. Der Fürst Llewellyn von Wales und der König Alexander von Schottland erhielten wegen der Verbindung mit den Baronen dieselben Vortheile wie diese. Um die Aftervasallen gegen die Tyrannei ihrer Lehensherrn sicher zu stellen, verpflichteten sich diese, alle vom Könige ihnen bewilligten Rechte und Freiheiten auch jenen gegenüber, so weit es angehe, anzuerkennen. Ein aus 25 Baronen bestehender Ausschuß sollte über die Vollziehung der Urkunde wachen. Um ihn mit der nöthigen Macht zu umkleiden, hatten die Freien jeder Grafschaft ihm Gehorsam zu schwören. Sollte der König dem Freiheitsbriefe zuwider handeln und die Vorstellungen auch nur einiger Mitglieder des Ausschusses nicht berücksichtigen, so hat dieser das Recht, die waffenfähige Mannschaft aufzubieten und den König durch Belagerung seiner Burgen und Besetzung seiner Güter zur Nachgiebigkeit zu zwingen. Einer sehr wichtigen Bedingung, welche die Barone schließlich in die Urkunde aufnehmen lassen wollten, daß er nämlich niemals eine Wider-

rufungsbulle von Seite des Papstes einholen wolle, mußte
sich Johann jedoch zu entziehen. So blieb ihm, als er die
Urkunde am 15. Juni unterzeichnete, immerhin die Aussicht
offen, daß der Oberlehensherr zu Rom die ihm abge-
troßten Bewilligungen einer Umänderung unterwerfen werde.
Mit merkwürdiger Meisterschaft in der Verstellungskunst brachte
er denn auch den ganzen Streit zum Abschlusse. Nachdem die
Bischöfe und Meister Pandulf der Bestimmung der Magna
Charta zufolge die Bürgschaft für des Königs Treue übernommen, sicherte dieser den Baronen die Besetzung von London
und dem Erzbischofe die des Tower auf so lange zu, bis alle
Versprechen erfüllt sein würden. Seine Hauptleute erhielten
den Befehl, von jeder Befehdung der Barone abzustehen und
denselben ihre Burgen und Geiseln auszuliefern; die Sheriffs,
in den Grafschaften Versammlungen zu halten; der Ritter Hugo
de Boyes, die Truppen zu entlassen; endlich alle freien Leute,
den 25 Baronen als Vollstreckern der Magna Charta
Gehorsam zu schwören. Freilich war die Versöhnung
nur eine scheinbare. Als eine Anzahl Ritter alsbald
die Zurückgabe der vorenthaltenen Besitzungen verlangte, wurden
sie von dem König auf den 16. Juli nach Westminster beschieden. Dieß erregte bereits Verdacht. Daher wurde das
auf den 8. Juli zur Feier des Sieges nach Stamford ausge-
geschriebene Turnier der Sicherheit wegen in die Nähe von
London verlegt. Als ihnen der König durch die Bischöfe
Bürgschaft, daß sie nach dem Vertrage auch ihm Treue gegen
Jedermann bewahren wollten, abverlangte, wurde ihm dieses
verweigert. In Northumberland aber wurde von Vielen unter
dem Vorwande, daß sie an dem Friedensschlusse keinen Theil
genommen hätten, der Landfriede gebrochen.

Auf der andern Seite trugen die Vertrauten des Königs
dazu bei, ihm seine Lage noch unerträglicher zu machen. Sie
hielten ihm die süße Lust der Herrschaft vor, die er verloren
habe. Nicht einmal ein Königlein mehr sei er, sondern

nur noch ein Afterkönig, ein König ohne Königreich, ein Herrscher ohne Herrschaft. Der Unmuth, welcher in seinem Innern loderte, wurde durch solche aufreizende Reden zur Wuth gesteigert. Sein Gesicht wurde blaß, er knirschte mit den Zähnen, rollte die Augen, zerbiß Holz und Stroh und geberdete sich wie ein Wahnsinniger. Von nun an sann er nur darauf, seine Rache zu befriedigen. Er setzte seine Schlösser in guten Stand und schickte Leute über das Meer, um Söldner für jeden Preis anzuwerben. Die Faust der Ausländer sollte ihm die Treue der Einheimischen ersetzen. Zahlreiche Schaaren Brabanter und Flamänder setzten nach England hinüber in der Hoffnung, sich daselbst nicht bloß Beute, sondern auch Lehensgüter zu erwerben. Zugleich war aber Johann darauf bedacht, sich den Beistand des Papstes zu verschaffen. Bereits den 29. Mai 1215 hatte er nach Rom geschrieben, daß er den Baronen vergeblich Abstellung der Beschwerden versprochen und sogar zu der von dem Erzbischofe von Canterbury verlangten Entlassung der fremden Söldner um des Friedens willen und aus Rücksicht auf das heilige Land sich verstanden habe. In einem in Folge dieses Schreibens den 18. Juli an den englischen Clerus erlassenen Briefe beklagte sich der Papst bitter über das böswillige Benehmen der Barone, welche dem Könige, so lange er abtrünnig gewesen, beigestanden und nun, nachdem er sich mit der Kirche ausgesöhnt, sich gegen ihn erhoben hätten, und stellte ihnen eine Frist von acht Tagen zur Umkehr. Als nun Innocenz III. den Bericht Johanns über das inzwischen Vorgefallene und den Inhalt der Magna Charta vernommen, rief er voll Unwillen aus: „Glauben wohl die Barone von England, einen mit dem Kreuze bezeichneten, unter dem Schutze des apostolischen Stuhles stehenden König vom Throne stoßen und dem Willen der römischen Kirche zuwider einen Andern darauf erheben zu können? Beim heiligen Petrus! diese Beleidigung soll nicht ungestraft hingehen!" Nach einer Berathung mit den Cardinälen erließ er den 25. August eine

Bulle zu Gunsten Johanns. Wenn der König auch zuerst Gott schwer beleidigt, so habe er sich doch nachher bekehrt und Genugthuung geleistet, die Kirche freigegeben und zuletzt noch das Kreuz genommen. Den zwischen dem König und den Baronen ausgebrochenen Streit hätten der Erzischof von Canterbury und die Bischöfe im Auftrage des apostolischen Stuhles schlichten sollen. Die Barone hätten sich jedoch nicht vertragen wollen und alle Vergleichsvorschläge abgewiesen, während die Geistlichkeit dem Könige den verlangten und einem Kreuzfahrer gebührenden Beistand vorenthalten habe. So sei der König durch Furcht und Gewalt, denen auch der Unerschrockenste unterliegen könne, zum Abschlusse eines nicht bloß nichtswürdigen und schimpflichen, sondern auch unerlaubten und unbilligen Vertrags mit ihnen gezwungen worden. Deßhalb verdamme er, der Papst, diesen auch mit Beiseitesetzung des apostolischen Stuhles abgeschlossenen Vertrag und verbiete dem Könige sowohl als den Baronen und deren Genossen dessen Beobachtung in der Weise, daß seine Bestimmungen für alle Zeiten ungiltig sein sollten. Die Barone forderte Innocenz, nachdem er sie wegen ihrer frevelhaften Auflehnung gegen den König getadelt, auf, dem schändlichen Vertrag zu entsagen und dem Könige den zugefügten Schaden zu ersetzen. Zugleich versprach er ihnen, dahin zu wirken, daß auch ihnen ihr Recht zu Theil werde. Die Barone möchten auf dem bevorstehenden allgemeinen Concil ihre Beschwerden vorlegen, wornach der Papst den König zur Bewilligung von Allem, was recht und billig sei, bewegen und dafür sorgen wolle, daß die Krone sich mit ihren wohlerworbenen Rechten begnüge und Clerus und Volk ihre althergebrachten Freiheiten genössen. Nicht zufrieden mit diesem Schritte des Papstes, sandte Johann kurz darauf den Meister Pandulf nach Rom, um vor der Curie den Sachverhalt auseinander legen zu lassen, und gab auch den zu dem allgemeinen Concil abreisenden Erzbischöfen von Dublin und Bordeaux und den übrigen Bevollmächtigten Verhaltungsmaßregeln mit. Er beschwerte sich über den Ungehorsam der Prälaten und die Unbotmäßigkeit der Barone, welche gerade seine Unterwerfung unter den römischen Stuhl als Hauptgrund der Empörung angäben. Deßhalb sei er auch der festen Zuversicht, daß Gott und der Papst ihn in seinem Königthume erhalten würden. Eine dem heiligen Vater zur Bestätigung vorgelegte Urkunde, in welcher er die gerechten Forderungen der Königin Berengaria endlich zu erfüllen versprach, sollte seine Umkehr zum Bessern beweisen.

Von dem Könige von Frankreich mußte Johann befürchten, daß er dem in England ausgebrochenen innern Zwiste nicht gleichgiltig zusehe. In der That waren Anzeichen vorhanden, daß nicht bloß Philipp August schon von Anfang des Streites an die Barone durch Versprechen von Geld und Leuten in ihrem Widerstande bestärkte, sondern auch die Letzteren bereits mit dem Plane umgingen, in der Person Ludwigs von Frankreich einen Gegenkönig aufzustellen. Johann ordnete daher, um sich von dieser Seite sicher zu stellen, eine Gesandtschaft an Philipp August sowohl als an dessen Erstgeborenen ab, welche darauf hinweisen mußte, wie ernstlich er bisher den Frieden von Chinon beobachtet habe, und wie gegenwärtig französische Kaufleute ungehindert ganz England durchreisen könnten.

Inzwischen brach in England der Parteikrieg wieder los. Um sich einen festen Platz gegen das etwa von Süden her anrückende Heer der Königlichen zu verschaffen und sich leichter in Verbindung mit Frankreich halten zu können, ertheilten die Barone dem Ritter Wilhelm d'Aubigny den Befehl, die Burg von Rochester, welche Johann dem Erzbischofe Stephan als eines der Pfänder bis Ostern 1216 übergeben und deren Auslieferung der König im August 1215 vergeblich verlangt hatte, zu besetzen. Bei dem Einverständnisse des Burgvogts gelang es mit leichter Mühe, sich des Schlosses, welches zudem noch von Lebensmitteln und Waffen ganz entblößt war, zu bemächtigen. In aller Eile brach der König mit seinen Miethstruppen gegen Rochester auf. Die Barone, welche ihren Leuten Hilfe bringen wollten, kehrten sogleich beim Anblicke der Uebermacht ihrer Gegner unter deren Hohngelächter nach London zurück. Nach einer Belagerung von acht Wochen sah sich die Besatzung, welche sich bisher mit der größten Hartnäckigkeit vertheidigt und bereits von Pferdefleisch genährt hatte, durch die äußerste Noth zur Uebergabe gezwungen. Schon hatte der König in seiner Wuth den Befehl gegeben, sämmtliche Mannschaft, darunter 40 Ritter, aufzuknüpfen; der Befehlshaber der Truppen aus Poitou jedoch, Savery von Mauleon, machte mit großem Nachdrucke geltend, daß bei dem wechselnden Kriegsglücke leicht auch ihnen von Seite ihrer Gegner gleiches Loos zu Theil werden könnte. Durch solche Vorstellungen ließ sich der König endlich bewegen, die Ritter in verschiedene Schlösser in Gewahrsam zu schicken und sich mit der Hinrichtung einer kleinen Anzahl von Soldaten zu begnügen. Uebrigens wurde durch die Belagerung das ganze Land von Kent furchtbar verwüstet und die Stadt Rochester gänzlich zerstört; selbst am Altare des Domes wurden die Pferde gefüttert und durch die Völlerei und Unzucht der Soldaten die Klöster entweiht. Während Johann noch vor Rochester lag, erhielt er auch freudige Botschaft aus Rom. Der Papst hatte bereits dem Bischofe von Winchester, dem Abte von Reading und Meister Pandulf den Auftrag ertheilt, über alle Gegner des Königs im Allgemeinen den Bann auszusprechen, da dieselben die Kreuzfahrt hinderten und daher schlimmer als die Saracenen seien. Sämmtliche königliche Vasallen sollten ihrem Herrn gegen die Ruhestörer Hilfe leisten, und die Bischöfe der Strafe der Suspension unterliegen, wenn sie nicht an allen Sonn- und Festtagen durch ganz England den Bann feierlich verkünden würden. Der Erzbischof Stephan

hatte sich bereits nach Rom zu dem allgemeinen Concile einge=
schifft, als ihm die Bulle durch den päpstlichen Bevollmächtigten
nachgesandt wurde. Auf seine Erklärung, die Bulle erst dann,
wenn er den Papst besser unterrichtet habe, verkünden zu
wollen, wurde er mit der Suspension belegt. In Rom
aber waren des Königs Abgeordnete, der Abt von Beaulieu
und Thomas von Ardington, gegen ihn thätig. Sie machten
geltend, wie er den englischen Adel zum Aufruhr gegen den
König gereizt, ungeachtet des päpstlichen Befehls die Barone
nicht habe bannen wollen, der Suspension nicht Folge geleistet
habe und trotz des Verbotes nach Rom zum Concilium gezogen
sei. „Beim heiligen Petrus!" sagte der Papst zu Stephan,
„Bruder, Du sollst nicht so leicht freigesprochen werden; denn
nicht bloß Deinem Könige, sondern auch der römischen Kirche
hast Du schweren Schaden zugefügt." Er berieth sich mit den
Cardinälen und sprach über seinen Freund und Studiengenossen,
um dessen Erhebung auf den Primatialstuhl in England er
einen bis zur Verhängung des Interdicts führenden Kampf
mit dem Könige früher erhoben hatte, die Bestätigung
der Suspension aus. So war auch hier, wie gegenüber
Otto IV., ein sehr merkwürdiger Umschlag der
Verhältnisse eingetreten. Die veränderte Stimmung
des Papstes konnte der Erzbischof auch an der Art und
Weise, wie der Streit wegen des Erzbisthums von York
entschieden wurde, erkennen. Nach dem am Ende des Jahres
1212 in der Nähe von Rouen in der Verbannung erfolgten
Tode Gottfrieds Plantagenet war das genannte Erzbisthum
einige Jahre lang erledigt geblieben. Erst von Runnymeade
aus sandte Johann nach York den Befehl zur Vornahme
einer Wahl. Das Capitel war jedoch soweit entfernt, dem
Wunsche des Königs, es möchte seinen ehemaligen Kanzler
Walter von Gray, Bischof von Worcester, wählen, nachzukommen,
daß es im Gegentheil Stephans Bruder, Simon
Langton, zu dieser Würde erhob. Der Papst verwarf

den Letzteren, während er die nachher zu Rom vollzogene Wahl
Walters anerkannte. So durch die päpstlichen Maßregeln in
dem kriegerischen Vorgehen gegen seine Widersacher bestärkt,
wandte sich Johann von Rochester nach St. Albans. In
der dortigen Klosterkirche ließ er den versammelten Mönchen
die Suspension des Erzbischofs Stephan vorlesen und ertheilte den Befehl, das Strafurtheil nach allen Seiten zu verbreiten.

In dem mit seinen Kriegsobersten abgehaltenen Kriegsrathe
wurde beschlossen, zwei Heeresabtheilungen zu bilden. Die eine,
unter dem Grafen von Salisbury, sollte die nach London füh-
rende Straße bewachen. Mit der andern zog der König
selbst nach Norden, um dort den Herd des Aufruhrs zu vernichten. Die Barone wichen überall vor der Uebermacht zurück,
ohne nur den geringsten Widerstand zu leisten. Mit besonders
großer Erbitterung wandte sich Johann gegen den König
Alexander von Schottland, welcher dem Aufstande
der Großen in den nördlichen Provinzen als Anhaltspunkt gedient und wegen seiner Mitwirkung die Abtretung von Northumberland, Cumberland und Westmoreland verlangt hatte.
Um ihn sammelte sich beim Heranziehen Johanns der ganze
aufständische Adel von York und schwur ihm in Melrose Treue.
Um die Königlichen im weitern Vorrücken aufzuhalten, zündeten
die Barone ihre Dörfer und Scheuern an. Johanns Leute
aber sengten und brannten wie die Barbaren, übten Mord auf
offener Straße und verschonten die Priester nicht am Altare.
Aller Verkehr unterblieb, bloß noch auf Kirchhöfen kam man
zusammen. Eine Reihe von Ortschaften, darunter das reiche
Berwik, wurden niedergebrannt. Selbst bis in die Nähe von
Edinburgh rückten des Königs Soldaten vor, „um den jungen
Fuchs (den rothhaarigen König von Schottland) aus seinem
Bau zu vertreiben". Nachdem Johann also den Norden
mit Waffengewalt unterworfen und die wichtigern Burgen seinen
Befehlshabern anvertraut, zog er nach Süden. Hier hatte in-

zwischen der andere Theil des Heeres unter seinem Halbbruder
dieselbe Mord- und Raubgier an den Tag gelegt. Schlösser
und Dörfer, Parke und Obstgärten wurden vernichtet, die
reichen Klöster geplündert, nicht einmal die Sümpfe und Kirchen
boten den unglücklichen Bewohnern des flachen Landes eine
Zufluchtsstätte. In dem Dome zu Ely fielen die Soldaten
mit gezückten Schwertern über die Geistlichen her, mordeten
die Armen und zwangen die Reichen, sich mit ihrem Gelde
loszukaufen. Nach dem Falle von Colchester befand sich
ganz England mit Ausnahme der Hauptstadt
in der Gewalt des Königs. In London hatte der
Adel bisher eine merkwürdig unthätige Rolle gespielt. Ob
vielleicht die große Anzahl der Mitglieder, wie so häufig, sie
hinderte, sich zu einmüthigem Entschlusse und energischem Handeln zu erheben? Wenigstens steht ihr muthloses Benehmen
im grellsten Gegensatze zu der damaligen Entschiedenheit des
sonst so feigen und wankelmüthigen Königs. Als der Papst
auf die wirkungslos gebliebene allgemeine Excommunications-
bulle auf Andringen des Königs eine zweite folgen ließ, in
welcher er über die Anführer des Aufstands unter Bezeichnung
ihrer Namen, sowie über deren Genossen mit ihren Brüdern
und Söhnen und den fremden Zuzug, besonders aber über die
Bürger von London, den Bann und über die Stadt das
Interdict aussprach, erklärten die Betroffenen diese Strafen
für unverbindlich, da der Papst dieselben entweder in Folge
eines lügenhaften Berichtes verhängt, oder aber, wenn er dieses
aus Ueberzeugung gethan, seine Befugniß, welche sich bloß
auf geistliche Angelegenheiten erstrecke, überschritten habe, wohnten auch fernerhin dem feierlichen Gottesdienste bei und ergossen sich in arge Verwünschungen
sowohl über Innocenz, als besonders über den
König, welcher England an den Rand des Verderbens gebracht habe. Ihre einzige Hoffnung setzten sie nur noch auf
Frankreich und ließen durch den Grafen von Winchester

und Robert Fitz=Walter Ludwig die Krone antragen, Philipp August aber um seine Zustimmung bitten.

Der genannte König, welcher in Allem, was eine Schwächung seines Nachbarn jenseits des Kanals bewirkte, einen Vortheil für sein Reich erblickte, benahm sich in dieser Ange= legenheit mit großer Schlauheit. Dem Könige von Eng= land hatte er im vorigen Jahre auf seine Anfrage, ob er ihm nicht von den eroberten Ländern eines käuflich wieder abtreten wolle, höhnend erwidert: er möchte lieber selbst ein Land kaufen, wenn eines feil wäre. Den Abgesandten Johanns, welche ihn ersuchten, seinen Sohn von dessen Vorhaben abzuhalten, gab er keine zustimmende Antwort. Den Baronen gegenüber äußerte er sich ebenso, zwar zurückhaltend, hinderte jedoch nicht, daß sich eine Anzahl Ritter nach England begab. Von weite= rem Vorgehen gegen Johann hielten ihn Rücksichten gegen den Papst zurück. Dieser hatte bereits Ende Januar an den Erzbischof von Bourges geschrieben, er solle den gesammten Adel seiner Provinz zum Kampfe gegen die Barone, welche sich gegen ihren König verrätherischer Weise erhoben hätten, aufbieten. Außerdem hatte er den König von Frankreich und dessen Erstgeborenen wiederholt abgemahnt, den Auf= ständischen in England beizustehen, Johann aber die nahe Ankunft eines Legaten angekündet. In Lyon traf der Cardinal Gualo auf seinem Wege nach England mit Philipp Au= gust zusammen. Als er ihm ein Schreiben von Seite des Papstes überreichte, in welchem ihm dieser bei Strafe des Bannes untersagte, seinen Sohn nach England ziehen zu lassen, und ihm den Auftrag ertheilte, König Johann als Vasallen der römischen Kirche beizustehen, rief derselbe sogleich aus: „Das Königreich England gehörte und gehört in alle Ewigkeit nie zum Erbe des hl. Petrus; denn König Johann wurde vor vielen Jahren von seinem Bruder Richard, den er seines Reichs berauben wollte, verurtheilt; er war daher niemals wahrer König und konnte das Reich nicht verschenken; wäre er es aber auch gewesen, so hatte er den Thron durch den Mord Arthurs verwirkt. Außerdem aber kann kein König oder Fürst sein Land ohne Zustimmung der Barone, welche es zu vertheidigen gehalten sind, übertragen. Sollte der Papst diesen Irrthum vertheidigen wollen, so gibt er ein für alle Reiche sehr verderbliches Beispiel!" Die anwesenden französischen Großen aber riefen einstimmig: ihr Blut wollten sie dafür vergießen, daß ein König oder Fürst sein Land nicht aus eigenem Willen tributpflichtig und die Barone zu Hintersassen machen dürfe. Am folgenden Tage erschien auf Veranstalten Philipps auch Ludwig bei der Zusammenkunft. „Mit einem grimmigen Blick auf den Legaten" setzte er sich neben seinem Vater nieder. Nachdem der Legat Beide ernstlich von einem Unternehmen gegen das Erbe der Kirche abgemahnt, erklärte Philipp: von jeher sei er zwar gegen den Papst und die römische Kirche gehorsam gewesen und stets habe er deren Vortheil gesucht. Auch jetzt werde er seinen Sohn weder mit Rath noch mit That zu einem Unternehmen gegen die Kirche bestimmen. Wenn derselbe aber ein Recht auf den Thron Englands beanspruche, so möge er ihn anhören und ihm, was Recht sei, gestatten. Es trat nun für den Thronfolger ein Ritter als Sachwalter auf und hob abermals den Mord Arthurs, wegen dessen Johann durch seine Pairs zum Tode verurtheilt, und die vielen Verbrechen, wegen deren er von den englischen Baronen abgesetzt worden sei, sowie die Uebertragung des Reichs an die römische Kirche hervor. Habe er die Krone ohne Zustimmung der Großen Niemand übertragen, so habe er dieselbe doch niederlegen dürfen. Sogleich mit seiner Entsagung sei das Reich erledigt worden. Ein erledigter Thron könne nicht ohne die Barone besetzt werden. Diese nun hätten Ludwig gewählt mit Rücksicht auf seine Gemahlin, deren Mutter, die Königin von Castilien, von allen Brüdern und Schwestern des Königs von England am Leben gewesen sei. Als nun der Legat wieder geltend machte, wie

Johann als Kreuzfahrer vier Jahre lang den Schutz des apostolischen Stuhles rechtlich in Anspruch nehmen könne, wurde erwidert: der genannte König habe vor Annahme des Kreuzes gegen Ludwig Krieg erhoben, mehrere Schlösser zerstört, mehrere seiner Leute gefangen fortgeführt oder getödtet, und auch jetzt liege er mit ihm in Fehde; er könne daher mit Recht denselben bekämpfen. Zuletzt wandte sich Ludwig, als ihm der Legat für den Fall des hartnäckigen Verharrens auf seinem Plane die Belegung mit dem Banne in Aussicht stellte, an seinen Vater mit den Worten: „Sire, ich bin Euer Lehensmann für die Lehen diesseits des Meeres, die Ihr mir gegeben; mit dem Reiche von England habt Ihr nichts zu schaffen. Ich unterwerfe mich daher dem Urtheile meiner Pairs, ob Ihr mich abhalten könnt, mein Recht zu verfolgen, welches mir vermöge des Erbes meiner Gemahlin zusteht, und für welches ich, wenn die Noth es erfordert, bis in den Tod kämpfen werde." Mit diesen Worten verließ Ludwig die Versammlung. Der Legat aber bat den König um sicheres Geleit bis zum Meere. Philipp ertheilte es ihm mit der spöttischen Bemerkung: er möge sich in Acht nehmen, daß er nicht auf dem Meere in die Hände Eustach des Mönchs oder anderer Leute seines Sohnes falle, und es ihm nicht anrechnen, wenn ihm ein Unfall widerfahre. Kurz darauf, den 26. April, kam Ludwig mit seinem Vater zu Melun zusammen und bat ihn unter Thränen, sein Vorhaben nicht zu verhindern. Er habe den Baronen Englands eidlich versprochen, ihnen Hilfe zu leisten, und wolle lieber eine Zeit lang in den Bann des Papstes, als in das Verbrechen der Eidbrüchigkeit fallen. Beim Anblicke der Festigkeit seines Sohnes und der Beängstigung seines Gewissens ertheilte Philipp die Zustimmung, ohne jedoch, in Vorahnung bevorstehender Verwicklungen, seinen Willen zu bestimmen, und entließ ihn mit seinem Segen.

Ludwig schickte nun Gesandte an die römische Curie, welche sein Recht auf den Thron von England vortragen soll-

ten, und begab sich in aller Eile mit seinen Baronen und der
ganzen Kriegsmannschaft nach Calais, um dem Legaten zuvorzukommen. Auf 600 Schiffen und 80 gut ausgerüsteten
Coggen, welche Eustach der Mönch in Bereitschaft gehalten,
schiffte er sich ein und landete den 21. Mai, drei Tage vor
seiner Flotte, auf der Insel Thanet bei Sandwich, unbeirrt
durch Johann, welcher sich wegen ungünstigen Windes und
aus Furcht vor dem Abfalle seiner meist französischen Mieth-
soldaten ihm nicht entgegen zu stellen gewagt hatte. Nachdem
das Heer ausgeschifft war, wandte er sich über Canterbury
und Rochester, dessen Burg er nahm, nach der Hauptstadt,
wo er den 2. Juni unter großem Jubel der Barone und Bürger über ihre Befreiung seinen Einzug hielt. Er nahm von
allen Anwesenden die Huldigung entgegen und schwur nun
selbst auf die Evangelien, alle ihre guten Gewohnheiten und
verlorenen Güter zurückzugeben. Der König von Schottland und alle Großen im Lande wurden schriftlich aufgefordert, sich an ihn anzuschließen oder das Reich sogleich zu verlassen. Da eilten mehrere Grafen, darunter sogar Johanns
Halbbruder, Wilhelm Langschwert, herbei, die Sache des Königs
bereits verloren gebend. Zu seinem Kanzler ernannte Ludwig den Simon Langton, auf dessen Predigt hin nicht
bloß die Bürger von London und alle gebannten Barone, sondern sogar der französische Thronfolger selbst den Gottesdienst
feierten.

Der Legat Gualo war Ludwig auf dem Fuße gefolgt
und hatte sich mitten durch die Feinde hindurch zu Johann
begeben, welcher seine einzige Hoffnung gegenüber seinen Feinden noch auf ihn gründete. Nachdem er möglichst viele Bischöfe, Aebte und sonstige Cleriker um sich versammelt, sprach
er über Ludwig und seine Anhänger, mit besonders großem
Nachdruck aber über Simon Langton den Bann aus, mit
dem Befehle, denselben an allen Sonn- und Festtagen durch
ganz England zu verkünden. Simon Langton und der

Magister Gervasius, Vorsänger an der St. Paulskirche zu
London, und Andere erklärten jedoch diesen Ausspruch mit
Rücksicht auf ihre Appellation an den römischen Stuhl für ungiltig. Um dem Legaten entgegenzuwirken, sandte Ludwig
dem hauptsächlich mit der Verkündigung des Bannes beauf-
tragten Abte und Convente von St. Augustin zu Canterbury,
der bedeutendsten geistlichen Körperschaft Englands, eine Art
Manifest zu, in welchem er die Rechtmäßigkeit seines Auftretens gegen Johann auseinandersetzte. Nachdem er in
diesem merkwürdigen Actenstücke die Handlungsweise
Johanns von seinem Verrath gegen Richard an bis zur
Unterwerfung seines Reichs unter den Stuhl des hl. Petrus
geschildert, hebt er hervor, wie derselbe von seinen Baronen,
welche er nicht bloß auf alle mögliche Weise bedrückt, sondern
auch bekriegt und auszurotten gesucht habe, des Reiches für
verlustig erklärt worden sei. Da sie nun ihn statt seiner zum
Könige erwählt hätten, so habe er, man möge diesen Umstand
oder die erbliche Nachfolge betrachten, den meisten Anspruch
auf die Krone. Diese und andere Gründe vor dem apostolischen Stuhle geltend zu machen, habe er sogleich Boten abgesandt. Auch habe er auf die Nachricht, daß der Cardinal
Gualo nach Frankreich komme, ihn durch Gesandte sowohl
als nachher persönlich ersucht, nicht gegen ihn vorzugehen, bis
eine Entscheidung aus Rom eingetroffen sei. In der That
habe es auch damals den Anschein gehabt, als wolle sich der
Cardinal damit beruhigen; er müsse sich daher wegen seines
Auftretens in England wundern und fordere ihn nun auf, seinem Unternehmen kein Hinderniß in den Weg zu legen, indem
er ihn darauf aufmerksam mache, daß seine Anhänger ebenso
auf seine treue Freundschaft, als seine Gegner auf seine fort-
dauernde Feindschaft rechnen könnten. Um dieselbe Zeit traf
auch eine Nachricht von der Gesandtschaft Ludwigs aus Rom
ein. Die Abgeordneten waren um Ostern daselbst angekommen.
Sie trafen den Papst an einem Sonntage freundlich, aber

niedergeschlagen. Als sie den Brief ihres Herrn mit einem Gruße überreichten, erhielten sie zur Antwort, derselbe sei eines Gegengrußes nicht würdig. Am folgenden Dienstage ließ der Papst sie wieder vor sich rufen, hörte ihre Ausführung an und machte dann selbst viele Einwendungen. Zuletzt schlug er mit tiefem Seufzer an seine Brust und sprach: „Wehe mir! in diesem Falle kann die Kirche großer Verlegenheit nicht entgehen. Wird der König von England besiegt, so gereicht dieses zu unserm Nachtheil, da er unser Vasall ist, den wir beschützen müssen. Unterliegt Ludwig, was der Herr verhüten möge, so betrachten wir seinen Unfall als unsern eigenen, denn wir hatten von jeher die feste Zuversicht, daß er in allen Nöthen und Gefahren für die römische Kirche eine starke Stütze, Trost und Zuflucht sein müsse. Für sein Leben will ich nicht, daß ihm ein Unfall begegne.“ Die Gesandten hatten ihrem Schreiben einen Bericht über ihre mit dem Papste hinsichtlich der Ansprüche Ludwigs geführte längere Unterredung beigelegt. Der erste Grund, den sie geltend machten, war die Ermordung Arthurs, wegen deren Johann von dem Pairshofe zum Tode verurtheilt worden sei. Der Papst wandte ein, der König stehe als Gesalbter über den Baronen; eine höhere Würde könne aber von einer niederen nicht gerichtet werden. Außerdem gehe es nicht an, Jemand in seiner Abwesenheit, ohne daß er gerufen, überwiesen und geständig sei, zum Tode zu verurtheilen. Als die Gesandten bewiesen, daß Johann vorgeladen worden, aber nicht erschienen sei, erwiderte der Papst, viele Kaiser und Fürsten, ja auch Könige von Frankreich hätten, wie in den Geschichtsbüchern zu lesen, Unschuldige ermordet, aber über Keinen finde man ein Todesurtheil verzeichnet. Dann aber habe Arthur selbst bei der Belagerung des Schlosses Mirabel wegen Verraths gegen seinen Herrn und Oheim das Leben verwirkt. Hinsichtlich des zweiten Einwandes gegen den König, daß er nämlich vor dem Gerichtshofe weder persönlich noch durch Stellvertreter erschienen sei, bemerkte Inno-

cenz, wegen Nichterscheinens sei noch Niemand zum Tode verurtheilt worden. Johann hätte daher höchstens mit Einziehung
seiner Lehen gestraft werden können. Einem alten Brauche zufolge sei aber der Herzog von der Normandie gebunden,
auf die Einladung des Königs von Frankreich nur an
der Grenze zu erscheinen. Besonders leicht mußte es dem
Papste werden, das Erbrecht Eleonorens anzugreifen.
Selbst zugegeben, daß die Kinder Johanns wegen des Ver-
brechens ihres Vaters die Erbschaft verwirkt hätten, so hätte
doch die Schwester Arthurs oder Otto's als Sohn der
ältesten Schwester Mathilde, Gemahlin Heinrichs des Löwen,
nähern Anspruch. Gesetzt aber, die Königin von Castilien
werde als Erbin anerkannt, so habe die Königin von Leon als
die älteste Tochter den Vortritt. Weiterhin wies der Papst
auf das Eigenthumsrecht des römischen Stuhles auf England,
sowie darauf hin, daß das allgemeine Concil einen Waffenstillstand auf vier Jahre zur Unterstützung des heiligen Landes
festgesetzt, daß Johann als Kreuzfahrer unter dem Schutze
der Kirche stehe, und daß über die Barone von England und
deren Anhänger der Bann verhängt worden sei, welcher sich
daher auch auf Ludwig erstrecke. Umsonst machten die Gesandten hierauf geltend, Ludwig verfolge nur sein Recht und
leiste den Baronen keine Hilfe; der Papst oder das Concil
werde doch Niemand ungerecht bannen wollen; zur Zeit der
Verkündigung dieser Strafe sei ja dem Papste noch nicht bekannt gewesen, welches Recht Ludwig auf die Krone von
England habe; daher finde dieselbe auch auf ihn keine Anwendung. Innocenz verschob die Entscheidung auf die Ankunft
einer Botschaft von Seite seines Legaten. Die Nachricht von
Ludwigs Landung in England verwundete ihn tief.
Er beschloß nun zum Aeußersten zu schreiten, um seinem ver-
letzten Ansehen Geltung zu verschaffen und die dem Kreuzzug
entgegenstehenden Hindernisse aus dem Wege zu räumen. Er
hielt vor dem Volke und Clerus eine Rede über die Worte des

Propheten (Ezech. 21, 18): „Schwert, Schwert, zücke dich und fege dich, daß du tödtest und blinkest!" und verkündete in deren Verlaufe feierlich den Bann über Ludwig und seine Anhänger. Dann ließ er Notarien rufen und gab ihnen herbe, ja Manchem unerträglich scheinende Worte gegen Philipp und sein Reich in die Feder. Der König von Frankreich zog nun, um nicht des Meineids wegen Friedensbruchs gezogen zu werden, alle Lehen seines Sohnes und der auf seiner Seite stehenden Barone ein und bot sich sogar der Kirche an, auf deren Verlangen noch härtere Maßregeln gegen dieselben zu ergreifen. Der Papst freilich ließ sich durch diesen Schritt so wenig blenden, daß er an den Erzbischof von Sens schrieb, auch Philipp werde von dem Banne betroffen. Die französischen Prälaten erklärten jedoch auf einer Versammlung zu Meaux, diese Strafe so lange nicht anzuerkennen, bis eine bestimmtere Willensmeinung des Papstes eingetroffen sei. Auch in England dürfte der Spruch des Papstes keine große Wirkung hervorgebracht haben. Zwar zeigte sich der Abt von St. Augustin als standhafter Anhänger des Königs. Aber die übrigen hervorragenden Geistlichen hielten sich zurück. Ihr Oberhaupt selbst, der Erzbischof von Canterbury, wurde durch den Papst absichtlich von dem Schauplatze ferne gehalten: er wurde nur unter der Bedingung von der Suspension losgesprochen, daß er erst nach Schlichtung der Wirren in seine Heimath zurückkehre. Der Legat Gualo aber erregte Unzufriedenheit, da er, wie man sagte, von den Cathedral- und Klosterkirchen Taggelder erpreßte, und die Pfründen der auf Ludwigs Seite stehenden Cleriker und Religiosen zu seinem und der Seinigen Vortheil einzog.

Inzwischen herrschte fortwährend der Bürgerkrieg mit seinen Schrecken. Auf den Tadel seines Vaters hin, daß er sich so unvorsichtig in das innere Land gewagt habe, belagerte Ludwig das Schloß von Dover. Mit einer furchtbaren

Maschine, die Malvoisine genannt, welche ihm Philipp zuge=
sendet, hoffte er die festen Mauern zu erbrechen. Aber die
Besatzung leistete so tapferen Widerstand, daß sich Ludwig
zu einer langwierigen Blokade verstehen mußte. Während der=
selben erschien König Alexander von Schottland,
nachdem er Carlisle genommen, in Begleitung vieler Barone
des Nordens im Lager und leistete ihm Huldigung. Zugleich
wurde Windsor von den Baronen unter der Leitung des Grafen
von Nevers belagert. Johann seinerseits wurde durch die
Noth der Umstände gestachelt, die äußersten Anstrengungen zu
machen, um seinen Gegnern, die ihn zum Gefangenen zu ma=
chen suchten, auszuweichen und zugleich seine Macht wieder zu
heben. Wenn die Nachricht von dem Tode Innocenz' III.
(16. Juni) für ihn niederschlagend wirken mußte, während sie
von den Baronen mit Jubel aufgenommen wurde, so machten
sich unter den letztern bereits selbst Anzeichen einer für ihn
günstigern Stimmung der Gemüther geltend. Sie hatten Lud=
wig bloß in der Verzweiflung, ihrem gewaltthätigen und treu=
losen Könige aus eigenen Kräften nicht Widerstand leisten zu
können, herbeigerufen. Der bei der Eifersucht beider Nationen
leicht erklärliche Argwohn wurde nun aber bei ihnen besonders
aufgeregt durch die Erklärung, welche der zu London krank
darnieder liegende Vicegraf von Melun vor einigen englischen
Großen, welche bei ihm zurückgeblieben waren, dem Tode sich
nahe fühlend, machte: Ludwig habe nebst 16 Baronen, unter
welchen auch er sich befunden, eidlich gelobt, nach Eroberung
von England und nach seiner Krönung alle Engländer, welche
jetzt unter seiner Fahne gegen Johann kämpften, als Ver=
räther mit ewiger Verbannung zu bestrafen und deren ganzes
Geschlecht zu vertilgen. Die Aussage des Sterbenden mußte
um so mehr Glauben finden, als Ludwig bereits Ländereien
und Schlösser an Ausländer vertheilte. Dazu kam noch das
bittere Gefühl, durch die täglichen Excommunicationen der Trö=
stungen der Religion beraubt zu sein. Schon gingen Viele

damit um, sich wieder an Johann anzuschließen; nur die Furcht, ob er ihnen bei seinem durch vielfache Vergehen hervorgerufenen Hasse Verzeihung werde angedeihen lassen, hielt sie zurück.

Solchen Erwägungen machte ein unerwartetes Ereigniß ein Ende. König Johann hatte sich von Lincoln, welches er soeben entsetzt hatte, Anfangs October nach Lynn begeben. Nachdem er in dieser ihm treu ergebenen Stadt zu ihrem Schutze eine Besatzung von Leuten aus Poitou zurückgelassen, wandte er sich nordwärts. Kaum war er mit seinen Leuten trockenen Fußes über den Meerbusen des Fosdike-Wash gegangen, als die plötzlich hereinbrechende Fluth den ganzen Zug von Packwägen und Saumthieren, welche seine Juwelen, kostbaren Gefäße und Reichskleinodien mit sich führten, in die See mit fortriß. Die folgende Nacht brachte er in der Cistercienser-Abtei Swineshead zu. Die Betrübniß über den schweren Verlust rief in ihm ein heftiges Fieber hervor. Die Krankheit erhielt gefährliche Nahrung durch den unmäßigen Genuß von Pfirsichen und frischem Cider. Am andern Morgen ließ er sich bereits auf einer Sänfte nach dem Schlosse von Sleaford und zwei Tage später nach Newark bringen. Hier dictirte er, im Vorgefühl des nahen Todes, ein Schreiben an den neuen Papst Honorius III., in welchem er seinen unmündigen Sohn Heinrich dem Schutze des heiligen Petrus auf's Eifrigste empfahl. Sofort beichtete er seinem Leibarzte, dem Abte Thomas von Croton, und empfing das Abendmahl. Er ernannte seinen Erstgeborenen zum Nachfolger, fertigte an alle Vicegrafen und Castellane Schreiben aus, daß sie denselben anerkennen sollten, und erklärte in Kürze seinen letzten Willen, zu dessen Vollstreckern er den Cardinal Gualo, einige Bischöfe, Grafen und Ritter ernannte. Der soeben einlaufenden Botschaft von 40 Baronen, welche sich ihm unterwerfen wollten, konnte er keine Aufmerksamkeit mehr schenken. Den 19. October 1216 starb er in einem Alter von 49 Jahren, nach einer Regierung von 18 Jahren und sechs Monaten. Seinem Wunsche gemäß wurde er in der Cathedrale zu Worcester neben dem hl. Wulstan beigesetzt.

Nicht leicht wird sich ein Fürst finden, in dessen Urtheile alle Jahrhunderte so sehr übereinstimmen, als Johann. Von den hervorragenden Tugenden und Lastern seines anglo-französischen Hauses hatten sich nur die letztern auf ihn vererbt. Nirgends an ihm eine Spur von der Weisheit seines Vaters und der Tapferkeit seines Bruders Richard. Die Wollust und Untreue gegen seine Gattin hatte er mit ihnen gemeinsam. Hiezu kamen Völlerei, Falschheit und Treulosigkeit gegen Vater und Bruder, Undankbarkeit, Mißtrauen gegen aufrichtige, pflichttreue Freunde und leichtsinnige Hingabe an fremde Abenteurer, sowie Grausamkeit gegen die Opfer seiner List oder Gewalt. Nicht einmal so viele liebenswürdige Eigenschaften besaß er bei diesem seltenen Bunde von Lastern, welche aus ihm einen echten Tyrannen machten, daß man in seinem vielfachen Unglücke mit ihm Mitleid haben könnte. Leichtsinnig stürzte er sich in Gefahren; aber statt denselben muthig zu trotzen und sie durch Energie zu überwinden, nahm er zur List und Verstellung seine Zuflucht, um sich aus denselben wieder herauszuwinden, oder kehrte ihnen, unbekümmert um die schwere Benachtheiligung von Ehre und Macht, feige den Rücken. Sein Uebermuth im Glücke und seine Zaghaftigkeit im Unglücke, seine willkürliche Ueberschreitung aller Schranken des Rechts und der Sittlichkeit, welche sogar Mord und Meineid nicht verschmähte, führte ihn dahin, daß er nach einander mit allen Mächten seiner Umgebung, mit seinem Oberlehensherrn, dem Könige von Frankreich, mit dem Papste, mit der Geistlichkeit und dem Adel in Streit verwickelt wurde, ohne im Stande zu sein, seinem Neffen und natürlichen Verbündeten Otto IV. nachhaltig Hilfe zu bringen. So gingen durch seine Schuld die wichtigsten festländischen Besitzungen an Frankreich verloren, und hinterließ er einen blutigen Bürgerkrieg, die furchtbare Verwüstung der

Insel und die Erniedrigung der Krone seinem unmündigen Sohne als Erbtheil, nachdem noch an ihm das scherzhafte Wort seines Vaters, als er ihn einst „ohne Land" genannt, seine furchtbare Erfüllung gefunden hatte.

Fünftes Kapitel.

Kreuzzug. Oströmisches Reich. Königreich Jerusalem.

1. Die Vorbereitungen auf den französisch-flandrischen Kreuzzug.

Einen Hauptgegenstand der Sorge für die Päpste bildete das heilige Land. Seit die Kreuzfahrer unter Gottfried von Bouillon die Stadt Jerusalem erobert und das gleichnamige Königreich gegründet bis zu den Zeiten Innocenz' III., wie oft haben sie ihre Stimme erhoben, um das Interesse des Abendlandes für diese politische Schöpfung, die sich nicht auf eigenem Fuß erhalten konnte, immer wieder anzuregen und zeitweise sogar dem Adel Europa's als Ziel seiner kriegerischen Thätigkeit, wo er nicht bloß weltlichen Ruhm, sondern auch hohe Verdienste bei Gott sich erwerben könnte, vorgestellt! Als die Schreckensnachricht sich im Abendlande verbreitete, daß Sala-bin (3. October 1187) Jerusalem erobert, faßte Friedrich I. noch am späten Lebensabende den Entschluß, einen Zug in's heilige Land zu unternehmen. An der Spitze eines auserlesenen Heeres zog der greise Kaiser die Donau hinab. Aber nachdem er nach dem Siege bei Iconium sich die Straße durch Syrien eröffnet, wurde er plötzlich in Folge einer Erkältung, die er sich in dem Flusse Kalikadnus zugezogen, dahingerafft, ohne das heilige Land auch nur gesehen zu haben. Zwar hatten die Könige Philipp August von Frankreich und Richard Löwenherz von England sich im Sommer 1190 nach Palä-

stina eingeschifft; aber bei der Uneinigkeit der christlichen Heer=
führer hatte ihr Unternehmen nur geringen Erfolg und blieb
Jerusalem in der Gewalt der Saracenen. Leichter schienen sich
die Verhältnisse für die Christen im Morgenlande zu gestalten,
als nach dem Tode des thatkräftigen Saladin (3. März 1193)
dessen weites Ländergebiet in mehrere kleine Reiche und Herr=
schaften zerfiel. Doch wußten die Christen wenig Vortheil
daraus zu ziehen. Auf der einen Seite war das Land verödet
und von waffenfähigen Männern entblößt, andererseits wurden
sie, wie gewöhnlich, durch innere Streitigkeiten geschwächt. Um=
sonst erhob der greise Papst Cölestin III. seine Stimme um
Hilfe für das heilige Land. Er fand nirgends Gehör als bei
Kaiser Heinrich VI., welcher, jedoch weniger aus religiösem
Interesse, aus Begeisterung für die Sache Gottes, als vielmehr
in der Hoffnung, seine kaiserliche Autorität auch auf das Mor=
genland ausdehnen zu können, bestimmt wurde, am Charfrettag
1195 das Kreuz aus den Händen des Erzbischofs von Sutri
zu nehmen. Im September 1197 schifften sich die deutschen
Kreuzfahrer, nachdem ein Theil derselben an den Küsten von
Portugal vorbeifahrend sich im Kampfe mit den Mauren hohen
Ruhm erworben, im Hafen von Messina, wo sie sich versammelt
hatten, nach Ptolemais ein. Die Eroberung von Berytus war
jedoch ihre einzige That. Unzufrieden mit dem Benehmen der
einheimischen Christen, uneins mit den italienischen und englischen
Kreuzfahrern, beunruhigt durch die Nachricht von dem uner=
warteten Tode des Kaisers, kehrten sie größtentheils ruhmlos
in ihre Heimath zurück.

So standen die Verhältnisse, als Innocenz III. den
päpstlichen Stuhl bestieg. Eine in kurzer Zeit nach einander
erlassene Reihe von Schreiben legt den Beweis ab, daß er auch
in dieser Angelegenheit die Politik seiner Vorfahren seit Ur=
ban II. mit der ihm eigenthümlichen Energie zu der seinigen
gemacht habe. Wie er den Patriarchen von Jerusalem und
dessen Suffragane zu geduldiger Ertragung der über das heilige

Land verhängten Leiden ermunterte, so ermahnte er einerseits den
Erzbischof von Mainz und die bei ihm im Morgenlande zurück=
gebliebenen Bischöfe und andererseits den Herzog von Brabant
und die übrigen deutschen Pilgerfürsten zu kräftiger Fortsetzung
des Kampfes gegen die Ungläubigen. Mit freilich gleich ge=
ringem Erfolge forderte er Andreas, den Sohn des Königs
Bela von Ungarn, unter Bedrohung mit der Excommuni=
cation auf, die seinem Vater auf dem Todbette versprochene
Kreuzfahrt zu vollziehen. Kräftig nahm er sich der unter dem
Schutze des apostolischen Stuhles stehenden Pilger an. So
forderte er wiederholt den Herzog von Oesterreich und
Philipp von Schwaben zur Herausgabe des Lösegeldes
König Richards auf und gab er dem Erzbischofe von Magde=
burg und dessen Suffraganen den Befehl, die dem Vernehmen
nach beschädigten Besitzungen der deutschen Kreuzfahrer, welche
mit dem Erzbischofe von Mainz und Reichskanzler Konrad nach
Palästina gezogen waren, durch Anwendung von kirchlichen
Strafen gegen fernere fremde Eingriffe zu vertheidigen. Be=
sonders waren es die Geistlichen, deren thätige Hilfe der Papst
für das heilige Land in Anspruch nahm. Seiner dringenden
Aufforderung an die Bischöfe und an die gesammte Geistlichkeit
von Toscana, Apulien, Calabrien und Sicilien, das Kreuz
allenthalben in Städten und Dörfern zu predigen, folgte ein
umfangreiches Schreiben an alle geistlichen und weltlichen Großen
und an das ganze christliche Volk in Frankreich, England, Un=
garn und Sicilien, worin er, nachdem er die durch den letzten
Kreuzzug der Deutschen noch verschlimmerte Lage des heiligen
Landes geschildert, von seinen Maßregeln zu Gunsten desselben
Nachricht gab. Alle Erzbischöfe, Bischöfe und Prälaten sollten
nach Maßgabe ihrer Mittel bis zum März des nächsten Jahres
bei Strafe der Entsetzung von dem Amte zum heiligen Kampfe
entweder eine Anzahl von Streitern stellen, oder einen ange=
messenen Beitrag an Geld liefern. Die christlichen Fürsten
wurden ermahnt, die Juden ihrer Länder zur Erlassung der

ihnen von Seite der Kreuzfahrer schuldigen Zinse anzuhalten,
widrigenfalls dieselben vom Handel und jeder andern Gemeinschaft auszuschließen seien. Seinen Legaten Petrus in Frankreich unterstützte er auf's Kräftigste in dessen Bemühungen für
das heilige Land. Den Grafen Raymund von Toulouse und
den Grafen von Forcalquier forderte er zum heiligen Kampfe
auf, jenen, um seinen früher gegen die Kirche bewiesenen Ungehorsam wieder gut zu machen, diesen, um sich von dem
Banne, den er sich wegen vielfältiger Vergehungen zugezogen
hatte, zu befreien. Der Doge und das Volk von Venedig
sollten während des Krieges mit den Saracenen den Handel
mit diesen einstellen, indem sie darauf aufmerksam gemacht
wurden, daß, da die Beschlüsse der unter Alexander III.
gehaltenen allgemeinen Kirchenversammlung und die Verord-
nungen Gregors VII. wieder in Kraft gesetzt worden seien,
alle diejenigen, welche den Ungläubigen Waffen, Eisen und
Schiffsbauholz zuführen, oder auf deren Schiffen Dienste nehmen,
oder sie auf irgend eine andere Weise unterstützen würden, dem
Banne unterliegen sollten. Auch gestattete er den Venetianern
auf deren durch zwei Abgeordnete überbrachte Vorstellungen,
daß ihnen, als einem bloß von Handel lebenden Volke, die unbeschränkte Vollziehung des päpstlichen Verbots großen Nachtheil bringen würde, bloß den Handel und Verkehr mit Aegypten, jedoch in der Weise, daß ihnen bei Strafe die Zufuhr
von Waffen, Schiffen und Schiffsgeräthen untersagt bleibe.

Außerdem setzte sich Innocenz III. auch mit den christlichen Fürsten im Morgenlande in Verbindung. Als
der Erzbischof von Mainz auf seiner Rückreise Schreiben des
Königs Leo und des Katholicus Gregorius von Armenien
überbrachte, in welchen sie die Hilfe des Papstes gegen ihre
zahlreichen Feinde anflehten unter der Versicherung, daß sie die
römische Kirche als die Mutter aller übrigen und den Papst
als den obersten Bischof der ganzen Christenheit anerkenneten,
tröstete er sie mit der Hoffnung auf den in Kurzem zu Stande

kommenden Kreuzzug. Auch übersandte er dem Könige durch den armenischen Ritter Robert, welcher in seinem Namen die päpstliche Vermittlung in seinen Streitigkeiten mit dem Grafen von Tripolis und dem Tempelorden anrief, auf dessen Ansuchen ein von ihm geweihtes Panier mit dem Bildnisse des Apostel= fürsten Petrus. Die Boten des Königs Amalrich, durch welche dieser ihm von der betrübten Lage der christlichen Fürsten in Syrien Nachricht gab und um schleunige Hilfe gegen die Ungläubigen, von denen, da sie bereits unter sich wegen eines Friedens unterhandelten, die Wiederaufnahme der Feindselig= keiten mit den Christen zu befürchten stehe, nachsuchte, sandte er sogleich mit dringenden Empfehlungsschreiben an die Könige von Frankreich und England. Auch den Kaiser Alexios von Konstantinopel, welcher an ihn sogleich auf die Nach= richt von dessen Erhebung auf den apostolischen Stuhl Gesandte mit kostbaren Geschenken und mit dem Ansuchen, er möchte sein Reich durch Legaten heimsuchen lassen, geschickt hatte, for= derte er zur Rückkehr in den Schooß der katholischen Kirche, sowie zur Unterstützung des heiligen Landes auf. Freilich mit so wenig Erfolg, daß Alexios nicht nur seine bisherige Theil= nahmslosigkeit gegen das heilige Land mit der verderblichen Uneinigkeit der christlichen Fürsten rechtfertigte und seine an= fänglich versöhnlichen Schritte wieder durch die Erklärung rück= gängig machte, Gesandte der griechischen Kirche nur auf ein in Griechenland, wo die vier alten Kirchenversammlungen stattge= funden hätten, abzuhaltendes Concil zu schicken, sondern zuletzt noch von dem Papste verlangte, er solle den König von Jeru= salem zur Herausgabe der Insel Cypern zwingen. Wie Innocenz dem Kaiser weitläufig den von demselben bestritte= nen Vorrang des Priesterthums vor dem Kaiserthum, welches im Grunde den Kernpunkt des Unterschieds der römischen Kirche von der byzantinischen bildet, auseinandersetzte, so stellte er ihm auf der andern Seite vor, daß Gott dem Menschen den freien Willen gegeben habe, um mit demselben zu wirken, nicht um in träger Ruhe abzuwarten, bis sich die göttlichen Rathschlüsse erfüllten. Wäre derselbe im Stande, die Geheimnisse der göttlichen Weisheit vorherzuwissen und die Befreiung des heiligen Grabes mit dem Auge einer verborgenen Offenbarung vorherzusehen, würde es ihm wohl dann verdienstlich sein, jetzt erst zur Unterstützung des heiligen Landes auszuziehen, als wollte er dem Herrn in der Ausführung seines Entschlusses, welcher durch ihn ja doch weder verhindert, noch hinausgeschoben werden könnte, Hilfe leisten? Hinsichtlich der Insel Cypern wies er den Kaiser darauf hin, daß König Richard dieselbe den Händen eines solchen entrissen habe, welcher die Oberherrschaft des byzantinischen Reichs nicht anerkannt habe, und bat ihn, von dem Angriffe auf dieselbe, deren Besitz zur Erhaltung der christlichen Herrschaft im Morgenlande von großer Bedeutung sei, abzustehen, damit die christlichen Streitkräfte sich nicht unter einander aufrieben. Die morgenländischen Christen ermunterte er abermals zur Geduld und Standhaftigkeit. Dem Könige Amalrich stellte er das Beispiel Christi vor Augen, auf dessen Nachahmung er die Hoffnung auf baldige Befreiung der morgenländischen Kirche aus ihren Trübsalen gründen möge. Um den König und die übrigen Bewohner des heiligen Landes in dem Vertrauen auf seine Fürsorge zu bestärken, hatte er das Königreich Jerusalem und alles, was dazu gehörte oder künftig gehören würde, kurz vorher in seinen und des hl. Petrus besondern Schutz genommen.

Leider hatten alle diese Bemühungen des Papstes durchaus nicht den gewünschten Erfolg. Da Manche (darunter auch der berühmte Minnesänger Walther von der Vogelweide) die Absichten desselben verdächtigend behaupteten, daß das unter dem Vorwande der Kreuzfahrt von einzelnen Gläubigen, Kirchen und Klöstern geforderte und beigetragene Geld nur dazu bestimmt wäre, zu fremdartigen Zwecken in die Schatzkammer des Papstes zu fließen, erklärte dieser, daß er, weit entfernt, das gesammelte Geld nach Rom zu fordern, sich nur über den

Ertrag der Sammlungen in den einzelnen Bisthümern unter=
richten lassen wolle und die Bischöfe bevollmächtige, das in ihren
Sprengeln eingegangene Geld unter Zuziehung eines Tempel=
herrn und Johanniters an die Kreuzfahrer nach deren Bedürf=
niß zu vertheilen. In einem gegen Ende des Jahres 1199
an die Erzbischöfe und Bischöfe in Italien, Deutschland, Frank=
reich, England, Schottland, Irland und unter den slavonischen
Völkern erlassenen weitläufigen Schreiben legte er sämmtlichen
Geistlichen die Verpflichtung auf, den vierzigsten Theil des
Werthes ihrer Güter, Einkünfte und Gefälle, welche durch ge=
wissenhafte und kundige Männer abzuschätzen seien, zur Befreiung
des heiligen Landes beizusteuern. Jeder Geistliche sollte sich
durch das Zeugniß seines Bischofs, einiger Geistlichen und Laien
über die gewissenhafte Leistung der Steuer ausweisen. Um der
Geistlichkeit selbst mit seinem Beispiele voranzugehen, versprach
er, nachdem er sich mit den Cardinälen, den zu Rom anwesen=
den Bischöfen und andern frommen Männern berathen, den
zehnten Theil aller seiner Einkünfte und Gefälle, obwohl dieß
nicht ohne empfindliche Beschränkung sehr dringender Ausgaben,
welche die damaligen Verhältnisse des päpstlichen Stuhles er=
forderten, geschehen konnte, zur Unterstützung des heiligen Landes
zu verwenden. Damit aber auch den Laien Gelegenheit geboten
würde, sich durch milde Beisteuern für das heilige Land der geist=
lichen Schätze theilhaftig zu machen, wurde bestimmt, daß in
jeder Kirche ein Opferstock mit drei Schlössern aufgestellt werden
sollte für die Gaben, welche die Gläubigen unter Eingebung
des heiligen Geistes darbringen würden. Von den Schlüsseln
zu diesem Opferstock sollte der eine bei dem Bischofe, der andere
bei dem Priester der Kirche und der dritte bei einem frommen
Laien verwahrt werden. Auch sollte wöchentlich einmal in jeder
Kirche eine Messe zur Vergebung der Sünden, besonders der
Almosenspendenden, gefeiert werden. Ebenso genaue Bestim=
mungen wurden über die Verwendung der auf verschiedene
Weise für das heilige Land einlaufenden Gelder getroffen.

Von diesen allgemeinen Bestimmungen sollten nur die Cister=
cienser, Prämonstratenser, die Einsiedler von Grandmont und
die Carthäuser ausgenommen sein, welchen er, unter Hinweisung
auf ihren dem Göttlichen ganz besonders zugewandten Beruf
und zur Vermeidung des Aergernisses wegen des ihnen gemach=
ten Vorwurfs der Habsucht, freistellte, entweder eine angemessene
Summe, welche er billig annehmen könnte, oder aber wenig=
stens den fünfzigsten Theil all ihrer Einkünfte zur Unterstützung
des heiligen Landes beizusteuern. Um sie nachdrücklicher zur
Erfüllung seiner Vorschrift zu bewegen, wurden sie bedroht,
daß im Weigerungsfalle alle ihre Privilegien vernichtet und
die Prälaten beauftragt werden sollten, die Zehnten und alle
übrigen ihnen zustehenden Rechte von ihnen zu erheben.

Bald darauf erfolgte ein abermaliges dringendes Mahn=
schreiben an die Geistlichkeit aller christlichen Länder: sie möchten
nicht säumen, sondern den noch günstigen Zeitpunkt zur Er=
lösung des Königs der Könige aus der Gesangenschaft und zur
Unterstützung der Christen im heiligen Lande benützen. Von
großem Eifer schien die französische hohe Geistlichkeit
entflammt zu sein. Auf einer Ende des Jahres 1199 zu Di=
jon gehaltenen Kirchenversammlung wurde in Anwesenheit des
päpstlichen Legaten Petrus beschlossen, statt des vierzigsten den
dreißigsten Theil der Einkünfte beizutragen. Als aber die Bi=
schöfe auf die Ausführung ihrer Zusage warten ließen, suchte sie
der Papst, welcher damals zur Unterstützung des heiligen Landes
ein neues Schiff mit einem Aufwande von 1300 Pfund Silber
aus seinem Schatze hatte erbauen lassen, durch Androhung von
Strafen wenigstens zur Darbringung des vierzigsten Theils zu
bewegen. Mit eindringlichen Worten stellte er die Schmach dar,
welche dem Heilande dadurch angethan werde, daß sein Grab
sich in den Händen der Ungläubigen befinde. Sie möchten
hinblicken auf den Gekreuzigten, wie er wiederum gekreuzigt,
durch Backenstreiche beschimpft, gegeißelt werde und die Feinde
höhnend zu ihm sprechen: Wenn du Gottes Sohn bist, so mache

dich frei und rette dein Land, wenn du kannst, aus unsern Händen und gib das Kreuz wieder den Verehrern des Kreuzes. Sie aber reichten demselben, wie er mit Verdruß vernehme, auf wiederholtes Bitten nicht einmal einen Becher frischen Wassers, zum Aergernisse für die Laien, welche ihnen vorwürfen, daß sie aus dem Erbtheile Jesu Christi lieber Possenreißer unterstützten, als den Heiland, und mehr auf Hunde und Falken verwendeten, als auf die Sache Gottes. In demselben Schreiben wurden die Kreuzfahrer zu größtmöglicher Genügsamkeit und Enthaltsamkeit ermahnt und geboten, daß Niemand mehr als zwei mäßige Gerichte außer der Zukost auf seinen Mittagstisch bringen dürfe, mit Ausnahme der Grafen, Barone und anderer Adeligen, welchen ein drittes Gericht bewilligt wurde. Wie für die Dauer des Kreuzzugs der Gebrauch kostbaren Pelzwerkes überhaupt, so wurde den Knappen und andern Bedienten das Tragen gefärbter Kleider gänzlich verboten.

Eine merkwürdige Erscheinung waren die Kreuzprediger, welche den Papst in seinen Bemühungen für die Wiedergewinnung des heiligen Landes unterstützten. Den größten Ruf unter denselben erlangte der Meister Fulco, Pfarrer zu Neuilly bei Paris. Wie manche andere Geistliche des Pariser Bisthums dem Sinnengenuß ergeben, war er plötzlich zur Erkenntniß seiner Sündhaftigkeit gekommen und suchte nun durch strenge Bußübungen und einen frommen Lebenswandel sein Gewissen zu beruhigen und das gegebene Aergerniß wieder auszutilgen. Um seine mangelhaften theologischen Kenntnisse zu erweitern, besuchte er mit Tafel und Griffel die Vorlesungen der Pariser Professoren und merkte sich die für ihn passenden biblischen Stellen und moralischen Sätze an. An Sonntagen brachte er das die Woche über Gelernte in den Predigten vor seiner Pfarrgemeinde in Anwendung. Als die umliegenden Pfarrer auf seine populäre Beredsamkeit aufmerksam wurden, luden sie ihn als Prediger in ihre Kirchen ein. So verbreitete sich bald der Ruf seiner hohen Rednergabe. Als Fulco selbst einmal an den merkwürdigen Wirkungen einer in einer Straße von Paris gehaltenen Predigt erkannte, über welche Kraft er gebieten könne, trat er, ähnlich den Missionären unserer Zeit, öffentlich als Bußprediger auf und bekämpfte besonders den damals in Frankreich um sich greifenden Wucher, sowie das lüderliche Leben der Lustdirnen, mit denen Paris schon damals angefüllt war. (In demselben Hause waren, nach Jac. a Vitriaco, oben Schulen, unten hielten sich Prostituirte auf.) Mehreren derselben verschaffte er durch Ertheilung einer entsprechenden Mitgift Männer; für Andere gründete er aus frommen Gaben zu Paris das Frauenkloster des hl. Antonius nach der Regel des hl. Antonius. Zwei Jahre später kehrte er, als der Erfolg seiner Predigten sich gemindert hatte, in seinen engen Wirkungskreis zurück. Erst als sein Lehrer Cantor Petrus, welcher von dem Papst als Kreuzprediger aufgestellt worden, ihn auf dem Sterbbette ermahnte, statt seiner den päpstlichen Auftrag zu vollziehen, trat er wieder öffentlich hervor. Er verband nun mit seinen begeisterten Ermahnungen zur Annahme des Kreuzes die freimüthige Bekämpfung der Laster und Irrlehren seiner Zeit mit solchem Erfolg, daß Innocenz in einem an ihn gerichteten Schreiben seinen frommen Eifer belobte und ihn ermahnte, die ihm verliehene Gabe besonders zum Besten des heiligen Landes zu verwenden, indem er ihn bevollmächtigte, zu seiner Unterstützung nach Berathschlagung mit dem Cardinallegaten einige tüchtige Männer sowohl aus den schwarzen als weißen Mönchen auszuwählen. Hierdurch ermuthigt, setzte Fulco seine Predigten, deren Wirkungen durch zahlreiche Wunder erhöht wurden, noch eifriger fort. Bald dehnte er mit Erlaubniß seines Bischofs seine Thätigkeit auf die benachbarten Landschaften, die Normandie und Bretagne, Burgund und Flandern aus. Kaum konnte er sich öfters mit Gewalt der ungestümen Zudringlichkeit des Volkes erwehren, welches ihm seine Kleider zerriß, um sie als Reliquien zu gebrauchen, so daß er beinahe täglich ein neues Gewand anlegen mußte. Obwohl er vom

Volke als Heiliger verehrt wurde, so enthielt er sich dennoch, wie einige Geschichtschreiber jener Zeit hervorheben, alles Auffallenden in seinem äußern Benehmen, kleidete sich, obgleich er ein härenes Hemd auf bloßem Leibe trug und zuweilen strenge Fasten hielt, nach der Sitte des Landes, schor sich öfters den Bart, zog auf seinen Reisen auf einem Pferde umher und aß und trank gern und in ordentlichem Maße die ihm vorgesetzten Speisen und Getränke. Besonders großen Erfolg hatten die Predigten Fulco's, nachdem er auf dem jährlich am Feste Kreuzerhöhung zu Citeaux stattfindenden allgemeinen Capitel der Cistercienseräbte im Jahr 1198 nicht nur mit dem Bischofe von Langres selbst das Kreuz nahm, sondern auch von den versammelten Aebten, von denen freilich sich keiner auf seinen Wunsch als Begleiter und Gehilfe an der Wallfahrt anschließen wollte, eine große Anzahl von Kreuzen erhielt, welche er sodann unter das Volk austheilte. Zwar nahmen die Wirkungen seiner Predigten allmählig wieder ab, da einerseits viele Bekehrten bald wieder zu ihrem alten Sündenleben zurückkehrten und andererseits die Reinheit seiner Absichten hinsichtlich der Verwendung des gesammelten Almosens verdächtigt wurde. Auch fanden Einige seine Härte und Reizbarkeit zum Zorne tadelhaft. Doch konnte er im Jahr 1201 in Citeaux die versammelten Cistercienseräbte unter Thränen versichern, daß er innerhalb drei Jahren 200 000 Kreuze an Wallfahrer vertheilt habe. Viel hatte zu dieser großen Zahl die Verbreitung der Nachricht beigetragen, daß Fulco sich selbst wie einst Peter von Amiens an die Spitze des Kreuzzuges stellen wolle. Schon im folgenden Jahre starb er und wurde in seiner Pfarrkirche begraben. Zwar hatten sich viele Schüler um ihn gesammelt, welche, wie auch andere französische Geistliche, seine Predigtweise nachahmten; aber da sie sich mehr selbst mit den Gaben der frommen Christen bereichert haben sollen, so war ihre Wirksamkeit wenig gesegnet. — Der berühmteste Kreuzprediger nach Fulco war Martin, Abt des Cistercienserklosters Paris in Oberelsaß.

Dieser, ein Mann von sanftem, mildem und demüthigem Wesen, trat besonders in Basel, dann aber auch in andern Städten Oberdeutschlands mit um so größerem Erfolg auf, als auch er vor seinen Zuhörern das Versprechen ablegte, daß er die Kreuzfahrer begleiten und alle Gefahren mit ihnen theilen wolle. Bemerkenswerth ist, daß er seine Landsleute auf den großen Reichthum und die Fruchtbarkeit des heiligen Landes hinwies und in ihnen die Hoffnung rege machte, daß sie sich daselbst eine angenehmere Lage verschaffen könnten, als in ihrer Heimath.

Anfänglich hatte fast nur das gemeine Volk Theilnahme für einen Kreuzzug an den Tag gelegt. Erst nach der durch den Cardinallegaten Petrus im Januar 1199 vermittelten Wiederherstellung der Waffenruhe zwischen den Königen von England und Frankreich traten die französischen Großen in den Vordergrund. Dem Beispiele der durch ihre Macht und Tapferkeit angesehenen, mit dem französischen Königshause verwandten Grafen Thibaut von Champagne und Ludwig von Blois, welche auf einem Turniere zu Ecry, einem Schlosse in der Champagne, im Anfange der Adventzeit 1199 sich mit dem Kreuze bezeichnet hatten, folgten viele ihrer, sowie auch dem Könige von Frankreich unmittelbar dienstpflichtigen Barone und Ritter, darunter Graf Walter von Brienne, Simon von Montfort und Gottfried von Villehardoin, der Geschichtschreiber des Unternehmens. Am Aschermittwoch 1200 nahm Graf Balduin nebst dessen Bruder Heinrich und vielen andern flandrischen Herrn das Kreuz, hauptsächlich um sich, wie versichert wurde, gegenüber dem König von Frankreich, dessen Unwillen sie sich durch Unterstützung des Königs Richard zugezogen hatten, für sich und ihre Besitzungen des von Innocenz III. den Kreuzfahrern feierlich zugesicherten Schutzes theilhaftig zu machen. Nachdem sich alle die Grafen und Barone zu Soissons und dann mehrmals zu Compiègne versammelt hatten, um über die Zeit der Abreise und den einzuschlagenden Weg zu berathen, wurde beschlossen, den Weg zur See zu machen. Die Grafen von **Champagne**, **Blois** und **Flandern**, von welchen der Erstere zum Hauptanführer der Kreuzfahrer gewählt wurde, ernannten je zwei Barone als Botschafter, um durch sie die nöthigen Vorkehrungen zur Ausführung der Seefahrt zu treffen. Da diesen sechs Bevollmächtigten **Venedig** die größte Anzahl von Schiffen für ihr, wie sie hofften, großartiges Unternehmen darzubieten schien, ließen sie sich von ihren Fürsten feierlich mit Siegel bekräftigte Vollmachten zur Unterhandlung mit dem Dogen Dandolo ertheilen.

2. Die Eroberung Konstantinopels.

Den 10. Februar kamen die Gesandten in der Lagunenstadt an und wurden von dem Dogen, dem Adel und Volke auf das Freundlichste empfangen. Am 1. April 1201 schlossen sie mit der Republik, welche über die Gelegenheit, über **Pisa** Handelsvortheile zu erringen, erfreut war, einen Vertrag ab, um dessen Bestätigung durch den **Papst** beide Theile durch Gesandte nachsuchten. Doch ging die verabredete Zusammenkunft der Kreuzfahrer in Venedig aus verschiedenen Gründen schlecht von statten. Während ein Theil derselben ganz zurückblieb und mehrere der Angesehensten, darunter der Graf **Thibaut** von **Champagne**, an dessen Stelle sich der **Markgraf Bonifaz von Montferrat** zum Feldherrn wählen ließ, noch in ihrer Heimath starben, schlugen Andere aus Scheu vor den Venetianern den Weg nach Marseille oder Unteritalien ein. So kam es, daß zur bestimmten Frist, am Feste Peter und Paul, so Wenige sich in Venedig einfanden, daß der bedungene Ueberfahrtspreis nicht bezahlt werden konnte. Die Venetianer, welche bei dem ganzen Unternehmen nur den kaufmännischen Gesichtspunkt festhielten, waren nicht geneigt, um der Beförderung einer allgemeinen christlichen Angelegenheit willen auf die

Umstände Rücksicht zu nehmen. Die Kreuzfahrer, unter sich
uneins, wurden von den Venetianern auf die Insel Nikolaus
gebracht, wo ihre ohnehin widerwärtige Stimmung bei der
großen Theuerung der Lebensmittel noch zunahm. Während
sie hier gleichsam gefangen gehalten wurden, machte der Doge
Dandolo, der 93jährige, beinahe blinde Seeheld, immer noch
kühnen Geistes und voll Begierde, der Republik Macht und
Glanz zu erhöhen, dem Rathe den Vorschlag, den Kreuzfahrern
Zahlungsfristen für die rückständige Summe von 34 000 Mark
unter der Bedingung zu bewilligen, daß sie zur Eroberung der
gegen Venedig stets feindlich gesinnten Stadt Zara in Dalmatien, welche sich im Jahr 1187 an den König Bela von
Ungarn ergeben hatte, behilflich seien. Er nahm sodann
feierlich das Kreuz. Seinem Beispiele folgten viele Venetianer.
Fast gleichzeitig kamen Abgesandte des damals auf der Reise
nach Deutschland befindlichen Alexios an, um den Beistand
der Kreuzfahrer zur Einsetzung in die byzantinische Herrschaft
nachzusuchen. Wenn Dandolo die Gelegenheit, den Einfluß
seiner Republik im Morgenlande zu erhöhen, nur erwünscht
sein konnte, so hatte auch Bonifaz, das Haupt der Kreuzfahrer, Ursache, Alexios' Vater, Isaak Angelos, beizustehen, da er ihm seine älteste Tochter Theodora zur Ehe angetragen und seinem Bruder Konrad, Markgrafen von Tyrus,
zur Gemahlin gegeben hatte. Er soll daher auch auf seiner
Reise aus Frankreich durch Deutschland sich bereits gegen Philipp von Schwaben verpflichtet haben, dessen Schwager
mit Hilfe der Kreuzfahrer auf den Thron von Konstantinopel
zu bringen. Daher gaben die Barone den griechischen Gesandten
nicht bloß vorläufig ihre Bereitwilligkeit zu erkennen, daß sie
ihm und seinem Vater zur Wiedererlangung seines Reichs ver-
helfen würden, wenn sie auch ihnen in Eroberung des heiligen
Landes beistehen würden, sondern ordneten auch selbst ihrerseits
sogleich eine Gesandtschaft nach Deutschland ab, um mit Philipp und dessen Schwager in nähere Unterhandlungen zu

treten. Als der Doge sich an die Spitze des Unternehmens stellen zu wollen erklärte, vergossen Viele aus dem Volke Thränen ob dem muthigen Entschlusse des Greisen.

Umsonst suchte Innocenz das Vorhaben zu verhindern, damit nicht das Unternehmen, für welches er Jahre lang Mühe und Opfer gebracht, seinem Zwecke entfremdet werde. Kaum hatte er erfahren, daß man in Venedig damit umgehe, den Kreuzzug nur zum eigenen Vortheil zu benützen, als er den Cardinal Petrus als Legaten abschickte, um den unmittelbaren Aufbruch nach Alexandrien durchzusetzen und dem Zuge zur Ueberwachung des Heeres beizuwohnen. Die Venetianer weigerten sich nicht nur, ihn anders als in der Eigenschaft eines Predigers aufzunehmen, sondern nahmen auch auf die gerade vor Abfahrt des Heeres, welche den 8. October stattfand, durch den Abt Ogier von Lovedio, den geistlichen Begleiter des Markgrafen Bonifaz von Montferrat, überbrachte Drohung mit dem päpstlichen Banne für den Fall, daß Zara oder sonst ein christliches Gebiet angegriffen würde, nicht die mindeste Rücksicht. Auch ein Theil der französischen Pilger war unzufrieden über das Unternehmen, welches sie, weil gegen einen als Kreuzfahrer unter dem Schutze des apostolischen Stuhles stehenden Fürsten gerichtet, für ungerecht hielten, und sagten sich von demselben los, um sich an jene Pilger anzuschließen, welche von Apulien aus sich nach dem heiligen Lande einschifften. Der Markgraf Bonifaz aber blieb, durch den Papst persönlich von dem Kriege gegen Zara abgemahnt, unter dem Vorwande dringender Geschäfte in seiner Markgrafschaft zurück. Als die Kreuzfahrer mit ihrer herrlichen Flotte von 480 Schiffen den 10. November 1202 vor Zara ankamen und die starken Festungswerke der reichen Stadt erblickten, befiel sie Furcht und Verwirrung. Aber die große Macht an Schiffen, Rittern und Fußknechten entmuthigte auch die Bewohner, so daß sie schon am andern Tage die Uebergabe anboten. Doch brachen sie auf die Versicherung Simons von Montfort und An-

berer, daß sie an dem Kampfe gegen eine christliche Stadt
keinen Theil nehmen, sondern sie im Gegentheil beschützen würden, die Verhandlungen wieder ab. Als nun noch der Abt
Guido von Vaur de Sernay im Namen des Papstes den
Angriff verbot, wäre er von den wuthentbrannten Venetianern
beinahe ermordet worden. Die Belagerung, von welcher sich
jedoch Simon von Montfort ferne hielt, wurde wirklich
begonnen. Vergeblich wollten die Einwohner die Entscheidung
dieser Angelegenheit dem Papste überlassen. Das Bild des
Gekreuzigten, welches sie über die Mauern hingen, wurde so
wenig beachtet, als ein soeben noch anlangendes Schreiben des
Papstes, welches mit dem Banne drohte. Am sechsten Tage
der Belagerung wurde die Stadt erobert. Die Mauern wurden geschleift, die Kirchen geplündert, viele Häuser zerstört,
einige Bürger auf Dandolo's Befehl enthauptet und mehrere
verbannt. Kaum war die Beute getheilt, als Dandolo, welcher die ihm zur Verfügung stehenden Streitkräfte zur Befestigung der venetianischen Macht in Dalmatien benützen wollte,
und außerdem die Angelegenheit des oströmischen Reichs fest
im Auge behielt, mit dem Vorschlage hervortrat, in Zara zu
überwintern. Da Manche damit unzufrieden waren, daß die
Erfüllung ihres Gelübdes noch länger hinausgezögert werden
solle, so brach zwischen den Venetianern und Franzosen ein
blutiger Zwist aus, welcher nur mit Mühe gedämpft wurde.
Doch wurde die Hoffnung vieler Pilger auf das Gelingen des
Kreuzzugs durch die kurz darauf erfolgte Ankunft des Markgrafen Bonifaz, des Matthias von Montmorency
und vieler anderer edler Ritter gehoben. Im Verlaufe des
Winters gelangte dann auch der bereits in Venedig verabredete
Plan hinsichtlich des oströmischen Reichs zur Reise. Im
December 1202 langten fast gleichzeitig Gesandte Philipps
und Alexios' in Zara an und suchten durch beredte Schil-
berung des traurigen Schicksals des Letztern die Theilnahme
der Kreuzfahrer zur Wiedereinsetzung Isaaks II. und seines

Sohnes in den Besitz des Thrones zu gewinnen. Größere Wirkung brachten auf sie die glänzenden Anerbietungen hervor, welche Philipp im Namen seines Schwagers machen ließ: Vereinigung des byzantinischen Reiches mit der römischen Kirche, kräftige Unterstützung zur Eroberung Aegyptens und Vertheidigung des heiligen Landes, als Entschädigung 200 000 Mark, zu gleichen Theilen für die Venetianer und Franken. Zwar erklärte sich abermals der Abt von Vaux de Sernay, im Widerspruch mit den übrigen im Heere befindlichen Cistercienseräbten, gegen diesen zweiten, ihrem Gelübde zuwiderlaufenden Vorschlag. Als der Markgraf Bonifaz und die Grafen Balduin von Flandern, Ludwig von Blois und Hugo von St. Paul mit der Mehrzahl der Ritter, unter Geltendmachung des Grundes, daß gerade durch dieses Unternehmen der Zweck des Kreuzzuges am besten gefördert würde, auf jene Bedingungen hin mit den Gesandten einen Vertrag abschlossen, entfernte sich Simon von Montfort und viele andere Ritter nebst dem Abte von Vaux de Sernay, um sich auf verschiedenen Wegen nach Syrien zu begeben.

Um sich wegen der geistlichen Strafe sicher zu stellen und einer völligen Auflösung des Heeres vorzubeugen, ließen sich die zurückgebliebenen Barone vorläufig durch die im Heere anwesenden Bischöfe von dem etwa auf ihnen lastenden Banne lossprechen und sandten den beredten Bischof von Soissons, den deutschen Abt Martin von Paris und einige weltliche Herren an den Papst, um sich wegen ihrer gezwungenen Verbindung mit den Venetianern zu entschuldigen, wegen ihres bewiesenen Ungehorsams jegliche geforderte Genugthuung zu versprechen und ihn der Bereitwilligkeit zu versichern, daß sie in den ferneren Unternehmungen dieser Kreuzfahrt sich nach seinen Anordnungen richten wollten. Innocenz, durch den König von Ungarn über die Vorfälle zu Zara in Kenntniß gesetzt, nahm zwar die Gesandtschaft nicht unfreundlich auf, gab jedoch in dem an sie gesandten Schreiben seinen größten

17 *

Unwillen darüber zu erkennen, daß sie dem Teufel die Erst-
linge ihrer Pilgerfahrt dargebracht hätten, und befahl ihnen
unter Androhung des Bannes und der Verlustigerklärung aller
verheißenen Wohlthaten des Kreuzzuges, sämmtlichen Raub den
Abgesandten des Königs von Ungarn auszuliefern. Die Lossprechung vom Banne durch ihre Bischöfe erklärte er für ungiltig. Erst dann, wenn sie seinem Legaten Petrus seinen Befehlen in Zukunft nachzukommen eidlich verheißen und urkundlich
bezeugt hätten, für das Begangene Genugthuung zu leisten und
kein Christenland mehr anzugreifen, würde der Bann durch
den genannten Cardinallegaten von ihnen genommen werden.
Dagegen wurde den Gesandten des Papstes, von denen jedoch der Abt Martin nebst einem Ritter nicht mehr nach Zara
zurückkehrte, sondern — der Erstere als Begleiter des Cardinals Petrus — sich nach Ptolemais begab, ein Schreiben mitgegeben, in welchem er den Bann über die Venetianer
aussprach. Aber wenn auch die Kreuzfahrer voll Freude über
des Papstes Milde durch eine zweite Gesandtschaft die Urkunde unverzüglich ausstellten, so zeigten doch die Venetianer
nicht die geringste Neigung zur Reue und Genugthuung. Da
von Anfang an eine Partei in dem Heere sich befand, welcher
jede Gelegenheit zur Auflösung des Zuges erwünscht war, so
glaubten der Markgraf von Montferrat und die übrigen
Fürsten um so mehr, um diese zu verhüten, das den Bann-
spruch gegen die Venetianer enthaltende Schreiben verheimlichen
zu müssen. Innocenz, den sie hierüber um Entschuldigung,
sowie um Verzeihung für ihr ferneres Benehmen baten, erließ
an die Grafen und Barone den Befehl, die wider die Venetianer, welche in ihrer Hartnäckigkeit verharrten, ergangenen
Schreiben dem Dogen unverzüglich einzuhändigen, forderte sie
in zwei ernsten Schreiben zur Beschleunigung ihrer Fahrt auf
und gestattete ihnen bloß, mit den Venetianern bis zum heiligen
Lande zu segeln, da sie bereits den größten Theil des Fahr-
geldes bezahlt hätten und schwerlich wieder erlangen würden.

Fortan aber sollten sie dieselben, so lange sie noch im Banne wären, meiden, da ihre Gesellschaft ihnen eher Fluch als Segen bringen würde. Schon war er im Begriffe, diese Schreiben abzusenden, als er durch seinen Legaten Petrus von dem mit Alexios abgeschlossenen Vertrage Kenntniß erhielt. Weit entfernt, dieses Unternehmen etwa deßhalb, weil es gegen ein schismatisches Reich oder zur Wiedereinsetzung eines durch seinen Bruder vom Throne gestoßenen Kaisers gerichtet sei, ausdrücklich oder doch stillschweigend zu billigen, sondern an dem einen großen Gedanken der Befreiung des heiligen Landes festhaltend, mahnte er die fränkischen Fürsten ernstlich von dem Vorhaben ab, indem er das Verbot wiederholte bei Strafe des Bannes, ein christliches Land anzugreifen oder zu beschädigen. Außerdem gab er dem Cardinal Petrus die Weisung, im Falle die Venetianer sich nicht von dem Banne lossprechen ließen und das Versprechen, nicht gegen Christen die Waffen zu ergreifen, ablegten, ihr Heer, als vom Herrn verworfen und des Segens unwürdig, zu verlassen und den Weg nach Jerusalem einzuschlagen. — Den 25. April langte Alexios auf seiner Rückkehr aus Deutschland bei dem Kreuzheere an, von welchem er mit großen Ehren empfangen wurde. Seine Gegenwart lenkte die Blicke lebhafter auf die Hauptstadt des oströmischen Reiches hin, rief in den Einen Hoffnung auf Gewinn, in den Andern das Gefühl der Rache hervor und ließ die Bedenken wegen des päpstlichen Unwillens, den sie nicht für ernstlich gemeint hielten und jedenfalls durch die glückliche Ausführung ihres Vorhabens wieder beschwichtigen zu können gedachten, zurücktreten. Doch trennte sich auch dießmal Graf Simon von Montfort „von dem Heere der Sünder" und begab sich später in Begleitung seines Bruders Veit, des Abtes von Vaux de Sernay und vieler anderer Pilger auf sehr beschwerlichem Wege nach Apulien, um nach Palästina zu fahren. Ihrem Beispiele folgten bald darauf noch mehrere andere Ritter, so daß durch diese Absonderungen die Stärke des Heeres nach und nach sehr vermindert wurde. Bald nach der Ankunft des Alexios segelte die Flotte aus Zara, dessen Mauern gänzlich geschleift worden waren, in der Richtung nach Corfu ab. Aber die drei Wochen Aufenthalt auf dieser Insel erweckte in den meisten Pilgern Reue über das Vorhaben. Schon hatten sie sich von der kleinern Hälfte getrennt, als es dem Markgrafen von Montferrat und den übrigen Führern des Pilgerheeres durch flehentliches, fußfälliges Bitten und nach Ablegung des eidlichen Versprechens, daß sie am Michaelstage ohne Ausflucht Schiffe zur Ueberfahrt nach Syrien erhalten würden, gelang, die Einigkeit wieder herzustellen. An Pfingsten fand die Abfahrt von Corfu statt. Als die Kreuzfahrer am 23. Juni in der Propontis ankamen und den wunderbaren Reichthum der in den Reizen des Vorsommers prangenden Naturschönheit, die Menge prächtiger Kirchen, Paläste und Landhäuser, die Stärke der Mauern und die Zahl der Thürme sahen, wurden sie von Staunen und Bewunderung hingerissen. Zugleich befiel sie die Furcht, sie möchten bei ihren geringen Streitkräften einem solchen Unternehmen nicht gewachsen sein. Am folgenden Tage segelten die Schiffe auf Anordnung des mit den Verhältnissen vertrauten Dandolo, verfolgt von zahllosen Pfeilen und Steinen, welche von den Zinnen geschleudert wurden, dicht an Konstantinopel vorüber, um auf der asiatischen Seite bei Skutari zu landen. Nachdem sich das Heer einige Tage gelagert, erschien als Gesandter des griechischen Kaisers ein Lombarde: sie möchten abziehen in das heilige Land, welches ihr Ziel sei; im andern Fall würde der Kaiser sie hiezu zwingen. Seine Macht reiche hin, Jeden dem sichern Tode oder der Gefangenschaft zu überliefern, wenn es seine Absicht wäre, sie zu verderben. Es wurde ihm erwiedert, sie hätten nicht des Kaisers Reich betreten, das ihm nicht angehöre, sondern das seines Neffen, welcher sich in ihrer Mitte befinde. Wolle er sich diesem unterwerfen, so würden sie ihm bei demselben günstige Bedingungen auswirken.

Doch konnten sich die Kreuzfahrer bald überzeugen, wie es sich mit der vermeinten Anhänglichkeit des Volkes an ihren Schütz=ling verhalte. Als sie ihn, längs den Mauern Konstanti=nopels hinfahrend, den an dem Ufer und auf den Zinnen zahlreich versammelten Griechen als ihren rechtmäßigen Herrn unter dem Rufe zeigten, sie sollten den Frevler verlassen, der ihn vertrieben habe, trat auch nicht ein Einziger auf seine Seite; im Gegentheil erhielten sie jedesmal einen Pfeilregen zur Ant=wort. Auch wurde der Haß der Griechen auf's Neue ange=facht durch das Vorgeben, die Barbaren seien gekommen, Land und Volk dem römischen Papste zu unterwerfen. Die Kreuz=fahrer entschlossen sich nun schon wegen der Unmöglichkeit, sich bei dem Mangel an Lebensmitteln länger mit der Belagerung aufzuhalten, zum entscheidenden Kampfe. Als nach heißem Tagewerke, bei welchem kein Theil sich eines wirklichen Vor=theils rühmen konnte, der Stadt jedoch durch eine Feuers=brunst großer Schaden zugefügt wurde, die Nacht hereinbrach, erfuhren die Kreuzfahrer, daß der geblendete Isaak mit seiner Gemahlin Margaretha, einer Schwester des Königs von Un=garn, wieder auf den Thron gesetzt worden sei. Nur auf seine eigene Rettung bedacht und das Schicksal der Stadt und des Reichs, ja selbst seine Gemahlin und seine Kin=der sich selbst überlassend, war Alexios, nachdem er noch in der Eile den kaiserlichen Schmuck und eine Menge Kostbarkeiten zusammengerafft hatte, entflohen. Die byzantinische Re=gierung hatte seit längerer Zeit die Bildung eines wohldis=ciplinirten Heeres vernachläßigt. Die an plötzlichen Regierungs=wechsel gewöhnten Bürger Konstantinopels, welches gegen 400 000 Einwohner zählte, besaßen nicht den geringsten Patrio=tismus; von einer Aufopferung für einen dem Throne, von dem er seinen Bruder gestürzt hatte, feig entflohenen Herrscher aber konnte keine Rede sein. Weit entfernt, den an Zahl un=bedeutenden Feind muthig zu vertreiben, sahen sie in der Be=freiung des geblendeten Isaak aus dem Kerker das einzige

Mittel der Errettung. So erfreulich daher die Nachricht von dem Vorgefallenen war, worin sie einen besonderen Beweis der göttlichen Gnade dankbar erkannten, so gebrauchten die Franken dennoch, der List und Treulosigkeit der Griechen eingedenk, Vorsicht. Sie wählten eine Gesandtschaft aus, welche genaue Kundschaft einziehen, sowie dem Kaiser Glück wünschen und eröffnen sollte, daß sein Sohn erst nach Bestätigung des Vertrags mit demselben herausgegeben würde. So außerordentlich schwer Isaak die Bedingungen erschienen, und obwohl er nach seinem eigenen Geständnisse nicht wußte, wie dieselben zu erfüllen, so unterzeichnete er den Vertrag dennoch aus Furcht und Noth, theils auch aus Dankbarkeit, da die Kreuzfahrer für ihn und seinen Sohn so viel gethan hätten, daß sie das ganze Reich, wenn man es ihnen gäbe, verdient hätten. Am 18. Juli hielt Alexios in Begleitung vieler Barone unter dem Jubel des Volkes seinen feierlichen Einzug in die Stadt und wurde in der Sophienkirche als Kaiser und Mitregent seines Vaters gekrönt.

Aber bei der eigenthümlichen Lage der Dinge waren baldige Zerwürfnisse zwischen beiden Theilen unvermeidlich. Zwar verließen die Franken, um Reibereien mit den Griechen zu vermeiden, auf Bitten Alexios' IV. die Hauptstadt und lagerten sich in Pera. Auch wurde ein Theil der vereinbarten Summe an sie entrichtet. Um den Papst wegen der Mißachtung seines ausdrücklichen Befehls zu beschwichtigen, schrieb Alexios auf den Rath der Bischöfe von Soissons, Troyes und Halberstadt, er sei bereit, dem römischen Stuhle diejenige Ehrerbietung zu bezeigen, welche seine Vorfahren ihm bewiesen hätten, und die Unterwerfung der morgenländischen Kirche sich nach Kräften angelegen sein zu lassen. Die Kreuzfahrer hoben in ihrem Berichte an den Papst über das Vorgefallene besonders den Vortheil hervor, welcher dem heiligen Lande aus der Verbindung der beiden Reiche zukommen würde. Auch die Venetianer bemühten sich jetzt unter Anrufung der Vermittlung des in Syrien weilenden Legaten Petrus die Lossprechung von dem Banne zu erwirken. Es hätte sich jetzt darum gehandelt, die in Zara ausbedungene Ueberfahrt nach Syrien auszuführen. Allein bei der großen Abneigung der Griechen gegen die Lateiner, welche sich auch auf die durch dieselben eingesetzte neue Herrschaft erstreckte, befürchtete Alexios, nach deren Abfahrt des Reiches und Lebens verlustig zu gehen. Er brachte es dahin, daß der Vertrag wegen der Flotte auf ein Jahr verlängert wurde, in der Hoffnung, daß er innerhalb dieser Frist sein Land vollkommen beruhigen würde. Aber die Erbitterung der Griechen gegen die Franken nahm zu, besonders da die Geistlichkeit den Glaubenshaß des Volkes aufzustacheln wußte. Unglücklicher Weise trug sich ein Ereigniß zu, welches die dumpfe Gährung zum Ausbruch brachte. Einige Kreuzfahrer, welche in der Stadt umherstreiften, beschlossen aus übelangebrachtem Glaubenseifer, eine den Saracenen von dem Kaiser Isaak auf Verwendung Saladins im Jahr 1190 eingeräumte Moschee, von deren Vorhandensein sie hörten, zu zerstören und die in deren Nachbarschaft befindlichen Waarenlager der türkischen Kaufleute zu plündern. Da die Muselmänner, unterstützt durch die von den byzantinischen Polizeibeamten herbeigerufene Militärmannschaft, sich zur Wehr setzten, legten die Franken, um die Verfolgung abzulenken, Feuer an, welches mit rasender Schnelligkeit um sich griff. Acht Tage lang dauerte der Brand und legte den vierten Theil der Stadt, wo die reichsten Waarenlager und glänzendsten Paläste des byzantinischen Adels, angefüllt mit kostbaren alten Kunstwerken, Juwelen und Manuscripten sich befanden, in Asche. Viele Menschen kamen in den Flammen um's Leben. Die Erbitterung des Volkes über dieses furchtbare Unglück wurde grenzenlos. In dem Maße aber, als der Haß des Volkes gegen die Lateiner wuchs, wurde das innige Verhältniß des Alexios zu denselben, welches überhaupt bei den Griechen schon großen Anstoß erregt hatte, schwieriger. Es wurde daher seiner Umgebung um so leichter, ihn denselben zu entfremden, als ihm die Unmöglichkeit, seine Verbindlichkeiten zu erfüllen, klar geworden sein mag. Es kam zuletzt soweit, daß die Verbindungen zwischen beiden Theilen ganz abgebrochen werden mußten. Als die Franken Alexios durch Gesandte drohen ließen, daß sie ihn, wenn er seine Zusage nicht erfülle, als Feind behandeln würden, wurden sie trotzig abgewiesen und eröffneten nun sogleich die Feindseligkeiten, welche mit solcher Erbitterung geführt wurden, daß die venetianische Flotte einmal in große Gefahr gerieth, von den Griechen gänzlich in Brand gesteckt zu werden. Zum Glücke für die Kreuzfahrer trat auch dießmal in der Stadt eine Bewegung ein. Es brach im Januar 1204 eine Empörung aus, in Folge deren Alexios (8. Februar) sein Leben verlor. Um nicht so viele Mühe und Kämpfe bisher vergeblich aufgewendet zu haben, beschlossen sie in aller Eile, Konstantinopel abermals anzugreifen. Die Aussicht, die Ehre der römischen Kirche durch Vernichtung des Schisma's zu erhöhen, sowie unermeßliche Beute und Länderbesitz sich zu erwerben, war zu lockend, als daß sich, obwohl soeben der Abt Martin in Begleitung des Vogts Konrad von Schwarzenberg im Lager angekommen war, um im Namen der nach Syrien gelangten Pilger die Barone und Ritter des Kreuzheeres um baldige Hilfe für das heilige Land zu ersuchen, ein nachhaltiges Widerstreben gegen diesen Plan geltend gemacht hätte.

Ehe die Verbündeten zum Angriffe schritten, schlossen sie im März 1204 einen in vielfacher Beziehung merkwürdigen Vertrag über die Theilung des Reiches und der Beute Konstantinopels ab, um etwaigen Streitigkeiten vorzubeugen und die nothwendige Eintracht zu erhalten; beide Theile — die Kreuzfahrer und die Venetianer — verpflichteten sich, den Heerführern Gehorsam zu leisten und alle gewonnene Beute an einen bestimmten Ort zu bringen. Zwölf Wahlmänner, von jeder Partei an gleicher Zahl erkoren, sollten zum Kaiser von Romania diejenige Person ernennen, welche

sie für die geeignetste hielten, um das eroberte Land zum
Ruhme Gottes und der römischen Kirche zu regieren. Der
Patriarch sollte von den Geistlichen aus dem Volke gewählt
werden, welchem der Kaiser nicht angehöre. Beide Theile
machten sich verbindlich, ein Jahr lang zur Unterstützung des
Kaisers beisammen zu bleiben. Alle, welche sich dauernd im
byzantinischen Reiche niederlassen würden, sollten ihm den Lehens-
dienst leisten. Zwölf Kommissäre aus jeder Partei sollten das
eroberte Land und Lehen vertheilen und den für jedes derselben
schuldigen Dienst bestimmen. Beide Theile sollten sich aus allen
Kräften bemühen, um von dem Papste die Bestätigung des Vertrags zu erwirken und ihn zu bestimmen, daß er die Uebertreter
desselben mit dem Banne belege. Nun rüsteten sich sowohl die
Griechen als die Verbündeten zum Kampfe. Am 9. April 1204
wurde der Sturm begonnen, aber von den Belagerten glücklich
abgeschlagen. Drei Tage später wurde derselbe erneuert. Mit
Hilfe zweier aneinander gebundenen Schiffe, welche durch einen
günstigen Nordwind gegen einen Thurm getrieben wurden, gelang
es einer durch die im Heere verkündete Verheißung einer ansehnlichen Belohnung angelockten Schaar, zuerst über die Mauer
zu steigen und durch Sprengung einiger Thore den Rittern
und dem Fußvolke Gelegenheit zum Einrücken in die Stadt
zu verschaffen. Murzuphlos, welcher sich nach des Alexios
Tode zum Kaiser aufgeworfen hatte, entfloh. Die Griechen
stritten nun über die Wahl eines Nachfolgers. Aber Theodor
Laskaris, für den sich besonders die Geistlichkeit entschieden
hatte, war ebenso wenig im Stande, kräftigen Widerstand zu
leisten und suchte ebenfalls sein Heil in schleuniger Flucht.
Schon war über die Stadt ein neues Unglück hereingebrochen.
Um den Angriff von Seite der Griechen abzuwehren, wurde
wahrscheinlich auf Befehl eines deutschen Grafen Feuer an-
gelegt, welches die ganze Nacht hindurch bis zum folgenden
Abende wüthete und abermals ein Stadtviertel niederbrannte.
So war innerhalb weniger Monate Konstantinopel durch

drei furchtbare, von den Franken angestiftete Feuersbrünste verheert worden, welche, wie Villehardoin sagt, mehr Häuser zerstörten, als die drei größten Städte Frankreichs enthielten und eine Menge unersetzbarer Schätze an Kunst und Wissenschaft vertilgten. — Nach Besetzung der kaiserlichen Paläste der Blachenen und Bukolion durch den Grafen Heinrich von Flandern und den Markgrafen von Montferrat ergab sich Konstantinopel seinem Schicksale.

Die Art und Weise, wie die Fremden in der eroberten Stadt verfuhren, war weder der Christen, noch der Kreuzfahrer, welche gelobt hatten, gegen die Ungläubigen zu streiten, Enthaltsamkeit und Keuschheit zu üben und die Unschuld zu beschützen, würdig und heftete ihrem Unternehmen einen um so unvergänglichern Schandfleck an, je mehr es mit dem Benehmen Saladins bei der Eroberung von Jerusalem contrastirte. Wenn auch die Heerführer Zucht und Ordnung zu erhalten suchten, indem sie ihre Schaaren zur Befolgung ihres Befehles, die Keuschheit der Eheweiber, Jungfrauen und Klosterfrauen nicht zu verletzen, durch einen feierlichen Eid verpflichteten und die Bischöfe von Soissons, Troyes und Halberstadt über alle diesem Gebot etwa Zuwiderhandelnden, sowie über die, welche Klöster, Kirchen und gottgeheiligte Personen ausplündern würden, den Bann aussprachen, so waren sie doch nicht im Stand, den entfesselten Leidenschaften der rohen Gewaltthätigkeit, Raublust und Unzucht Einhalt zu thun. Besonders waren es die aus der Stadt vertriebenen zahlreichen lateinischen Ansiedler, welche die Gelegenheit benützten, um an den Griechen schwere Rache zu nehmen. Weder Kirchen noch heilige Gefäße und Bilder wurden geachtet und geschont. Die edelsten Kunstwerke wurden theils in vandalischem Uebermuthe zerschlagen, theils eingeschmolzen. Selbst die Grüfte der Kaiser fanden keine Schonung. Die Sophienkirche wurde geplündert, Lastthiere wurden hineingetrieben, um die Menge der geraubten heiligen Kostbarkeiten fortzuschleppen. Nachher wurden sie durch die Orgien der Soldaten und lüberlichen Dirnen entheiligt. Eine derselben setzte sich auf den Patriarchenstuhl, sang, den geistlichen Gesang der Griechen nachahmend, wüste Lieder durch die Nase und tanzte vor dem Hochaltare. Auch sonst trieben die Kreuzfahrer Hohn und Spott während der Plünderung. Mädchen, Weiber und gottgeweihte Jungfrauen mußten viehischen Lüsten dienen. Glücklich mußte noch fast sich schätzen, wer mit Rettung von Ehre und Leben, seiner Habe und Heimath beraubt, auswandern konnte. So flüchtete sich der berühmte Geschichtschreiber Nicetas aus seinem reichen Palaste mit seiner schwangern Frau in geringer Tracht zu Fuß aus der Stadt und entstellte seine Tochter mit Schmutz, um sie von der rohen Begierde der Soldaten zu sichern. Aehnlich entfloh der Patriarch ohne Tasche und Gürtel auf einem ärmlichen Esel.

Der außerordentliche Reichthum der Stadt läßt sich am besten aus der Beute ermessen, welche nunmehr vertheilt wurde. Obwohl ein großer und zwar der reichste Theil der Stadt durch die furchtbaren Brände, wie schon bemerkt, in Asche gelegt worden war, so wurde doch der zusammengeraffte Reichthum den vereinigten Schätzen des ganzen westlichen Europa's gleichgestellt. Noch höher angeschlagen als die weltlichen Schätze wurden die Reliquien, welche ebenfalls in großer Anzahl erbeutet wurden. Eine außerordentlich große Anzahl solcher heiligen Gegenstände hatten die byzantinischen Kaiser in der Hauptstadt des Reiches aus den weitläufigen Provinzen, besonders aus Kleinasien und Palästina, der Wiege des Christenthums, aufgehäuft, und der fromme Glaube war in diesem Punkte bei den Griechen wie bei den Franken so reflexionslos, daß sie selbst in die Echtheit der sonderbarsten Gegenstände, wie: die Windeln, in denen Jesus gelegen, ein Zahn aus seiner Kindheit, einige seiner Knabenhaare, die Milch der heiligen Jungfrau, die Ruthe, welche Moses in eine Schlange verwandelte, keinen Zweifel setzten. Besonders merkwürdig aber ist, wie die überheftige Begierde, wichtigere Reliquien zu besitzen, das Bedenken überwog, ob es erlaubt sei, Kirchen, Klöster und andere gottgeheiligte Orte solcher Schätze zu berauben. Die größere Ehre, welche dem heiligen Gegenstande in der von Rechtgläubigen bewohnten Heimath erwiesen würde, sollte nicht bloß den Heiligen, mit welchem die Reliquien in Beziehung standen, bewegen, die ihm widerfahrene augenblickliche Beleidigung zu verzeihen, sondern auch große Gnaden über den Ort und selbst das Land verbreiten, wo die geraubten Reliquien aufbewahrt würden. Besonders hoch geschätzt wurde das Kreuz des Herrn, das die Bischöfe an die anwesenden Barone vertheilten und von welchem Balduin ein Bruchstück mit andern Geschenken an Innocenz sandte. Köln erhielt damals das Haupt des hl. Pantaleon, Amiens das Haupt des hl. Johannes des Täufers, Soissons einen Arm des hl. Stephans; viele andere Stifte, Kirchen und Klöster wurden ebenfalls mit solchen Geschenken bedacht. Die meiste Beute aber nahm auch in dieser Beziehung Venedig für sich in Anspruch.

3. Die Errichtung des lateinischen Kaiserthums (Romania) in Konstantinopel.

Das Wichtigste war jetzt die Wahl eines tüchtigen Kaisers. Dieselbe fiel (9. Mai 1204) auf den Grafen Balduin von Flandern. Markgraf Bonifaz von Montferrat, sein mächtigster Vasall, zog dem ihm ursprünglich in Asien angewiesenen Erbkönigthum Macedonien vor: eine Provinz, welche, von Thessalonich aus regiert, seinem Erbfürstenthum in Italien, sowie auch Ungarn, dem Reiche seines Schwagers, näher lag und voraussichtlich um so leichter behauptet werden konnte. Doch wurde er alsbald mit dem neuen Kaiser in Streitigkeiten verwickelt, da er sich weigerte, ihm den Lehenseid für sein Königreich zu leisten. Balduin selbst beging die große Unklugheit, das ihm angebotene Freundschaftsbündniß des Königs von Bulgarien und Walachien, welcher kurz vorher durch einen Cardinallegaten zum Könige gesalbt worden war und ebenfalls ein Recht zu haben glaubte, sich in die Beute des griechischen Reiches zu theilen, zurückzuweisen. Dieser machte nun mit den aufständischen Griechen gemeinschaftliche Sache. Als Balduin (14. April 1205) gegen den übermächtigen Feind unbesonnener Weise ein Treffen wagte, wurde der größte Theil seines Heeres aufgerieben, er selbst gefangen genommen und bald darauf durch den wallachischen König ermordet. So hatte seine Regierung nur ein Jahr gedauert. Seine persönlichen Eigenschaften und Tugenden machten ihn eines bessern Schicksals würdig. Wegen seiner Frömmigkeit und seinen untadelhaften Sitten genoß er der allgemeinen Achtung unter den Laien und Geistlichen. Auch sein Bruder und Nachfolger Heinrich von Flandern war ein Mann von großen Regententugenden und, wenn irgend einer, geeignet, das schon an und für sich ganz anomale Reich unter höchst schwierigen Verhältnissen zusammenzuhalten.

Was die kirchliche Seite betrifft, so handelte es sich vor Allem darum, nicht bloß die Zustimmung, sondern auch die Beihilfe und den mächtigen Schutz des Papstes zu gewinnen. Sogleich nach seiner Krönung hatte Balduin demselben durch einen Tempelherrn einen auch für die gesammte Christenheit bestimmten Bericht zugesandt, nebst reichen Geschenken, welche von den Genuesen aufgefangen, jedoch auf seinen ernsten Befehl wieder an ihn herausgegeben wurden. Mit der Bitte um Bestätigung des mit den Venetianern abgeschlossenen Vertrags, sowie um Aufforderung zu einer großartigen Auswanderung nach Romania, wo unermeßliche geistliche und zeitliche Schätze zu haben seien, verband der Kaiser das Verlangen, der Papst möchte eine Kirchenversammlung nach Konstantinopel ausschreiben und mit seiner Gegenwart beehren, damit das neue, den Abendländern bis jetzt so feindliche Rom sich im Gottesdienste mit dem alten einige.

Ferner bat er den Papst um Breviere, Meßbücher und Ri-
tualien, sowie um Geistliche, besonders aus dem Mönchsstande,
zur Einführung des römischen Gottesdienstes. Wie er sich
bemühte, aus Frankreich Lehrer und Schüler zu erhalten, so
sandte er griechische Knaben nach Paris, um sie mit den
Künsten und Wissenschaften des Abendlandes bekannt zu machen.
Gleich Balduin wandte sich auch der Doge an den Papst,
weil die Venetianer ebenso gut als die eigentlichen Kreuzfahrer
einsahen, daß das neue Reich nur dann behauptet werden könne,
wenn nach Aufhebung des päpstlichen Bannes aus dem Abendlande zahlreiche Zuzüge zu seiner Unterstützung bewirkt würden.
Kaum waren daher die Ereignisse so weit gediehen, daß sie
nicht mehr gehemmt werden konnten, als die Venetianer
den von ihnen zuvor so geringschätzig behandelten Cardinallegaten Petrus, welcher sich auf der Reise nach Syrien befand,
durch eine Gesandtschaft um seine Vermittlung zur Aufhebung
des Bannes baten. Der Cardinal ließ sie durch einen Bevollmächtigten vorläufig von dem Banne lossprechen, nachdem sie
zuvor eidlich sich zum Gehorsam gegen den apostolischen Stuhl
und zur Erfüllung ihres Gelübdes als Kreuzfahrer verpflichtet
hatten. Die Bestätigung dieser Lossprechung von dem Papste
einzuholen, wurden nun von Dandolo zwei Nobili nach Rom
mit einem Schreiben gesandt, welches eine ausführliche Entschuldigung und Rechtfertigung des bisherigen Benehmens der
Venetianer enthielt. Innocenz III. befand sich dem, was
bisher im byzantinischen Reiche geschehen war, gegenüber in
einer sonderbaren Lage. Die Kreuzfahrer hatten seinem ausdrücklichen Befehl entgegengehandelt, und doch ließ sich das
Geschehene nicht mehr rückgängig machen. Außerdem schien
die Unterwerfung des dem römischen Stuhle und den Kreuzfahrern schon lange feindseligen Reiches nicht bloß die höchst
wünschenswerthe Einheit der Kirche herbeizuführen, sondern auch
einen trefflichen Stützpunkt für die Vertreibung der Ungläubigen aus dem westlichen Asien und zur dauernden Befreiung

des heiligen Landes, worauf die Hauptthätigkeit so vieler Päpste
und insbesondere auch Innocenz' III. hinzielte, darzubieten.
Diesem gemäß mißbilligte der Papst, was er zu tadeln fand,
anerkannte, was nicht zu ändern war, und suchte dem Vorhan-
denen eine solche Richtung zu geben, daß das Wohl und die
Ehre der Kirche im Allgemeinen und Besondern eine neue
Erweiterung erhielte. In seinem Antwortschreiben an die
Kreuzfahrer gab er zuerst sein Mißfallen darüber zu erkennen,
daß sie gegen ihr Gelübde und trotz der Bedrohung mit dem
Banne ein christliches Land angegriffen, daß sie nicht gegen
Saracenen, sondern gegen Christen das Schwert gezogen, nicht
Jerusalem, sondern Konstantinopel erobert, himmlischen Schätzen
irdische vorgezogen hätten. Dann schilderte er mit beredten
Worten ihr schändliches Benehmen in der eroberten Stadt.
Noch schwer laste auf ihnen, daß sie keiner Weihe, keines Alters
noch Geschlechtes geschont; Hurerei, Ehebruch und Unzucht vor
Jedermanns Augen begangen, nicht bloß Eheweiber und Wittwen, sondern selbst gottgeweihte Frauen und Jungfrauen dem
Gelüste der Söldner preisgegeben hätten. Nicht zufrieden damit, die kaiserlichen Schätze, sowie die Habe der Vornehmen
und Armen an sich zu reißen, hätten sie ihre Hände sogar nach
den Baarschaften der Kirche und nach ihren Besitzungen ausgestreckt, silberne Tafeln von den Altären geraubt, die Sacristeien
erbrochen und Kreuze, Bilder und Reliquien hinweggeschleppt,
so daß die griechische Kirche, durch Verfolgung bedrängt, aus
jener Schuld dem päpstlichen Stuhle den Gehorsam versage,
da sie nichts als Verrath und Werke der Finsterniß an den
Lateinern sehe und sie deßhalb mehr denn Hunde verabscheue.
— Einen weitern Grund zur Unzufriedenheit bot dem Papste
die Patriarchenwahl dar. Innocenz ertheilte den in dem
Pilgerheere befindlichen Prälaten den Befehl, an alle Kirchen
Konstantinopels lateinische Cleriker zu setzen, welche in gemein-
schaftlicher Versammlung einen tüchtigen, gottesfürchtigen, kennt-
nißreichen Vorsteher sich wählen sollten. Bereits hatten jedoch die

Benetianer, welchen zufolge der Uebereinkunft die Sophien=
kirche zugefallen war, nicht ohne anfänglichen Widerspruch
den Subdiakon Thomas Morosini, welcher als dem Papste
persönlich befreundet und als Mann von strengen Sitten und
vielen Kenntnissen galt, gesetzt. Nichtsdestoweniger verwarf
Innocenz die Wahl des Patriarchen, da Laien, wenn sie
auch zu geistlichen Zwecken ausgezogen wären, keine Verfügung
über kirchliche Angelegenheiten — und ebenso wenig unter Er=
mächtigung eines weltlichen Fürsten das Wahlrecht an der Kirche
von Konstantinopel zustehe, die venetianischen Geistlichen aber
weder durch den Papst, noch durch einen Legaten als Stifts=
herrn der Sophienkirche eingesetzt worden seien. Doch ertheilte
er Morosini aus päpstlicher Vollmacht die Bestätigung, indem
er so auf der einen Seite einem Streite mit den Venetianern
auswich, anderseits die Freiheit der canonischen Wahl aufrecht
erhielt. Aus letzterem Grunde setzte er ausdrücklich das Ver=
bot bei, daß aus diesem seinem Verfahren kein Vorwand her=
geleitet werde, um bei einer Erledigung in die Wahlfreiheit
einzugreifen. Im Gegentheil sollten in diesem Falle die Prä=
laten aller Stiftskirchen Konstantinopels sich in der Sophien=
kirche zur Wahl versammeln. Auch der vor Eroberung Kon=
stantinopels geschlossene Vertrag fand nicht die Billigung des
Papstes. Er tadelte an demselben die Zerstückelung der Güter
der Kirche im byzantinischen Reiche, die ein Glied an dem
apostolischen Stuhle sei, und drohte mit dem Banne, wenn diese
Bestimmung nicht aufgehoben werde. Dagegen bestätigte er die
durch seinen Legaten Petrus ohne seinen ausdrücklichen Befehl
vollzogene Aufhebung des Bannes, womit er die Venetianer
belegt hatte, und duldete gleicherweise, daß der Legat die Kreuz=
fahrer von ihrem Gelübde hinsichtlich ihres Zuges in das hei=
lige Land unter der Bedingung, ein Jahr weiter gegen die
Griechen zu kämpfen, lossprach. Von seiner Fürsorge für das
Reich Romania legte er einen weitern Beweis dadurch ab,
daß er sowohl von dem Könige, als von dem Primas von

Bulgarien die Freilassung des gefangenen Kaisers Balduin zu erwirken suchte. Schon vorher hatte er auf des Letzteren Ansuchen die Erzbischöfe von Frankreich in einem Rundschreiben ermahnt, den Kirchen des griechischen Reiches die zum Gottesdienste erforderlichen Bücher zuzusenden, sowie Geistliche und Weltliche, Edle und Gemeine, Leute jeden Standes und Geschlechtes unter Zusicherung eines Ablasses zum Beistande des dortigen Kaisers aufzurufen. Besonders aber forderte er, wiewohl vergeblich, die Professoren und Schüler der Universität von Paris auf, nach Griechenland zu eilen und das Studium der Wissenschaften in dem Lande, wo dasselbe seinen Anfang genommen habe, wiederherzustellen. Auch Philipp August gab wenigstens insoweit ein Interesse für das Aufblühen des hauptsächlich von französischen Baronen und Rittern gegründeten Reiches zu erkennen, daß er damals zu Paris ein konstantinopolitanisches Collegium zur Erziehung griechischer Jünglinge und besonders zu deren Unterweisung in der lateinischen Sprache gründete.

4. Das Königreich Jerusalem und die fortgesetzten Bemühungen im Abendlande zur Erhaltung und Erweiterung desselben.

Die Gründung des Kaiserthums Romania hatte, da dieselbe von dem westlichen Europa nicht in ihrer möglichen Bedeutung gewürdigt und hinreichend unterstützt wurde, nicht nur nicht die gewünschten und gehofften Erfolge für die Wiedereroberung des heiligen Landes, sondern entzog auch dem Letztern die nöthigen Kräfte, welche, zwischen beiden Unternehmungen getheilt, bei den im Abendlande unaufhörlich fortdauernden Kriegen, ungeachtet der angestrengtesten Bemühungen des Papstes, nicht hinreichten, hier oder dort glänzende und nachhaltige Erfolge zu erzielen. Die christliche Herrschaft in Syrien wurde nicht durch innere Festigkeit, sondern hauptsächlich durch die Zwietracht der Sultane aus dem Geschlechte Saladins auf-

recht erhalten. Obwohl es Malek al Adel nach und nach
gelang, nicht nur Aegypten zu unterwerfen, sondern auch in
allen andern Ländern seines Bruders Saladin sich die Anerkennung als Sultan zu verschaffen, so zog er es doch, da er
seine Herrschaft gegenüber seinem Neffen nicht für hinlänglich
befestigt hielt, vor, den Waffenstillstand mit dem Könige Amalrich gewissenhaft zu beobachten. Außerdem wurden damals
Aegypten, Syrien und die benachbarten Länder mit furchtbaren
Landplagen heimgesucht. Auf eine in Aegypten ausgebrochene
schreckliche Hungersnoth und dadurch begünstigte Pest folgte
ein heftiges Erdbeben, welches besonders auch in den von den
abendländischen Christen bewohnten Gegenden Syriens große
Verheerungen anrichtete, Ptolemais, Tyrus und andere Städte
theilweise zerstörte und wiederum eine verheerende Pest im Gefolge hatte. So wurden Saracenen wie Christen durch ihre
eigenen Angelegenheiten in Anspruch genommen. Als daher
der Abt Martin von Paris, der Cardinal Petrus von Capua
und andere Pilger, welche sich von dem großen Kreuzheere, das
dem Interesse der Venetianer huldigte, getrennt hatten, nach
Ptolemais kamen, fanden sie vor Allem Gelegenheit, ihren von
vielfacher Noth bedrängten Glaubensbrüdern hilfreiche Dienste
zu leisten. Willkommen war denselben besonders auch die von
Innocenz III. übersandte Beihilfe, sowie ein großer Theil
der von Fulco gesammelten Almosen zum Wiederaufbau der
zerstörten Mauern von Tyrus und der anderer Städte. Allmählig trafen auch die Flamänder, welche unter dem Burg-
vogte Neele von Brügge den Seeweg über Gibraltar genommen, sowie Simon von Montfort und seine Gefährten,
welche das Kreuzheer bei Zara verließen, nebst vielen Anderen,
welche, ihrem gegebenen Worte ungetreu, sich statt in Venedig
in Marseille eingeschifft hatten, in Ptolemais ein. Die
Verhältnisse, welche sie hier antrafen, konnten ihren Wünschen
und Erwartungen gewiß nicht entsprechen. Statt daß sie das
Kreuz im heißen Kampfe mit dem Halbmonde sahen, beharrten

sowohl Malek al Adel, welcher sogar die Venetianer durch kostbare Geschenke bewogen haben soll, dem Zuge der in ihrer Stadt versammelten Kreuzfahrer eine andere Richtung zu geben, als König Amalrich in ihrer friedliebenden Gesinnung gegeneinander, während die syrischen Christen durch innere Fehden beschäftigt wurden.

Nach dem Tode des Fürsten Boemund von Antiochien (im Jahr 1201) erhoben sich wegen dessen Nachfolge Streitigkeiten, welche die kriegerischen Kräfte der Christen, statt sie gegen die Ungläubigen zu verwenden, unnütz verzehrten, sowie sie auf der andern Seite ein starkes Licht auf die damaligen Zustände im heiligen Lande werfen. Während des verstorbenen Fürsten zweiter Sohn, Graf Boemund von Tripolis, sich des Fürstenthums bemächtigte, trat der König Leo von Armenien für seinen Neffen Rupin auf, welchen Boemunds III. ältester, schon vor diesem verstorbener Sohn Raymund mit der armenischen Prinzessin Alix gezeugt hatte, und welchen dessen Großvater kurz vor dem Tode seines Erstgeborenen nicht bloß in dessen Gegenwart als seinen rechtmäßigen Nachfolger erklärt, sondern auch als solchen von der antiochischen Ritterschaft hatte anerkennen lassen. Da der größere Theil der Bürgerschaft zu Antiochia sammt den Tempelherrn zu dem Grafen von Tripolis, der dortige Patriarch dagegen sammt der Ritterschaft und der Hospitalorden, welcher mit Boemund sich damals in einem heftigen Streite befand, zu Rupin, welcher von seinem Großvater der Obhut des Königs von Armenien übergeben worden war, hielt, so stand sich ein großer Theil der christlichen Kräfte feindlich gegenüber. Die beiden Cardinäle Suffried und Petrus, welche Innocenz im Jahr 1202 als Legaten nach Syrien sandte, erhielten daher unter Anderm besonders auch den Auftrag, die antiochenische Streitsache nach Recht und Billigkeit zu ordnen. Ihre wiederholten angestrengten Bemühungen, welchen die eifrigen Wünsche vieler Kreuzfahrer, daß mit der Wiederherstellung des innern Friedens die Mög-

lichkeit zum Kampfe gegen die Ungläubigen eröffnet werden
möchte, zur Seite standen, scheiterten an der Hartnäckigkeit
beider Parteien. Als auf einer Versammlung, zu welcher die
Legaten den König von Jerusalem, den Großmeister der Ritterorden und einige vornehme Pilger gezogen hatten, der Beschluß
gefaßt wurde, daß beide Parteien unter Androhung der stärksten
kirchlichen und weltlichen Strafen unverweilt vor dem Gerichte
der päpstlichen Bevollmächtigten erscheinen und wegen Befolgung ihres Urtheilsspruchs Geiseln und hinreichende Bürgschaft
stellen sollten, erklärte sich der König von Armenien,
welcher sich kurz vorher wegen seiner Feindseligkeit gegen die
Tempelherren Bann und Interdict über sein Land zugezogen hatte, bereit, einen Waffenstillstand auf 40 Tage zu
schließen und seine Streitsache durch einen Stellvertreter vor
dem Gerichte der Legaten ausführen zu lassen. Da aber der
Fürst Boemund, welcher wegen seiner Feindseligkeit gegen
den Hospitalorden von den Patriarchen von Jerusalem und
Antiochien mit dem Banne belegt worden war, keine ernst-
lichen Schritte that, um eine Beilegung des Streites herbeizuführen, so schifften sich die Legaten auf die Einladung Balduins nach Konstantinopel ein. Nun erhob der König von
Armenien eine heftige Beschwerde gegen den Cardinal Petrus,
welcher sich offenbar Parteilichkeit für den Fürsten Boemund
habe zu Schulden kommen lassen, obwohl er bei seiner Anwesenheit in Armenien von ihm und der Geistlichkeit seines
Landes mit den gebührenden Ehrenbezeugungen empfangen worden sei. Die über ihn und sein Land wegen seines Verfahrens
gegen die Tempelherren geschehene Verhängung der Kirchenstrafen
suchte er als eine gänzlich ungerechte Verfügung nachzuweisen,
sowie er auch bemerkte, daß der Katholikus und seine Suffragane die Vollstreckung dieser Maßregel, welche ohne Vorwissen
der armenischen Geistlichkeit und daher im Widerspruche mit den
Bedingungen der (erst kürzlich geschlossenen) Union mit der römischen Kirche getroffen worden sei, untersagt und verhindert hätten.

Innocenz mißbilligte die Abreise der Legaten, durch welche außer den meisten Kreuzfahrern selbst der Erzbischof von Tyrus und viele andere lateinischen Christen Syriens sich hatten verleiten lassen, ihnen nach Konstantinopel zu folgen und das heilige Land den Ungläubigen preiszugeben, und befahl Petrus, während er Suffried die Rückkehr nach Rom erlaubte, Konstantinopel wieder zu verlassen und sich nach Syrien zurückzubegeben.

Im April 1205 starb König Amalrich in Ptolemais mit Zurücklassung von zwei Töchtern aus seiner zweiten Ehe mit der Königin Elisabeth von Jerusalem. Nun wurde die besonders für die syrischen Christen vortheilhafte Verbindung der Königreiche Jerusalem und Cypern wieder aufgelöst. Das Letztere erhielt Amalrichs ältester, jedoch noch minderjähriger Sohn aus dessen erster Ehe mit Ischiva von Ibolin, die Erbin des Königreichs Jerusalem aber war Maria, die ebenfalls unmündige Tochter der kurz vor Amalrich verstorbenen Königin Elisabeth aus deren Ehe mit dem Markgrafen Konrad. Auf den Vorschlag eines Ritters wurde in einer Versammlung, indem zur Vermeidung aller Eifersüchteleien von der Wahl eines einheimischen Großen Umgang genommen wurde, der Beschluß gefaßt, dem französischen Grafen Johann von Brienne die Hand der Maria sammt der Krone von Jerusalem anzutragen. Bei seinem abenteuerlichen Sinne war dieser sogleich geneigt, dem Rufe zu folgen. Nachdem der König von Frankreich ihm die persönlich nachgesuchte lehensherrliche Erlaubniß zur Annahme der Krone ertheilt und der Papst, von welchem er bei Philipp August dringend empfohlen worden war, ein ansehnliches Darlehen zu seiner Ausrüstung gewährt hatte, schiffte er sich im Sommer 1210 in Begleitung von 200 Rittern und vielen andern Kreuzfahrern in Marseille ein und feierte den 14. September mit der jungen Königin zu Ptolemais sein Beilager, auf welches kurz darauf die Krönung zu Tyrus folgte. Die Ankunft des zwar tapfern Königs, wel-

cher sich jedoch weder durch Macht und Reichthum, noch durch
große Eigenschaften des Geistes Ansehen verschaffen konnte,
änderte, so große Hoffnungen auch die syrischen Christen darauf
gesetzt hatten, nichts an der damaligen Lage der Christen. Einen
einzigen Plünderungszug in das Gebiet der Saracenen abgerechnet, hielten sich der König sowohl als die Ritter in völliger
Unthätigkeit hinter den Mauern der festen Plätze, froh, von
den Angriffen Malek al Adels verschont zu bleiben. Daher
war es nicht zu verwundern, daß die Ritter, welche Johann
nach Syrien begleitet hatten, sammt den übrigen Kreuzfahrern
einen Schauplatz verließen, welcher ihnen keine Gelegenheit zur
Erwerbung von Ruhm und Verdiensten darbot.

Uebrigens war vorauszusehen, daß die Christen nicht mehr
lange von der Gnade der Ungläubigen würden leben
können. Da der vorhin genannte Sultan hochbetagt war
und sein Sohn und Nachfolger Malek al Moeddhin nicht dessen
friedliebende Gesinnungen theilte, so standen ernstliche Kämpfe
der christlichen Herrschaft in Syrien in nächster Aussicht. Um
für diesen Fall Vorkehrungen treffen zu können, wandte sich
König Johann an den Papst um baldige Hilfe. Innocenz hatte, stets von denselben Gesinnungen hinsichtlich des
heiligen Landes erfüllt, seine Bemühungen zu dessen Gunsten
unermüdlich fortgesetzt, so sehr auch seine Thätigkeit durch andere Angelegenheiten der Kirche in Anspruch genommen wurde.
Er mahnte die in Romania zurückgebliebenen Ritter, welche
immer noch als Kreuzfahrer gelten wollten, an ihre Pflichten,
forderte den König von Frankreich bereits im Jahr 1205,
obwohl vergeblich, zur Annahme des Kreuzes auf und ließ den
Personen und Gütern der Pilger seinen kräftigen Schutz angedeihen. Wie der Herzog Leopold der Glorreiche von
Oesterreich zu Neuburg im Jahr 1208 zur großen Freude
des Papstes das Kreuz nahm, so blieben des Letztern Aufforderungen auch in andern Ländern, in der Normandie, in
England und Ungarn nicht ohne Beachtung. Doch waren die

hier stattfindenden Kreuzfahrten mehr vereinzelte Erscheinungen,
welche eher dafür zeugen, daß damals das Interesse für diese
Angelegenheit im Allgemeinen ziemlich erkaltet war. Da bemächtigte sich die Begeisterung plötzlich der schwachen Jugend
und führte den Kreuzzug der Kinder herbei: eine Erscheinung von solcher Merkwürdigkeit, daß sie, so viel Wunderbares
auch die Geschichte des Mittelalters aufzuweisen hat, doch schwerlich Glauben finden würde, wenn sie nicht durch eine so große
Menge von zuverlässigen Schriftstellern bezeugt wäre. Ein
Hirtenknabe, Stephan, aus einem Dorfe in der Nähe von Ven-
dome an der Loire, beredete, unter dem Vorgeben, der Heiland
sei ihm in Gestalt eines armen Pilgers erschienen und habe
ihn als Prediger des Kreuzes für die Jugend bevollmächtigt,
viele andere Hirtenknaben seines Alters zur Unternehmung eines
Kreuzzugs. Seine Worte fanden um so mehr Gehör, als man
von den Wundern vernahm, welche er besonders zu St. Denys
gewirkt haben sollte. Da auch in andern Gegenden Frankreichs
schwärmerische Knaben als Kreuzprediger auftraten, sammelte
sich eine große Anzahl jugendlicher Pilger, welche jenen Stephan als ihren Herrn und Meister betrachteten und fest überzeugt waren, daß sie unter seiner Anführung das heilige Land
den Ungläubigen entreißen würden. Als die meisten Geistlichen
in dieser thörichten Begeisterung das Werk der Zauberei oder
ruchloser Betrüger erkannten, machten ihnen viele Laien den
Vorwurf, daß sie nur aus Neid und andern unreinen Beweggründen sich einer solchen wunderbaren Erscheinung widersetzten.
Der König von Frankreich ließ den Kindern erst, nachdem er das Gutachten der Pariser Professoren eingeholt
hatte, die Rückkehr zu ihren Eltern oder Verwandten anem-
pfehlen. Viele derselben aber leisteten diesem Gebote so wenig
als den Ermahnungen ihrer Eltern Folge und zogen in sonderbaren Processionen mit Fahnen, Rauchfässern und Kerzen
in Gesellschaft von jungen Mädchen, Jünglingen und Greisen
zur Verwunderung des Volkes, welches ihnen Lebensmittel

reichte, umher. Auf die Frage, wohin ihr Weg gehe, gaben sie zur Antwort: „Wir gehen zu Gott und wollen das heilige Kreuz jenseits des Meeres suchen." Auch in Burgund und in Deutschland, besonders in den Rheingegenden nahmen viele Kinder sowohl aus dem gemeinen Volke, als aus den edlern Geschlechtern das Kreuz zur Rettung des heiligen Landes. Aber viele derselben wurden von böswilligen Menschen, welche sich unter sie mischten, desjenigen wieder beraubt, was sie von der Wohlthätigkeit frommer Gläubigen erhalten hatten. Die deut= schen Kinder, unter welchen sich viele junge Mädchen befan= den, nahmen, unter Anführung eines Knaben Nikolaus in langen, mit Kreuzen bezeichneten Pilgerröcken, Pilgerstäbe und Pilgertaschen tragend, den Weg nach Italien. Aber ein Theil derselben kam in den Wäldern aus Hunger, Durst und Hitze um's Leben; Andere wurden von lombardischen Räubern aus= geplündert; der Rest, 7000 an der Zahl, darunter Männer und Weiber, langten im August 1211 in Genua an. Die Knaben hatten weder Geld noch Waffen, da sie der Meinung waren, daß Gott durch ein Wunder das Meer austrocknen werde, damit sie trockenen Fußes nach Jerusalem ziehen könnten. Auf der andern Seite gab ihr Zug wegen der Menge wollü= stiger Buhldirnen, die sich ihnen angeschlossen hatten, Aergerniß. Die Genuesen nöthigten die jungen Pilger, sogleich ihr Gebiet zu verlassen. Doch erhielt ein Theil derselben, welcher sich von dem Heere losgesagt hatte, Aufnahme; die übrigen setzten ihren Weg fort; aber ihre Zahl verminderte sich täglich, da Viele in den italienischen Ortschaften zurückblieben, um bei den Einwoh= nern in Dienst zu treten. Zuletzt löste sich, nachdem Einige bis nach Rom und Brundusium gekommen, der Zug gänzlich auf. Enttäuscht, in Hunger und Blöße kehrten die Pilger ver= einzelt in ihre Heimath zurück. Nun traf sie noch der Spott, und insbesondere wurde den Mädchen vorgeworfen, daß sie ihre Jungfräulichkeit eingebüßt hätten. Die französischen Knaben waren, 30 000 an der Zahl, in Begleitung vieler Er=

wachfenen unter Anführung jenes Stephan, welcher auf einem
mit Teppichen verzierten Wagen fuhr, nach Marseille gezogen. Hier vertrauten sie sich zwei Sklavenhändlern an, welche
sich angeboten hatten, sie unentgeltlich um Gotteswillen nach
Syrien überzuschiffen. Allein von den sieben schwerbeladenen
Schiffen scheiterten zwei bei der Insel San Pietro (in der Nähe
von Sardinien), die übrigen, unter welchen sich viele Cleriker
und selbst Priester befanden, wurden nach Bugia und Alexandrien als Sklaven verkauft. Nach der Erzählung eines dieser
Pilger, welcher 18 Jahre später in seine Heimath zurückkehrte,
erlitten viele der Sklaven, da sie ihren Glauben nicht verläug-
nen wollten, den Martyrertod. Die beiden Sklavenhändler
wurden später auf Befehl des Kaisers Friedrich II., da
sie der Absicht überführt wurden, ihn in die Hände des sara-
cenischen Emirs von Sicilien zu liefern, nebst dem Letzteren
und dessen zwei Söhnen an einen Galgen aufgehängt.

Auf die Nachricht von diesem, wenn auch thörichten Unternehmen der Jugend von Frankreich und Deutschland soll Innocenz ausgerufen haben: „Diese Kinder beschämen uns, denn
sie laufen zur Wiedereroberung des gelobten Landes, während
wir schlafen." Im folgenden Jahre erneuerte er seine Ermahnungen, daß doch einmal ein großartiger Kreuzzug zu Stande
komme. In einem umfangreichen Schreiben an sämmtliche
Gläubigen aller erzbischöflichen und bischöflichen Sprengel in
Deutschland, Italien, Frankreich, Irland, England, Schottland,
Dänemark, Schweden und Norwegen, Böhmen und Ungarn
forderte er die Christen zur schleunigen Hilfe für das heilige
Land auf, welche niemals so nöthig gewesen sei, indem er sie
mit der Hoffnung tröstete, daß die Herrschaft des Lügenpro-
pheten Muhammed ihrem Ende sich nahe, da von den diesem
Thiere in der Offenbarung des hl. Johannes zugestandenen
666 Jahren beinahe 600 abgelaufen seien.

Nunmehr war es wieder die Aufgabe der Kreuzprediger,
die Ermahnungen des Papstes durch ihre Beredsamkeit frucht-

bar zu machen. Für Frankreich, welches bei dem ritterlichen, der frommen Begeisterung leicht zugänglichen Sinne seiner Bewohner von jeher am meisten Theilnahme für diese Angelegenheit an den Tag gelegt hatte, bestimmte Innocenz den soeben zur Cardinalswürde erhobenen Robert Curzon, welcher, obwohl ein geborener Engländer, seine Dienste der französischen Kirche gewidmet und sich nicht bloß den Ruf eines tüchtigen Schriftstellers, sondern auch zur Zeit Fulco's den eines redlichen, uneigennützigen Kreuzpredigers erworben hatte. Aber der Papst war in der Wahl dieses seines Legaten, den er wahrscheinlich während seiner Studienzeit zu Paris kennen gelernt hatte, nicht glücklich. Zwar trat Curzon gleich anfangs kräftig gegen die Erpressungen der Wucherer, durch welche die Verarmung der Laien und Kirchen veranlaßt und daher die Unterstützung des heiligen Landes gehemmt wurde, auf. Aber die französischen Prälaten beschwerten sich bei dem Papste über seine und anderer Kreuzprediger anmaßende Verleumdung der Geistlichen, die sie sich in ihren Predigten erlaubten, „um dem Volke zu gefallen". Außerdem wurde ihm vorgeworfen, daß er wie die übrigen Kreuzprediger in Frankreich allen ohne Unterschied, Knaben, Weibern und Greisen, Blinden, Lahmen, Tauben und Aussätzigen das Kreuz ertheile, ein Verfahren, durch welches sich viele Reiche und Mächtige abhalten ließen, da sie sich nicht an solche Leute anschließen wollten. Unter den Kreuzpredigern, welche sich an den genannten Cardinal anschlossen, zeichnete sich am meisten aus der gelehrte Meister Jakob von Vitry, welcher bald darauf zum Bischofe von Ptolemais gewählt, sowie später noch zu höheren Würden befördert wurde und durch seine Geschichte des Orients und Occidents, zu welcher er einen großen Theil des Stoffes in Palästina sammelte, sich um die Geschichtschreibung seiner Zeit große Verdienste erworben hat. Ein ebenfalls sehr berühmter Kreuzprediger des nordwestlichen Deutschlands war der Scholasticus an der Kölner Kirche

Oliverius, welcher beinahe dieselbe Laufbahn wie Jakob von Vitry zurücklegte. Als päpstlicher Legat zog er in Westphalen, Friesland und Brabant umher. Seiner durch Zeichen und Wunder unterstützten Beredsamkeit gelang es, 50 000 Friesen zur Annahme des Kreuzes zu entflammen. Wie in andern Gegenden Deutschlands, wurde auch in Italien das Kreuz gepredigt. Die Gesichte und Erscheinungen, welche einzelne Laien hinsichtlich des heiligen Landes erhalten haben wollten, trugen nicht wenig dazu bei, das Gewicht der Predigten zu erhöhen. Da der König von Frankreich im März 1214 auf Ansuchen der Geistlichkeit und der mit dem Kreuze bezeichneten Ritter seines Landes den vierzigsten Theil seiner Einkünfte von einem Jahre für das heilige Land bestimmte und allen Kreuzfahrern seines Reichs wichtige Vortheile und Erleichterungen gewährte, und nicht bloß der König von England, wenn auch nicht gerade aus reinen Beweggründen, sondern auch der jugendliche Friedrich II., wie schon oben erzählt worden, am Tage seiner Krönung zu Aachen nebst vielen geistlichen und weltlichen Fürsten Deutschlands das Kreuz nahmen, so glaubte Innocenz, welcher um dieselbe Zeit von dem Patriarchen von Jerusalem und den Großmeistern der Ritterorden die Nachricht erhielt, daß der Sultan Malek al Adel und seine Söhne aus Furcht vor den abendländischen Christen das heilige Land wahrscheinlich freiwillig an den Papst abtreten würden, den Zeitpunkt nahe gekommen, wo die sein ganzes Pontificat hindurch bisher fortgesetzten Anstrengungen für die Befreiung des heiligen Grabes endlich mit einem entsprechenden Erfolge gekrönt würden. Auf der demnächst in Rom zu eröffnenden allgemeinen Kirchenversammlung sollten in Beziehung auf den zu bewerkstelligenden großartigen Kreuzzug die umfassendsten Maßregeln getroffen werden. Aber obwohl Innocenz fast in allen seinen Plänen und Unternehmungen glücklich war, so war es ihm doch nicht beschieden, seinen Lieblingswunsch erfüllt zu sehen.

Sechstes Kapitel.

Die pyrenäische Halbinsel.

1. Nachdem wir die Ereignisse im Morgenlande geschildert, werfen wir unsere Blicke nach dem äußersten Westen unseres Welttheils, wo Kreuz und Halbmond ebenfalls und zwar in einem vielhundertjährigen Kampfe mit einander lagen und verschiedene Staatengebilde nicht ohne gegenseitige Reibungen nach weiterer Ausbreitung und Machtzuwachs bestrebt waren. Katholischer Glaubenseifer und germanisch-romanische Kraft wirkten zusammen, um die gänzliche Vertreibung der Mauren anzubahnen, während die Bewohner des oströmischen Reiches sich allmählig das nicht unverdiente Schicksal vorbereiteten, eine Beute der rohen Türken zu werden. Gewiß war es in ganz besonderer Weise die innige Verbindung der christlichen Staaten der pyrenäischen Halbinsel mit dem römischen Stuhle und dadurch mit den übrigen katholischen Völkern des Abendlandes, welches die Erhebung zur politischen Einheit und später zur welthistorischen Größe ermöglichte. Um den schismatischen Tendenzen, die zuweilen hervortraten, entgegenzutreten, waren nicht bloß die Cluniacenser und Cistercienser, die sich überhaupt in Spanien ein hohes Verdienst erworben, sondern auch der apostolische Stuhl selbst unmittelbar eifrigst bemüht. Die Annahme des Kaisertitels von Seite Alfonso's VI. und die Wiederherstellung des Primats von Toledo unter dessen erstem Erzbischof schloß den Plan in sich, die Oberherrschaft Castiliens über die andern spanischen Staaten geltend zu machen. Um sich ihre Selbständigkeit zu wahren, stellten die Könige Alfonso I. von Portugal und Pedro II. von Aragonien ihre Krone unter die Oberherrlichkeit des apostolischen Stuhles. Uebrigens war das Uebergewicht, welches Castilien unter den Kaisern Alfonso VI. und VII. geltend

gemacht hatte, durch die von dem Letztern angeordnete Theilung seines Reichs unter seine beiden Söhne wieder vernichtet worden. Standen nunmehr zwei Königreiche, Castilien und Leon, sich feindselig gegenüber, insofern der Beherrscher des erstern naturgemäß darnach strebte, wieder zum Gesammtbesitze seines Hauses zu gelangen, so war das Königreich Aragonien seit seiner Vereinigung mit Catalonien unter dem auch in Südfrankreich reichbegüterten Ramon Beringuer IV. auf dem Wege, zu großer Blüthe zu gelangen. Navarra, welches nach dem Sturze der westgothischen Monarchie Jahrhunderte lang eine Hauptrolle in Spanien, soweit es noch christlich war, gespielt hatte, wurde immer mehr zwischen die großen, mächtigen Staaten eingeengt, und sah sich außer Stand gesetzt, sein Gebiet zu vergrößern, ja in Gefahr, seine Selbständigkeit zu verlieren, während im äußersten Westen Alfonso Henriquez, welcher wie die Könige von Castilien und Leon von französischem Geblüte abstammte, durch glückliche Kriege gegen die Mauren Portugal zu einem achtbaren Königreiche zu erheben wußte.

Die auf einander eifersüchtigen Könige abzuhalten, ihre Kräfte zu zersplittern und im gegenseitigen Kampfe zu schwächen, statt dieselben gegen den Glaubensfeind vereint zu verwenden, war besonders die Aufgabe der Geistlichkeit. Gleiche Nothstände rufen in der Regel gleiche Mittel zu deren Hebung hervor. So erweckte das Bedürfniß einer stets kampfgerüsteten Mannschaft zur Vertheidigung der theuersten Güter in Spanien wie in Palästina geistliche Ritterorden. Während in den mit Frankreich und Italien in unmittelbarer Berührung stehenden Ländern Aragonien, Catalonien und Navarra die Orden der Templer und Johanniter große Verbreitung fanden, wurden in den den Einfällen der Moslemin vorzüglich ausgesetzten westlichen Theilen Spaniens die Orden von Calatrava, Alcantara und St. Jakob und in Portugal die der Avisbrüder und vom Flügel des hl. Michael gegründet. Gerade zu einer Zeit, da in Afrika und in Andalusien sich

die Herrschaft der furchtbaren Almoraviden erhob, welche
das durch Parteiungen geschwächte und eines kräftigen Königs,
der über die übrigen Herrscher eine anerkannte Hegemonie
geführt hätte, beraubte christliche Spanien mit ihrer Uebermacht
zu erdrücken drohten, traten diese kriegerischen Genossenschaften
auf den öffentlichen Schauplatz. Die Tapferkeit und das religiöse Feuer der Spanier in sich vereinigend, hielten diese ritterlichen Mönche den Gedanken, die Religion und das Vaterland
zu vertheidigen, dessen Verkörperung sie waren, stets unverrückt
im Auge, ohne sich der oft selbstsüchtigen Politik der weltlichen
Großen dienstbar zu machen.

Sämmtliche Könige dieser pyrenäischen Pentarchie
waren am Schlusse des zwölften Jahrhunderts Männer von
großer Thatkraft. In Castilien regierte seit dem Jahr
1166—1214 Alfonso VIII., mit dem Beinamen der Edle
und Gute, ein Fürst, welcher, aus reinem Eifer für die Ausbreitung des Christenthums seine Privatzwecke dem Allgemeinen
unterordnend, stets für die Versöhnung der christlichen Könige
unter einander besorgt war, und sich nicht bloß durch Freigebigkeit gegen Kirchen und Klöster, durch strenge Handhabung
der Gerechtigkeit und eifrige Sorge für die Hebung des Bürger-
standes, sondern auch durch Liebe zu den Wissenschaften aus-
zeichnete. In vielen Beziehungen ihm ähnlich, wenngleich an
sittlichem Adel nachstehend, war sein Verwandter Alfonso IX.
von Leon (1188—1230). Um sich mit dem Könige von Portugal in besseres Einvernehmen zu setzen, vermählte er sich mit
der Tochter desselben. Da aber diese Verbindung wegen zu
naher Verwandtschaft dem canonischen Gesetze widersprach, wurden, als die Aufforderung des römischen Stuhles sie aufzulösen
nicht beachtet wurde, beide Königreiche von Cölestin III. mit
dem Interdicte belegt. Zwar hoben zwei Jahre später
(1195) die Könige, dem ungestümen Verlangen ihrer Völker
nachgebend, die Ehe wieder auf. Nichtsdestoweniger ließ sich
Alfonso IX. im Jahr 1198, als er gerade im Begriffe stand,

dem Könige von Castilien eine Schlacht zu liefern, durch
die um ihn versammelten geistlichen und weltlichen Großen be=
wegen, zur Wiederherstellung des Friedens mit der Tochter
Alfonso's VIII., seiner nahen Verwandten, eine Ehe einzugehen.
Nun erfolgte abermals Bann und Interdict, welches
Innocenz III. wiederholte. So sehr die zur Vertreibung
der Mauren besonders damals nothwendige Einigkeit der Fürsten
die erbetene päpstliche Dispensation gerechtfertigt hätte, so
glaubte der Papst doch diese Gelegenheit benützen zu müssen,
um die letzten Rechte des westgothischen Kirchenrechts auszu=
rotten, den Landesherrn die Vollmacht zur Aufstellung und
Wiederaufhebung von Ehehindernissen zu entziehen und dem
canonischen Rechte in Spanien für immer Geltung zu verschaffen.
In Portugal machte sich Alfonso's Sohn Sancho I.
(1185—1211) um sein Volk durch Hebung von Ackerbau und
Gewerbe und Wiederherstellung zerstörter Städte, die er mit
Freiheiten beschenkte, verdient. Aber wie er im Kriege weniger
glücklich war, als sein glorreicher Vater, so hat er auch nicht
dessen Anhänglichkeit an die Kirche und den römischen Stuhl
geerbt. Der größte Theil seiner Regierungszeit wurde durch
heftige Streitigkeiten mit der hohen Geistlichkeit seines Reichs
und mit dem Papste verbittert. Während Sancho, der Ver=
dienste des päpstlichen Stuhles um Portugal uneingedenk, durch
die Uebermacht Castiliens nicht wie sein Vater geschreckt,
die Lehenspflichtigkeit nicht mehr anerkennen zu dürfen
glaubte, ließ sich Alfonso's des Keuschen Sohn, Pedro II.
von Aragonien (1196—1213), von Innocenz III. feier=
lich die Krone aufsetzen und verpflichtete sich zu einem jährlichen
Tribut an den römischen Stuhl. Als er nicht als Beschützer
der Ketzer, sondern aus Liebe zu seiner Schwester, der Frau
des Grafen von Toulouse, welchen Simon von Montfort
nicht bloß aus kirchlichem Interesse mit großer Leidenschaftlich=
keit verfolgte, gegen das zur Bekämpfung der Albigenser
abgesandte Kreuzheer stritt, wurde er in der Schlacht bei Mu=

Brischar, Innocenz III.   19 ret in der Blüthe seines Lebens erschlagen. Navarra's König, Sancho VI., hatte beinahe seine 44jährige Regierungszeit im Kriege mit Aragonien und Castilien zugebracht. Sein Sohn, Sancho VII. (regierte von 1194—1230), huldigte so sehr einer egoistischen Politik, daß er nicht bloß schon im Anfange seiner Regierung mit dem Gedanken umging, sich durch ein Bündniß mit den Ungläubigen gegen seine christlichen Nachbarn sicher zu stellen, sondern sogar an den Hof des Almohadenbeherrschers, Jakob Almansor, reiste, welcher ihm seine Tochter zur Gemahlin und die Vasallenherrschaft über die christlichen Staaten Spaniens hatte anerbieten lassen. Zur gerechten Vergeltung für sein besonders unter den damaligen Verhältnissen eines christlichen Fürsten unwürdiges Benehmen wurden ihm während seines fruchtlosen Aufenthaltes in Afrika von dem Könige Castiliens die baskischen Provinzen von seinem ohnehin kleinen Gebiete hinweggenommen.

2. Die Schlacht bei Navas de Tolosa.

Sancho's Plan war an der Weigerung Jakob Almansors, ihm die versprochene Abtretung des christlichen Spaniens, welches sich dieser wohl selbst vorbehalten hatte, zu bewilligen, gescheitert. Die Almohaden standen damals auf dem Höhepunkt ihrer Macht. Nachdem im Jahr 1195 Jakob Almansor dem König Alfonso VIII. in der Schlacht bei Alarcos eine furchtbare Niederlage beigebracht hatte, welche die Blüthe des castilianischen Adels vernichtete, glaubte sein Sohn und Nachfolger Muhammed mit Zuversicht auf die Eroberung von ganz Spanien bei der daselbst herrschenden Verwirrung rechnen zu können. Auf die Nachricht, daß der König von Castilien, nachdem er die Grenzfestung Mora in guten Vertheidigungszustand versetzt, wiederholte Einfälle in Andalusien gemacht, bis in die Nähe von Murcia vorgedrungen, die Dörfer geplündert und viele Einwohner getödtet oder in die

Gefangenschaft fortgeschleppt hatte, ließ er den heiligen Krieg
verkündigen. Um das christliche Spanien auf einmal zu erdrücken, wurde eine Masse von wenigstens einer halben Million
Streiter, unter welchen sich der Kern der almohadischen Truppen
befand, zusammengebracht und nach Andalusien eingeschifft. Im
Mai 1211 landete Muhammed selbst in Tarifa, von wo
aus er sogleich nach Sevilla zog. Ein Glück für die Christen
war es, daß derselbe auf den Rath des Großveziers auf dem
Plane verharrte, erst nach Eroberung der fast uneinnehmbaren
Bergfeste Salvatierra, welche von den Rittern von Calatrava
vertheidigt wurde, weiter vorwärts zu rücken. Alle Bemühungen
Alfonso's VIII., die Festung zu entsetzen, waren vergeblich.
Umsonst sandte er seinen Sohn Ferdinand mit einem Heere
nach Esdremadura, um Muhammed durch eine Diversion
zur Aufhebung der Belagerung zu bewegen. Der Emir blieb
unbeweglich vor der Festung liegen, während Ferdinand den
Strapatzen des Kriegs erlag. Da auch die Könige von Leon,
Aragonien und Navarra die erbetenen Hilfstruppen nicht zusandten, so ließ Alfonso der durch Hunger gedrückten Besatzung
von Salvatierra entbieten, daß sie den Platz übergeben könnten.

Inzwischen hatten die Christen die Frist, die ihnen der lange
Aufenthalt der Almohaden vor Salvatierra verschaffte, auf's
Beste benützt, um alle ihnen zu Gebote stehenden Mittel zur Vertheidigung ihres Landes in Bewegung zu setzen. Alfonso VIII.
hatte den Bischof Gerhard von Segovia nach Rom gesandt,
um Innocenz III. von der bedrängten Lage Spaniens zu
benachrichtigen und um die Erlassung eines Aufrufs an die
Christenheit zu einem Kreuzzuge gegen die Saracenen zu bitten.
Der Erzbischof Rodrigo von Toledo und andere Prälaten
begaben sich nach Frankreich und Deutschland, um die
dortigen Fürsten zur Leistung des Beistandes zu bewegen. Innocenz III. forderte die französischen Prälaten auf, die in Spanien bedrohte christliche Religion mit allen Kräften aufrecht zu
erhalten. Den spanischen Bischöfen aber legte er nahe, auf

das einmüthige Zusammenwirken ihrer Könige bedacht zu sein. Zu diesem Zwecke wurde von dem Könige von Castilien zu Cuenca eine Zusammenkunft mit Pedro II. von Aragonien ge= halten. Der König Sancho VII. von Navarra und nach einigen Nachrichten auch die übrigen christlichen Fürsten der Halbinsel ließen sich durch Gesandte vertreten. Es wurden über die Art und Weise der Kriegsführung und über die zu leistende Unterstützung an Geld und Truppen Verabredungen getroffen und Castiliens Hauptstadt Toledo zum Sammel= platze bestimmt. Im Februar des folgenden Jahres trafen Rodrigo und die übrigen Bischöfe aus Frankreich wieder ein.

In demselben Monate sah man die Banner der Städte, die Großmeister und Prioren der Orden von Calatrava, St. Jago, der Hospitaliter und des Tempels mit ihren Rittern an= langen. Um Alfonso VIII. hatten sich gesammelt der Primas Rodrigo von Toledo sammt mehreren Bischöfen, die Groß= meister der geistlichen Ritterorden und eine Menge der edelsten und tapfersten Grafen und Ritter Castiliens. Bei dem Könige von Aragonien, welcher am Dreifaltigkeitsfeste eintraf und unter allgemeinem Jubel in die Cathedrale eingeführt wurde, befanden sich die Bischöfe von Tarragona und Barcelona, der Graf Sancho von Roussillon und viele andere Herren. Die Hilfsvölker von Leon befehligte ihres Königs Halbbruder, der Infant Sancho Ferdinandez. Zahlreicher als diese und besonders ausgezeichnet durch Tapferkeit und Gewandtheit im Kampfe waren die Portugiesen, welche Pedro, der dritte Sohn Sancho's I., herbeigeführt hatte. Unter den auslän= dischen Streitern waren die Franzosen bei weitem am zahl= reichsten vertreten. An die Spitze dieser Schaaren hatten sich überall die Bischöfe gestellt. In Begleitung des Erzbischofs Wilhelm von Bordeaux, des Bischofs Theobald Blacon, eines geborenen Castilianers, und anderer Suffraganen waren zahl= reiche Ritter und Streiter zu Fuß erschienen aus Guienne, Limoges, Saintoge, Berri, Poitou, Anjou und aus der Bre=

tagne. Die Krieger aus Languedoc, der Provence und aus
Burgund führte der Erzbischof von Narbonne herbei, welcher
auch den König von Navarra zu bewegen gewußt hatte, seinen
Groll über der allgemeinen Sache des Vaterlandes vergessend,
nicht bloß durch Zusendung von Geld und Truppen, sondern
auch in eigener Person sich an dem Kampfe gegen die Ungläubigen zu betheiligen. Schon im Mai hatten sich in Toledo
von den Ultramontanen gegen 2000 Barone mit ihrem Gefolge,
10 000 Ritter und Lanzknechte und 50 000 Mann Fußvolk
eingefunden. Eine Menge anderer Streiter aus entferntern
Ländern war noch auf dem Wege. Die Stadt Toledo vermochte nicht eine solche Menschenmenge aufzunehmen. Viele
Tausende mußten in den Zelten, welche in den königlichen
Gärten aufgeschlagen worden waren, oder auf den Wiesen sich
lagern. Obgleich sich das Heer der Ultramontanen im Monat
Juli allein auf 10 000 Ritter und 100 000 Mann zu Fuß
belief, hatte doch Alfonso solche Vorräthe an Geld und Lebensmitteln, worin ihm ohne Zweifel Frankreich und Italien hilfreiche Hand geboten, aufgehäuft, daß die Ritter, sowie die
übrigen Krieger nicht nur mit Lebensmitteln, sondern sogar
täglich mit reichlichem Solde versehen wurden. Nichtsdestoweniger unterließen es die Ultramontanen nicht, den Weinbergen
und Fruchtbäumen Schaden zuzufügen. Um ihre Mordlust
zu befriedigen, fingen mehrere an, die in Toledo wohnenden
Juden zu verfolgen. Nur mit Mühe gelang es dem Könige
von Castilien, die Letzteren, von denen schon mehrere als Opfer
des Fanatismus gefallen waren, vor gänzlicher Vertilgung zu
schützen.

Während in Spanien von allen Seiten die Schaaren sich
zum Kampfe gegen die Ungläubigen sammelten, war Innocenz III. nicht müßig, die Waffen des Gebets zum Schutze
der bedrängten Christenheit zu ergreifen. Er ordnete zu Rom
auf den 23. Mai eine allgemeine Procession der Geistlichen und Laien an für den Frieden der Christenheit und ins-

besondere, „damit Gott Sieg verleihe Allen, welche in Spanien kämpften, und nicht zulasse, daß über sie herrschen die
Heiden". Niemand sollte sich davon ausschließen, mit Ausnahme der gegenseitigen Todfeinde. In der Frühe versammelten
sich die Frauen in der Kirche Maria maggiore, die Geistlichen
in der Basilica der zwölf Apostel und die männlichen Laien
in der Kirche der hl. Anastasia. Nach verrichtetem Gebete
zogen sie unter Glockenschall barfuß, die Frauen ohne Schmuck
unter Thränen und Schluchzen zu dem Platze vor dem Lateran.
Inzwischen begab sich der Papst mit den Cardinälen, Bischöfen
und Caplänen in die Basilica sancta sanctorum, erhob daselbst
die Reliquie des heiligen Kreuzes und trug dieselbe in Procession
vor den Palast des Bischofs von Albano. Nachdem er von dessen
Stufen herab eine Ermahnungsrede an das Volk gehalten, kehrten sämmtliche Anwesende in die Kirchen zurück, der Papst mit
den Geistlichen und Laien in die Kirche vom Lateran. Nach
Abhaltung der Messe begab sich Innocenz III. barfuß, wie
alle Andern, zu dem heiligen Kreuze, um demselben die gewöhnliche Ehrerbietung zu erweisen. Um die Kraft des Gebetes zu verstärken, wurde mit demselben strenges Fasten in
Speise und Trank und Almosen verbunden.

Den 20. Juni 1212 setzten sich die Kriegsschaaren von
Toledo aus in Bewegung. Sie waren zur Einhaltung der
Ordnung und um der Bequemlichkeit willen in drei Haufen
abgetheilt. Voraus zogen unter Anführung des Diego Lopez
de Haro die Ultramontanen, über 100 000 Mann stark.
Den zweiten, aus Aragoniern, Catalanen und Templern bestehenden Heerhaufen befehligte Pedro II. Den Zug mit dem
zahlreichen Heere der Castilianer, Leonesen und Portugiesen,
in welchem sich allein 30 000 Ritter befunden haben sollen, beschloß der König von Castilien. Schon am 24. Juni erstürmten
die Ultramontanen die Festung Malagon, deren sämmtliche
Besatzung sie niederhieben. Da sich hier große Hitze, sowie
Mangel an Lebensmitteln fühlbar machte, glaubten mehrere der

Ausländer, ihrer Pflicht schon Genüge geleistet zu haben und wollten sich zur Heimkehr anschicken. Doch wußte sie Alfonso VIII. durch reichliche Austheilung von Lebensmitteln zu beschwichtigen. Das Heer zog nun vor Calatrava, dessen zahlreiche Besatzung von zwei ausgezeichneten Feldherrn befehligt wurde. Die Stadt wurde von allen Seiten angegriffen und endlich mit Sturm erobert. Zu großer Ermunterung diente die wunderbare Erhaltung eines Priesters, welcher im Ornate, die geweihte Hostie in der Hand, an der Spitze der Streiter in die Stadt eingedrungen und, obwohl sich 60 Pfeile an seinem Kleide festgeheftet hatten, unverletzt geblieben war. Die Almohaden hatten sich in das stark befestigte Kastell zurückgezogen, dessen Erstürmung mit großen Opfern verknüpft gewesen wäre. Dessenungeachtet siegte im Kriegsrathe die Ansicht, daß die Festung, in welcher, wie man wußte, große Reichthümer und Vorräthe an Lebensmitteln aufgehäuft waren, zuvor erstürmt werden müsse, ehe man dem nur einige Tagemärsche entfernten Feinde eine Schlacht anbieten könne. Als die Mauren diesen Entschluß der Christen vernahmen, ließen sie dem Könige von Castilien heimlich große Schätze und Uebergabe der Festung anbieten. Die Ultramontanen und Aragonier, nach dem Blute der Ungläubigen dürstend, verwarfen diesen Vergleich, welcher doch auch zugleich das Leben so Vieler aus ihrer eigenen Mitte schonen wollte. Endlich wurden die Anträge der Mauren angenommen. Kaum gelang es den Königen von Castilien und Aragonien, die abziehenden Moslimen vor der Mordlust der Ultramontanen zu schützen. Die Beute an Schätzen und Lebensmitteln wurde, wie Alfonso in seinem Berichte an den Papst erzählte, zu gleichen Theilen an die Fremdlinge und Aragonier vertheilt. Calatrava aber ward den Rittern dieses Namens, welche diese Festung schon einmal besessen hatten, zurückgegeben. Hier vor Calatrava brach ein Zwiespalt zwischen den Spaniern und Ultramontanen aus. Die Letztern, von Satans List verführt, wie der spanische Geschichtschreiber Rodrigo von Toledo meint, waren voll Unmuth darüber, daß ihnen die Ermordung der Besatzung entzogen und von Alfonso, wie sie glaubten, ein großer Theil der Schätze vorenthalten worden sei. Unter dem Vorwande, das heiße Klima von Spanien nicht ertragen zu können, weigerten sie sich, weiter zu ziehen. Alle Vorstellungen und Bitten, ihre Pflicht und Ehre doch nicht beiseite zu setzen, waren vergeblich. Das gesammte Heer, nur ein kleines Häuflein unter dem Erzbischofe von Narbonne ausgenommen, schlug beinahe im Angesichte der Feinde den Rückweg ein. Als die Ultramontanen sich der Stadt Toledo näherten, verschlossen ihnen die dortigen Einwohner aus Furcht vor Plünderung die Thore und verfolgten sie von den Mauern herunter mit Schimpfreden.

Die Spanier aber rückten ungeschwächten Muthes weiter. Es wurde als ein günstiges Ereigniß betrachtet, daß vor Alarcos, in dessen Nähe vor 17 Jahren die Castilianer eine so furchtbare Niederlage erlitten hatten, der König Sancho mit seinen kampfgeübten Navarresen zu ihnen stieß und so die Lücken der Abgezogenen einigermaßen wieder ausgefüllt wurden. An Salvatierra, in dessen Umgebung die drei Könige Musterung hielten, vorüber zog das Heer in den Engpaß Murabal ein, um auf der andern Seite des Gebirgs die Entscheidung durch die Schlacht herbeizuführen.

Der Herrscher der Almohaden hatte sich mit seinem zahllosen Heere in die Ebene von Jaen begeben, mit dem Vorsatze, erst dann eine Schlacht zu wagen, wenn die Christen durch die Sommerhitze und durch Mangel an Lebensmitteln entkräftet sein würden. Als er aber die Nachricht von dem Abzuge der Ultramontanen, welche er wegen ihrer Zahl und Stärke am meisten fürchtete, erhielt, rückte er nach Baeza, um die Christen zur Schlacht aufzusuchen. Zuvor hatte er den Befehlshaber von Calatrava, obgleich derselbe zur Behauptung der ihm anvertrauten Festung Alles aufgeboten, unter allge-

meiner Mißbilligung des Heeres und zum großen Aerger der
Andalusier im Lager öffentlich hinrichten lassen. Obwohl Muhammed die Gebirgspässe, welche von der Sierra Morena
nach Ubeda und Baeza führen, mit seinen besten Truppen hatte
besetzen lassen, so eroberten die Christen dennoch, nachdem sie
in den Engpaß Murabal eingezogen waren, nach einem blutigen
Gefechte die auf der Bergeshöhe gelegene Burg Ferral. Inzwischen aber hatten die Moslimen den engen Paß, welcher von
der Höhe herab nach Tolosa führte, auf's Stärkste besetzt. Das
christliche Heer war in einer sehr schwierigen Lage. Das Vor-
wärtsschreiten war unmöglich, da, wie Alfonso in seinem
schon erwähnten Bericht schrieb, der Durchgang durch den Engpaß, wenn er nur von 1000 Kriegern gut vertheidigt wurde,
von keinem Heer der Welt erzwungen werden konnte. Länger
auf der Höhe zu verweilen, verhinderte der Mangel an Wasser.
Den Rückweg einzuschlagen und einige Tagmärsche weiter einen
Durchgang nach Andalusien zu suchen, hielt Alfonso VIII.
der Ehre der Christen widersprechend. In dieser verzweiflungs-
vollen Lage erschien wie vom Himmel gesandt vor dem Könige
von Castilien ein Hirte mit dem Anerbieten, dem Heer einen
Weg zu zeigen, auf dem es sicher und ohne von dem Feinde
bemerkt zu werden, die Ebene von Ubeda erreichen könne.
Nachdem Alfonso VIII. sich von der Wahrheit dieser Aussage durch einen der tapfersten Ritter hatte vergewissern lassen,
schlug das Heer noch an demselben Tage (Samstag, den
14. Juli) den von dem Hirten gewiesenen Weg ein und gelangte durch ein Waldesdickicht auf eine geräumige Ebene,
welche sogleich in ein verschanztes Lager umgewandelt wurde.

Die Mauren hatten anfänglich geglaubt, daß die Christen
sich auf der Flucht befänden. Als sie dieselben in ihrer neuen
Stellung gewahrten, bot ihnen Muhammed noch an demselben Tage die Schlacht an. Die christlichen Heerführer zogen
es jedoch vor, ihren ermatteten Kriegern noch Ruhe zu gönnen.
An dem folgenden Tage stellte der Herrscher der Almohaden

sein Heer abermals in Schlachtordnung auf. Die Christen verließen aus Scheu, den Tag des Herrn durch das blutige Werk der Schlacht zu entweihen, ihr sorgfältig verschanztes Lager nicht; nur einzelnen Rittern wurde gestattet, in Zweikämpfen mit den feindlichen Vorposten ihre Tapferkeit zu erproben. Vor dem Anbruche des nächsten Tages bereiteten sich die Christen zur Schlacht. Der Erzbischof von Toledo und die andern Prälaten durchzogen die verschiedenen Heeresabtheilungen, sie zum Kampfe für die Sache Gottes ermunternd und den Ablaß verkündend. Es wurde das Geheimniß des Herrn gefeiert und die Sacramente gespendet, um die Streiter zu stärken auf den heißen Kampf. Darauf wurde das Heer in Schlachtordnung aufgestellt. Das Mitteltreffen unter Alfonso VIII. wurde in vier Heerhaufen getheilt. Die Ehre des Vorkampfs erhielten die castilianischen Gebirgsbewohner (Serrani) unter dem tapfern Diego Lopez; dann folgten die Kriegsorden nebst den Bannern einiger Städte unter dem Grafen Gonzalo Nunnez be Lara. Der dritte Haufe bestand aus den Rittern von Altcastilien, Asturien und Biscaia. In der Reserve standen unter Alfonso's VIII. unmittelbarer Leitung die Toletaner und der leonesische Zuzug. In des genannten Königs Umgebung befanden sich der Erzbischof von Toledo und mehrere andere Bischöfe aus Castilien und Leon mit ihren Mannschaften. Den linken Flügel nahm Sancho mit seinen tapfern Navarresen und den Bannern von Soria, Avila, Segovia und Medina Celi ein. An ihn hatten sich angeschlossen die galicischen und portugiesischen Truppen sammt den wenigen französischen Rittern, welche unter dem Erzbischofe von Narbonne in Spanien zurückgeblieben waren. Den rechten Flügel hatten unter dem Könige Pedro II. die aragonesischen Kriegsvölker inne.

Muhammed Annasir hatte seinerseits sein Heer in fünf Schlachtreihen aufgestellt. In dem Vordertreffen standen die sogenannten Freiwilligen, nach arabischen Berichten 170 000 Mann an der Zahl, bereit, für den Islam zu siegen oder zu

sterben. Den rechten Flügel bildeten die Andalusier, den linken
die berberischen Stämme. Das Mitteltreffen und die Reserve
bestanden aus dem Kern des Heeres, den eigentlichen Almoha=
den oder der regelmäßigen Militärmacht. In der Mitte der
Schlachtordnung ließ Muhammed sein rothes Zelt aufschlagen.
Dann setzte er sich in dem schwarzen Kriegsmantel des almo=
hadischen Stammvaters Abdolmumin, in der einen Hand den
Koran, in der andern den Säbel haltend, auf seinen Schild,
während sein Pferd vor dem Zelte in Bereitschaft gehalten
wurde. Rings um das Zelt waren die Leibwachen aufgestellt,
sowohl die Mauren als Neger, welche eine undurchdringliche
Mauer von Lanzen bildeten. Ein großer Halbkreis mit starken
eisernen Ketten umschloß den Emir Almumenin, um jeden feind=
lichen Angriff von ihm abzuwehren.

Kaum war das Zeichen zur Schlacht gegeben, als die Ser=
raner und die Ritterorden vorrückten. Gleichzeitig setzten sich
auch die beiden Flügel in Bewegung. Die moslemischen Frei=
willigen wurden durch den gewaltigen Stoß der Feinde zurück=
geworfen. Eine ungeheure Menge derselben wurde zu Boden
gestreckt, um an diesem Tage „die Martyrerkrone zu erlangen“.
Als aber die Christen bis zu dem feindlichen Mitteltreffen vor=
drangen, fanden sie solchen Widerstand, daß sie zu dem zweiten
Schlachthaufen zurückweichen mußten. Bei dem Anblicke dieser
Unordnung wollte Alfonso mit seinen Reservetruppen vor=
dringen, indem er zu dem Erzbischofe von Toledo sprach, die
Zeit sei gekommen, eines rühmlichen Todes zu sterben. Ro=
drigo jedoch und der Graf Fernando Garcias hielten ihn
zurück, ihm vorstellend, daß die Unterstützung mit Klugheit und
Mäßigung nachgesandt werden müsse. Es wurden nun die
tapfersten Kriegerschaaren in das Treffen geführt. Voran leuch=
tete das Kreuz des Herrn, geschwungen von dem Chorherrn
Don Paschasius von Toledo. In dessen Nähe befand sich das
königliche Hauptbanner mit dem Bildnisse der Jungfrau Maria,
„der Beschützerin Toledo's und ganz Spaniens“. Durch die

frischen Kräfte unterstützt drangen die Serraner und Ritterorden auf's Neue gegen das Mitteltreffen vor. Mitten in dem
heißesten Kampfe wandten sich plötzlich die andalusischen Feldherrn mit ihren Truppen und ergriffen die Flucht. Dieß erregte furchtbare Verwirrung. Nun galt es, noch den eisernen
Ring zu sprengen, innerhalb dessen die Leibwache, unterstützt
durch die almohadische Militärmacht, die von allen Seiten her-
anstürmenden Christen lange mit der größten Anstrengung zu-
rückschlug. Die Navarresen, ihren König Sancho an der
Spitze, waren die ersten, welche den gewaltigen Kreis durch-
brachen. Darauf sprengten Alvar Nunnez de Lara mit seiner
castilianischen Ritterschaar, die königliche Standarte in der
Hand, und der König Pedro II. von verschiedenen Seiten
her über die Brustwehr. Während dieses furchtbaren Getüm-
mels saß Muhammed noch immer unbeweglich auf dem
Schilde mitten in dem Zelte und sprach: „Gott allein ist wahrhaft und der Satan ein Betrüger." Schon hatten ihn die
Christen, nachdem sie den größten Theil seiner Leibwache niedergehauen, in ihrem furchtbaren Gemetzel beinahe erreicht, als
ein Araber auf ihn zusprengend rief: „O Emir! wie lange
willst Du denn sitzen bleiben? Schon ist Gottes Urtheil gefällt
und sein himmlischer Wille erfüllt worden. Die Moslemin
sind im Kampfe erlegen." Jetzt erst warf sich Muhammed
auf sein Pferd und eilte über Baeza nach Sevilla. — Grau-
sam wüthete das Schwert der Christen unter den Fliehenden.
Sie verfolgten dieselben in einem Umkreise von drei bis vier
Meilen. Bei Todesstrafe war ihnen verboten worden, Gefangene
zu machen. Erst die Nacht machte dem Würgen ein Ende.
Als der Sieg vollständig errungen war, stimmten der Primas
von Toledo und die übrigen Bischöfe auf der mit Leichen
ringsum bedeckten Wahlstätte das Te Deum an, um dem Gotte
der Schlachten einen tausendstimmigen Lob- und Dankgesang
erschallen zu lassen. Der Verlust der Moslimen wird von den
arabischen und christlichen Berichterstattern als ganz unge-

heuer angegeben. Nach einigen der Erstern sollen von den 600 000 Streitern, welche in die Schlacht zogen, nur 100 000 entkommen sein. Die Berichte der drei Augenzeugen: der Erzbischöfe von Toledo und von Narbonne, sowie des Königs Alfonso VIII., sprechen von geringern, aber immer noch außerordentlich großen Zahlen. Unverhältnißmäßig gering war der Verlust der Christen. Daß derselbe jedoch nur 200 oder 50 oder gar 40 oder 25 Mann betragen habe, wie die Erzbischöfe von Toledo und von Narbonne, sowie Berengaria und die Königin Blanca von Frankreich erzählen, möchte schwerlich Glauben finden.

Großartig war die Beute, welche die Christen in dem feindlichen Lager machten an Gold und Silber, geprägten Münzen, kostbaren Gewändern, Seidenstoffen, Teppichen und werthvollen Gefäßen. Die Menge der Kameele und Pferde war erstaunlich. An Pfeilen, Wurfspießen und Lanzen wurde eine solche Masse vorgefunden, daß man mit der Hälfte derselben mehrere Tage die Feuerung unterhalten konnte.

Einige Tage nach der Schlacht nahmen die Christen mit leichter Mühe mehrere Festungen. Baeza fanden sie verlassen. Nur die Kranken und Gebrechlichen hatten sich in eine Moschee geflüchtet. Sie wurden mit Ausnahme Weniger, welche als Gefangene mitgeführt wurden, von den Siegern niedergehauen oder durch das angelegte Feuer getödtet. Nach Ubeda hatten sich die Trümmer des geschlagenen Heeres sammt den Einwohnern der maurischen Umgegend geflüchtet. Die wiederholten Angriffe auf die wohlbefestigte Stadt erforderten viele Opfer. Außerdem fing das Heer an, Mangel an Lebensmitteln zu leiden. Als die Aragonier an der Seite, welche ihnen zugetheilt worden war, den Sturm kräftig fortsetzten und ein Soldat die Mauern bestieg, brach den Einwohnern der Muth. Sie boten eine Million Goldstücke an, wenn sie in dem ungestörten Besitz ihrer Stadt gelassen würden. Der Vertrag wurde abgeschlossen. Die Prälaten verlangten jedoch, daß sich die

Stadt auf Gnade und Ungnade ergebe. Da die Bewohner, welche die Thore schon geöffnet hatten, die große Summe nicht aufbringen konnten, so wurde die umfangreiche Stadt zerstört. 60 000 Menschen verloren das Leben, alle Uebrigen wurden in die Gefangenschaft fortgeführt. Mangel an Lebensmitteln und eine pestartige Krankheit, welche viele Tausende dahinraffte, nöthigte jedoch das christliche Heer, bald den Rückzug anzutreten. In Calatrava trafen sie den Herzog Leopold von Oesterreich mit einer Schaar wohlbewaffneter Ritter. Die Beendigung des Feldzugs hatte ihm die Gelegenheit entzogen, Beweise seiner Tapferkeit an den Tag zu legen. Er kehrte mit seinem Verwandten, dem Könige Pedro II., nach Aragonien zurück. Die Könige von Castilien und Navarra dagegen zogen im Triumphe in Toledo ein und wurden von der Geistlichkeit, welche ihnen vorausgeeilt war, in feierlicher Procession unter dem Zusammenströmen des Volkes in die Cathedrale geführt, wo dem Herrn der Heerschaaren für den errungenen Sieg ein Lobgesang dargebracht wurde.

Zu dem Gedächtnisse an diesen Tag ordnete Alfonso VIII. auf den Jahrestag (16. Juli) für Toledo und später für ganz Castilien ein großes Dankfest, Triumph des Kreuzes genannt, an, an welchem die Trophäen ausgestellt wurden. Um dem Könige Sancho Beweise seiner Dankbarkeit zu geben, stellte ihm Alfonso VIII. 15 Plätze zurück, welche er ihm bisher vorenthalten hatte. Dem Papste aber wurde von dem Könige von Castilien alsbald als Antheil an der Beute das seidene Zelt des Almohadenherrschers und das Hauptbanner der Mauren sammt einem Siegesberichte zugesandt. Diese Geschenke sowohl als die Lanze Muhammeds, welche Pedro II. geschickt hatte, wurden in der St. Peterskirche aufgestellt. Innocenz III., welcher in diesem glücklichen Feldzuge, zu dessen Gelingen er — wie später sein glorreicher Nachfolger Pius V. während der Seeschlacht bei Lepanto — seine hohenpriesterlichen Hände gen Himmel emporgehoben hatte, mit Recht einen

Sieg der ganzen Christenheit sah, rief sogleich nach Empfang der königlichen Botschaft die Geistlichkeit zusammen, veranstaltete ein Dankfest und dolmetschte das Schreiben vor allem Volke, die großen Thaten Gottes und die Tapferkeit des siegreichen Königs preisend. Diesen selbst ermahnte er, nicht sich, sondern Gott die Ehre zu geben, dessen Macht so Großes gethan habe.

Siebentes Kapitel.

Die Ketzer.

Das Bild, das wir bisher von der Thätigkeit Innocenz' III. entworfen haben, würde nicht vollständig, und die Schilderung der Zeit, in der er lebte, nicht wahrheitsgetreu sein, wenn wir nicht auch die Kehrseite hervorheben würden. In der That, wenn Friedrich von Schlegel den Ausspruch that, das Mittelalter sei eine Nacht, aber eine sternenhelle Nacht, so ist wenigstens so viel daran wahr, daß im Anfange des 13. Jahrhunderts, wo das Mittelalter auf seinem Höhepunkte stand, neben dem hellsten Glanze, in dem Kirche und Papstthum strahlte, auch der tiefste Schatten sich geltend machte. Wir meinen das Ketzerthum, welches damals eine Ausbreitung erhielt, daß es das ganze Abendland zu überwuchern drohte und von einer Feindseligkeit gegen die Kirche war, daß diese alle Kräfte anwenden mußte, um nicht von ihm vernichtet zu werden. Allerdings hatte die Kirche schon von den Zeiten des Urchristenthums her sich durch feindliche Gegensätze hindurchzukämpfen: Judenthum und Heidenthum, philosophische Speculationen und eine in Auflösung begriffene Weltanschauung boten die Elemente dar, aus denen Ketzereien verschiedener Art entsprangen. Wenn dieselben auch im Verlaufe der Zeit in Folge der Unterdrückung durch äußere Gewalt, oder an ihrer durch innere Unwahrheit herbeigeführten

Selbstauflösung wieder vom Schauplatze verschwanden, so lagen doch in dem angeborenen Hochmuthe des menschlichen Geistes Triebfedern genug, der Autorität der Kirche, als der Trägerin und unfehlbaren Auslegerin der göttlichen Offenbarung, die Ausgeburten der eigenen Vernunft entgegenzustellen. Liegt es doch in dem Wesen der Kirche, des Reiches Gottes auf Erden, daß sie in stetem Kampfe mit dem Reiche dieser Welt steht: ein Kampf, welcher, je nach Zeit und Umständen, in verschiedener Weise und Heftigkeit sich geltend macht. Fragen wir aber noch weiter nach den besondern Ursachen, welche der Entstehung und Verbreitung der Häresien in jener Periode des Mittelalters günstig waren, so haben wir einmal auf die langwierigen und heftigen Kämpfe sowohl zwischen Kaiserthum und Papstthum, als zwischen der weltlichen und geistlichen Gewalt in verschiedenen andern Ländern hinzuweisen, welche die Gemüther Mancher entzweiten, verwirrten und erbitterten. Die häufigen Bannsprüche und Interdicte, nicht selten auch verhängt in mehr weltlichen Angelegenheiten, trugen nicht wenig zur Verwilderung des sittlich-religiösen Lebens bei. Die Beförderung unwürdiger Geistlicher zu hohen kirchlichen Aemtern, welche durch ihre Genußsucht, Wollust, Stolz und Habsucht großes Aergerniß gaben, wirkte um so nachtheiliger, als durch das ganze Abendland hindurch sich in den Städten politische Bewegungen mit demokratischen und zuweilen sogar communistischen Tendenzen regten, welche sich besonders auch gegen die im Besitze weltlicher Rechte und Reichthümer befindlichen Geistlichkeit kehrten. Durch die Kreuzzüge, welche die abendländischen Völker mit den schismatischen Griechen und den Muselmännern in nähere Verbindung brachten, sowie durch die nähere Bekanntschaft mit den Geisteswerken der großen Philosophen des Alterthums wurde zwar der geistige Gesichtskreis erweitert, aber doch viele Ideen und Anschauungen in dieselben hineingeworfen, welche den Zweifel und Widerspruchsgeist in Manchem weckten und nährten und das Glaubensleben erschütterten. Diese und andere Momente erzeugten in ihrem Zusammenwirken eine geistige Atmosphäre, welche theils die im Dunkel fortschleichenden Ueberreste alter Ketzereien und den aus der Ferne eingeschleppten Giftstoff zur raschen Entwicklung brachte und den Boden zur weitern Verbreitung fruchtbar machte, theils die Erzeugung neuer Irrlehren begünstigte.

Die am frühesten und am weitesten verbreitete Irrlehre war die der Katharer, auch Manichäer oder Patarener genannt, die in den verschiedenen Ländern noch verschiedene andere Namen erhielten und selbst wieder unter sich in mehrere Secten zerfielen. Wahrscheinlich traten zu ihrer Verbreitung mehrere Strömungen zusammen, indem diese Ketzereien sich aus der nördlichen Landschaft der illyrischen Halbinsel, wo sie aus der Vermischung des Dualismus des heidnischen Slaventhums mit christlichen Ideen, oder aus dem nach Thracien verpflanzten Paulicianismus entsprungen sein mögen, auf der einen Seite von Dalmatien aus durch den Handel nach Italien und Frankreich, auf der andern Seite durch Ungarn und Mähren bis an den Rhein sich fortpflanzten und sich sodann mit den im Abendlande im Dunkel sich forterhaltenden Ueberresten des alten Manichäismus verbanden. Das Umsichgreifen der Ketzerei wurde um so gefährlicher, als die Anhänger derselben allmählig, besonders aber am Ende des 12. Jahrhunderts, sich ihrer Zusammengehörigkeit von den Ufern des schwarzen Meeres an durch Bulgarien, Bosnien, Slavonien, Dalmatien, Italien und Frankreich bis jenseits der Pyrenäen bewußt wurden und sich als förmlich organisirte Gemeinschaft der Kirche gegenüber stellten. Zwar trat unter ihnen eine Spaltung ein, in Folge deren in der Lombardei, wo bisher ein Bischof alle häretischen Gemeinden geleitet hatte, zwei Parteien unter verschiedenen Bischöfen einander selbständig, ja feindlich gegenüber standen; doch gewann später das beiden Gemeinsame die Oberhand, so daß sie sich wieder mit einander vereinigten. Italien, der Sitz des Papstthums und das Mutterland der katholischen Kirche des Abendlandes, war sozusagen vom Fuße bis zum Scheitel von der Häresie angesteckt: von der Mark Trevijo an, wo der Ghibelline Ezzelin, der Kirche Feind, die Ketzer beschützte und, wie erzählt wird, am Ende seiner Tage sich selbst unter sie aufnehmen ließ, bis nach Calabrien, wo der Abt Joachim mit ihrer Bekämpfung sich beschäftigte. In vielen Städten der Lombardei und des Kirchenstaates befanden sich ketzerische Gemeinden. In Rom selbst hatten sie öffentliche Schulen. Die Katharer hatten die reichsten Herren des Landes zu Beschützern und in allen Ständen zahlreiche Anhänger, und genossen solchen Einflusses, daß ihre Mitglieder städtische Aemter und Würden an sich rissen. Im Vertrauen auf ihre große Anzahl und Macht und ihre Verbindung mit den auswärtigen Glaubensgenossen legten sie alle Furcht bei Seite, feierten öffentlich ihren Gottesdienst, predigten auf freien Plätzen und selbst in Kirchen, forderten die katholischen Priester keck zu Disputationen heraus und ließen durch ihre auf der Universität zu Paris in der Dialektik herangebildeten Lehrer in ihren von zahlreichen Zuhörern besuchten Schulen ihre Religionsmeinungen vortragen und erörtern. Daher kamen aus allen Reichen des Abendlandes Ketzer, unter dem Vorwande, nach Rom zu pilgern, in die Lombardei, um sich bei den Bischöfen der verschiedenen häretischen Parteien Raths zu erholen oder in ihre Secte aufnehmen zu lassen. Mailand aber, das Haupt der Opposition gegen die Hohenstaufen, war der Mittelpunkt wie für die politischen Freiheitsbestrebungen, so auch für die italienischen Ketzer. Als im Jahr 1166 Galduinus den erzbischöflichen Stuhl daselbst bestieg, fand er die Ketzer zahlreicher als die Katholiken. Von dem Magistrate ohne Beistand gelassen, mußte er sich darauf beschränken, gegen sie zu predigen. Er starb im Jahr 1173 als Opfer seiner fruchtlosen Anstrengungen. Vor seinem Tode hatte er sich in

die Cathedrale bringen lassen, um das Volk noch einmal von
der Irrlehre abzumahnen. Seine Nachfolger waren nicht glück=
licher in ihren Bemühungen. Am Anfange des 13. Jahrhun=
derts zählte man nicht weniger als 17 Secten innerhalb seiner
Mauern.

Was nun die Glaubens= und Sittenlehren, sowie das
Gebahren der Katharer betrifft, so bildete den Mittelpunkt
ihrer Lehren der manichäische Dualismus, welcher sich in
zwei Richtungen: der absoluten und der relativen, ab=
zweigte, und zwar war die erstere die älteste, am weitesten ver=
breitete und am längsten dauernde. Während die einen einem ab=
soluten Dualismus Huldigenden zwei gleich ewige Principien,
ein gutes und böses, annahmen, von denen das eine die Men=
schenseelen und überhaupt alles in Thieren und Pflanzen sich
kundgebende Leben, das andere die menschlichen Leiber und
überhaupt die Materie und alles Sichtbare und Vergängliche
hervorgebracht habe, lehrten die Anhänger des relativen oder
gemäßigten Dualismus, daß das dem guten Wesen ent=
gegengesetzte Böse nicht Gott wesensgleich sei, sondern ein diesem
untergeordneter, von Gott abgefallener und aus dem Himmel
verstoßener Engel oder auch einer der beiden Söhne Gottes,
welcher sich gegen seinen Vater empört habe und, Teufel oder
Lucifer genannt, der Schöpfer und Bildner des Sichtbaren sei.
Diesem zufolge konnte bei den absoluten Dualisten von
einer Dreieinigkeit im kirchlichen Sinne keine Rede sein, obwohl
sie sich in diesem Falle, wie überhaupt, gerne der kirchlichen
Terminologie bedienten, um ihrem im tiefsten Grunde ganz
unchristlichen Systeme, wenn man von einem solchen im
strengen Sinne des Wortes reden kann, den christlichen Cha=
rakter dem Scheine nach zu erhalten. Der Sohn sowohl als
der Geist sind von dem Vater und unter sich der Substanz
nach verschieden. Der Ansicht der Mehrzahl unter ihnen zu=
folge hatte Christus, der höchste der Engel, nur einen Schein=
leib. Daher war Maria nicht seine Mutter, und hatte sein

Leiden und Sterben und seine Auferstehung nicht wirklich stattgefunden und nur den Zweck, den bösen Gott oder Teufel zu
täuschen, um zu hindern, daß er seine Absicht, die Menschen
von dessen Herrschaft durch Zurückführung zu dem guten Gott
zu befreien, nicht vereitle. Einige französische Katharer
lehrten sogar, jener Christus, welcher in Palästina aufgetreten, sei ein Geschöpf des bösen Gottes gewesen, von diesem
hervorgebracht, um die Menschen zu täuschen und nur das Werk
zu verhindern, welches durch den wahren Christus ausgeführt werden sollte. Neben dem spiritus principalis sodann,
dem Christus untergeordneten Haupte aller himmlischen Geister,
nahmen sie eine Menge „heiliger Geister“ an, welche Gott zu
Wächtern der Seelen des himmlischen Volkes bestellt habe und
welche sich mit den abgefallenen Seelen, sobald diese Buße
thun und sich in die Secte aufnehmen lassen, wieder vereinigen
und während ihres Aufenthaltes auf Erden sie trösten. Die
von dem guten Gott auf einmal geschaffenen himmlischen Seelen
wurden von dem bösen Gott, welcher die Gestalt eines Engels
annahm, verführt, ihm auf die Erde zu folgen, und mit Zulassung des guten Gottes in Leiber eingeschlossen. Diese Erde
nun, das Reich des Teufels oder bösen Gottes, ist für sie der
Ort der Strafe und Buße und wird daher auch von den Katharern die Hölle genannt. Die gemäßigten Dualisten dagegen lehrten, daß alle Seelen von den durch den Teufel verführten und in Leiber eingeschlossenen Engeln Adam und Eva
auf dem Wege der geistigen Zeugung — ebenso wie die Leiber
von den Leibern durch fleischliche Zeugung — abstammen. Der
Zweck der Sendung Christi war auch nach ihnen, den Seelen
den Weg des Heiles zu zeigen. Da sie im Unterschiede von
den absoluten Dualisten eine Freiheit des Willens annahmen, so mußte der Eintritt der Seelen in das himmlische Reich
an die Erfüllung gewisser Bedingungen geknüpft werden. Doch
bezogen sich auch diese auf die Vollziehung vollkommener Buße,
welche nur durch Aufnahme in die Secte stattfinden konnte.

Der Tod ist für diejenigen, welche den heiligen Geist wieder erlangt haben, das Ende der Bußzeit und die Eröffnung
der Rückkehr in das Reich des guten Gottes, für alle Andern
aber nur eine materielle Veränderung, ein Uebergang von einem
Leibe in einen andern bis zur Vollziehung der Buße. Daher
kein besonderes Gericht nach dem Tode, kein Fegfeuer, keine
Auferstehung des Fleisches am jüngsten Tage. Wenn die Katharer von der letztern sprachen, so verstanden sie darunter die
Wiederbekleidung mit den ätherischen Leibern, welche nach dem
Falle, gleich den Geistern, den Wächtern der Seelen, im Himmel zurückgeblieben waren. Während nun aber die absoluten
Dualisten eine ewige Fortdauer des Kampfes zwischen dem guten
und bösen Principe annahmen, ließen die gemäßigten am Ende
der Welt den guten Gott über das böse Princip den Sieg davon tragen. Am jüngsten Tage werden alle diejenigen, welche
in die Kirche der Katharer sich haben aufnehmen lassen, der
ewigen Seligkeit theilhaftig werden. Die ganze Welt wird sich
wieder in ihre Elemente auflösen und der Teufel sammt seinen
Engeln und den verdammten Seelen in die ewige Finsterniß
geworfen werden. Alles wird wieder in seinen ursprünglichen
Zustand und in seine Harmonie zurückkehren, die Unterordnung
der göttlichen Personen unter einander wird aufhören, sie werden sich zur vollkommenen Einheit verbinden und Gott Alles
in Allem sein.

Wie die Katharer in allen entscheidenden Punkten von der
katholischen Lehre abwichen, so verwarfen sie übereinstimmend
die Sacramente, Feste, Gebräuche und Einrichtungen der Kirche. Sie hielten nicht nur die Kindertaufe, sondern überhaupt die Taufe mit Wasser als mit einer von dem
bösen Gott geschaffenen oder gebildeten Materie für nutzlos und
daher eine bloß durch Händeauflegung und mit Gebet vollzogene
Wiedertaufe, durch welche dieser Geist dem Täuflinge mitgetheilt werde, zur Seligkeit für nothwendig. Wie gegen die
Firmung, so erklärten sie sich gegen die Sacramente der letzten

Oelung und der Buße. Die letztere verwarfen sie auch aus dem Grunde, weil die Lossprechung einerseits von einem laster= haften, unwürdigen Priester ungiltig und anderseits nicht an den Priesterstand gebunden sei. An die Stelle der kirchlichen Ohrenbeichte setzten sie eine öffentliche feierliche Beichte, an welche Bußwerke, Fasten, Kniebeugungen ꝛc. geknüpft wurden. Ihrer doketischen Ansicht von dem Leibe Christi zufolge mußten sie die kirchliche Lehre von der Transsubstantia= tion läugnen. So weit waren sie bei ihrer grobsinnlichen Auffassung von dem Glauben an dieses Dogma entfernt, daß sie ausriefen: Wenn der Leib Christi auch die Größe der Alpen erreichte, müßte er doch schon längst aufgezehrt sein. Daher hatte auch die Segnung des Brodes (nicht des Weines, den sie verabscheuten), auf welche sie ein großes Gewicht legten, nur die Bedeutung, ihren Leibesbund zu symbolisiren. Wie sie demzufolge die Messe als „Blasphemie“ gänzlich ver= warfen, so auch die Priesterweihe: nicht nur behaupteten sie den völligen Untergang des Priesterstandes in der römischen und allen andern katholischen Kirchen seit dem Kaiser Konstan= tin, sondern sie lehrten auch ein allgemeines Priester= thum, indem sie zugleich versicherten, daß nur in ihrer Secte sich wahre Priester fänden. Bei ihrer niedrigen Ansicht von dem weiblichen Geschlechte und ihrem Abscheu vor der Ma= terie und deren Vermehrung durch fleischliche Vermischung er= klärten sie sich der Mehrzahl nach gegen die Ehe. Doch billigten Einige dieselbe, wenn sich die Ehegatten entweder gänzlich, oder aber nach Erzeugung eines einzigen Nachkommen der ehelichen Vermischung enthielten. So weit gingen Einige in ihrer Verirrung, daß sie die letztere für sündhafter als den Beischlaf außer der Ehe selbst mit den nächsten Blutsverwandten hielten und überhaupt ziemlich gleichgiltig über außereheliche fleischliche Vermischungen urtheilten.

Den von ihnen verworfenen Sacramenten der Kirche stellten sie ihre eigenen: die Händeauflegung oder das Con=

solamentum, die Segnung des Brodes und die Priesterweihe gegenüber. Das Hauptgewicht legten sie auf das Erstere, wegen Mittheilung des heiligen Geistes auch Geistestaufe genannt, welches von ihren Ordinirten nach vorhergegangener Ermahnung, allen Glauben und alle Hoffnung der Seligkeit auf dasselbe zu setzen, das Evangelienbuch in den Händen, gespendet wurde. Von demselben erwarteten sie die Nachlassung aller Sünden, auch der schwersten, ohne irgend eine Genugthuung, während ohne dasselbe Niemand, weder Erwachsener noch Unmündiger, weder Mann noch Weib die ewige Seligkeit, auch wenn er sich, so es möglich wäre, aller Sünden enthielte, erlangen könne. Wie sie einerseits die Wirkung des Consolaments von der Würdigkeit des Spenders abhängig machten, so hielten sie anderseits auch in dem Falle, wenn der Empfänger nachher in eine schwere Sünde falle, die Buße und die Wiederholung derselben (die sogenannte Reconsolation) zur Wiedererlangung des heiligen Geistes und zur ewigen Seligkeit für nothwendig.

Sehr verächtlich urtheilten sie von den kirchlichen Ceremonien und Handlungen, von dem Gesange, Weihwasser, Kreuzeszeichen, Wallfahren, Heiligenverehrung ꝛc. Die Feste Christi und der Heiligen verwarfen sie als nicht in dem Evangelium geboten. Wenn auch Einige die christlichen Hauptfeste: Weihnachten, Ostern und Pfingsten, feierten, so legten sie denselben doch eine ganz andere Bedeutung bei, insofern ihnen Weihnachten die Herabkunft Christi in die böse Welt, Ostern den Sieg über das böse Princip, Pfingsten die Gründung der katharischen Kirche vorstellte. Uebrigens legten sie dem Gebete, besonders dem Vaterunser, und dem Fasten, zu dessen strengerer Beobachtung sie drei Abschnitte des Jahres von je 40 Tagen festgesetzt hatten, große Bedeutung bei. Das Letztere hing mit ihrem eine Abtödtung des Fleisches fordernden Dualismus zusammen. Dem Genuß aller Speisen, welche durch fleischliche Vermischung entstehen, wie Fleisch, Eier, Milch, Käse,

mit Ausnahme der Fische, hielten sie wegen der ihnen inne=
wohnenden Unreinigkeit und ihres teuflischen Ursprungs für so
sündhaft, daß derselbe eine Wiederholung des Consolaments
nothwendig machte. Aehnlich wie die Anhänger der Lehre von
der Seelenwanderung erklärten sie sich entschieden gegen
jede gewaltsame Hinwegräumung nicht bloß des eigenen, sondern
auch des fremden Lebens. Daher hielten sie sowohl die von
der Obrigkeit verfügte Vollziehung der Todesstrafe, als sogar
die Tödtung von Vögeln und vierfüßigen Thieren für Sünde.
Auch erklärten sie nicht bloß den Krieg, sondern auch die
Leistung des Eides für verwerflich, hielten sich zum Gehor=
sam gegen die Obrigkeit, besonders die geistliche, nicht für ver=
pflichtet und zogen sich von den weltlichen Lustbarkeiten ihrer
katholischen Umgebung zurück. Ueberhaupt setzten sie sich in
entschiedenen Gegensatz zu Allem, was die Katho=
liken betraf. Ihnen zufolge war die römische Kirche nicht
die Kirche Christi, sondern eine Kirche von Uebelthätern. Sie
allein seien die Kirche Christi, da sie allein nach der Lehre
und dem Beispiele Christi lebten; sie allein lebten gerecht,
in der Kirche dagegen herrschten alle Arten von Sünden und
Lastern. Die Bischöfe nannten sie Hurer, Ehebrecher, Lügner,
Räuber und Todtschläger. Ein guter Mann oder ein gutes
Weib, oder die Vereinigung Beider sei die Kirche. Das Haus
Gottes aber verachteten sie und wollten lieber in einem Stalle
als in der Kirche beten. Daher erklärten sie sich nicht bloß
gegen die Obern der Kirche, sondern auch gegen deren Be=
sitzungen, Zehnten, Pfründen, freie Gerichtsbarkeit. — Ihr
Clerus hatte vier Stufen: der Bischof, der ältere und
jüngere Sohn und Diakon. Die Einsetzung in diese
Aemter hatte in folgender Weise statt: Nach dem Tode eines
Bischofs weihte der jüngere Sohn den ältern zum Bischofe;
dieser ernannte jenen zum ältern Sohne, während die ganze
Versammlung einen jüngern Sohn wählte, welcher von dem
Bischofe die Weihe erhielt. Diese bestand darin, daß das neue

Testament auf das Haupt des zu Weihenden gelegt wurde.
Später wurde es in Frankreich und Italien Sitte, daß
der Bischof noch bei Lebzeiten den ältern Sohn zu seinem Nach=
folger weihte. Auch kam es zuweilen vor, daß ein neugeborenes
Kind zum Episkopat bestimmt, mit Mandelmilch und später
bloß mit Pflanzenkost ernährt und in reiferem Alter auf eine
Universität zum Studium gesandt wurde. — Groß
war der Eifer und die Gewandtheit, mit der sie Proselyten
zu machen suchten. Sie reisten als Wallfahrer, oder als Kauf=
leute, oder ließen sich als Arbeiter in die Werkstätten, besonders
der Weber, aufnehmen. Wenn sie es auf einen Katholiken ab=
gesehen hatten, sandten sie zuerst zwei Glaubende zu ihm, um
ihn zu präpariren; nachher kam ein Vollkommener, welcher
schon entschiedener auftrat. Besuchten Katholiken einmal ihre
Versammlungen, so stellten die Katharer selbst unter sich Dis=
putationen über ihre und der katholischen Kirche Glaubenssätze
an. Derjenige, welcher die Rolle des Opponenten spielen
mußte, ließ sich leicht von dem Gegner besiegen, um den Ka=
tholiken den Glauben beizubringen, auf wie schwachen Füßen
ihr Religionssystem stehe. Nach dem Berichte des Lukas von
Tuy wirkten sie noch auf eine andere listige Weise. Sie
warfen beschriebene Zettel auf Abwege der Gebirge, da=
mit die Hirten, welche sie auffänden, dieselben ihren Geistlichen
zum Lesen überbrächten. Es war auf denselben enthalten, sie
seien von dem Sohne Gottes geschrieben und von den Engeln
den Menschen überbracht worden. Der Geruch von Bisam,
womit sie bestrichen waren, sollte dieses bezeugen. Unter katho=
lischen Lehren, welche darin aufgezeichnet waren, waren auf
keine Weise häretische eingemischt. Die einfachen Priester em=
pfingen und lasen die Schriften mit großer Verehrung und
sahen nicht ein, daß sie dem Volke Gift darreichten. Die
Häretiker aber nahmen davon Veranlassung, die Proselyten von
den Priestern, von ihrer Ignoranz Anlaß nehmend, vollends
abwendig zu machen, so daß sie es verschmähten, ihnen ihre

Sünden zu beichten, und die Traditionen der Kirche sowie die Fasten verachteten.

Ein Unterschied von großer Wichtigkeit, welcher sich schon bei mehreren Gnostikern und dem Stifter der alten manichäischen Secte selbst findet, bestand bei ihnen zwischen den Vollkommenen und zwischen den Glaubenden und Hörenden. Die Glaubenden (Exoteriker) wurden erst zu der Aufnahme in den Bund vorbereitet und waren nicht zur Beobachtung aller Gebote, z. B. der Enthaltung von Fleischspeisen, verpflichtet. Die Vollkommenen dagegen waren die mit der Tröstung Versehenen, die eigentlichen Katharer, welche auch Freunde Gottes, gute Leute, gute Christen, Auserwählte, Getröstete, oder weil sie die Kraft, Andern das Consolamentum, die geistige Taufe, zu ertheilen besaßen, Tröster genannt wurden. Sie führten ein strenges Leben. Da sie sich hauptsächlich der Verbreitung und Aufrechterhaltung der Secte widmeten, hatten sie sich nicht um ihren Lebensunterhalt zu bekümmern, welcher aus den Beiträgen der Glaubenden, Geschenken und Vermächtnissen, die in eine gemeinschaftliche Kasse flossen, bestritten wurde. Es war Sitte bei denselben, sich stets in Gemeinschaft eines Genossen, welcher nicht gerade ein Vollkommener zu sein brauchte, zu befinden. Stets führten sie ein Evangelienbuch bei sich. Sie hatten besondere Zeichen, an denen sie sich als Brüder erkannten. Selbst die Häuser, in denen sich Vollkommene aufhielten, hatten nur für Eingeweihte erkennbare Merkmale. Wie die Männer, hatten auch die vollkommenen Frauen, welche sich besonders mit der Erziehung der Jugend beschäftigten, besondere Kleidung von schwarzer Farbe. Diese Frauen hatten die Befugniß, im äußersten Nothfalle das Consolamentum zu ertheilen, nicht aber zu predigen. Wenn die Vollkommenen in ein Schloß oder in eine Ortschaft zu Anhängern ihrer Secte kamen, wurden sie ehrerbietig empfangen, um ihren Segen (sowie auch bei ihrer Abreise) gebeten, mit großer Aufmerksamkeit bedient, be

wirthet und in Zeiten der Verfolgung selbst mit Lebensgefahr
verborgen gehalten oder in Sicherheit gebracht. Uebrigens war
ihre Anzahl gegenüber den sehr zahlreichen Glaubenden nicht
bedeutend und soll (nach Reiner, welcher, nachdem er 17 Jahre
lang Katharer gewesen, im Jahr 1259 als Dominicaner und In-
quisitor der Lombardei starb) sich auf nicht viel mehr als 4000
belaufen haben. Ungeachtet ihrer äußerst strengen Ascese und
Frömmigkeit sollen doch viele dieser Irrgläubigen einen laster-
haften Lebenswandel geführt, Diebstahl, Kirchenraub
und dergleichen für erlaubt gehalten und schändliche Unzucht
begangen haben. Wenn man auch in dieser ungünstigen Schilderung ihres sittlichen Betragens Einiges auf Rechnung der
leidenschaftlichen Auffassung der gegnerischen, das ist katholischen
Schriftsteller setzen und außerdem in Rücksicht nehmen will, daß
an sie, als Bekämpfer und Unterwühler der ganzen kirchlichen
und staatlichen Ordnung, wie sich dieselben in der abendländischen Kirche im Verlaufe der Jahrhunderte festgestellt hatten,
sich solche Elemente anschlossen, welche, ohne von der häretischen
Bewegung ergriffen zu sein, in dem Umsturze des Bestehenden,
dem Straßenraube ꝛc. ihren Vortheil suchten, so ist doch leicht
begreiflich, daß ihre Ansicht, das Sittengesetz sei von dem
bösen Gott oder dem Teufel gegeben worden, und
der Darsteller desselben, Moses, ein Zauberer, zu welchem
der gute, allmächtige Gott nicht gesprochen habe, die Patriarchen
und Propheten und zuletzt Johannes der Täufer aber seien
Feinde des guten Gottes und Diener des Teufels gewesen,
auf die Führung eines wahrhaft sittlichen Lebens-
wandels nur nachtheilig einwirken konnte, so sorgfältig auch ein solcher, um Andere zu gewinnen, zur Schau getragen wurde. Endlich wichen sie hinsichtlich der Erkenntniß-
quellen der geoffenbarten Wahrheit von der katholischen Kirche
ab. Das alte Testament verwarfen sie entweder ganz —
wie die gemäßigten Dualisten —, oder mit Ausnahme des
Hiob, der Psalmen, der Bücher Salomons, der Weisheit,

Jesus Sirach und der großen und kleinen Propheten, von denen einige im Himmel geschrieben worden seien, theils weil das von dem bösen Gott herrührende Gesetz durch Christus sein Ende erreicht habe, theils weil es nicht mit ihrer Lehre übereinstimmte, sondern die der Kirche bestätigte. Hinsichtlich des neuen Testaments legten sie das Hauptgewicht auf die vier Evangelien. Um jedoch den Beweisführungen ihrer Gegner auszuweichen, nahmen sie zu der moralischen Erklärung mit Verwerfung der buchstäblichen ihre Zuflucht, während sie gleich den Häretikern aller Zeiten die Tradition und Autorität der Kirchenväter und Concilien entschieden verwarfen.

Wohl zu unterscheiden von den Katharern ist eine zweite Klasse von Irrgläubigen, deren Opposition sich nicht so fast auf das Fundament der Lehre, als vielmehr auf die äußere Erscheinung, die Gebräuche und Einrichtungen der Kirche erstreckte, welche jedoch, weil sie immerhin noch ein christliches Gepräge hatte und der weit verbreiteten Unzufriedenheit mit dem Papstthum und Clerus entgegen kam, um so gefährlicher war, insofern sich besonders solche Gemüther ihr zuneigen konnten, welche ungeachtet ihrer Abneigung gegen die Kirche die neumanichäischen Irrthümer verabscheuten. Bis in die neueste Zeit hinein wurde versucht, um gewissermaßen eine ununterbrochene protestantische Tradition von sogenannten wahren Christen herzustellen, die Entstehung dieser Secte bis in das apostolische Zeitalter, oder bis zur Zeit des Papstes Sylvester, um welche sich eine Anzahl frommer, erleuchteter Anhänger des Evangeliums von der herrschenden Kirche, in welcher damals das Verderbniß um sich zu greifen begonnen, losgetrennt habe, oder wenigstens bis zu dem Erzbischofe Agobard von Lyon und Bischof Claudius von Turin, deren geläuterte Grundsätze über Lehren und Gebräuche des Christenthums sich unter den sogenannten Thalleuten weiter fortgepflanzt hätten, zurückführen. Es ist jedoch neuerdings und sogar von protestantischer Seite überzeugend nachgewiesen worden, daß diese Secte einen gewissen Petrus zum Patriarchen hatte, welcher, ein reicher Bürger aus Vaux bei Lyon, durch den plötzlichen Tod eines Freundes innerlich erregt wurde, in Erwägung der Vergänglichkeit der irdischen Dinge nach dem Rathe des Heilandes ein vollkommenes Leben zu führen (um das Jahr 1170).

Den Fundamentalsatz der Lehre der Waldenser bildete die Behauptung der Nothwendigkeit, das apostolische Leben, so wie sie dasselbe in der heiligen Schrift, unter deren Knechtschaft sie ganz und gar standen, dargestellt glaubten, in seiner ganzen Reinheit wieder herzustellen. Als Mittel zu diesem Zwecke sollte das Predigen dienen. Als einzige Norm der Wahrheit galt ihnen die von ihnen in der Muttersprache verbreitete und bloß im buchstäblichen Sinne erklärte heilige Schrift, und zwar des neuen Testaments, da sie das alte vernachlässigten und geringschätzig behandelten. Ihrer Meinung zufolge bildeten sie allein die wahre Kirche. Deßhalb nannten sie sich, besonders aber ihre Lehrer, Nachfolger Christi und der Apostel. Nach der Weisung des Herrn zogen sie paarweise aus, um zu predigen, auch suchten sie das Aeußere dieser Jünger, besonders das Tragen von Sandalen, nachzuahmen. Die Kirche Christi sei in den Bischöfen bis auf Papst Sylvester I. geblieben, seitdem aber verfallen, bis sie dieselbe wieder aufgerichtet hätten; doch hätten immer noch Einige gelebt, welche Gott gefürchtet und die Seligkeit erlangt hätten. Vermöge dieser durchaus unhistorischen Auffassung verwarfen sie die römische Kirche mit allen ihren Einrichtungen, soweit sie deren Ursprung nicht in der heiligen Schrift begründet fanden. Der äußeren Kirche sprachen sie allen Werth ab, erklärten prächtige Bauten für Verschwendung und Eitelkeit und nannten die gemauerten Kirchen Scheuern und Steinhäuser, da Gott überall, auch im Schlafgemache, angebetet werden könne. Die Geistlichen nannten sie Hurer, Wucherer und wegen ihres zeitlichen Besitzes Kinder des Teufels und des Verderbens, und erklärten die Entrichtung von Zehnten und

Opfern für Sünde, behauptend, dieselbe bedeute so viel, als Speck mit Fett einschmieren. Der Papst galt ihnen als Haupt aller Irrthümer. Weder er noch die Cardinäle und Prälaten könnten selig werden. Dagegen legten sie jedem guten Christen die Befugniß zu predigen und einigen derselben auch die Sacramente zu spenden bei, wenn gleich die Idee des allgemeinen Priesterthums bei ihnen noch nicht in ihrer vollen Klarheit und Schärfe hervortrat. Es war nur eine nothwendige Folge, wenn sie von ihrem engherzigen, erbärmlichen Standpunkt aus alle höheren Studienanstalten und besonders die Universitäten, durch welche die Geistlichkeit für ihren Beruf herangebildet wurde, verwarfen und für eitel und unnütz erklärten, und auch über Klöster und andere religiöse Vereine, sowie über die Vorrechte des Clerus nicht billiger urtheilten. Auch hinsichtlich der Lehre von den Sacramenten wichen sie von der Kirche ab. So verwarfen sie die Ceremonien, womit die Kirche die Taufe umkleidete, die Exorcismen ꝛc., und Einige sprachen sich sogar gegen die Kindertaufe und für die Wiedertaufe aus, weil sie für deren Empfänger bei ihrem Mangel an wirklichem Glauben von keiner Wirkung sein könne. Die Eucharistie konnte ihnen zufolge von keinem schlechten Priester, wohl aber von einem frommen Laien giltig gereicht werden. Da sie die Anbetung des consecrirten Brodes für Sünde erklärten, so verwarfen sie wahrscheinlich auch die Transsubstantiation. Nicht übereinstimmend sind die Nachrichten über ihr Verhältniß gegenüber dem heiligen Abendmahle. Es würde ihrem buchstäblichen Zurückgehen auf die heilige Schrift entsprechen, daß sie dasselbe nach der Sitte der alten Christen täglich gefeiert haben. Allem Anscheine nach hörte jedoch bald die eigene Feier des heiligen Abendmahles bei ihnen auf und gewöhnten sie sich daran, dasselbe bei katholischen Priestern zu empfangen, während die eigene Feier desselben sich bloß auf den engern Kreis ihrer Prediger beschränkte. Nach einer andern Nachricht wurde von den „Armen von Lyon" das Abendmahl jährlich einmal am Grünendonnerstag Abend gehalten. Begreiflicher Weise war von dem heiligen Meßopfer bei ihnen keine Rede. Da ihnen in der Kirche der Begriff des opus operatum verloren gegangen war, läugneten sie die Giltigkeit der von einem schlechten Priester, nicht aber die von einem frommen Laien ertheilten Absolution, sowie sie auch die Abläße, die Excommunication und andere Kirchenstrafen nicht anerkannten. Wie das Sacrament der letzten Oelung, verwarfen sie das der Ehe, läugneten die von der Kirche aufgestellten Ehehinderniße, darunter die der Blutsverwandtschaft und Schwägerschaft, und mißbilligten den Cölibat der Priester, obwohl die Prediger später neben der freiwilligen Armuth lange Zeit auch der freiwilligen Keuschheit sich ergaben. An der Priesterweihe läugneten sie den sacramentalen Charakter. Sie nahmen nur drei priesterliche Grade: den Episkopat, Presbyterat und Diaconat, an. Die niedern Weihen verwarfen sie gänzlich, die des Exorcisten schon vermöge ihrer Ansicht, daß seit dem Tode Christi der Teufel keine Gewalt mehr über die Menschen habe. In Uebereinstimmung hiemit verwarfen sie alle Sacramentalien, die Segnungen, das Weihwasser, die Lichter in der Kirche, weil Gott, als das wahre Licht, derselben nicht bedürfe, die Räucherungen, Processionen, Wallfahrten und den Kirchengesang als teuflisches Geschrei. Vor den Crucifixen und dem Kreuzeszeichen hatten sie wegen des Todes Christi besonders großen Abscheu. Die Verehrung der seligsten Jungfrau erklärten sie für unzulässig. Von den andern Heiligen, z. B. den Martyrern, Kirchenlehrern, behaupteten sie, sie seien vielleicht in der Hölle begraben, und läugneten die Wunder, welche Gott durch sie wirkte. Da sie die Gemeinschaft der Heiligen und überhaupt den Zusammenhang der diesseitigen und jenseitigen Welt läugneten, behaupteten sie, Jene nähmen weder, noch hätten sie von den Gebeten der Gläubigen und von der ihnen erwiesenen Ehre Kenntniß. Dieselben bekümmerten sich nicht um uns auf Erden, weßhalb auch die Anrufung um ihre Fürbitte

unnütz sei. Gott allein habe uns erlöst: er allein könne uns
deßhalb helfen. Die Heiligen hätten nicht für Andere, sondern
nur für sich selbst Verdienste erworben. Da Gott aus sich
selbst wisse, was uns nothwendig sei, brauche er nicht durch
die Bitten der Heiligen bewegt zu werden. Aus diesem Grunde
verwarfen sie auch das Ave Maria, während sie das Vaterunser,
wie es scheint, ausschließlich und sehr häufig beteten. Sie
lehrten die Ihrigen, für die Mitglieder ihrer Secte zu beten,
Gott möge sie vor jedem Uebel bewahren, und die Katholiken,
welche sie die Fremden nannten, mit Krieg, Hunger und Pest
und anderen Geiseln heimsuchen, um inzwischen von der Untersuchung und Verfolgung frei zu bleiben. Vermöge ihrer Läug-
nung des Fegfeuers verwarfen sie auch die Fürbitten für
die Verstorbenen, die Leichengottesdienste, Jahrtage und Opfer,
welche nur den Priestern zugut kämen. Dem kirchlichen Begräbnisse legten sie keinen Werth bei. Es sei gleichgiltig, ob
Jemand auf einem Kirchhofe, oder sonst an einem Orte begraben werde. Ja sie zogen es vor, wenn sie nur hiebei nicht
entdeckt wurden, auf dem Felde oder in Gärten beerdigt zu
werden. Den Eid verwarfen sie als durch die heilige Schrift
verboten. Wie sie die Bergpredigt als Inbegriff der Normen
des christlichen Lebens betrachteten, sprachen sie sich auch in
falscher Auslegung der Worte des Herrn gegen jede Tödtung
eines Menschen, mochte sie auch im Kriege oder in Folge eines
richterlichen Spruchs vollzogen worden sein, als sündhaft aus.
Da sie überhaupt den Standpunkt der christlichen Liebe mit
dem der bürgerlichen Straf- und Gerechtigkeitsordnung ver-
wechselten, mußten sie consequenter Weise zuletzt mit der nach
ihrer Ansicht dem göttlichen Willen widersprechenden staatlichen
Ordnung brechen, und wären sie, wenn sie in einem Lande
sich staatlich zu organisiren vermocht hätten, dahin getrieben
worden, auf Erden ein Reich Sions zu gründen. Obwohl
zuletzt in so schneidendem Gegensatze zu der Kirche stehend, be-
strebten sie sich doch, da, wo sie bei ihrer Minderzahl Gefahr

fürchteten, keineswegs nach der Martyrerkrone trachtend und
später regelmäßig, sich den Katholiken äußerlich gleich zu stellen.
Sie empfingen die Firmung, gingen zuweilen zur Beicht und
Communion, beobachteten die Festtage und unterwarfen sich
sogar äußerlich an den bestimmten Tagen dem Fastengebote,
letzteres zum Theil auch aus dem Grunde, um sich bei einfältigen
Leuten den Schein der Abtödtung und Heiligkeit zu geben.

Innocenz III. mußte sich die Vertilgung der vielköpfi-
gen Häresie um so energischer und umsichtiger angelegen sein
lassen, als dieselbe bereits das Erbe des heiligen Petrus zu
unterwühlen begonnen hatte. Ueberzeugt, daß das Uebel an
der Wurzel angegriffen werden müsse, drang er vor Allem
darauf, daß der Clerus, von dem die Charakterstärke lähmenden
und die Autorität untergrabenden sittlichen Verderben sich frei
haltend, mit Ernst und Strenge seine Pflichten erfülle und
statt nach zeitlichem Erwerb zu trachten, oder der Sinnlichkeit
zu fröhnen, für die Ehre Gottes und seiner Kirche sich ereifere.
War die Unwissenheit bei vielen Verführten die Mutter des
Irrthums gewesen, so sollten die Prediger laut ihre Stimme
erheben, um den Irrglauben in seiner Nichtigkeit aufzudecken
und die Irrenden durch Verkündigung der Wahrheit in den
Schooß der Kirche zurückzuführen. Wenn er hiebei die Lehr-
autorität der Geistlichkeit gegenüber dem Privatgeiste einzelner
Laien, wie z. B. deren zu Metz, aufrecht erhalten wissen
wollte, und sich gegen das Lesen der ohne höhere Vollmacht in
die Landessprache übersetzten heiligen Schrift, welche so tief sei,
daß nicht einmal Einsichtsvolle und Gelehrte, geschweige Ein-
fältige und Ungelehrte sie erschöpfen könnten, erklärte, so müssen
wir um so mehr seiner weisen Einsicht beipflichten, je deutlicher
die Erfahrungen der neuern Zeit gelehrt haben, wie leicht die
heilige Schrift, nicht getragen von der Ueberlieferung und Auslegung der Kirche, dahin führe, die Einheit des Glaubens
aufzulösen und willkürlichen Meinungen Vorschub zu leisten.
Gegen diejenigen, welche aller freundlichen Belehrung und Er-

mahnung ungeachtet hartnäckig auf ihren Irrthümern beharrten, wollte er mit Strenge und Gewalt eingeschritten wissen. Sie sollten der Lehen und Besitzungen, welche von der Kirche ab= hingen, verlustig gehen, ihre Güter sollten an ihre katholischen Nachkommen, oder wenn sie keine hätten, an den Fiscus fallen; die Häuser, in denen sie gewohnt, niedergerissen, sie selbst des Landes verwiesen, ihre Leichname aus der geweihten Erde wieder ausgegraben werden. Deßhalb wurden auch die weltlichen Fürsten von ihm aufgerufen, das Schwert, das ihnen von Gott zum Schutze der Gerechten und zur Bestrafung der Uebel= thäter sei anvertraut worden, gegen dieselben, wie sie bei ihrer Salbung und Krönung beschworen, zu ziehen. Auch befand sich der Papst hier nicht bloß ganz im Einklange mit den Anschauungen seiner katholischen Zeitgenossen, welche in der Ketzerei zugleich eine Auflehnung und ein Verbrechen gegen die staatliche Ordnung sahen, sondern er handelte auch angemessen den obwaltenden Umständen. Denn wenn auf der einen Seite damals die Idee einer Gleichberechtigung der religiösen Bekenntnisse, das negative Resultat langwieriger Glaubens= kämpfe der neuern Zeit, dem kirchlichen Bewußtsein widersprach, so ist auf der andern Seite darauf hinzuweisen, daß es sich für die Kirche um ihre eigene Existenz handelte, und sie gewissermaßen einen Kampf auf Leben und Tod mit der Häresie führen mußte, da die letztere ganz entschieden und ausgesprochenermaßen auf deren Vernichtung hinarbeitete, sowie auch dieselbe, wäre es ihr gelungen, die Oberhand zu gewinnen, mit einem geordneten Staatswesen nicht verträglich gewesen wäre. Wie hätten die Kirche und deren Oberhaupt sich auf die Anwendung bloß geistiger Mittel zur Bekämpfung der Häresie beschränken sollen, sie, die mit den staatlichen Ver= hältnissen so enge verflochten war? War ja doch der spätere Protestantismus, der das Princip der Gewissensfreiheit auf seine Fahne schrieb, so weit entfernt, den Sieg bloß von dem stillen Walten „der reinen Wahrheit" zu erwarten, daß er seine

Gegnerin, die Kirche, mit Hilfe der weltlichen Macht, wo er es vermochte, zu Boden warf und deren Wiedererhebung sich mit denselben Mitteln widersetzte.

Diesen Grundsätzen gemäß verfuhr Innocenz III. auch gegenüber den zahlreichen Ketzern des Kirchenstaats, welche größtentheils der Irrlehre der Katharer oder Patarener, theilweise aber auch der der Waldenser anhingen. Wie in andern allgemeinen Angelegenheiten, besonders in denen des heiligen Landes, wollte er auch hier den übrigen Herrschern und kirchlichen Vorstehern mit seinem Beispiele voranleuchten, um von der römischen Kirche den Vorwurf abzuwenden, daß er vor seinen Augen und in seinem eigenen Lande die ketzerische Bosheit bestehen lasse, und mit freier Stimme denen antworten könne, welche ihm die Worte der heiligen Schrift entgegen hielten: „Arzt, hilf dir selber! Ziehe den Balken aus deinem eigenen Auge und erst dann den Splitter aus dem Auge deines Bruders!"

Unter den Städten im Kirchenstaate, welche von der Häresie angesteckt waren, nahmen Viterbo und Orvieto die erste Stelle ein. In letzterer Stadt hatten die Ketzer, nachdem sie seit dem Jahre 1125, in dem sie zuerst aufgetreten waren, zu wiederholten Malen mit Gewalt unterdrückt worden waren, bereits so sehr wieder das Haupt erhoben, daß sie die Katholiken nicht bloß mit Hohn und Spott übergossen, sondern sogar offen zu bedrohen wagten, dieselben, wenn es zum Kampfe komme, zu vertreiben. Die Letzteren sandten in ihrer Bedrängniß um Schutz nach Rom und baten um einen Stadthauptmann, durch welchen die Ketzerei mit der Wurzel ausgerottet werden könnte. Das Volk sandte mit Zustimmung des Papstes einen geborenen Römer, Petrus Parentius, einen Mann in noch jugendlichem Alter, aber reich an Verstand, unerschrockenen Gemüthes, voll Eifers für die Kirche und voll Freigebigkeit gegen die Armen. Im Februar 1199 hielt er unter großem Jubel und lauten Freudenbezeugungen

der Katholifen in Orvieto seinen Einzug. Er begann seine
Thätigkeit damit, daß er die zu vielen Morden Veranlassung
gebenden Lustspiele während des Faschings, welche Schlachten
darstellten, untersagte und deren Abstellung durch strenge Bestrafung der sich widersetzenden Ketzer durchsetzte. Nachdem er
sich sodann mit dem Bischofe und andern wohlgesinnten und
erfahrenen Männern über die geeignetsten Mittel zur Ausrottung der Ketzerei berathen, machte er öffentlich bekannt, daß
die innerhalb einer bestimmten Frist in den Schooß der Kirche
Zurückkehrenden Verzeihung erhalten, die Renitenten dagegen
die Strenge der canonischen Strafen erfahren würden. Viele
erklärten ihre Unterwerfung. Die Uebrigen wurden von dem
Bischofe dem Stadthauptmanne übergeben. Dieser ließ Einige
in Ketten legen, Andere öffentlich geißeln, Andere aus der
Stadt verbannen oder um Geld bestrafen; von Andern ließ
er sich hinreichende Unterpfänder geben, Vielen die Häuser
schleifen. Das Osterfest wollte er zu Rom bei seinen Verwandten feiern. Als der Papst ihm in einer der Straßen
der Stadt begegnete, forderte er ihn mit heiterer Miene auf,
ihm den Eid der Treue wegen Verwaltung der zum Kirchenstaate gehörenden Stadt abzulegen. Petrus erklärte sich hiezu
geneigt. Auf dessen Bemerken, er habe die Ketzer so sehr gegen
sich aufgebracht, daß sie auf seinen Tod sännen, ertheilte ihm
der Papst für den Fall, daß die Drohung in Erfüllung
ginge, Nachlaß aller Sünden. Gleichsam in Vorahnung des
nahen Martyrertodes, nach dem sich Petrus sehnte, machte er
sein Testament und kehrte, unerschüttert durch die Thränen der
Mutter und Gattin, nach Orvieto zurück. So groß die
Freude der Katholiken über seine erneuerte Anwesenheit, so groß
war die Bestürzung und Wuth der Häretifer, welche sich nicht
verhehlten, daß ihre Sache neben der Persönlichkeit Petrus'
nicht bestehen könne. Sie bestachen daher einen Diener desselben,
welcher sie bei nächtlicher Dunkelheit (21. Mai) in den Palast
einließ, fielen über ihn her und schleppten ihn mit verhaltenem

Munde zur Stadt hinaus und forderten von ihm, die in Empfang genommenen Unterpfänder zurückzugeben und endlich die
Beschützung der Ketzer zu übernehmen. Als er sich der Letzteren
auch in der Todesgefahr weigerte, schlugen sie ihn auf das
Haupt und durchbohrten mit ihren Schwertern seine Seite. Der
gewaltsame Tod des unerschrockenen Vorkämpfers für die Kirche
erfüllte die Katholiken mit tiefer Trauer. Er wurde auf's
Feierlichste in der Domkirche beigesetzt. Der Ruf der Wunder,
durch welche Gott seinen Namen verherrlichte, erwarb ihm
bald die Verehrung der Bewohner Orvieto's, welche in ihm
einen ihrer vornehmsten Patrone im Himmel erkannten. Auch
Petrus' blutiger Tod erwies sich für die Ausbreitung der Kirche
fruchtbar. Während das Gedächtniß an den Heiligen die Katholiken aufrichtete und stärkte, traf seine Gegner der Fluch von
Oben, so daß die Irrlehre binnen Kurzem in Orvieto verschwand.

Hinsichtlich Viterbo's trug der Papst den dortigen
Consuln und Bürgern allen Ernstes auf, den Ketzern in Zukunft keinen Aufenthalt, Schutz oder Gunst mehr angedeihen
zu lassen. Zuwiderhandelnde sollten für ehrlos erklärt sein,
kein öffentliches Amt bekleiden, zum Stadtrathe weder wählen
noch gewählt werden dürfen, und das Recht, Zeugenschaft zu
leisten, über das Vermögen zu verfügen, Erbschaften zu übernehmen, als Richter oder Anwalt aufzutreten, verlieren, Geistliche ihrer Pfründen entsetzt werden. Wer den Umgang mit
einem als Ketzer Angezeigten nicht meide, sei dem Banne verfallen. In allen seiner weltlichen Herrschaft unterworfenen
Gebieten befehle er den Verkauf ihrer Güter an, wozu er auch
die Machthaber und Fürsten anderer Länder unter Androhung
geistlicher Strafen auffordere. Nur wer die Ketzerei verlasse,
sollte wieder in den Besitz seiner Güter aus Barmherzigkeit
gelangen, damit diejenigen wenigstens weltliche Strafe züchtige,
welche geistliche Zucht nicht bessere. Da nämlich nach dem Gesetze Majestätsverbrecher mit dem Tode bestraft, ihre Güter eingezogen und ihre Kinder nur aus Barmherzigkeit am Leben

erhalten würden, wie viel mehr sollten diejenigen, welche durch
Abirrung vom Glauben den Sohn Gottes beleidigen, geistliche
und zeitliche Strafen erleiden, da es ein weit schwereres Ver=
brechen sei, die göttliche, als eine irdische Majestät zu beleidigen!
Diese Ermahnungen hatten so wenig Erfolg, daß einige
Jahre später mehrere Patarener zu Consuln gewählt wurden
und der Häresiarch das Amt des Stadtkämmerers erhielt. Inno=
cenz III. erkannte die immer drohendere Gefahr. Während
er das Volk aufforderte, sich gegen die Wähler und die Ge=
wählten energisch zu erheben, ertheilte er dem Bischofe von
Viterbo den Befehl, seine Hirtenpflicht getreu, im Nothfalle
bis zur Vergießung des Blutes, zu erfüllen. Außerdem wurde
der Bischof von Orvieto zu seinem Beistande aufgeboten. Beide
sollten sich nach Viterbo begeben, die Gläubigen durch das
Wort Gottes und durch Unterweisung stärken, zur Vertreibung
der Patarener ermahnen und unter Androhung des Bannes
auffordern, jene ungeachtet des päpstlichen Verbots gewählten
Consuln und Kämmerer aus ihrer angemaßten Stellung zu
verdrängen. Sollte die Bürgerschaft seinem Befehle nicht inner=
halb vierzehn Tagen vollständig Folge leisten, so würden die
Gläubigen in den benachbarten Städten und Burgen in seinem
Auftrage gegen Viterbo zu Felde ziehen. Zwei Jahre später
begab sich Innocenz III. selbst, nachdem er das Himmel=
fahrtsfest in Rom gefeiert, nach Viterbo. Die Einwohner
empfingen ihn mit großen Ehren= und Freudenbezeigungen. Die
Patarener dagegen ergriffen sogleich bei seiner Ankunft sämmt=
lich die Flucht. Der Papst berief den Bischof und die Geist=
lichkeit zu sich und ließ alle Hehler, Beschützer, Vertheidiger
und Anhänger der Ketzer sorgfältig aufzeichnen und durch den
Podestà und die Consuln sämmtliche Bürger nach Empfang=
nahme von Eid, Bürgschaft und Unterpfand sich verpflichten,
allen seinen Befehlen zu gehorchen. Besonders aber ließ er die
Häuser, in denen die Patarener sich verborgen gehalten, von
Grund aus zerstören. Vor seiner Rückkehr ließ er vor ver=

sammeltem Clerus und Volke seine Anordnungen gegen die Ketzer noch einmal verkünden, in das Stadtbuch eintragen und deren treue Beobachtung sich eidlich angeloben.

So gelang es den Bemühungen des Papstes, die Häresie in dem Kirchenstaate zu unterdrücken. Größere Schwierigkeiten und Sorgen erhoben sich in dem weiten Gebiete des südlichen Frankreich, wo der Zusammenstoß der Katholiken mit den manichäischen Ketzern blutige Kämpfe hervorrief, welche in der Kirchen= wie politischen Geschichte große Bedeutung erlangt haben und um so größeres Interesse in Anspruch nehmen, als sie einige Jahrhunderte später so ziemlich auf demselben Schauplatze sich wiederholten. Doch ist es uns bei dem uns zugemessenen Raume nicht möglich, auf eine Darstellung der sehr verwickelten Geschichte der Albigenser uns hier näher einzulassen.

Achtes Kapitel.

Das vierte allgemeine Concil im Lateran. — Schluß.

Bereits wenige Jahre nach seiner Wahl hatte Innocenz III. den Plan zur Berufung eines allgemeinen Concils gefaßt. Auf das Fest des hl. Martinus 1215 sollte dasselbe endlich im Lateran eröffnet werden. Schon vor zwei und einem halben Jahre war das Einladungsschreiben an sämmtliche Patriarchen, Erzbischöfe, Bischöfe, Aebte, Prioren, die Meister der Ritterorden, sowie die Könige der christlichen Länder ergangen. Die Hauptgegenstände seiner Wünsche und Sorgen, welche während seines ganzen Pontificats in ihm Geist und Herz beschäftigten, sollten hier zur Berathung und Erledigung gelangen: die Wiedereroberung des heiligen Landes sowohl als die allseitige Reformation der Kirche und die Erhaltung der Reinheit des Glaubens. Bis zum Ablaufe der Frist sollten erfahrene Männer über die zu verhandelnden

Angelegenheiten in den einzelnen Ländern genaue Erkundigungen einziehen. Jeder beim Concil Erscheinende sollte nach der Vorschrift des dritten Lateranconcils nur ein mäßiges Gefolge mitbringen und allen überflüssigen Aufwandes sich enthalten. Im Ganzen zählte man unter den zu Rom Erschienenen 2283 Personen, welche den Verhandlungen beizuwohnen berechtigt waren. Noch niemals hatte eine so großartige Kirchenversammlung stattgefunden.

Innocenz eröffnete die Versammlung mit einer Rede über die Worte des Herrn (Luc. 20, 13): „Sehnlich hat es mich verlangt, dieses Osterlamm mit euch zu essen, bevor ich leide, das heißt bevor ich sterbe." Das geistige Passah bedeutete ihm die Verbesserung der Kirche als der Uebergang von einem Zustand in einen andern. „Wie der Mann mit dem linnenen Gewande, das Schreibgefäß an den Lenden, nach der heiligen Schrift auf Befehl des Herrn mitten durch die Stadt gehen und mit einem † die Stirn derer bezeichnen sollte, welche seufzen und klagen über all den Greuel, welcher in derselben ist, so soll der Papst, der als der Wächter über das Haus Israel aufgestellt ist, durch die gesammte Kirche gehen, welche ist die Stadt des großen Königs auf dem Berge gegründet, und soll das Verdienst des Einzelnen erforschen und prüfen, damit Gutes nicht bös, Böses nicht gut, die Finsterniß nicht Licht, das Licht nicht Finsterniß genannt werde; damit sie die Seelen, die nicht sterben sollen, nicht tödten, und die nicht des Lebens getrösten, welche nicht leben sollen. Und um Beides erkennen und scheiden zu können, soll er ihre Stirnen bezeichnen, Jene nämlich, welche klagen über die Schuld und seufzen über den Greuel, welche mitten in der Stadt geschehen; denn so weit ist es gekommen mit dem Greuel, daß die Schuld ruchlos und die Zuchtlosigkeit schuld ist." Den Bischöfen aber sei geboten, ebenfalls mitten durch die Stadt zu ziehen, folgend dem obersten Priester als ihrem Führer, auf daß sie schlagen durch Interdict, Suspension, Bann und Absetzung, je nach dem Maße der Schuld Jeden, den sie nicht bezeichnet finden durch den, „der schließt und Niemand öffnet, öffnet und Niemand schließt zu". Anfangen sollen sie nach dem Ausspruche der heiligen Schrift bei dem Heiligthume, da die Zeit gekommen ist, wo dem Apostel zufolge das Gericht beginnen soll. „Denn alle Verderbniß im Volke geht vorzugsweise von der Geistlichkeit aus. Denn wenn der geweihte Priester sündigt, so verleitet er auch das Volk zum Sündigen. Wenn die Laien an ihm schändliche und schwere Verbrechen erblicken, so reißt sie sein Beispiel zu allen Ungerechtigkeiten und Schandthaten fort. Wenn sie von Jemandem getadelt werden, so entgegnen sie alsbald: Ein Sohn kann nichts Anderes thun, als was er den Vater thun sieht, und es ist zureichend, wenn der Schüler dem Lehrer gleich ist. Daher geht der Glaube zu Grunde; die Religion wird entstellt, die Freiheit vernichtet, die Gerechtigkeit mit Füßen getreten; Ketzer schießen allenthalben auf, Schismatiker erheben frech das Haupt, Meineidige wüthen, die Ungläubigen gewinnen die Oberhand."

Bloß noch zwei öffentliche Sitzungen wurden gehalten, in welchen die in geheimen Berathungen ausgearbeiteten Beschlüsse verkündet wurden. Beide wurden von dem Papste eröffnet. Doch hat sich nur eine dieser Reden bis auf uns erhalten, in welcher Innocenz als Hohepriester die Geistlichkeit — etwa wie ein Bischof den um sich versammelten Diöcesanclerus — unter reichlicher Anwendung von Stellen aus der heiligen Schrift zu einem frommen, sittenreinen und pflichteifrigen Lebenswandel ermahnte.

Die bald nach dem Schlusse des Concils durch Innocenz III. oder auf dessen Befehl in 70 Kapitel zusammengestellten und gleichzeitig in's Griechische übersetzten Beschlüsse sind sehr umfassender Natur. Wie bei andern Kirchenversammlungen wurde zuerst das katholische Glaubensbekenntniß aufgestellt, und zwar trägt dasselbe, den herrschenden Irrthümern gegenüber, einen offenbar antimanichäischen

Charakter. — Den zur Einheit der katholischen Kirche zurück=
gekehrten Griechen wollte das Concil die bestehenden Ge=
wohnheiten und Riten, soweit immer thunlich, unangetastet
lassen. Doch wurde das Abwaschen der für besudelt erklärten
Altäre, an denen ein lateinischer Priester celebrirt, und das
Wiederholen der durch einen solchen vollzogenen Taufe — wel=
ches die Fortdauer des feindseligen, schismatischen Geistes vor=
aussetzte —, um so großes Aergerniß von der Kirche Gottes
zu entfernen, bei Strafe des Bannes und der Absetzung ver=
boten. Uebrigens konnte es als besondere Rücksichtnahme auf
die Griechen gelten, daß der Vorrang des Sitzes von Kon=
stantinopel vor den übrigen Patriarchaten des Orients
anerkannt wurde. — Durch das schnelle Umsichgreifen der
Häresien wurde die Nothwendigkeit erkannt, der bedauerlichen
Unwissenheit des Volkes in Glaubenswahrheiten, welche dasselbe
den Fallstricken der schlauen Irrlehrer überlieferte, abzuhelfen.
Deßhalb wurde die Bestimmung getroffen, daß die Bischöfe
geeignete Männer zur Verwaltung des Wortes Gottes, sowie
auch (schon zufolge der Verordnung des dritten Lateranconcils)
an den verschiedenen Kirchen Lehrmeister zur Unterweisung der
Jugend in der Grammatik und außerdem an jeder Cathedrale
je einen Theologen zur Unterweisung des Clerus in dem Worte
Gottes und besonders in der Verwaltung der Seelsorge auf=
stellen sollten. — Mehrere Vorschriften hatten die Besetzung
der Seelsorgerstellen mit tüchtigen Männern zum Zwecke.
Die Bischöfe sollen sich nicht bloß darüber genaue Kenntniß
verschaffen, daß sie keinem unwissenden und rohen Menschen
die Hände auflegen — da die Leitung der Seelen unter allen
Künsten die höchste und es besser sei, besonders bei der Weihe
der Priester, weniger gute als viele schlechte Diener zu haben —,
sondern auch den Wahlen zu einem seelsorgerlichen Amte erst
nach sorgfältiger Untersuchung ihres Herganges und der Person
des Gewählten die Bestätigung ertheilen. Auch sollte der ver=
derbliche Mißbrauch abgestellt werden, daß Patrone von Pfarr=

kirchen die Einkünfte derselben an sich ziehen und den dieselben verwaltenden Priestern einen so geringen Theil zuweisen, daß diese nicht anständig davon leben können. So komme es vor, daß in einigen Gegenden die Pfarrer für ihren Unterhalt nur ein Viertel des vierten Theils, das heißt den sechzehnten Theil des Zehnten erhalten. Dieß habe zur Folge, daß daselbst beinahe kein Pfarrer sich finde, welcher nur eine geringe Kenntniß in den Wissenschaften habe.

Einige wichtige Disciplinarvorschriften wurden hinsichtlich der Verwaltung mehrerer Sacramente gegeben. In allen Kirchen sollte der Chrisam und die Eucharistie wohl verwahrt werden, damit nicht eine Frevelhand sich nach ihnen zu schrecklichen, verwerflichen Zwecken ausstrecken könne. Weiterhin wurde jedem Gläubigen beiderlei Geschlechts, sobald er zu den Unterscheidungsjahren gelangt sei, auferlegt, wenigstens einmal im Jahre alle seine Sünden seinem eigenen Priester zu beichten und wenigstens an Ostern das heilige Abendmahl zu empfangen, bei Strafe, zu Lebzeiten von dem Eintritte in die Kirche abgehalten zu werden und nach dem Tode des christlichen Begräbnisses verlustig zu gehen. Der Priester aber solle sein besonnen und vorsichtig, so daß er als erfahrener Arzt Oel und Wein in die Wunden des Kranken gieße und sorgfältig die Umstände der Sünde und des Sünders erforsche, um kennen zu lernen, welchen Rath er ertheilen und welche Mittel er zur Heilung desselben ergreifen müsse. Vor Allem aber solle er sich hüten, daß er nicht durch Wort oder Zeichen oder sonst etwas den Sünder verrathe, bei Strafe, vom priesterlichen Amte abgesetzt und auf immer in ein enges Kloster zur Buße verstoßen zu werden. Die Aerzte wurden verpflichtet, die Kranken alsbald, nachdem sie zu denselben gerufen worden, zu vermögen, daß sie die Aerzte der Seele zu sich kommen lassen, damit, nachdem für das geistliche Wohl Fürsorge getroffen, mit mehr Frucht, da die körperliche Schwäche zuweilen aus der Sünde entspringe, zu dem Heil=

mittel der leiblichen Medicin geschritten werde. Zu dieser Be=
stimmung hatte unter Anderem der Umstand Veranlassung ge=
geben, „daß nicht selten Kranke auf Ermahnung der Aerzte
hin, die Angelegenheit der Seele in Ordnung zu bringen, in
Verzweiflung und so leichter in Todesgefahr gerathen". — Um
den vielen Ehestreitigkeiten vorzubeugen, wurde das
Hinderniß der Blutsverwandtschaft und Schwägerschaft auf den
vierten Grad beschränkt; die clandestinen Ehen wurden
ganz und gar verboten und die öffentliche Verkündigung der
einzugehenden Ehe durch den Priester in der Kirche angeordnet.
— Die Kreuzzüge besonders hatten den Abendländern eine
Menge zum Theil unechter Reliquien zugeführt. Aber an
die Verehrung dieser heiligen Gegenstände hing sich auch Aber=
glaube und Gewinnsucht an. Um diesen Mißstand abzuschnei=
den, wurde verordnet, daß in Zukunft alle Reliquien nicht
außerhalb eines Kästchens gezeigt und nicht zum Verkaufe auf=
gestellt, neu aufgefundene aber erst nach vorhergegangener
Billigung des apostolischen Stuhles öffentlich verehrt werden
dürften. Die Prälaten sollen Sorge tragen, daß nicht solche
Personen, welche in ihre Kirchen zur Verehrung der Reliquien
kommen, durch eitle Erdichtungen und falsche Documente, „wie
an den meisten Orten Gewinnes halber zu geschehen pflegt",
getäuscht werden. Auch auf die Mißbräuche, welche beim
Einsammeln von Almosen vorkamen, sollten die Prälaten
ein scharfes Auge haben. Zu diesem Geschäft seien nur be=
scheidene, discrete Männer zu verwenden, welche nicht in Schen=
ken und an andern unpassenden Orten Einkehr nehmen, keinen
unnützen, übertriebenen Aufwand machen und kein falsches Ordens=
gewand tragen würden. Das Ertheilen von unzweckmäßigen
und überflüssigen Abläffen, welche zur Verachtung der
Schlüsselgewalt und zur Entnervung der mit der Buße noth=
wendig zu verbindenden Genugthuung führen, wurde getadelt
und in engere Grenzen eingeschränkt. Deßgleichen wurden auch
gegen das leichtfertige Verhängen der Excommunication,

sowie gegen die zu häufige ungegründete Einlegung von Appellationen Bestimmungen getroffen. — Zuletzt waren noch die
Juden Gegenstand der gesetzgeberischen Thätigkeit. Ihrem
Wucher, welcher so alles Maß überschreite, daß
sie in kurzer Zeit das Vermögen der Christen aus-
schöpfen, solle gesteuert werden, sie selbst seien zur Entrichtung der schuldigen Zehnten und Gaben aus den den Christen
früher gehörenden Häusern und sonstigen Besitzungen an die
Kirche verpflichtet. Den Fürsten aber, welche den Wucher
der Juden begünstigten, um von denselben mehr Geld be-
ziehen zu können, wurde eingeschärft, den Christen deßhalb
nicht feindselig zu sein, sondern ihnen vielmehr gegen Jene
beizustehen. Die Juden sollen eine auszeichnende Kleidung
tragen, wie ihnen schon Moses geboten, um ihrer Vermischung
mit den Christen vorzubeugen. In der Charwoche und am
Passionssonntage sollen sie sich nicht öffentlich blicken lassen,
„da an solchen Tagen Einige in größerem Schmucke einherzu-
gehen und die Christen, welche ihre Trauer über das Leiden
des Heilandes äußerlich bezeugen, zu verspotten sich nicht scheuen.
Diejenigen aber, welche dem Gekreuzigten Hohn sprechen, sollen
von den weltlichen Machthabern gebührende Züchtigung erhalten.
Da es ferner allzu absurd sei, daß ein Lästerer Christi über
Christen Gewalt ausübe, wurde nach dem Vorgang des Concils
von Toledo verboten, den Juden öffentliche Aemter zu übertragen. Würde ein Jude dessenungeachtet in den Besitz eines
Amtes kommen, so solle er so lange von der Gemeinschaft der
Christen im Handel und dergleichen ausgeschlossen bleiben, bis
Alles, was er von den Christen vermöge seines Amtes für
sich erworben, nach der Bestimmung des Diöcesanbischofs für
arme Christen verwendet wird, und er so sein Amt mit Schmach
wieder verliere, das er ohne Scheu übernommen hat. Ebenso soll
es mit den Heiden (Muhammedanern) gehalten werden. Diejenigen Juden aber, welche freiwillig zum Bade der Wieder-
geburt geschritten sind, ohne den alten Menschen ganz auszu-

ziehen, sollen durch die Bischöfe von der Beobachtung der Ge=
bräuche des alten Gesetzes abgehalten werden, so daß sie, da
die Freiheit des Willens sie der christlichen Religion zugeführt
hat, durch einen heilsamen Zwang in deren Beobachtung er=
halten werden; denn es ist eher zu entschuldigen, den Weg des
Herrn nicht zu kennen, als nach dessen Kenntniß wieder umzu=
kehren.

Einen Hauptgegenstand der Verhandlungen auf dem Concil
bildete die Angelegenheit des heiligen Landes. Auf
den Rath erfahrener, mit den Umständen der Zeit und des
Ortes wohl vertrauter Männer ordnete Innocenz mit Zu=
stimmung des Concils an, daß die Kreuzfahrer bis zum
Juni des folgenden Jahres sich in den sicilianischen Häfen
Brindisi und Messina versammeln sollten. Er selbst wollte
sich daselbst einfinden, damit mit seinem Rathe und
seiner Hilfe das christliche Heer geleitet und vor seiner Abfahrt
des göttlichen und apostolischen Segens theilhaftig werde. Bis
zu demselben Zeitpunkt sollten auch die, welche den Landweg
einschlagen, sich zum Zuge bereit halten, und ihm inzwischen
Nachricht geben, damit er ihnen einen tüchtigen Mann als
Legaten zu Rath und Hilfe zusende. Die Priester, hohe und
niedere, welche sich im christlichen Heere befinden, sollten fleißig
dem Gebete und der Ermahnung obliegen und die Krieger
durch Wort und Beispiel lehren, die Furcht und Liebe Gottes
stets vor Augen zu behalten und nichts zu reden und zu thun,
was die göttliche Majestät beleidigen könnte. Die Prälaten
sollten diejenigen, welche sich mit dem Kreuze bezeichnet oder
noch bezeichnen würden, ermahnen und nöthigenfalls durch An=
drohung der Excommunication zwingen, ihre Gelübde dem Herrn
zu bezahlen; die Erzbischöfe, Bischöfe, Aebte und Seelsorger
den ihrer Obsorge Anvertrauten das Wort vom Kreuze vor=
stellen und die Könige, Fürsten und andere weltlichen Herren,
sowie die Bürgerschaften der Städte und Flecken beschwören,
daß diejenigen, welche nicht in eigener Person in das heilige

Land ziehen, eine ihrem Vermögen entsprechende Anzahl von Kriegern mit auf drei Jahre hinreichender Ausrüstung stellen zur Vergebung der Sünden. Dieser sollten außerdem theilhaftig werden nicht bloß diejenigen, welche eigene Schiffe zur Verfügung stellen, sondern auch, welche solche zu diesem Zwecke bauen. Damit es aber nicht den Anschein habe, als ob er schwere und unerträgliche Lasten auflege, ohne sie mit einem Finger zu berühren, versprach Innocenz aus seinen Ersparnissen 3000 Mark, außer dem Schiffe für die Kreuzfahrer aus Rom und der Umgegend, beizutragen. Alle Geistlichen, hohe und niedere, mit Ausnahme der Religiosen und deren, welche selbst das Kreuz genommen, sollten drei Jahre lang den 20. Theil des Einkommens beisteuern, der Papst selber und die Cardinäle wollten den vollen Zehnten entrichten. Den Kreuzfahrern wurde die Befreiung von Steuern, Abgaben und andern Lasten und der Schutz der Kirche verheißen. Sie sollten von der Entrichtung der Zinsen an die Gläubigen frei sein, die Juden aber zur Nachlassung der Zinsen durch die weltliche Gewalt gezwungen werden. Die Turniere, schon auf verschiedenen Concilien im Allgemeinen untersagt, sollten, als besonders dem Kreuzzuge hinderlich, drei Jahre lang bei Strafe des Bannes unterbleiben und vier Jahre lang ein allgemeiner Friede unter Obhut der Prälaten in der ganzen Christenheit herrschen. Wer denselben verletze, würde dem Banne und Interdicte unterliegen: sollte er aber auch diese Strafe gering achten, so würde gegen ihn, als Störer der Sache des Gekreuzigten, der weltliche Arm aufgerufen werden.

Verschiedene andere Gegenstände nahmen außer diesen allgemeinen die Thätigkeit des Papstes in Anspruch. So die Streitigkeiten zwischen den beiden Candidaten um den Patriarchenstuhl zu Konstantinopel, die Beschwerden der französischen Geistlichkeit über die Habsucht, die Anmaßungen und den Stolz des in Frankreich hauptsächlich für den Kreuzzug thätigen Cardinallegaten Robert Curzon, die englischen Wirren,

die Angelegenheiten des in die Albigenserkriege verflochtenen
Grafen von Toulouse und seiner Verbündeten, sowie des Buchard
von Avesne, dessen Ehe mit Balduins von Flandern Tochter
Margaretha, da es sich herausstellte, daß er früher die Weihe
erhalten, für ungiltig erklärt wurde. Auch der Thronstreit
zwischen Friedrich II. und Otto IV. fand seine Erledigung vom Standpunkt der Kirche aus, nachdem er bereits durch
das Waffenglück und die Kunst der Politik zum Vortheil des
Ersteren entschieden worden war. Nichts half es dem Welfen,
daß der Abgeordnete der Mailänder seine Sache mit Eifer
vertrat. Das Verhältniß der Kirche zu den politischen Parteien
hatte sich geändert. So wurde der Hohenstaufe, Friedrich II.,
allgemein als König anerkannt. — Obwohl das Concil (in
seinem 13. Canon), „um die Verwirrung in der Kirche Gottes
zu verhindern", die Gründung neuer Orden „entschieden" verbot, wurde doch Innocenz, wie es heißt, durch eine nächt-
liche Vision bestimmt, den neugegründeten Orden des hl.
Dominicus und Franciscus vorläufig die Bestätigung
zu ertheilen, in Vorahnung der großartigen Bedeutung, welche
ihnen von dem Herrn der Kirche beschieden werden sollten. —
Wie Innocenz' III. unmittelbarer Nachfolger (Honorius III.)
in einer Bulle bemerkt, wurde von vielen Prälaten und ausgezeichneten Männern auf dem Concil der Antrag gestellt,
allen Kirchen des Erdkreises die Entrichtung eines
Tributs zum Vortheile der römischen Curie aufzuer-
legen: ein Vorschlag, welcher, wenn er auch nicht die Billigung des Papstes erhielt, doch so tief in der katholischen Anschauung wurzelte, daß er in unserer Zeit mit sicherer Aussicht
auf Erfolg zur Unterstützung des bedrängten römischen Stuhles
und zur Ausführung allgemeiner kirchlicher Zwecke wieder aufgenommen zu werden verdiente.

So zweckmäßig und heilsam übrigens die Beschlüsse des
Concils waren, so brachte es doch die Schwäche der menschlichen
Natur und die Unbild der Zeiten mit sich, daß dieselben, nach-

dem sich die Kirchenfürsten wieder in ihre verschiedenen Sprengel zerstreut und zu ihren alten Verhältnissen zurückgekehrt waren, nach Erlöschen des Feuers, welches die persönliche Vereinigung vieler durch gleiche Pflichten und Interessen Getragenen zu entzünden pflegt, zum Theil unausgeführt blieben. Daß das Urtheil der Zeitgenossen über den Charakter und die Bedeutung der Beschlüsse verschieden lautete, ist nicht zu verwundern, da überall, wo es sich um Abstellung von Mißbräuchen und Aufrichtung von festen Schranken für Zucht und Recht handelt, viele Interessen sich verletzt fühlen, und außerdem bei dem steten Gegensatze der Meinungen und Wünsche über das zu erreichende Ziel der Verbesserung die Einen in dem, was Andern zu wenig erscheint, eine Ueberschreitung des rechten Maßes erkennen wollen.

Innocenz III. wandte nun seine hauptsächlichste Sorge auf die Betreibung des Kreuzzuges, welcher als die früheste Frucht der Kirchenversammlung zu erhoffen war. Doch war es ihm so wenig vergönnt, seinen Lieblingswunsch, die Befreiung des heiligen Landes, erfüllt zu sehen, als Alexander III., dessen Lebensende die Betrübniß über die traurigen Nachrichten aus dem Oriente beschleunigt haben soll. Mit großer Energie trat er, wie früher erzählt worden, gegen die Feinde Johanns von England auf, um in diesem Theile Europa's sowie in Frankreich die Hindernisse einer Kreuzfahrt hinwegzuräumen. Leichter schien diese in dem durch die fast allgemeine Anerkennung Friedrichs II. beruhigten deutschen Reiche, wo mehrere eifrige Kreuzprediger ihre Stimme erhoben, von statten zu gehen. Im obern Italien aber herrschte, wie gewöhnlich, unter den Städterepubliken arges Zerwürfniß. Um dieses, besonders das zwischen Pisa und Genua, deren Theilnahme am Kreuzzuge wegen ihrer zahlreichen Schiffe nicht entbehrt werden konnte, zu schlichten, beschloß Innocenz III., sich von Viterbo aus nach der erstgenannten Stadt zu begeben. Auf der Reise dahin wurde er

zu Perugia von einem Fieber befallen, welches sich, weil von
den Aerzten nicht beachtet, und vielleicht auch weil er sich während
desselben des Genusses von Orangen, seinen Lieblingsfrüchten,
nicht enthielt, verschlimmerte und ihn den 16. Juni 1216 in
seinem 56. Lebensjahre, nach einer Regierung von 18 Jahren
und sechs Monaten, dahinraffte. In der St. Laurentiuskirche
zu Perugia wurde er begraben. Im Jahre 1615 wurden seine
irdischen Ueberreste mit denen der Päpste Urban IV. und Martin III., welche ebenfalls daselbst beigesetzt waren, in einem
Grabmale vereinigt.

Wenn je ein Mann, ein Papst sein Zeitalter beherrschte,
war es Innocenz III. Er verdankte diese erhabene Stellung
ebenso der Gunst der Umstände, als seinen außerordentlichen
Geistesgaben und sittlichen Eigenschaften. Begabt mit einem
cholerischen Temperamente, welches unter der sichern Leitung
der Vernunft zur Lösung der höchsten und schwierigsten Auf-
gaben am meisten befähigen soll, war er zur harmonischen Entwicklung aller Kräfte hindurch gedrungen und hatte sich das
weise Maßhalten in allen Dingen, welches ganz besonders den
Herrschergeist bekundet, angeeignet. Von seiner gründlichen Gelehrsamkeit und seinem reichen Geiste zeugen seine zahlreichen
Schriften, aus welchen wir als die wichtigeren hervorheben
seine Sonn- und Feiertagspredigten; die schon früher erwähnte
Schrift: de contemtu mundi sive de miseria humanae con-
ditionis lib. III. (1855 wieder zu Bonn von Achterfeld
herausgegeben), voll merkwürdiger Menschenkenntniß und Welt-
erfahrung, welcher, wie es im Prolog heißt, eine Darstellung
de dignitate humanae naturae hätte folgen sollen; ferner de
perseverantia, de caritate, de purgatorio; endlich die (von
Hurter in's Deutsche übersetzten) de mysterio missae lib. VI.
Auch wurden demselben die bekannten Hymnen: Stabat Mater
dolorosa und Ave mundi spes Maria zugeschrieben. Es vereinigten sich in ihm diese Gelehrsamkeit und großer Scharfsinn
mit seltener Geschäftskenntniß und Gewandtheit, Festigkeit und

Unbeugsamkeit in den Grundsätzen mit Milde und Nachgiebigkeit gegen Personen, Hoheit des Geistes und Geltendmachung
seiner erhabenen Stellung mit Demuth, Sparsamkeit, Einfach-
heit der Lebensweise mit Freigebigkeit, Wohlthätigkeit gegen
Arme, Kirchen und Klöster.

Nicht war es Ehrgeiz und Herrschsucht, wenn er
seinen Einfluß über alle Länder der Christenheit, über deren
Zustände er sich durch seine zahlreichen Legaten genaue Kenntniß verschaffte, zur Anerkennung zu bringen suchte, sondern das
tiefe und lebendige Ergriffensein von den Pflichten, welche das
von ihm in der Fülle seiner Idee erfaßte Papstthum ihm auf-
erlegte. Der Erhöhung der Macht der Kirche, der Feststellung
der Unabhängigkeit derselben von der weltlichen Gewalt waren
alle übrigen Zwecke untergeordnet. Es liegt nahe, zwischen
Gregor VII., Alexander III. und Innocenz III., diesen
großen Trägern des mittelalterlichen Papstthums, eine Parallele zu ziehen. Alexander III. war einer der größten
Päpste und vielleicht die ausgezeichnetste Persönlichkeit in seiner
an Charakteren so reichen Zeit. Während des wechselvollen
Kampfes mit dem Kaiser stets seine Geisteskräfte bewährend,
bewies er, von dem Vertrauen auf die Gerechtigkeit und den
endlichen Sieg seiner Sache getragen, in den Tagen des Glückes
ebenso große Mäßigung und Demuth, als in dem Unglücke
und in der Verbannung Ruhe und Standhaftigkeit. Sein Ziel
sich immer vor Augen stellend, vereinigte er mit der Entschiedenheit im Großen und Ganzen Nachgiebigkeit in unbedeuten-
dern Einzelheiten, und war er weit entfernt, das Friedenswerk
durch zu große Hartnäckigkeit zu erschweren. Zwischen Gregor VII. und Innocenz III. steht Alexander III. sowohl
hinsichtlich des Zeitraumes, in welchem er lebte, als auch hinsichtlich des Charakters seines Pontificats mitten inne. Mit
jenem hatte er den Kampf gegen den Kaiser für die Unabhängigkeit der Kirche gemeinsam. Aber während Gregors VII.
Tagewerk insofern schwieriger und tiefgreifender war, als er

die Kirche wieder aus ihrer Erniedrigung zu der Höhe ihres Ideals emporheben mußte, stand Alexander III. nicht einem von der öffentlichen Meinung gerichteten, von einem Theile seiner Nation bekämpften, in sich haltungslosen und unsittlichen Mann, wie Heinrich IV., sondern Friedrich I. gegenüber, einem mit aller Macht und Herrlichkeit ausgerüsteten Herrscher, welcher sein Ziel, die Errichtung einer Universalmonarchie, in welcher der Papst zu der Stelle des ersten Reichsbischofs herabgesunken wäre, mit Consequenz, List und Gewalt verfolgte. Was Gregor VII. am Anfange seiner Regierung zu Theil wurde, der Triumph über Heinrich IV. zu Canossa, das fiel Alexander III. erst am Abende seines Lebens als Frucht seiner Anstrengungen zu: jener glorreiche Tag zu Venedig, da Friedrich, durch die Schläge des Schicksals gedemüthigt, ihm die lange verweigerte Huldigung darbrachte. Wie Alexander III. an Gregor VII. seine Voraussetzung hatte, so war er es, welcher das Papstthum auf solche Höhe emporhob, daß Innocenz III. in ungetrübter Herrlichkeit auf dem Stuhle des Apostelfürsten thronen konnte. Weit entfernt, sein Ziel gleich den genannten großen Päpsten in gewaltigen Kämpfen zu verfolgen, um seine Willensstärke durch Ertragung der schwersten Verfolgungen und Leiden zu bewähren, erfreute sich Innocenz III. eines überaus glücklichen und glorreichen Verlaufs seines Pontificats, und dienten die während desselben sich ergebenden Schwierigkeiten nur dazu, den Glanz desselben zu erhöhen. Die nach Heinrichs VI. Tode im deutschen Reiche eingetretenen Thronstreitigkeiten machten es möglich, nicht bloß die Unabhängigkeit des Kirchenstaates wieder festzustellen und zu behaupten, sondern auch die Freiheit der Kirche in Unteritalien durchzusetzen. Und als der Kirche frühere Günstling Otto IV. seine Rolle wechselte, wurde er gestürzt und an seine Stelle des Papstes Mündel, Friedrich II., erhoben. Aragonien und England machten sich dem römischen Stuhle zinspflichtig; in Spanien wurde die Macht

der Mauren gebrochen; in Frankreich mußte Philipp
August nach vieljährigen Gegenbemühungen die Unverletzlich=
keit des Ehebandes anerkennen; die Ketzer im südlichen
Frankreich wurden mit Waffengewalt unterworfen und auf
dem allgemeinen Concil im Lateran umfassende Maß=
regeln zur allgemeinen Unterdrückung der verschiedenen Häresien
getroffen; endlich, was schon so lange Gegenstand der eifrigen
Bemühungen der Päpste gewesen war, die Aufhebung des
griechischen Schisma's schien nahezu erreicht, und durch
Errichtung der lateinischen Herrschaft in Kon=
stantinopel die Wiedereroberung des heiligen Landes
nicht wenig erleichtert. Auch den scandinavischen Reichen, sowie
Polen, Ungarn, Rußland, Bulgarien, Armenien gegenüber ent=
faltete der Papst eine mehr oder weniger erfolgreiche Thätigkeit.
So sehen wir, als Innocenz III. noch in voller Mannes=
kraft von seiner großartigen Wirksamkeit durch den Tod abge=
rufen wurde, einen gewissen Abschluß in der kirchlich=politischen
Entwicklung jener Zeit eingetreten und schien ein ruhiger Ver=
lauf in nächster Aussicht zu stehen.

Wenn es eine der Humanität angemessene Idee ist, ein
höchstes Tribunal zu wissen, welches erhaben über natio=
nale und individuelle Rücksichten in voller Unparteilichkeit nach
den mit der Vernunft übereinstimmenden Lehren des Christen=
thums Recht spricht und die einander widersprechenden Interes=
sen und bestehenden Spannungen durch die Macht seines schieds=
richterlichen Amtes oder aber auf dem Wege der Ermahnung
zu vermitteln sich angelegen sein läßt, und wenn politischen
Schwärmern das Ziel einer Staatengemeinschaft vor Augen
schwebt, in welcher alle christlichen Nationen hinsichtlich der
höchsten Interessen der Menschheit mit einander zu einem Gan=
zen verbunden sind, so sehen wir diesen Gedanken, wenn je in
den glorreichsten Zeiten des Mittelalters, so besonders während
des Pontificats Innocenz' III. verwirklicht, so weit es bei
der Gebrechlichkeit der menschlichen Verhältnisse irgend möglich

ist: alle christlichen Völker zu einer großen Republik vereinigt
unter der Leitung des Oberhauptes der Kirche zur Eroberung
des heiligen Landes, welche der Anschauung jener Zeit für das
höchste Ziel galt. Wie hoch steht in dieser Beziehung jenes
vielgeschmähte Zeitalter über dem gepriesenen Fortschritte der
Gegenwart, welche über ihren irdischen Interessen und ephemeren
Bestrebungen in der religiösen Zerspaltenheit und vielfachen
Gleichgiltigkeit gegen die höheren Güter die allgemeinen christlichen Zielpunkte verloren hat! Welch großartige Aussicht eröffnete sich für die Zukunft der Menschheit, wenn die ganze
Christenheit wieder einem gemeinsamen Oberhaupte folgen würde!
Müßten nicht die gewaltigen Verkehrsmittel und materiellen
Kräfte, welche der Genius der Neuzeit in's Leben gerufen, dazu
dienen, nicht bloß die ganze Erde dem Abendlande dienstbar
zu machen, sondern mehr noch dem christlichen Geiste zu unterwerfen und den ersehnten Augenblick bald herbeiführen zu
helfen, da der Name des allein wahren Gottes allenthalben
wird angebetet werden?